BIBLIOGRAPHIA PATRISTICA
XXIV/XXV

PATRISTISCHE KOMMISSION
DER AKADEMIEN
DER WISSENSCHAFTEN IN DER
BUNDESREPUBLIK DEUTSCHLAND

BIBLIOGRAPHIA PATRISTICA

XXIV/XXV

WALTER DE GRUYTER · BERLIN · NEW YORK

1984

BIBLIOGRAPHIA PATRISTICA

INTERNATIONALE PATRISTISCHE BIBLIOGRAPHIE

In Verbindung mit vielen Fachgenossen

herausgegeben von

Wilhelm Schneemelcher

XXIV/XXV

Die Erscheinungen der Jahre

1979 und 1980

WALTER DE GRUYTER · BERLIN · NEW YORK

1984

ISBN 3 11 010083 5

Satz und Druck: Arthur Collignon GmbH, Berlin 30 · Einband: Dieter Mikolai, Berlin 10

VORWORT

Auch der vorliegende Band XXIV/XXV der Bibliographia Patristica, der die Neuerscheinungen der Jahre 1979/80 enthält und der infolge technischer Schwierigkeiten im Verlag mit erheblicher Verspätung erscheint, konnte nur mit Hilfe einer größeren Zahl von Kollegen erstellt werden.

Ich habe zu danken für die Hilfe von: K. Aland – Münster; G. Astruc-Morize – Paris; G. Bartelink – Nijmegen; A. Bastiaensen – Nijmegen; J. B. Bauer – Graz; B. Bradley – Dublin; H. Chr. Brennecke – Tübingen; P. Christou – Thessaloniki; I. Coman – Bukarest; A. Davids – Nijmegen; Y.-M. Duval – Paris; J.-C. Fredouille – Toulouse; G. Garitte – Louvain; B. Grabar – Zagreb; E. A. Livingstone – Oxford; W. Myszor – Piastów; E. F. Osborn – Melbourne; H. Riesenfeld – Uppsala; W. Rordorf – Peseux; M. Schatkin – Princeton; R. Trevijano – Salamanca; I. Zonewski – Sofia.

Das Manuskript wurde von Herrn Dipl. Theol. Radu Constantin Miron erstellt, die Durchführung des Drucks wurde von Herrn mag. theol. Volker Eschen überwacht. Ihnen beiden, aber auch den übrigen Mitarbeitern der Arbeitsstelle Bonn sei gedankt.

Die Bibliographia Patristica braucht nach wie vor die freundliche Mitarbeit aller Patristiker. Ich bin deshalb für jeden Hinweis auf Arbeiten in entlegenen Zeitschriften und Reihen dankbar.

Bad Honnef, den 16. Januar 1984
Böckingstraße 1

Wilhelm Schneemelcher

HINWEISE FÜR DEN BENUTZER

1. Zeitraum. Die obere zeitliche Grenze für den Osten das 2. Nicänische Konzil (787), für den Westen Ildefons von Toledo (†667).

2. Die Aufnahme der Titel erfolgt nach den im Bibliothekswesen üblichen Normen. Slawischen, rumänischen und ungarischen Titeln ist eine Übersetzung beigefügt.

3. Die Verfasservornamen sind im allgemeinen so angeführt, wie sie bei den Veröffentlichungen angegeben sind. Lediglich in Abschnitt IX (Recensiones) und im Register werden grundsätzlich nur die Anfangsbuchstaben genannt.

4. In Abschnitt III 2, der die Kirchenschriftsteller in alphabetischer Reihenfolge aufführt, finden sich alle Arbeiten, die sich mit einzelnen Kirchenschriftstellern befassen, einschließlich der Textausgaben.

5. Verweise. Kommt ein Titel für mehrere Abschnitte in Frage, so ist er lediglich unter einem Abschnitt vollständig angegeben, während sich unter den anderen nur der Autorenname findet und in eckigen Klammern auf die Nummer verwiesen wird, unter welcher der vollständige Titel zu suchen ist.
Bei Verweisen nach Abschnitt I 10 b ist das Wort und bei Verweisen nach III 2 oder III 3 b der Kirchenschriftsteller bzw. Heilige angegeben, unter dem der entsprechende Titel zu finden ist.

6. Bei Rezensionen ist stets auf den Jahrgang unserer Bibliographie und die Nummer des rezensierten Werkes verwiesen. Kurze Buchanzeigen bleiben unberücksichtigt, ebenso Rezensionen von Büchern, die vor 1956 erschienen sind.

INHALTSVERZEICHNIS

ABKÜRZUNGSVERZEICHNIS

AAA Szeged	Acta antiqua et archaeologica. Acta Univ. de Attila József nominatae. Szeged
AAG	Abhandlungen zur alten Geschichte
AAP	Atti dell' Academia Pontaniana. Napoli
AAPal	Atti dell' Academia di Scienze, Lettere e Arti di Palermo. Palermo
AAPel	Atti della Accademia Peloritana, Classe di Lettere, Filosofia e Belle Arti. Messina
AAPh	Arctos. Acta philologica Fennica. Nova series. Helsinki
AArchHung	Acta Archaeologica Academiae Scientiarum Hungaricae. Budapest
AArchSlov	Acta Archaeologica. Arheoloski Vestnik. Ljubljana
AASN	Atti della Accademia di Scienze morali e politiche della Società nazionale di Scienze, Lettere ed Arti di Napoli. Napoli
AASOR	Annual of the American School of Oriental Research in Jerusalem. New Haven
AAug	Analecta Augustiniana. Roma
AB	Analecta Bollandiana. Bruxelles
ABG	Archiv für Begriffsgeschichte. Bonn
Abba	Abba Salama. Addis-Abeba
ABourg	Annales de Bourgogne. Dijon
ABret	Annales de Bretagne. Faculté des lettres de l'université de Rennes. Rennes
AcAbo	Acta academiae Aboensis. Ser. A: Humaniora
AcAl	Acta classica Universitatis Scientiarum Debreceniensis. Debrecen
AcAnt	Acta Antiqua Academiae Scientiarum Hungaricae. Budapest
AcArO	Acta ad archaeologiam et artium historiam pertinentia. Oslo
ACCV	Anales del Centro de Cultura valenciana. Valencia
AcIt	Accademie e Biblioteche d'Italia. Roma
ACl	L'antiquité classique. Bruxelles
AClass	Acta Classica. Verhandelingen van die klassieke vereniging van Suid-Africa. Cape Town
Acme	Acme. Università di Stato di Milano. Milano
AcOK	Acta Orientalia. København
ACR	American Classical Review. New York
ACW	Ancient Christian Writers
ADA	Arquivo do Distrito de Aveiro. Aveiro (Portugal)

ADSSW	Archiv für Diplomatik, Schriftgeschichte, Siegel- und Wappenkunde. Münster, Köln
AE	Annales de L'Est. Faculté des lettres de l'université de Nancy. Nancy
AEAls	Archives de l'église d'Alsace. Strasbourg
Aeg	Aegyptus. Rivista Italiana di Egittologia e di Papirologia. Milano
AEHESHP	Annuaire de l'École pratique des Hautes Études, IVe section, Sciences historiques et philologiques. Paris
AEHESR	Annuaire de l'École pratique des Hautes Études, V^e section, Sciences religieuses. Paris
AEKD	Archeion ekklēsiastikou kai kanoniku dikaiu. Athēnai
AEM	Anuario de Estudios medievales. Barcelona
Aevum	Aevum. Rassegna di Scienze Storiche, Linguistiche e Filologiche. Milano
AFC	Anales de Filologia Clásica. Buenos Aires
AFFB	Anuario de Filología. Facultad de Filología. Barcelona
AFH	Archivum Historicum. Franciscanum Ad Claras Aquas (Florentiae)
AFLB	Annali della Facoltà di Lettere e Filosofia di Bari. Bari
AFLC	Annali della Facoltà di Lettere, Filosofia e Magistero dell'Università di Cagliari. Cagliari
AFLF	Annali della Facoltà di Lettere e Filosofia. Napoli
AFLL	Annali della Facoltà di Lettere di Lecce. Lecce
AFLM	Annali della Facoltà di Lettere e Filosofia, Università di Macerata. Padova
AFLNice	Annales de la Faculté des Lettres et Sciences humaines de Nice. Nice
AFLP	Annali della Facoltà di lettere e filosofia. Perugia
AfO	Archiv für Orientforschung. Graz
AFP	Archivum Fratrum Praedicatorum. Roma
AFUM	Annali della Facoltà di Filosofia e Lettere dell' Università Statale di Milano. Milano
AG	Analecta Gregoriana. Roma
AGF−G	Veröffentlichungen der Arbeitsgemeinschaft für Forschung des Landes NWR−Geisteswissenschaften
AGLB	Aus der Geschichte der lateinischen Bibel. Freiburg
AGPh	Archiv für Geschichte der Philosophie. Berlin
AHAMed	Anales de Historia antigua y medieval. Facultad de Filosofia. Universidad de Buenos Aires. Buenos Aires
AHAW	Abhandlungen der Heidelberger Akademie der Wissenschaften, Philos.-Hist. Klasse. Heidelberg
AHC	Annuarium historiae conciliorum. Amsterdam
AHD	Archives d'histoire doctrinale et littéraire du moyen âge. Paris
AHDE	Anuario de Historia del Derecho español. Madrid
AHES	Archive for history of exact sciences. Berlin
AHP	Archivum historiae pontificiae. Roma
AHR	The American Historical Review. Richmond, Virginia

AHSJ	Archivum historicum Societatis Jesu. Roma
AIA	Archivo Ibero-americano. Madrid
AIHS	Archives internationales d'histoire des sciences. Nouvelle série d'Archeion. Paris
AION	Annali dell'Istituto Orientale di Napoli, Sez. ling. Roma
AIONF	Annali dell'Istituto universitario orientale di Napoli. Seminario di studi del mondo classico. Sezione filologico-letteraria. Napoli
AIPh	Annuaire de l'Institut de Philologie et d'Histoire Orientales et Slaves. Bruxelles
AJ	The Archaeological Journal. London
AJC	American Jewish Committee. Annual Report
AJPh	American Journal of Philology. Baltimore
AKG	Archiv für Kulturgeschichte. Münster, Köln
AKK	Archiv für katholisches Kirchenrecht. Mainz
Akroterion	Akroterion. Quarterly for the Classics in South Africa. Dept. of Classics, Univ. of Stellenbosch
AktAthen	Aktines. Athen
ALBO	Analecta Lovaniensia Biblica et Orientalia*
Alfa	Alfa. Marilia (Brasil)
ALGHL	Arbeiten zur Literatur und Geschichte des hellenistischen Judentums. Leiden
ALGP	Annali del Liceo classico G. Garibaldi di Palermo. Palermo
ALMA	Archivum latinitatis medii aevi. Bruxelles
Altamira	Altamira. Santander (España)
Altt	Das Altertum. Berlin
Alvernia	Alvernia. Calpan (Mexico)
ALW	Archiv für Liturgiewissenschaft. Regensburg
AM	Annales du Midi. Revue archéologique, historique et philologique de la France méridionale. Toulouse
AMAPat	Atti e Memorie dell'Accademia Patavina di Scienze, Lettere ed Arti. Padova
AMATosc	Atti e Memorie dell'Accad. Toscana La Colombaria. Firenze
AmBenR	The American Benedictine Review. Atchison, Kansas
Ambr	Ambrosius. Milano
Ampurias	Ampurias. Revista de Arqueologia, Prehistoria y Etnologia. Barcelona
AMSI	Atti e Memorie della Società Istriana di archeologia e storia patria. Trieste
AmSlav	The American Slavic and East European Review. New York
AMSM	Atti e Memorie della Deputazione di Storia Patria per le Marche. Ancona
AMSPR	Atti e Memorie della Regia Deputazione di Storia Patria per l'Emilia e la Romagna. Bologna
An	Antiquitas
AN	Aquileia nostra. Bolletino dell'Associazione nazionale per Aquileia. Aquileia
AnAcBel	Annuaire de l'Académie Royale de Belgique. Bruxelles
AnAl	Antichità altoadriatiche. Udine

AnAmHist	Annual Report of the American Historical Association. Washington
AnAnk	Annales de l'Université d'Ankara. Ankara
Anazetesis	Anazetesis. Quaderni di ricerca. Gruppo di Studio Carlo Cattaneo. Pistoia
AnBodl	Annual Report of the Curators of the Bodleian Library. Oxford
AnCal	Analecta Calasanctiana. Revista del Colegio Teologado «Felipe Scio» Salamanca
AnCan	L'année canonique. Paris
AnColFr	Annuaire du Collège de France. Paris
AnCra	Analecta Cracoviensia. Krakau
AncSoc	Ancient Society. Louvain
AndNewQ	Andover Newton Quarterly. Newton Centre, Mass.
AnDomingo	Anales de la Universidad de Santo Domingo. Ciudad Trujillo
AnFen	Annales Academiae Scientiarum Fennicae. Helsinki
AnFil	Anuario Filosófico. Pamplona
AnFilB	Anuario de Filologia. Universidad de Barcelona. Facultad de Filologia. Barcelona
AnFilE	Anuario de Estudios Filológicos. Universidad de Extremadura. Cáceres
Ang	Angelicum. Roma
AnGer	Anales del Instituto de Estudios Gerundenses. Gerona (España)
AnglThR	Anglican Theological Review. Evanston, Ill.
AnHisp	Anales de la Universidad Hispalense. Sevilla
Anima	Anima. Freiburg (Schweiz)
AnMont	Analecta Montserratensia. Montserrat (Barcelona)
AnMurcia	Anales de la Universidad de Murcia. Murcia
AnMus	Anuario musical. Barcelona
AnParis	Annales de l'Université de Paris. Paris
ANRW	Aufstieg und Niedergang der römischen Welt. Geschichte und Kultur im Spiegel der neueren Forschung. Berlin
AnSaar	Annales Universitatis Saraviensis. Saarbrücken
AnSan	Anales de la Facultad de Teologia. Santiago de Chile
Ant	Antonianum. Roma
AntAb	Antike und Abendland. Berlin
AntAfr	Antiquités africaines. Paris
Anthol	Anthologica annua. Roma—Madrid
AnthropBarc	Anthropologica. Barcelona
Antichthon	Journal of the Australian Society for Classical Studies. Sydney
Antiqua	Antiqua. Rivista di archeologia, architettura, urbanistica, dalle origini al medioevo. Roma
AntJ	The Antiquaries Journal, being the Journal of the Society of Antiquaries of London
AnTo	Anales Toledanos
AntRev	The Antioch Review. Yellow Springs (Ohio)
ANTT	Arbeiten zur neutestamentlichen Textforschung. Berlin
AnV	Annales valaisannes. Monthey (Schweiz)
AnVal	Anales Valentinos. Revista de Filosofia y Teologia. Valencia

AnVlat	Analecta Vlatadon
AnzAlt	Anzeiger für die Altertumswissenschaft. Innsbruck
AOAW	Anzeiger der österreichischen Akademie der Wissenschaften in Wien. Philos.-hist. Klasse. Wien
AOS	American Oriental Series
AP	Archeion Pontu. Athen
ApBar	Apostolos Barnabas. Cypern
Aph	Archives de philosophie. Paris
Apollinaris	Apollinaris. Commentarium juridico-canonicum. Roma
APQ	American Philosophical Quarterly
APraem	Analecta Praemonstratensia. Abdij Tongerloo (Prov. Antwerpen)
Arabica	Arabica. Revue des études arabes. Leiden
ArAg	Archivo agustiniano. Madrid
ArAm	Archivio ambrosiano
ARBB	Académie Royale de Belgique. Bulletin de la classe des lettres et des scienes morales et politiques. Bruxelles
ÅrBergen	Universitetet i Bergen. Årbok, historisk-antikvarisk rekke. Bergen
ArBiBe	Archives et Bibliothèques de Belgique. Archief- en Bibliotheekwezen in Belgie. Bruxelles-Brussel
Arbor	Arbor. Revista general de Investigación y Cultura. Madrid
ArBu	The Art Bulletin. New York
Arch	Der Archivar. Düsseldorf
Archaeology	Archaeology. New York, N. Y.
Archivum	Archivum. Revue internationale des archives. Paris
ArchPal	Archivio Paleografico Italiano. Roma
ArchPhilos	Archives de Philosophie. Recherches et documentation. Paris
ArCreus	Archivo bibliográfico de Santes Creus. Santes Creus (Tarragona)
ArDroitOr	Archives d'histoire du droit oriental. Revue internationale de droit de l'antiquité. Bruxelles
ArEArq	Archivo español de Arqueología. Madrid
ArEArt	Archivo español de Arte. Madrid
Arethusa	Arethusa. A journal of the wellsprings of Western man. Buffalo
Argensola	Argensola. Huesca (España)
ArGran	Archivo teológico granadino. Granada
ArHisp	Archivo hispalense. Sevilla
ARID	Analecta Romana Instituti Danici. København
ÅrKob	Årbog for Københavns universitet. København
ArLeón	Archivos leoneses. León
ArLing	Archivum Linguisticum. London
ArLund	Arsberättelse. Bulletin de la Société Royale des Lettres de Lund. Lund
Armeniaca	Armeniaca. Mélanges d'études arméniennes. St. Lazare-Venise
ArOr	Archiv Orientální. Praha
ArOviedo	Archivum. Oviedo
ArPap	Archiv für Papyrusforschung und verwandte Gebiete. Leipzig

ArPh	Archiv für Philosophie. Stuttgart
ArR	Archeologické rozhledy. Praha
ARSP	Archiv für Rechts- und Sozialphilosophie. Meisenheim (Glan)
ArSR	Archives de sociologie des religions. Paris
ArSS	Archivio Storico Siciliano. Palermo
ArSSO	Archivio Storico per la Sicilia Orientale. Catania
ArStoria	Archivio Società Romana di Storia Patria. Roma
ArTeoAg	Archivio Teológico Agustiniano. Valladolid
ArtlPh	Arts libéraux et philosophie au moyen âge Montreal. Paris
AS	Archaeologia Slovaca. Bratislava
ASCL	Archivio Storico per la Calabria e la Lucania. Roma
ASD	Annali di Storia del Diritto. Milano
ASE	Anglo-Saxon England. Cambridge
ASI	Archivio Storico Italiano. Firenze
ASL	Archivio Storico Lombardo. Milano
ASNSP	Annali della Scuola Normale Superiore di Pisa. Lettere, Storia e Filosofia. Firenze
ASNU	Acta Seminarii Neotestamentici Upsaliensis. Uppsala
ASOC	Analecta Sacri Ordinis Cisterciensis. Roma
ASPN	Archivio Storico per le Provincie Napoletane. Napoli
ASPP	Archivio Storico per le Provincie Parmensi. Parma
Asprenas	Asprenas. Napoli
ASPugl	Archivio Storico Pugliese. Bari
AST	Analecta Sacra Tarraconensia. Barcelona
ASTI	Annual of the Swedish Theological Institute in Jerusalem. Leiden
ASUA	Academia Regia Scientiarum Upsaliensis. Uppsala
ASUAn	Academia Regia Scientiarum Upsaliensis. Annales. Uppsala
AT	Apostolos Titos. Herakleion
AteRo	Atene e Roma. Firenze
AThANT	Abhandlungen zur Theologie des Alten und Neuen Testaments. Zürich
AThD	Acta Theologica Danica. Kopenhagen
Athena	Athena. Athen
AThGlThAthen	Archeion tu Thrakiku Laografiku kai Glossiku Thesauru. Athen
AThijmG	Annalen van het Thijmgenootschap. Baarn
AtKap	Ateneum Kapłanskie. Włocławek
AtPavia	Athenaeum. Studi Periodici di Letteratura e Storia dell'Antichità. Pavia
AtTor	Atti dell'Accademia delle Scienze di Torino. Torino
AtVen	Atti dell'Istituto Veneto di Scienze e Lettere. Venezia
AU	Der altsprachliche Unterricht. Arbeitshefte zu seiner wissenschaftlichen Begründung und praktischen Gestalt. Stuttgart
AUB	Annales Universitatis Budapestinensis. Budapest
AUC	Acta Universitatis Carolinae. Series a): iuridica, philologica, philosophica, historica. Praha
AUG	Acta Universitatis Gotoburgensis. Göteborg

AugR   Augustinianum. Rom
AugSt   Augustinian Studies. Villanova University. Villanova, Pa.
                      19085
Augustiniana   Augustiniana. Tijdschrift voor de studie van Sint Augustinus en
                      de Augustijnenorde. Leuven
Augustinus   Augustinus. Madrid
Ausa   Ausa. Publicada por el Patronato de Estudios Ausonenses. Vich
                      (Barcelona)
AusBR   Australian Biblical Review. Melbourne
AusCRec   Australasian Catholic Review. Sydney
AUSS   Andrews University Seminary Studies. Berrien Springs
                      (Michigan)
AUU   Acta Universitatis Upsaliensis. Uppsala
AUW   Acta Universitatis Wratislaviensis. Wrocław
AV   Archivio Veneto. Venise
AvOslo   Avhandlinger utgitt av det Norske Videnskaps-Akademi i Oslo.
                      Oslo
AVTRW   Aufsätze und Vorträge zur Theologie und Religionswissen-
                      schaft. Berlin
AW   Antike Welt. Zürich
AWR   Aus der Welt der Religion. Gießen
AZ   Archivalische Zeitschrift. München
AzTh   Arbeiten zur Theologie. Stuttgart

BAB   Bulletin de la Classe des Lettres de L'Académie Royale de Bel-
                      gique. Bruxelles
BAC   Biblioteca de Autores Cristianos
Bages   Bages. Manresa (Barcelona)
BAL   Berichte über die Verhandlungen des sächsischen Akademie der
                      Wissenschaften. Philol.-hist. Klasse. Leipzig
BALux   Bulletin des antiquités luxembourgeoises. Luxembourg
BaptQ   Baptist Quarterly. London
BASOR   Bulletin of the American Schools of Oriental Research. New
                      Haven (Conn.)
BASP   Bulletin of the American Society of Papyrologists. New York
BAug   Bibliothèque Augustinienne. Paris
BBA   Berliner byzantinische Arbeiten. Berlin
BBB   Bonner biblische Beiträge
BBEr   Bulletin de la Bibliothèque d'Erevan (Banber Matenadarani)
BBF   Bulletin des Bibliothèques de France. Paris
BBGG   Bolletino della Badia Greca di Grottaferrata. Grottaferrata (Ro-
                      ma)
BBMP   Boletin de la Biblioteca Menéndez Pelayo. Madrid
BBR   Bulletin de l'Institut Historique Belge de Rome. Bruxelles
BCRH   Bulletin de la Commission Royale d'Histoire. Bruxelles
BCRI   The Bulletin of Christian Research Institute (Meji Gakuin Dai-
                      gaku Kirisutokyo Kenkyujo Kiyo). Tokyo
BEC   Bibliothèque de l'école des chartes. Paris

Belfagor	Belfagor. Rassegna di varia umanità. Firenze.
Benedictina	Benedictina. Rom
BEP	Bulletin des études portugaises et de l'Institut Français au Portugal. Coimbre
Berceo	Berceo. Logroño (España)
BEThL	Bibliotheca ephemeridum theologicarum Lovaniensium. Louvain
BEU	Bibliotheca Ekmaniana Universitatis Regiae Upsaliensis. Uppsala
BFS	Bulletin de la Faculté des Lettres de Strasbourg. Strasbourg
BGBE	Beiträge zur Geschichte der biblischen Exegese. Tübingen
BGDST	Beiträge zur Geschichte der deutschen Sprache und Literatur. Tübingen
BGEHA	Bibliografía general española e hispano-americana. Madrid
BGL	Bibliothek der griechischen Literatur
BH	Bibliografía hispánica. Madrid
BHisp	Bulletin hispanique. Bordeaux
BHRHT	Bulletin d'information de l'Institut de recherche et d'histoire des textes. Paris
BHTh	Beiträge zur historischen Theologie. Tübingen
BibArch	Biblical Archaeologist. New Haven (Conn.)
BibbOr	Bibbia e Oriente. Milano
BiBe	Biblische Beiträge. Einsiedeln
BibHR	Bibliothèque d'Humanisme et Renaissance. Genève
Bibl	Biblica. Roma
BiblBelg	Bibliographie de Belgique. Bruxelles
BiblFrance	Bibliographie de la France. Paris
BiblHisp	Bibliotheca hispana. Revista de Información y Orientación bibliográficas. Sección primera y tercera. Madrid
Bibliofilia	Bibliofilia. Rivista di Storia del Libro e delle Arti Grafiche. Firenze
BiblOr	Bibliotheca Orientalis. Leiden
Biblos	Biblos. Coimbra
BiblSacr	Bibliotheca sacra. Dallas (Texas)
BiblSup	Biblioteca superiore. La Nuova Italia. Firenze
BibRevuo	Biblia Revuo
BibSt	Biblical Studies (Seishogaku Ronshu). Tokyo
BibThBul	Biblical Theology Bulletin. Albany, New York
BiChu	Bible and Church (Seisho To Kyokai). Tokyo
BICS	Bulletin of the Institute of Classical Studies of the University of London. London
BIDR	Bollettino dell'Istituto di Diritto romano. Milano
BIEH	Boletin del Inst. de Estudios helénicos. Barcelona
BIFAO	Bulletin de l'Institut Français d'Archéologie Orientale. Le Caire
BIFG	Boletin de la Institución Fernán González. Burgos (España)
BijFTH	Bijdragen. Tijdschrift voor filosofie en theologie. Meppel
BIHR	Bulletin of the Institute of Historical Research. London
BiKi	Bibel und Kirche. Stuttgart-Bad Cannstatt

BiLe	Bibel und Leben. Düsseldorf
BIMT	Bulletin de l'Institut des Manuscrits de Tiflis. Tiflis
BISIAM	Bollettino dell'Istituto Storico Italiano per il Medio Evo e Archivio Muratoriano. Roma
BiTransl	The Bible Translator. London
BiViChret	Bible et vie chrétienne. Abbaye de Maredsous (Belgique)
BiZ	Biblische Zeitschrift (N.F.). Paderborn
BJRL	Bulletin of the John Rylands Library Manchester. Manchester
BK	Bedi Kartlisa (Revue de Kartvélologie). Paris
BKA	Bibliothek der klassischen Altertumswissenschaften
BKM	Byzantina keimena kai meletai. Thessaloniki
BKP	Beiträge zur klassischen Philologie. Meisenheim
BL	Bibel und Liturgie. Wien
BLE	Bulletin de littérature ecclésiastique. Toulouse
BLSRC	Bollettino Ligustico per la Storia e la Cultura Regionale. Genova
BMAPO	Boletin del Museo arqueológico provincial de Orense. Orense
BMGelre	Bijdragen en mededelingen uitgegeven door de Verenigung Gelre. Arnhem
BMGN	Bijdragen en mededelingen betreffende de geschiedenis der Nederlanden. 's-Gravenhage
BMGS	Byzantine and modern greek studies.
BMHG	Bijdragen en mededelingen van het historisch genootschap te Utrecht. Utrecht
BMm	Bulletin monumental. Paris
BMRAH	Bulletin des musées royales d'art et d'histoire. Bruxelles
BN	Beiträge zur Namensforschung. Heidelberg
BNJ	Byzantinisch-Neugriechische Jahrbücher. Athen
BodlR	Bodleian Library Record. Oxford
Boek	Het Boek. Den Haag
Bogoslovl'e	Bogoslovl'e. Beograd
BolArchPal	Bollettino dell'Archivio paleografico italiano. Roma
Bolarq	Boletin arqueológico. Tarragona
BolAst	Boletin del Instituto de Estudios Asturianos. Oviedo (España)
BolBarc	Boletin de la Real Academia de Buenas Letras de Barcelona. Barcelona
BolBogotá	Boletin del Instituto Caro y Cuervo. Bogotá
BolClass	Bollettino del Comitato per la Preparazione dell'Edizione Nazionale dei Classici Greci e Latini. Roma
BolComp	Boletín de la Universidad Compostelana. Santiago de Compostela
BolCórd	Boletín de la Real Academia de Córdoba de Ciencias, Bellas Letras y Nobles. Córdoba
BolDE	Boletín de Dialectología española. Barcelona
BolFilChile	Boletín de Filologia. Universidad de Chile. Santiago de Chile
BolFilLisb	Boletín de Filologia. Lisboa
BolGien	Boletín del Instituto de Estudios Giennenses. Jaén (España)
BolGranada	Boletín de la Universidad de Granada. Granada

BolItSt	Bollettino delle Pubblicazioni Italiane Ricevute per Diritto di Stampa. Firenze
BolOrense	Boletín de la Comisión de Monumentos históricos y artisticos de Orense. Orense
BolPais	Boletín de la Real Sociedad Vascongada de Amigos del País. San Sebastián
BolPiacentino	Bollettino Storico Piacentino. Piacenza
BonnBK	Bonner Beiträge zur Kirchengeschichte
BOR	Biserica Ortodoxă Română. Bucureşti
BPhM	Bulletin de la Société internationale pour l'étude de la philosophie médiévale. Louvain
BPHP	Bulletin philologique et historique du Comité des Travaus Historiques et Scientifiques. Paris
BRAE	Boletin de la Real Academia española. Madrid
BragAug	Bracara Augusta. Braga
BRAH	Boletin de la Real Academia de la Historia. Madrid
BrethLife	Brethren Life and Thought. Chicago. (Ill.)
Bridge	The Bridge. A Yearbook of Judaeo-Christian Studies. New York
BrinkBoeken	Brinkman's cumulatieve catalogus van boeken
Britannia	Britannia. A journal of Romano-British and kindred studies. London
BrNBibl	The British National Bibliography
Brotéria	Brotéria. Lisboa
BSAL	Boletin de la Sociedad Arqueológica Luliana. Palma de Mallorca (España)
BSAN	Bulletin de la Société des antiquaires de Normandie. Caen
BSAO	Bulletin de la Société des Antiquaires de l'Ouest et des Musées de Poitiers. Poitiers
BSAP	Bulletin de la Société des Antiquaires de Picardie. Amiens
BSCC	Boletin de la Sociedad Castellonense de Cultura. Castellón de la Plana (España)
BSEAA	Boletin del Seminario de Estudios de Arte y Arqueologia. Universidad de Valladolid. Valladolid (España)
BSEB	Byzantine Studies − Études Byzantines. University of Pittsburgh and Temple University. Pittsburgh
BSEPC	Bulletin de la Société d'Études de la Province de Cambrai. Lille
BSFN	Bulletin de la Société française de Numismatique. Paris
BSL	Bulletin de la Societé de Linguistique de Paris. Paris
BSNAF	Bulletin de la Societé nationale des Antiquaires de France. Paris
BSNES	Bulletin of the Society for Near Eastern Studies in Japan (Oriento), Tokyo Tenrikyokan. Tokyo
BSOAS	Bulletin of the School of Oriental and African Studies. London
BSRel	Biblioteca di scienze religiose. Brescia
BSSAA	Bollettino degli Studi Storici, Artistici e Archeologici della Provincia di Cuneo. Cuneo
BStudLat	Bollettino di Studi latini. Periodico quadrimestrale d'informazione bibliografica. Napoli

BT	Benedictijns Tijdschrift. Bergen, Abdij Egmond
BTAM	Bulletin de théologie ancienne et médiévale. Louvain
BThom	Bulletin Thomiste. Toulouse
BTSAAM	Bulletin trimestriel de la Société Académique des Antiquaires de la Morinie. Saint-Omer (France)
BulArchCopte	Bulletin de la Société d'Archéologie Copte. Le Caire
BulBudé	Bulletin de l'association Guillaume Budé. Paris
BulHel	Bulletin de correspondance hellénique. Paris
BulOr	Bulletin d'études orientales. Paris
BulSiena	Bollettino Senese di Storia Patria. Siena
Burgense	Burgense. Seminario metropolitano. Burgos
BurlM	Burlington Magazine for Connoisseurs. London
ByFo	Byzantinische Forschungen. Internationale Zeitschrift für Byzantinistik. Amsterdam
ByN	Byzantina Neerlandica
Byslav	Byzantinoslavica. Praha
ByZ	Byzantinische Zeitschrift. München
Byzan	Byzantion. Bruxelles
Byzantina	Byzantina. Thessaloniki
BZG	Basler Zeitschrift für Geschichte und Altertumskunde. Basel
BZNW	Beihefte zur Zeitschrift für die neutestamentliche Wissenschaft. Berlin
CaAr	Cahiers archéologiques. Paris
Caesarodunum	Caesarodunum. Tours
CahEA	Cahiers des Études Anciennes. Montréal
CaHist	Cahiers d'histoire. Lyon
CaHM	Cahiers d'histoire mondiale. Neuchâtel
CaJos	Cahiers de Joséphologie. Montréal
CalTJ	Calvin Theological Journal. Grand Rapids. Michigan
CanHR	Canadian Historical Review. Toronto
Carinthia	Mitteilungen des Geschichtsvereins für Kärnten. Klagenfurt
CarkV	Cărkoven vestnik. Sofija
Carmelus	Carmelus. Commentarii ab Instituto Carmelitano editi. Roma
CaSion	Cahiers sioniens. Paris
Cass	Cassiciacum. Eine Sammlung wissenschaftlicher Forschungen über den heiligen Augustinus und den Augustinerorden, sowie wissenschaftlicher Arbeiten von Augustinern aus anderen Wissensgebieten. Würzburg
Cath	Catholica. Jahrbuch für Kontroverstheologie. Münster
CathEd	Catholic Educational Review. Washington
CathMind	Catholic Mind. New York
CathSt	Catholic Studies (Katorikku Kenkyu). Tokyo
CB	The Classical Bulletin. Saint Louis, Mo., Department of Classical Languages at Saint Louis University
CBNT	Coniectanea biblica. New Testament Series. Lund
CBQ	The Catholic Biblical Quarterly. Washington
CC	La Cività Cattolica. Roma

CCC	Civiltà classica e cristiana. Genova
CCER	Cahiers du cercle Ernest-Renan
CCH	Československý časopis historický. Praha
CChr	Corpus Christianorum
CCM	Cahiers de civilisation médiévale. Poitiers
CD	La Ciudad de Dios. Madrid
CdR	Classici delle religioni. Torino
CE	Chronique d'Égypte. Bulletin périodique de la Fondation égyptologique Reine Elisabeth. Bruxelles
CEA	Collection d'Études Anciennes. Paris
CEFMC	Centro de Estudios de Filosofia medieval. Buenos Aires
Celtiberia	Celtiberia. Soria
Celtica	Celtica. Dublin
Centaurus	Centaurus. København
CF	Collectanea Franciscana. Roma
CFC	Cuadernos de Filologia. Facultad de Filosofia y Letras. Universitas Complutensis. Madrid
CFH	Classical Folia. Worcester, Mass.
CFilos	Cuadernos de Filosofia. Buenos Aires
CFR	Cuadernos Franciscanos de Renovación. Santiago de Chile
CGS	Collections Les grandes Civilisations
CH	Church History. Chicago, Ill.
CHE	Cuadernos de Historia de España. Buenos Aires
ChH	Church History. Wallingford, Pa.
ChicS	Chicago Studies. Mundelein, Illinois
Chiron	Chiron. Mitteilungen der Kommission für alte Geschichte und Epigraphik des Deutschen Archäologischen Instituts. München
Choice	Choice. Chicago, Ill.
ChQR	Church Quarterly Review. London
CHR	The Catholic Historical Review. Washington
ChrCent	Christian Century. Chicago, Ill.
ChrCris	Christianity and Crisis. New York
Christus	Christus. Paris
ChronEg	Chronique d'Égypte. Bruxelles
ChrSt	Christian Studies (Kirisutokyogaku). Tokyo
ChrToday	Christianity Today. Washington
ChryS	Chrysostomos-Studien
CHS	Church in History Series. London
ChTh	Church and Theology (Kyokai To Shingaku), The Tohoku Gakuin University Review. Sendai
CiCult	Ciencia y Cultura. Caracas
Ciencias	Las Ciencias. Madrid
CiFe	Ciencia y Fe. Buenos Aires
CIMA	Cahiers de l'Institut du moyen âge grec et latin. Copenhague
Cistercium	Cistercium. Revista monástica. Revista española de espiritualidad, historia y doctrina. Abadia de la Oliva. Carcastillo (Navarra)
CitNed	Cîteaux. Commentarii Cistercienses. Westmalle (Belgie)

CJ	Classical Journal. Lawrence, Kansas
Clair-Lieu	Clair-Lieu. Tijdschrift gewijd aan de geschiedenis der Kruisheren. Diest (Belgie)
Claretianum	Claretianum Commentaria Theologica. Pontificia Universitas Lateranensis: Institutum Theologiae Vitae Religiosae. Rom
Classica	Boletim de pedagogia e cultura. Lisboa
ClBul	Classical Bulletin. Chicago
Clergy	The Clergy Review. London
ClPh	Classical Philology. Chicago
CM	Classica et mediaevalia. København
CN	Conjectanea neotestamentica. Uppsala
CNM	Časopis národního musea. Praha
CO	Het christelijk Oosten. Nijmegen
COCR	Collectanea Ordinis Cisterciensium Reformatorum. Westmalle (Belgique)
CodMan	Codices manuscripti. Zeitschrift für Handschriftenkunde. Wien
ColBi	Collectanea Biblica. Madrid
ColBrugGand	Collationes Brugenses et Gandavenses. Brugge-Gent
ColCist	Collectanea Cisterciensia. Scourmont (Belgien)
Collationes	Collationes. Vlaams Tijdschrift voor Theologie en Pastoral. Gent
Colloquium	Colloquium. Auckland, New Zealand: ab 1972 in Australien
CollSR	Collection de sociologie religieuse. Paris
ColSal	Colloquium salutis. Wrocław
Commentary	Commentary. American Jewish Committee. New York
Communio	Communio. Commentarii Internationales de Ecclesia et Theologia. Studium Generale O. P., Granada (Spanien)
Communio (US)	Communio: International Catholic Review. Spokane, Wa.
Communion	Communion. Taizé. Frankreich
Compostelanum	Compostelanum. Instituto de Estudios Jacobeos. Santiago de Compostela
Concilium	Concilium. Internationale Zeitschrift für Theologie. Mainz, Einsiedeln-Zürich, Wien
ConciliumT	Concilium. Revue internationale de théologie. Tours
Concord	Concordia Theological Monthly. St. Louis (Miss.)
Confer	Confer, Revista de vida religiosa. Conferencia Española de Religiosos. Madrid
ConferS	Comunidades. Suplemento Confer. Boletín bibliográfico de vida religiosa y espiritualidad. Madrid
Confrontations	Confrontations. Tournai. Früher: Revue diocésane de Tournai
CongQ	Congregational Quarterly. London
Conimbriga	Conimbriga. Revista do Instituto de Arqueologia da Faculdade de Letras. Coimbra
ConsJud	Conservative Judaism. New York
Cont	Continuum. Chicago, Ill.
ConviviumTor	Convivium. Torino
COS	Cambridge Oriental Series. London
CoTh	Collectanea Theologica. Warszawa

CQ	The Classical Quarterly. Oxford
CR	Classical Review (N.S.). Oxford
CRAI	Comptes rendus des séances de l'Academie des inscriptions et belles lettres. Paris
CRDAC	Centro ricerche e documentazione sull' antichità classica. Milano-Varese
Crisis	Crisis. Revista española de Filosofia. Madrid
Criterio	Criterio. Buenos Aires
Cross	Cross Currents. New York
CrossCr	Cross and Crown. St. Louis, Missouri
CrSt	Cristianesimo nella storia. Richerche storiche esegetiche teologiche. Bologna
CS	Critica storica. Messina
CSCO	Corpus scriptorum Christianorum orientalium. Louvain
CSEL	Corpus scriptorum ecclesiasticorum Latinorum
CSF	Cuadernos Salmantinos de Filosofía. Universidad Pontificia. Salamanca
CSG	Collana di Studi greci
CSR	Christian Scholar's Review. Wenham, Mass.
CStClA	California Studies in Classical Antiquity. Berkeley
CStR	Collana di storia religiosa. Napoli
CT	La Ciencia Tomista. Salamanca
CThM	Calwer theologische Monographien. Stuttgart
CTM	Cuestiones Teológicas. Medellín (Colombia)
CTP	Collana di testi patristici.
CTSA	Catholic Theological Society of America. Proceedings
CTu	Les Cahiers de Tunisie. Tunis.
CuadFC	Cuadernos de Filologia Clásica. Madrid
CuadGal	Cuadernos de Estudios gallegos. Santiago de Compostela
CuadManch	Cuadernos de Estudios manchegos. Ciudad Real
CuadMon	Cuadernos Monásticos. Conferencia de Communidades Monásticas del Cono Sur. Abadía de Santa Escolástica. Victoria (Buenos Aires). Argentina
CUAPS	Catholic University of America Patristic Studies
CUC	Cahiers universitaires catholiques. Paris
CultBib	Cultura Biblica. Madrid/Segovia
CultNeolat	Cultura neolatina. Modena
CumBook	The Cumulative Book Index. New York
CV	Communio viatorum. Praha
CW	Classical World. New York
DA	Deutsches Archiv für Erforschung des Mittelalters. Köln–Graz
DanskBog	Dansk bogfortegnelse. København
DaTIndex	Dansk tidsskrift-index. København
Davar	Davar. Buenos Aires
DC	Doctor Communis. Roma
DChrArHet	Deltion tes Christianikes Archaiologikes Hetaireias. Athen
DE	Diritto Ecclesiastico. Milano

DHA	Dialogues d'histoire ancienne. Paris
Diak	Diakonia. Bronx, N.Y.
Diakon	Diakonia. Der Seelsorger. Internationale Zeitschrift für praktische Theologie. Mainz
Diakonia	Diakonia. Zeitschrift für Seelsorge. Olten
Dial	Dialog. St. Paul, Minn.
DialEc	Diálogo Ecuménico. Centro de Estudios Orientales y Ecuménicos Juan XXIII. Universidad Pontificia. Salamanca
Didaskalia	Didaskalia. Revista da Faculdade de Teologia de Lisboa. Universidade Catolica Portuguesa. Lisboa
Dioniso	Dioniso. Rivista trimestrale di studi sul teatro antico. Siracus
Dionysius	Dionysius. Halifax, Nova Scotia. Dept. of Classics, Dalhousie University
Diotima	Diotima. Revue de recherche philosophique. Athen
DipOrthAth	Diptycha Orthodoxias. Athen
DissAbstr	Dissertation Abstracts. A Guide to Dissertations and Monographs available in microfilm. Ann Arbor (Michigan)
Divinitas	Divinitas. Roma
DLZ	Deutsche Literaturzeitung für Kritik der internationalen Wissenschaft. Berlin
DocLife	Doctrine and Life. Dublin
Dodone	Dodone. Epistemoniki Epeteris tes Philosophikes Scholes tu Panepistemiu Ioanninon. Ioannina
Dom	Dominicana. Washington
DR	Downside Review. Downside Abbey (Bath)
DrewG	Drew Gateway. Madison, New Jersey
DtBibl	Deutsche Bibliographie. Wöchentliches Verzeichnis. Frankfurt am Main
DThP	Divus Thomas. Commentarium de Philosophia et Theologia. Piacenza (Italia)
DtNBibl	Deutsche Nationalbibliographie. Leipzig
DtPfrBl	Deutsches Pfarrerblatt. Essen
DTT	Dansk teologisk tidsskrift. København
DuchKult	Duchovna Kultura. Sofija
DuchPast	Duchovni pastýř. Praha
DukeDivR	The Duke Divinity School Review. Durham, N.C.
DumPap	Dumbarton Oaks Papers. Washington
DunR	The Dunwoodie Review. Younkers, N.Y.
DurhamUni	The Durham University Journal. Durham
Durius	Durius. Valladolid
DVM	Deltion Vivlikon Meleton
DVSHFM	Det kgl. danske Videnskapernes selskab. Hist.-Filol. Medd. København
DZPh	Deutsche Zeitschrift für Philosophie. Berlin
EA	Erbe und Auftrag. Beuron
EAbul	Estudios Abulenses. Avila
EAg	Estudios Agustiniano. Valladolid (Spanien)

EBib	Estudios Bíblicos. Madrid
EC	Études classiques. Namur
Eca	Eca. San Salvador
ECallao	Estudios. Callao (Argentina)
ECarm	Ephemerides carmeliticae. Roma
EChR	Eastern Churches Review
Eckart	Eckart. Witten
ECl	Estudios Clásicos. Madrid
EcumR	The Ecumenical review. Genève
EDeusto	Estudios de Deusto. Deusto (España)
Edjmiatsin	Edjmiatsin. Erevan
EE.	Estudios Eclesiásticos. Salamanca/Madrid
EEBS	Epeteris tes Hetaireias Byzantinon Spudon. Athen
EF	Estudios Franciscanos. Barcelona
EFil	Estudios Filosóficos. Revista de Investigación y Crítica publicada por los Estudios de Filosofía de los Dominicos Españolos. Valladolid
ÉgliseTh	Église et Théologie. Ottawa
EHR	English Historical Review. London
EHRel	Études d'histoire des Religions. Strasbourg
Eidos	Eidos. Madrid
Eirene	Eirene. Studia Graeca et Latina. Praha
EJC	Ephemerides iuris canonici. Roma
EJos	Estudios Josefinos. Valladolid
EkklAthen	Ekklesia. Athen
EL	Ephemerides liturgicae. Roma
ELKZ	Evangelisch-Lutherische Kirchenzeitung. Berlin
ELul	Estudios Lulianos. Palma de Mallorca (España)
EMaria	Estudios marianos. Madrid
EMC	Échos du Monde classique. Classical News and Views. Ottawa
EMerced	Estudios. Estudios, Notas y Bibliografía especialmente sobre la Orden de la Merced en España y América. Madrid
Emerita	Emerita. Boletin de Lingüística y Filologia clásica. Madrid
EMSIVD	Editiones Monumentorum Slavicorum Veteris Dialecti
EMZ	Evangelische Missionszeitschrift. Stuttgart
Enc	Encounter. Indianapolis
Enchoria	Enchoria. Zeitschrift für Demotistik und Koptologie
Encrucillada	Encrucillada. Revista galega de pensamento cristián. El Ferrol
Eos	Eos. Commentarii Societatis Philologae Polonorum. Wrocław, Ossolineum
EP	Ἕλληνες Πατέρες τῆς Ἐκκλησίας
EpAth	Epistemonike Epeteris tes Philosophikes Scholes tu Panepistemiu Athenon. Athen
EPh	Ekklesiastikos Pharos. Alexandria
EphMariol	Ephemerides mariologicae. Madrid
EPRO	Études préliminaires aux religions orientales dans l'Empire romain. Leiden
EpThAth	Epistemonike Epeteris tes Theologikes Scholes tu Panepistemiu Athenon. Athen

EpThes	Epistemonike Epeteris tes Philosophikes Scholes tu Panepistemiu Thessalonikes. Thessaloniki
EpThThes	Epistemonike Epeteris tes Theologikes Scholes tu Panepistemiu Thessalonikes. Thessaloniki
Eranos	Eranos. Acta philologica Suecana. Uppsala
Erasmus	Erasmus. Speculum scientiarum. Darmstadt, Aarau
ErJb	Eranos-Jahrbuch. Zürich
ERL	English recusant literature 1558−1640. Menston
EscrVedat	Escritos del Vedat. Anuario. Instituto Pontificio de Teología. PP. Dominicos. Valencia (España)
ESeg	Estudios Segovianos. Segovia (España)
ESH	Ecumenical Studies in History. Richmond, Va.
Esprit	Esprit et vie. Langres
Espiritu	Espiritu, Conocimiento, Actualidad. Barcelona
EsSt	Essays and Studies (Tokyo Joshi Daigaku Ronshu). Tokyo
EstH	Estudos Historicos. Faculdade de Filosofia, Ciencias e Letras. Marilia (Brasil)
EstMet	Estudios de Metafísica. Valencia
EstRo	Estudis románics. Barcelona
Et	Études. Paris
EtF	Études franciscaines. Paris
EtGreg	Études grégoriennes. Solesmes
ETGuatemala	Estudios teológicos. Instituto Teológico Salesiano. Guatemala
EThL	Ephemerides theologicae Lovanienses. Louvain
EtPh	Les Études Philosophiques. Paris
ETrin	Estudios Trinitarios. Publicación del Secretariado Trinitario. Salamanca
EtRoussil	Études roussillonnaises. Perpignan
EtThR	Études théologiques et religieuses. Montpellier
Euhemer	Euhemer. Przegląd religioznawczy. Warszawa
EuntDoc	Euntes Docete. Roma
Euphorion	Euphorion. Zeitschrift für Literaturgeschichte. Heidelberg
Euphrosyne	Euphrosyne. Revista de Filologia classica. Lisboa
EvangQ	Evangelical Quarterly. Grand Rapids, Michigan
Evid	Evidences. Paris
EvQ	Evangelical Quarterly. London
EvTh	Evangelische Theologie. München
Explor	Explor, a Journal of Theology. Evanston, Ill.
ExpR	Expository and Homiletic Review. Cleveland (Ohio)
ExpT	The Expository Times. Edinburgh
Fabula	Fabula. Zeitschrift für Erzählforschung. Berlin
FaCh	Fathers of the Church
Faventia	Faventia Publicació del Departament de Filologia clàssica de la Univ. autónoma de Barcelona
FC	Filosofický časopis. Praha
FCB	Slovenský Filosofický časopis. Bratislava
FDA	Freiburger Diözesan-Archiv. Freiburg i. Br.

FilBuenosA   Filologia. Buenos Aires
FilLet   Filologia e Letteratura. Napoli
Filos   Filosofia. Torino
FilVit   Filosofia e Vita. Torino
FLisboa   Filosofia. Lisboa
FMSt   Frühmittelalterliche Studien. Berlin
FKDG   Forschungen zur Kirchen- und Dogmengeschichte. Göttingen
Foi   Foi et vie. Paris
FoiTemps   La Foi et le Temps
ForumTheo   Forum theologicum. Härnösand
Foun   Foundations. Rochester, N.Y.
Franc   Franciscana. Sint-Truiden (Belgique)
Francia   Francia. München
FrBogotá   Franciscanum. Revista de las ciencias del espíritu. Universidad
                  de San Buenaventura. Bogotá, Columbia
FrSt   French Studies. Oxford
FS   Franziskanische Studien. Werl
FSt   Franciscan Studies. St. Bonaventure, New York
FSUSub   Florentinae studiorum universitatis. Subsidia
FThSt   Freiburger theologische Studien. Freiburg
FTS   Frankfurter Theologische Studien. Frankfurt
FZPT   Freiburger Zeitschrift für Philosophie und Theologie. Freiburg

GB   Grazer Beiträge. Graz
GBA   Gazette des beaux arts. New York, Paris
GCFI   Giornale Critico della Filosofia Italiana. Firenze
GCS   Die griechischen christlichen Schriftsteller der ersten Jahrhun-
                  derte
GDA   Godišnik na duchovnata akademija. Sofija
GeiLeb   Geist und Leben. Zeitschrift für Askese und Mystik. Würzburg
Genava   Genava. Genf
GermB   Germanische Bibliothek
GGA   Göttingische gelehrte Anzeigen. Göttingen
GiorFil   Giornale Italiano di Filologia. Napoli
GJ   The Geographical Journal. London
GlB   Glasul Bisericii. Bucureşti
Glotta   Glotta. Göttingen
GM   Giornale di Metafisica. Genova
Gn   Gnomon. München
GNT   Grundrisse zum Neuen Testament. Göttingen
GöAB   Göppinger Akademische Beiträge
GöO   Göttinger Orientforschungen
GötAr   Göteborgs högskolas årsskrift. Göteborg
GöThA   Göttinger theologische Arbeiten. Göttingen
GP   Gulden Passer. Antwerpen
GR   Greek and Rome. Oxford
Greg   Gregorianum. Roma
GregPalThes   Gregorios ho Palamas. Thessaloniki

GrOrthThR	The Greek Orthodox Theological Review. Brookline (Mass.)
GrRoBySt	Greek. Roman and Byzantine Studies. San Antonio (Texas), Durham (N.C.)
GrTS	Grazer Theologische Studien. Graz
GTT	Gereformeerd theologisch tijdschrift. Amsterdam
Gy	Gymnasium. Zeitschrift für Kultur der Antike und humanistische Bildung. Heidelberg
HA	Handes Amsorya. Monatsschrift für armenische Philologie. Wien
Ha	Hermathena. A Series of Papers on Literature, Science and Philosophy. Dublin
Habis	Habis. Universidad de Sevilla. Arqueologia, Filologia clásica. Sevilla
HarvAsia	Harvard Journal of Asiatic Studies. Cambridge (Mass.)
HarvClassPhil	Harvard Studies in Classical Philology. Cambridge (Mass.)
HarvDS	Harvard Divinity School. Bulletin. Cambridge (Mass.)
HC	Historicky časopis. Bratislava
Helikon	Helikon. Rivista di tradizione e cultura classica. Messina
Hell	Hellenika. Thessaloniki
HellAgAthen	Hellenochristianike Agoge. Athen
Helmántica	Helmántica. Universidad Pontificia. Salamanca
Her	Hermes. Zeitschrift für klassische Philologie. Wiesbaden
HerE	Hermes. Zeitschrift für klassische Philologie − Einzelschriften. Wiesbaden
Hermeneus	Hermeneus. Tijdschrift voor de antieke Cultuur. Culemburg
HervTSt	Hervormde teologiese studies. Pretoria
Hesp	Hesperia. Journal of the American School of Classical Studies at Athens. Athen
Hespéris	Hespéris-Tamuda. Paris
HeythropJ	The Heythrop Journal. Heythrop College. Oxen et Oxford
HFSKob	Historisk-filologiske skrifter. Det kgl. danske videnskabernes Selskap. København
Hispania	Hispania. Revista española de Historia. Madrid
HispAnt	(früher: HispAlava) Hispania Antiqua. Valladolid
HistEsp	Historia de la Espiritualidad. Barcelona
HistJ	Historical Journal. Cambridge
HistJud	Historia Judaica. New York
Historia	Historia. Zeitschrift für alte Geschichte. Wiesbaden.
History	History. London
HistoryT	History Today. London
HistRel	Histoire des religions. Paris
HistReli	History of Religions. Chicago (Ill.)
HistTh	History and Theory. Middletown (Conn.)
HJ	Historisches Jahrbuch. München, Freiburg
HKG(J)	Handbuch der Kirchengeschichte. Hrsg. von Hubert Jedin. Freiburg i. B. u. a.

HKZMTL	Handelingen der Koninklijke Zuidnederlands Maatschappij voor Taalen Letterkunde. Brussel
HlasPrav	Hlas pravoslaví. Praha
HlD	Heiliger Dienst. Salzburg
Ho	Hochland. München
HokB	Hokusei Bulletin (Hokusei Ronshu). Hokusei Gakuen University, Sapporo
Horizon	Horizon. New York
Horizontes	Horizontes. Revista de la Universidad Católica de Puerto Rico. Ponce (Puerto Rico)
HR	Hispanic Review. Philadelphia
HS	Hispania Sacra. Madrid
HSHT	Historica. Les scienes historiques en Tchécoslovaquie. Praha
HSt	Historické štúdie. Bratislava
HThR	Harvard Theological Review. Cambridge (Mass.)
HTK	Historisk tidsskrift. København
HUCA	Hebrew Union College Annual. Cincinnati (Ohio)
Humanidades	Humanidades. Salamanca
Humanitas	Humanitas. Revista de la Facultad de Filosofía y Letras. Tucumán (Argentina)
HumanitasBr	Humanitas. Brescia (Italia)
HumanitasCoim	Humanitas. Coimbra, Portugal
HumChrCu	Humanities, Christianity and Culture (Jinbunkagaku Kenkyu: Kirisutokyo To Bunka). Tokyo
HumTeol	Humanística e Teologia. Instituto de Ciências Humanas e Teológicas do Porto. Porto (Portugal)
HVF	Handelingen van de Vlaams Filologencongressen. Gent
HVSLA	Humanistiska vetenskappsamfundet i Lund. Årsberättelse. Lund
HVSUA	Humanistiska vetenskappsamfundet i Uppsala. Årsbok. Uppsala
Hyp	Hypomnemata. Göttingen
HZ	Historische Zeitschrift. München
IC	Ius Canonicum. Universidad de Navarra. Pamplona
ICISt	Illinois Classical Studies. Urbana
IES	Indian Ecclesiastical Studies. Belgaum, India
IF	Indogermanische Forschungen. Berlin
IH	Information historique. Paris
IHS	Irish Historical Studies. Dublin
IKZ	Internationale kirchliche Zeitschrift. Bern
IL	L'Information littéraire. Paris
IlCl	Ilustración del Clero. Revista mensual publicada por los Misioneros Hijos del Corazón de Maria. Madrid
Ilerda	Ilerda. Lérida
IM	Imago mundi. Leiden
IMU	Italia medioevale e umanistica. Padova
IndCultEsp	Indice cultural español. Madrid

IndHistEsp	Indice histórico español. Barcelona
Interp	Interpretation. Richmond, Va.
IntRMiss	International Review of Mission. Geneva, N.Y.
IntZErz	Internationale Zeitschrift für Erziehungswissenschaft. 's-Gravenhage
InvLuc	Invigilata lucernis. Rivista dell'Instituto di Latino. Universita di Bari
IPhQ	International Philosophical Quarterly. New York
Iraq	Iraq. London
Irénikon	Irénikon. Chevetogne (Belgique)
IRSH	International Review of Social History. Assen
IsExJ	Israel Exploration Journal. Jerusalem, Israel
Isis	Isis. Cambridge (Mass.)
Islam	Der Islam. Straßburg, Berlin
ISRPR	Istituto di scienze religiose. Pensatori regiosi. Padova
Istina	Istina. Boulogne (Seine)
Itinerarium	Itinerarium. Braga (Portugal)
ITQ	The Irish Theological Quarterly. Maynooth (Ireland)
ITS	Innsbrucker Theologische Studien. Innsbruck
Iura	Iura. Rivista Internazionale di Diritto Romano e Antico. Napoli
IZBG	Internationale Zeitschriftenschau für Bibelwissenschaft und Grenzgebiete. Stuttgart
JA	Journal asiatique. Paris
JAACr	The Journal of Aesthetics and Art Criticism. Baltimore (Maryland)
JAAR	Journal of the American Academy of Religion. Waterloo, Ontario
JAC	Jahrbuch für Antike und Christentum. Münster
JACE	Jahrbuch für Antike und Christentum. Ergänzungsband
JAOS	Journal of the American Oriental Society. Baltimore
JARCE	Journal of the American Research Center in Egypt. Boston
JBAA	The Journal of the British Archaeological Association. London
JbBerlin	Jahrbuch der deutschen Akademie der Wissenschaften zu Berlin. Berlin
JbGö	Jahrbuch der Akademie der Wissenschaften in Göttingen. Göttingen
JbKönigsberg	Jahrbuch der Albertus-Universität zu Königsberg (Pr.). Überlingen
JBL	Journal of Biblical Literature. Philadelphia
JBMainz	Akademie der Wissenschaften und der Literatur. Jahrbuch. Mainz
JBR	The Journal of Bible and Religion. Brattleboro (Vermont)
JbrPK	Jahresbericht. Staatsbibliothek Preußischer Kulturbesitz. Berlin
JCeltSt	Journal of Celtic Studies. Philadelphia
JChrSt	The Journal of Christian Studies (Kirisutokyo Ronshu). Tokyo
JChSt	Journal of Church and State. Waco, Texas
JCS	Journal of Classical Studies. (Japan)

JDAI	Jahrbuch des deutschen archäologischen Instituts. Berlin
JEA	Journal of Egyptian Archaeology. London
JEcclH	Journal of Ecclesiastical History. London
JEcSt	Journal of Ecumenical Studies. Philadelphia, Penn.
JEGP	The journal of English and German philology. Urbana
JEOL	Jaarbericht van het Vooraziatisch-Egyptisch Genootschap „Ex Oriente Lux". Leiden
JES	Journal of Ecumenical Studies. Pittsburgh
JETS	Journal of Evangelical Theological Society. Denver (Colorado)
JGO	Jahrbücher für die Geschichte Osteuropas. München
JHChr	The Journal of History of Christianity (Kirisutokyoshigaku), Kanto Gakuin University, Yokohama
JHI	Journal of the History of Ideas. Lancaster (Pa.)
JHPh	Journal of the History of Philosophy. Berkeley. Los Angeles
JHS	Journal of Hellenic Studies. London
JHSCW	Journal of the Historical Society of the Church in Wales. Cardiff
JJur	The Journal of Juristic Papyrology. New York
JKGV	Jahrbuch des Kölnischen Geschichtsvereins. Köln
JLH	Jahrbuch für Liturgik und Hymnologie. Kassel
JMP	Journal of the Moscow Patriarchate. Moskau
JNAW	Jaarboek van de Koninklijke Nederlandse Akademie van Wetenschapen. Amsterdam
JNES	Journal of Near Eastern Studies. Chicago
JOBG	Jahrbuch der Österreichischen Byzantinischen Gesellschaft. Graz—Köln
JPastCare	Journal of Pastoral Care. Kutztown (Pa.)
JPH	Journal of Philosophy. New York
JQR	The Jewish Quarterly Review. Philadelphia
JR	The Journal of Religion. Chicago
JRAS	Journal of the Royal Asiatic Society of Great Britain and Ireland. London
JReSt	Journal of Religious Studies (Shukyo Kenkyo), University of Tokyo. Tokyo
JRH	The Journal of religious history. Sydney
JRS	Journal of Roman Studies. London
JRTh	Journal of Religious Thought. Washington
JS	Journal des savants. Paris
JSb	Jazykovedný sborník. Bratislava
JSS	Journal of Semitic Studies. Manchester
JSSR	Journal for the Scientific Study of Religion. New-Haven (Conn.)
JStJ	Journal for the study of Judaism. Leiden
JTh	Journal of Theology (Shingaku). Tokyo
JThCh	Journal for Theology and Church. N.Y., N.Y.
JThS	Journal of Theological Studies. Oxford
Jud	Judaism. New York
Judaica	Judaica. Beiträge zum Verständnis des jüdischen Schicksals in Vergangenheit und Gegenwart. Basel

JuFi	Južnoslovenski Filolog. Beograd
JVictoria	Journal of Transactions of the Victoria Institute. London
JWCI	Journal of the Warburg and Courtauld Institutes. London
KÅ	Kyrkohistorisk årsskrift. Stockholm
Kairos	Kairos. Zeitschrift für Religionswissenschaft und Theologie. Salzburg
KBANT	Kommentare und Beiträge zum Alten und Neuen Testament. Düsseldorf
KE	Kerk en eredienst. s'-Gravenhage
Kêmi	Kêmi. Paris
Kleio	Tijdschrift voor oude talen en antieke Kultuur. Leuven
Kleronomia	Kleronomia. Thessaloniki
Klio	Klio. Beiträge zur alten Geschichte. Berlin
KlT	Kleine Texte für Vorlesungen und Übungen. Begründet von H. Lietzmann
KoinAthen	Koinonia. Athen
KoinNapoli	Κοινωνία. Organo dell' associazione di studi tardoantichi. Portici (Napoli)
Kriterium	Kriterium. Belo Horizonte (Brasil)
KrR	Křest'anská revue. Praha
KRS	Kirchenblatt für die reformierte Schweiz. Basel
KT	Kerk en theologie. 's-Gravenhage
KuD	Kerygma und Dogma. Göttingen
Kyrios	Kyrios. Vierteljahresschrift für Kirchen- und Geistesgeschichte Osteuropas. Berlin
Labeo	Labeo. Napoli
Lampas	Lampas. Culemborg
Language	Language. Journal of the Linguistic Society of America. Baltimore
Lateranum	Lateranum. Città del Vaticano
Latinitas	Latinitas. Roma
Latomus	Latomus. Revue d'études latines. Bruxelles
Lau	Laurentianum. Roma
Laval	Laval théologique et philosophique. Quebec
LCC	The Library of Christian Classics
LCM	Liverpool Classical Monthly. University of Liverpool
LebS	Lebendige Seelsorge. Karlsruhe
LEC	Les Études Classiques. Namur
Lecároz	Lecároz. Navarro
Leodium	Leodium. Liège
LeV	Liturgia e Vida. Rio de Janeiro
LFilol	Listy filologické. Praha
LG	Latina et Graeca. Zagreb
Libr	Librije. Bibliographisch Bulletijn voor Godsdienst, Kunst en Kultuur. Uitgegeven door de St.-Pietersabdij van Steenbrugge
LibriRiv	Libri e Riviste. Roma

LicFr   Liceo Franciscano. Revista de Estudio e Investigación. Colegio
                   Teológico Franciscano. Santiago de Compostela
Ligarzas   Universidad de Valencia. Facultad de Filosofia y Letras. Depar-
                   tamento de Historia Medieval.
LinBibl   Linguistica Biblica. Bonn
Liturgia   Liturgia. Monasterio de Sto. Domingo. Silos (Burgos)
LJ   Liturgisches Jahrbuch. Münster
LMyt   Lesbiaka. Deltion tes Hetaireias Lesbiakon Meleton. Mytilene
LnQ   The Lutheran Quarterly. Gettysburg (Pa.)
LO   Lex Orandi. Paris
Logos   Logos. Revista de Filosofía. Universidad La Salle. México
LQF   Liturgiewissenschaftliche Quellen und Forschungen
LR   Lettres romanes. Louvain
LS   Lingua e Stile. Milano
LSD   Litteraria. Štúdie a dokumenty. Bratislava
LUÅ   Lunds universitets årsskrift. Lund
Lum   Lumen. Lisboa
Lumen   Lumen. Facultad de Teología del Norte de España – Sede de
                   Vitoria. Früher: Lumen. Seminario Diocesano. Vitoria.
Lumenvitae   Lumen vitae. Revue internationale de la formation religieuse.
                   Bruxelles
LumK   Lumen. Katolsk teologisk tidsskrift. København
LumVi   Lumière et vie. St. Alban-Leysse
LusSac   Lusitania sacra. Lisboa
Lustrum   Lustrum. Internationale Forschungsberichte aus dem Bereich
                   des klassischen Altertums. Göttingen
LuthRund   Lutherische Rundschau. Hamburg
LuthRundbl   Lutherischer Rundblick. Wiesbaden
LuthQ   The Lutheran Quarterly. Kurtztown, Pa.
LW   Lutheran World. Genève
Lychnos   Lychnos. Uppsala

MA   Moyen-âge. Bruxelles
MAAL   Mededelingen der Koninklijke Nederlandse Academie van We-
                   tenschappen. Afdeling Letterkunde. Amsterdam
MAB   Mededelingen van de koninklijke Vlaamse Academie voor We-
                   tenschappen, Letteren en Schone Kunsten van België. Klasse de
                   Letteren. Brussel
MAb   Misión Abierta al servicio de la fe. Madrid
MAev   Medium aevum. Oxford
MAH   Mélange d'archéologie et d'histoire. École Française de Rome.
                   Paris
Maia   Maia. Firenze
MaisonDieu   La Maison-Dieu. Paris
MakThes   Makedonika. Syngramma periodikon tes Hetaireias Makedoni-
                   kon Spoudon. Thessaloniki
Manresa   Manresa. Revista de Información e Investigación ascética y mí-
                   stica. Barcelona

Manuscripta	Manuscripta. St.-Louis (Missouri)
Marianum	Marianum. Roma
MarSt	Marian Studies
Mayéutica	Mayéutica. Publicación cuatrimestral de los Padres Agustinos Recoletos. Marcilla (Navarra)
MBTh	Münsterische Beiträge zur Theologie. Münster
MCM	Miscellanea classico-medievale. Quaderni predipartimento di civiltà classica e del medioevo. Università di Lecce
MCom	Miscelánea Comillas. Comillas (Santander)
MCSN	Materiali e contributi per la storia della narrativa greco-latina. Perugia
MD	Materiali e Discussioni per l'analisi dei testi classici. Pisa
MDOG	Mitteilungen der Deutschen Orient-Gesellschaft zu Berlin. Berlin
MDom	Memorie Domenicane. Firenze
MEAH	Miscelánea de Estudios Arabes y Hebraicos. Granada
Meander	Meander. Revue de civilisation du monde antique. Warszawa
MEH	Medievalia et Humanistica: Studies in Medieval and Renaissance Culture. Cleveland (Ohio)
MelitaTh	Melita theologica. Malta
MennQR	Mennonite Quarterly Review. Goshen (Ind.)
MenorahJ	The Menorah Journal. New York
MEPRC	Messager de l'Exarchat du Patriarche russe en Europe Centrale. Paris
MEPRO	Messager de l'Exarchat du Patriarche russe en Europe Occidentale. Paris
MF	Miscellanea franciscana. Roma
MGH	Monumenta Germaniae historica
MH	Museum Helveticum. Basel
MHA	Memorias de Historia antigua. Oviedo
MHisp	Missionalia Hispanica. Madrid
MHum	Medievalia et Humanistica. Boulder (Colorado)
MIDEO	Mélanges de l'Institut Dominicain d'Etudes Orientales du Caire. Dar Al-Maaref
Mid-stream	Mid-stream. Indianapolis
Mikael	Mikael. Paraná (República Argentina)
Millars	Millars. Castellón
MIÖGF	Mitteilungen des Instituts für österreichische Geschichtsforschung. Graz
MIOr	Mitteilungen des Instituts für Orientforschung. Berlin
MitrArd	Mitropolia Ardealului. Sibiu
MitrBan	Mitropolia Banatului. Timişoara
MitrMold	Mitropolia Moldovei şi Sucevei. Iaşi
MitrOlt	Mitropolia Olteniei. Craiova
MLatJB	Mittellateinisches Jahrbuch. Köln/Düsseldorf
MLR	Modern Language. Baltimore
MM	Miscellanea mediaevalia. Berlin
MmFor	Memorie Storiche Forogiulisi. Udine

Mn	Mnemosyne. Bibliotheca classica Batava. Leiden
MNHIR	Mededelingen van het Nederlands Historisch Instituut te Rome. 's-Gravenhage
MO	Le monde oriental. Uppsala
ModCh	Modern Churchman. London
ModS	The Modern Schoolman. St. Louis (Mo.)
MonStud	Monastic Studies. Pine City, N.Y.
MontCarm	El Monte Carmelo. Burgos (España)
Month	The Month. London notes. Baltimore
MPhL	Museum Philologum Londiniensis. Amsterdam
MPTh	Monatsschrift für Pastoraltheologie. Göttingen
MR	The Minnesota Review. Minneapolis
MRSt	Mediaeval and Renaissance Studies. London
MS	Mediaeval Studies. Toronto
MSAHC	Mémoires de la société archéologique et historique de la Charente. Angoulème
MSHDI	Mémoires de la société pour l'histoire du droit et des institutions des anciens pays bourguignons, comtois et romands. Dijon
MSLC	Miscellanea di studi di letteratura cristiana antica. Catania
MSR	Mélanges de science religieuse. Lille
MSSNTS	Monograph series. Society for New Testament Studies. Cambridge
MT	Museum Tusculanum. København
MThSt	Münchener Theologische Studien. München
MThZ	Münchener theologische Zeitschrift. München
Mu	Le Muséon. Revue d'études orientales. Louvain
MuAfr	Museum Africum. Ibadan. Nigeria
MüBPR	Münchener Beiträge zur Papyrusforschung und antiken Rechtsgeschichte
MusCan	Museo canario. Madrid
MusCrit	Museum Criticum. Quaderni dell' Ist. di Filologia classica dell' Università di Bologna
Museum	Museum. Maandblad voor philologie en geschiedenis. Leiden
MUSJ	Mélanges de l'Université Saint-Joseph. Beyrouth
Musl	The Muslim World. Hartford (Conn.)
MusPont	Museo de Pontevedra
MüStSpr	Münchener Studien zur Sprachwissenschaft. München
MVVEG	Mededelingen en verhandelingen van het Vooraziatisch-Egyptisch Genootschap „Ex oriente Lux". Leiden
NábR	Náboženska revue cirkve československé. Praha
NAG	Nachrichten der Akademie der Wissenschaften in Göttingen. Göttingen
NAKG	Nederlands archief voor kerkgeschiedenis. Leiden
Namurcum	Namurcum. Namur
NatGrac	Naturaleza y Gracia. Salamanca
NBA	Norsk bokfortegnelse. Årskatalog. Oslo

NC	La Nouvelle Clio. Bruxelles
NDid	Nuovo Didaskaleion. Catania (Italia)
NedKath	Nederlandse katholieke stemmen
NedThT	Nederlands theologisch tijdschrift. 's-Gravenhage
NEThR	The Near East School of Theology Theological Review. Beirut
NetV	Nova et Vetera. Temas de vida cristiana. Monasterio de Benedictinas. Zamora
NiceHist	Nice historique. Nice
Nicolaus	Nicolaus. Bari
NMES	Near and Middle East Series. Toronto
NMS	Nottingham Medieval Studies. Nottingham
NotesRead	Notes and Queries for Readers and Writers. London
NovaVet	Nova et vetera. Freiburg (Schweiz)
NovTest	Novum Testamentum. Leiden
NPh	Neophilologus. Groningen
NPM	Neuphilologische Mitteilungen. Helsinki
NPNF	Select library of the Nicene and post-Nicene Fathers of the Christian Church
NRiSt	Nuova Rivista Storica
NRTh	Nouvelle revue théologique. Tournai
NS	The New Scholasticism. Baltimore. Washington
NSJer	Nea Sion. Jerusalem
NStB	Neukirchner Studienbücher
NTA	Neutestamentliche Abhandlungen. Münster
NTAb	New Testament Abstracts. Weston, Mass.
NTS	New Testament Studies. Cambridge
NTSJ	New Testament Studies in Japan (Shinyakugaku Kenkyu). Seiwa College for Christian Workers. Nishinomiya
NTT	Norsk teologisk tidsskrift. Oslo
Numen	Numen. International Review for the History of Religions. Leiden
NVA	Det norske videnskaps-akademi. Avhandlinger. Hist.-filos. klasse. Oslo
NyKT	Ny kyrklig tidskrift. Uppsala
NYRB	New York Review of Books. Milford. Conn.
NZMW	Neue Zeitschrift für Missionswissenschaft. Schöneck-Beckenried
NZSTh	Neue Zeitschrift für systematische Theologie. Berlin
OBO	Orbis biblicus et orientalis
OCA	Orientalia Christiana Analecta. Roma
ÖAKR	Österreichisches Archiv für Kirchenrecht. Wien
ÖAW	Österreichische Akademie der Wissenschaften. Philos.-hist. Klasse. Kleine Denkschriften
OECT	Oxford Early Christian Texts. Oxford
ÖF	Ökumenische Forschungen. Freiburg/Br.
ÖstBibl	Östereichische Bibliographie. Wien
ÖT	Ökumenische Theologie

OGE	Ons geestelijk erf. Tielt (Belgie)
OiC	One in Christ. Catholic Ecumenical Review. London
Oliv	El Olivo. Documentación y estudios para el Diálogo entre Judíos y Cristianos. Madrid
OLP	Orientalia Lovaniensia Periodica. Louvain
OLZ	Orientalistische Literaturzeitung. Berlin
One Church	One Church. Youngstown, Ohio
OP	Opuscula Patrum. Roma
OrAc	L'orient ancien illustré. Paris
OrCath	Orbis catholicus. Barcelona
OrChr	Oriens Christianus. Wiesbaden
OrChrP	Orientalia Christiana Periodica. Roma
Oriens	Oriens. Journal of the International Society for Oriental Research. Leiden
Orientalia	Orientalia. Roma
Oriente	Oriente. Madrid
OrLab	Ora et Labora. Revista liturgico-pastorale e beneditina. Mosteiro de Singeverga. Roriz (Portugal)
OrP	Orient Press. Bolletino Bibliografico di Studi Orientalistici. Roma
Orpheus	Orpheus. Catania (Italia)
OrSuec	Orientalia suecana. Uppsala
OrSyr	L'orient syrien. Paris
OrtBuc	Ortodoxia. Bucureşti
OrthL	Orthodox Life. Jordanville/N.Y.
OrthVer	Orthodoxy. Mt. Vernon. New York
OstkiSt	Ostkirchliche Studien. Würzburg
OTM	Oxford Theological Monographs. Oxford
OTS	Oudtestamentische studien. Leiden
PA	Památky archeologícké. Praha
PAA	Πρακτικὰ τῆς Ἀκαδημίας Ἀθηνῶν. Ἀθῆναι
PACPA	Proceedings of the American Catholic Philosophical Association. Washington
Paid	Paideuma. Mitteilungen zur Kulturkunde. Frankfurt a. M.
Paideia	Paideia. Genova
Paix	Paix. Message du monastère orthodoxe français St-Nicolas de la Dalmerie.
Pal	Palestra del Clero. Rovigo (Italia)
PalBul	Palaeobulgarica. Sofia
PalExQ	Palestine Exploration Quarterly. London
Pallas	Pallas. Fasc. 3 des Annales, publiées par la Faculté des Lettres de Toulouse. Toulouse
PalLat	Palaestra latina. Barbastro (España)
Pan	Pan. Studi dell'Istituto di Filologia latina dell'Università di Palermo. Palermo
PapyBrux	Papyrologia Bruxellensia. Brüssel
PapyCast	Papyrologia Castroctaviana. Barcelona

Par	La Parola del Passato. Rivista di Studi Classici. Napoli
ParLit	Paroisse et Liturgie. Brugge
ParOr	Parole de l'Orient. Kaslik (Liban)
PărSB	Părinţi şi scriitori bisericeşti
Past	Past and Present. London
Pastbl	Pastoralblätter. Stuttgart
PatrMediaev	Patristica et Mediaevalia. Buenos Aires
Pazmaveb	Pazmaveb. Venezia
PBFL	Piccola biblioteca filosofica Laterza. Bari
PBrSchRome	Papers of the Britsh School at Rome. London
Pel	Le Parole e le idee. Napoli
Pelop	Peloponnesiaka. Athen
Pensamiento	Pensamiento. Madrid
Pentecostés	Pentecostés. Revista de ciencias morales. Editorial El Perpetuo Socorro. Madrid
Perficit	Perficit. Salamanca
PerkinsJ	Perkins School of Theology Journal. Dallas, Tex.
Personalist	The Personalist. An International Review of Philosophy, Religion and Literature. Los Angeles
Perspec	Perspective. Pittsburgh (Penn.)
PersTeol	Perspectiva Teológica. Faculdade de Teologia. Universidade de Vale do Rio dos Sinos. Sào Leopoldo (Brasil)
PFDUNCJ	Publicaciones de la Facultad de derecho de la Universidad de Navarra. Co. juridica. Navarra
Phase	Phase. Centro de Pastoral Litúrgica. Barcelona
Phil	Philologus. Zeitschrift für das klassische Altertum. Berlin, Wiesbaden
Philol	Philologica Pragensia. Praha
Philosophy	Philosophy. The Journal of the Royal Institute of Philosophy. London
PhilTo	Philosophy Today. Celina (Ohio)
PhJB	Philosophisches Jahrbuch der Görresgesellschaft. München
PhLit	Philosophischer Literaturanzeiger. München, Basel
PhMendoza	Philosophia. Universidad nacional de Cuyo. Mendoza
PhNat	Philosophia naturalis. Meisenheim/Glan
Phoenix	The Phoenix. The Journal of the Classical Association of Canada. Toronto
PhoenixL	Phoenix. Bulletin uitgegeven door het Vooraziatisch-Egyptisch genootschaap „Ex Oriente Lux". Leiden
Phoibos	Phoibos. Bruxelles
PhP	Philosophia Patrum. Interpretation of Patristic texts. Leiden
PhPhenRes	Philosophy and Phenomenological Research. Buffalo
PhR	Philosophical Review. New York
PhRef	Philosophia reformata. Kampen
PhRh	Philosophy and Rhetoric. University Park, Pa.
Phronesis	Phronesis. A Journal for Ancient Philosophy. Assen
PhRu	Philosophische Rundschau. Tübingen
PierLomb	Pier Lombardo. Novara (Italia)

Pirineos	Pirineos. Zaragoza (España)
Platon	Platon. Deltion tes Hetaireias Hellenon Philologon. Athenai
PLS	Perspectives of Religious Studies
PMAPA	Philological Monographs of the American Philological Association. Cleveland
PMLA	Publications of the Modern Language Association of America. New York
PO	Patrologia Orientalis
POK	Pisma Ojców Kościola. Poznán
PPMRC	Proceedings of the Patristic, Mediaeval and Renaissance Conference. Villanova, Pa.
PPol	Il pensiero politico. Rivista di Storia delle idee politiche e sociali. Firenze
PQ	Philological Quarterly. Iowa City
PR	The Philosophical Review. Ithaca (N.Y.)
PraKan	Prawo Kanoniczne. Warszawa
PravM	Pravoslavnaja Mysl'. Praha
PravS	Pravoslavný sborník. Praha
PrincBul	The Princeton Seminary Bulletin. Princeton (N.Y.)
ProcAmJewish	Proceedings of the American Academy for Jewish Research. New York
ProcAmPhS	Proceedings of the American Philosophical Society. Philadelphia
ProcBritAc	Proceedings of the British Academy. London
ProIrAc	Proceedings of the Royal Irish Academy. Dublin
ProcVS	Proceedings of the Virgil Society. London
Prometheus	Prometheus. Rivista quadrimestrale di studi classici. Firenze
PrOrChr	Proche orient chrétien. Jerusalem
Protest	Protestantesimo. Roma
Proteus	Proteus. Rivista di filosofia. Roma
ProvHist	Provence historique. Marseille
Proyección	Proyección. Granada
PhilosQ	The Philosophical Quarterly. University of St. Andrews. Scots Philos. Club
Prudentia	Prudentia. Auckland, New Zealand
PrViana	Principe de Viana. Pamplona
PS	Palestinskij Sbornik. Leningrad
PSBF	Pubblicazioni dello studium biblicum Francisanum. Jerusalem
PSBFMi	Pubblicazione dello studium biblicum Franciscanum. Collectio minor. Jerusalem
PSIL	Publications de la section historique de l'Institut Grand Ducal de Luxembourg. Luxembourg
PSP	Pisma Starochrześcijańskich Pisarzy
PTA	Papyrologische Texte und Abhandlungen. Bonn
PThSt	Pretoria theological studies. Leiden
PTS	Patristische Texte und Studien
PublCopt	Publications de l'Institut Français d'Archéologie Orientale. Bibliothèque d'études coptes. Cairo

PublIOL	Publications de l'Institut Orientaliste de Louvain.
PublMen	Publicaciones del Instituto Tello Téllez de Meneses. Palencia
QC	Quaderni Catanesi di Studi classici e medievali. Catania
QFIAB	Quellen und Forschungen aus italienischen Archiven und Bibliotheken. Tübingen
QFLS	Quaderni di Filologia e letteratura siciliana. Catania
QIFG	Quaderni dell'Istituto greco. Università di Cagliari. Cagliari
QILCL	Quaderni dell'Istituto di Lingue e Letterature classiche. Bari
QILL	Quaderni dell'Istituto di Lingua e Letteratura latina. Roma
QJS	Quarterly Journal of Speech. New York
QLP	Les Questions liturgiques et paroissiales. Mont-César (Belg.)
QM	Quaderni medievali. Bari
QS	Quaderni di Storia. Rassegna di antichità redatta nell'Ist. di Storia greca e romana dell'Univ. di Bari. Bari
QU	Quaderni dell'Umanesimo. Roma
Quaerendo	Quaerendo. A quarterly journal from the Low Countries devoted to manuscripts and printed books. Amsterdam
QUCC	Quaderni Urbinati di Cultura Classica. Urbino
QVChr	Quaderni di „Vetera Christianorum"
RA	Revue archéologique. Paris
RAAN	Rendiconti dell'Accademia di Archeologia, Lettere e Belle Arti di Napoli. Napoli
RaBi	Revista biblica con Sección litúrgica. Buenos Aires
RABM	Revista de Archivos, Bibliotecas y Museos. Madrid
RaBol	Revista de la Sociedad Bolivariana de Venezuela. Caracas
RaBrFilol	Revista brasileira de Filología. São Paolo
RaBrFilos	Revista brasileira de Filosofía. São Paolo
RaBuenosA	Revista de la Universidad de Buenos Aires. Buenos Aires
RaComm	Revista Católica Internacional Communio. Madrid
RaCórdoba	Revista de la Universidad nacional de Córdoba. Córdoba (Argentina)
RaCuzco	Revista universitaria. Universidad de Cuzco
RaDFilos	Revista dominicana de Filosofía. Ciudad Trujillo
Radovi	Radovi. Zagreb
RaEduc	Revista de Educación. Madrid
RaExtr	Revista de estudios extremeños. Badajoz (España)
RaFMex	Revista de Filosofía. Departamento de Filosofía. Universidad iberoamericana. México
RAgEsp	Revista agustiniana de Espiritualidad. Calahorra (Logroño)
RaHist	Revista de Historia. São Paolo
RAIB	Rendiconti dell'Accademia delle Scienze dell'Istituto di Bologna. Bologna
RaInd	Revista de Indias. Madrid
RaInteram	Revista interamericana de Bibliografia. Interamerican Review of Bibliography. Washington

RAL	Rendiconti della Reale Accademia Nazionale dei Lincei. Classe di Scienze Morali, Storiche e Filologiche. Roma
RaMadrid	Revista de la Universidad de Madrid. Madrid
RaNCult	Revista nacional de Cultura. Caracas
RaOviedo	Revista de la Universidad de Oviedo. Oviedo
RaPlata	Revista de Teología. La Plata (Argentina)
RaPol	Revista de Estudios políticos. Madrid
RaPortFilog	Revista portuguesa de Filologia. Coimbra
RaPortFilos	Revista portuguesa de Filosofía. Braga (Portugal)
RaPortHist	Revista portuguesa de Historia. Coimbra
RAS	Rassegna degli Archivi di Stato. Roma
RaScienFilos	Rassegna di Scienze Filosofiche. Bari (Italia)
RasF	Rassegna di Filosofia. Roma
RasIsr	Rassegna Mensile di Israel. Roma
RaUCR	Revista de la Universidad de Costa Rica. San José de Costa Rica
RaUSPAulo	Revista da Pontificia Universidade Catolica de São Paulo. São Paulo
RBAM	Revista de la Biblioteca, Archivo y Museo. Madrid
RBen	Revue bénédictine. Abbaye de Maredsous (Belgique)
RBi	Revue biblique. Paris
RBL	Ruch Biblijny i Liturgiczny. Kraków
RBPh	Revue belge de philologie et d'histoire. Bruxelles
RBR	Ricerche bibliche e Religiose. Genova
RBS	Regulae Benedicti Studia. Annuarium internationale. Hildesheim
RC	Religión y Cultura. Madrid
RCA	Rozpravy Československé akademie věd. Praha
RCatT	Revista Catalana de Teología. Barcelona
RCBi	Revista de Cultura Biblica. São Paulo
RCCM	Rivista di Cultura Classica e Medioevale. Roma
RCEduc	(früher: RaCal = Revista Calasancia) Revista de Ciencias de la Educación. Madrid
RDC	Revue de droit canonique. Strasbourg
REA	Revue des études augustiniennes. Paris
Reality	Reality. Dubuque (Iowa)
REAnc	Revue des études anciennes. Bordeaux
REArm	Revue des études arméniennes. Paris
REB	Revue des études byzantines. Paris
REBras	Revista eclesiástica brasileira. Petropolis
REC	Revista de Estudios Clásicos. Mendoza
REccDoc	Rerum ecclesiasticarum documenta. Roma
RechAug	Recherches augustiniennes. Paris
RecHist	Recusant History. Bognor Regis (Sussex)
RechSR	Recherches de science religieuse. Paris
REDC	Revista española de Derecho canónico. Madrid
REDI	Revista española de Derecho internacional. Madrid
ReEg	Revue d'égyptologie. Paris
ReExp	Review and Expositor. Louisville (Kentucky)

RefR	Reformed Review. New Brunswick, New Yersey
REG	Revue des études grecques. Paris
Regn	Regnum Dei. Collectanea. Roma
RegnRo	Regnum Dei. Roma
ReHS	Revue d'Histoire de la Spiritualité. Bruxelles
REI	Revue des études islamiques. Paris
REJ	Revue des études juives. Paris
REL	Revue des études latines. Paris
ReLiège	Revue ecclésiatique de Liège. Liège
Religion	Religion. Journal of Religion and Religions, publ. by the Dept. of Religious Studies, Univ. of Lancaster. London
RelLife	Religion in Life. New York
RelStud	Religious Studies. Cambridge
ReMet	The Review of Metaphysics. New Haven
ReNamur	Revue diocésaine de Namur. Gembloux
RenBib	Rencontres bibliques. Lille
REP	Revista española de Pedagogia. Madrid
RESE	Revue des Études sud-est européennes. Bucureşti
Réseaux	Réseaux. Revue interdisciplinaire de philosophie morale et politique. Mons
REspir	Revista de Espiritualidad. Madrid
ReSR	Revue des sciences religieuses. Strasbourg
RestQ	Restoration Quarterly. Abilene, Texas
Resurrexit	Resurrexit. Madrid
RET	Revista española de Teología. Madrid
ReTournai	Revue diocésane de Tournai. jetzt: Confrontations
RevEidos	Revista de Filosofía Eidos. Córdoba, Argentinien
RF	Razón y Fe. Madrid
RFacDMadrid	Revista de la Facultad de Derecho de la Universidad de Madrid
RFC	Rivista di Filología e d'Istruzione Classica. Torino
RFCRica	Revista de Filosofía. Costa Rica
RFE	Revista de Filología española. Madrid
RFFH	Revista de la Facultad de Filosofía y Humanidades. Córdoba (Argentina)
RFFLMadrid	Revista de la Facultad de Filosofía y Letras. Madrid
RFFLMedellin	Revista de la Facultad de Filosofía. Medellin
RFil	Revista de Filosofía. Madrid
RFN	Rivista di Filosofia Neoscolastica. Milano
RGuimerães	Revista de Guimerães. Guimerães
RH	Revue historique. Paris
RHD	Revue d'histoire de droit.
RHDFE	Revue historique de droit français et étranger. Paris
RHE	Revue d'histoire ecclésiastique. Louvain
RHEF	Revue d'histoire de l'église de France. Paris
RHLag	Revista de Historia (canaria). La Laguna (Canarias)
RHLF	Revue d'histoire littéraire de la France. Paris
RhM	Rheinisches Museum für Philologie. Frankfurt a. M.
RHPhR	Revue d'histoire et de philosophie religieuses. Paris

RHR	Revue de l'histoire des religions. Paris
RHS	Revue d'histoire des sciences et de leurs applications. Paris
RHSpir	Revue d'histoire de la spiritualité. Paris
RHT	Revue d'Histoire des Textes. Paris
RhV	Rheinische Vierteljahrblätter. Bonn
RiAC	Rivista di Archeologia Cristiana. Roma
RiAsc	Rivista di Ascetica e Mistica. Firenze
RiBi	Rivista Biblica. Brescia
RiceInst	Rice Institut Pamphlet. Houston (Texas)
RicLing	Ricerche Linguistiche. Roma
RicRel	Ricerche di Storia Religiosa. Roma
RIDA	Revue internationale des droits de l'antiquité. Gembloux
RIDC	Revista del Instituto de Derecho comparado. Barcelona
RIE	Revista de Ideas estéticas. Madrid
RIEAL	Revista del Instituto de Estudios Alicantinos. Alicante
RiEst	Rivista di Estetica. Torino
RIFD	Rivista internazionale di filosofia del diritto. Milano
RiFil	Rivista di Filosofia. Torino
RiFilRel	Rivista di Studi Filosofici e Religiosi. Roma
RiLit	Rivista Liturgica. Finalpia
RiLSE	Rivista di letteratura e di storia ecclesiastica
RILSL	Rendiconti. Instituto Lombardo di Scienze e Lettere. Classe di Lettere e Scienze Morali e Storiche. Milano
Rinascimento	Rinascimento. Firenze
RIP	Revue internationale de philosophie. Bruxelles
RiStCl	Rivista di Studi Classici. Torino
RiStor	Rivista di Storia, Arte, Archeologia. Alessandria
RivRos	Rivista Rosminiana di filosofia e di cultura. Stresa
RiVSp	Rivista di Vita Spirituale. Roma
RJaver	Revista Javeriana, Signos de los Tiempos. Bogotá (Colombia)
RJAZIU	Rad Jugoslavenske Akademije Znanosti i Umjetnosti. Zagreb
RJC	Revista juridica de Cataluña. Barcelona
RKZ	Reformierte Kirchenzeitung. Neukirchen-Vluyn
RLA	Revista Litúrgica Argentina. Abadia de San Benito. Buenos Aires
RLC	Revue de littérature comparée. Paris
RM	Revue Mabillon. Ligugé
RMAL	Revue du moyen-âge latin. Paris
RMM	Revue de métaphysique et de morale. Paris
RN	Revue du nord. Lille
RNS	Rivista Nuova Storica
ROB	Religion och Bibel. Nathan Söderblom-sällskapets årsbok. Lund
RoczFil	Roczniki Filozoficzne
RoczH	Roczniki humanistyczne. (Kathol. Univ. Lubelskiego) Lublin
RoczTK	Roczniki Teologiczno-Kanoniczne. Lublin
RoczTor	Rocznik towarzystwa naukowego w Toruniu. Torún
RÖ	Römisches Österreich. Jahresschrift der österreichischen Gesellschaft für Archäologie. Wien

RöHM	Römische Historische Mitteilungen. Graz–Köln
ROIELA	Revue de l'Organisation internationale pour l'étude des langues anciennes par ordinateur. Liège
Roma	Roma. Buenos Aires (Argentina)
Romania	Romania. Paris
RomBarb	Romanobarbarica. Contributi allo studio dei rapporti culturali tra mondo latino e mondo barbarico. Roma
RomForsch	Romanische Forschungen. Vierteljahresschrift für romanische Sprachen und Literaturen. Frankfurt
RPAA	Rendiconti della Pontificia Accademia di Archeologia. Roma
RPFE	Revue philosophique de la France et de l'étranger. Paris
RPh	Revue de philologie, de littérature et d'histoire anciennes. Paris
RPL	Revue philosophique de Louvain. Louvain
RPM	Revue du Patriarchat de Moscou
RQ	Römische Quartalschrift für christliche Altertumskunde und Kirchengeschichte. Freiburg i. Br.
RQS	Revue des questions scientifiques. Louvain
RQu	Revue de Qumran. Paris
RR	Review of Religion. New York
RRel	Review for Religious. St. Mary's, Kansas
RS	Revue de synthèse. Paris
RSA	Rivista storica dell'Antichità. Bologna
RSB	Rivista di Studi Bizantini e Neoellenici. Roma
RScF	Rassegna di Scienze filosofiche. Napoli
RSCI	Rivista di Storia della Chiesa in Italia. Roma
RSF	Rivista Critica di Storia della Filosofia. Milano
RSH	Revue des sciences humaines. Lille
RSI	Rivista Storica Italiana. Napoli
RSLR	Rivista di storia e letteratura reliogiosa. Firenze
RSO	Rivista degli Studi Orientali. Roma
RSPhTh	Revue des Sciences philosophiques et théologiques. Paris
RStudFen	Rivista di studi fenici. Roma
RTCHP	Recueil de travaux. Conférence d'histoire et de philologie. Université de Louvain. Louvain
RThAM	Recherches de théologie ancienne et médiévale. Abbaye du Mont César. Louvain
RThL	Revue théologique de Louvain
RThom	Revue thomiste. Paris
RThPH	Revue de théologie et de philosophie. Lausanne
RThR	The Reformed Theological Review. (Australia)
RTLim	Revista Teológica Limense. Lima
RUO	Revue de l'universitè d'Ottawa. Ottawa
SABSp	Sitzungsberichte der deutschen Akademie der Wissenschaften zu Berlin. Klasse für Sprachen, Literatur und Kunst. Berlin
SAC	Studi di antichità Cristiana. Roma
SacD	Sacra Dottrina. Bologna
SADDR	Sitzungsberichte der Akademie der Wissenschaften der Deutschen Demokratischen Republik. Berlin

Saeculum	Saeculum. Jahrbuch für Universalgeschichte. München, Freiburg i. Br.
SAH	Sitzungsberichte der Heidelberger Akademie der Wissenschaften. Philos.-hist. Klasse. Heidelberg
SAL	Sitzungsberichte der sächsischen Akademie der Wissenschaften zu Leipzig, Philologisch-historische Klasse
Salesianum	Salesianum. Torino
Salmant	Salmanticensis. Salamanca
Salp	Salpinx Orthodoxias. Athen
SALS	Saint Augustine Lecture Series. New York
SalTerrae	Sal Terrae. Santander
SAM	Sitzungsberichte der bayrischen Akademie der Wissenschaften in München. Philosoph.-philol. und hist. Klasse. München
Sandalion	Sandalion. Quaderni di cultura classica, cristiana e medievale. Sassari
SAP	Sborník archivnich praci. Praha
Sapientia	Sapientia. Buenos Aires
Sapienza	Sapienza. Rivista di Filosofia e di Teologia. Milano
SAW	Sitzungsberichte der österreichischen Akademie in Wien. Phil.-hist. Klasse. Wien
SBAG	Schweizer Beiträge zur allgemeinen Geschichte. Bern
SBLDS	Society of Biblical Literature. Dissertation Series
SBLMS	Society of Biblical Literature. Monograph Series
SBR	Sociedad brasiliera de Romanistas. Rio de Janeiro
SBS	Sources for Biblical Studies.
SBT	Studies in Biblical Theology. London
SC	Sources chrétiennes
Sc	Scriptorium. Revue internationale des Études relatives aux manuscrits. Anvers et Bruxelles
SCA	Studies in Christian Antiquity. Catholic University of America. Washington
ScCat	La Scuola Cattolica. Milano
ScEs	Science et Esprit. Montréal
SCH	Studies in Church History. American Society of Church History. Chicago
Schild	Het Schild. Apologisch tijdschrift. Leiden
SCHNT	Studia ad Corpus Hellenisticum Novi Testamenti. Leiden
SchwBu	Das Schweizer Buch. Zürich
SchwRu	Schweizer Rundschau. Basel
SCivW	Sources of Civilzation in the West
SCO	Studi classici e orientali. Pisa
ScPaed	Scientia paedagogica. Anvers
ScrCiv	Scrittura e Civiltà. Torino
ScrMar	Scripta de Maria. Centro de Estudios Marianos. Zaragoza
ScTh	Scripta Theologica. Universidad de Navarra. Pamplona
SD	Scripta et documenta
SDHI	Studia et documenta historiae et iuris. Roma
SE	Sacris erudiri. Brugge, 's-Gravenhage

SEA	Svensk exegetisk årsbok. Uppsala
Seanchas	Seanchas Ardmhacha. Journal of the Armagh Diocesan Historical Society. Maynooth (Ireland)
SEF	Semanas españolas de Filosofía. Madrid
Sefarad	Sefarad. Revista de la Escuela de Estudios hebraicos. Madrid
SelFr	Selecciones de Franciscanismo. Valencia
SelLib	Selecciones de Libros. Actualidad bibliográfica de filosofía y teologia. Facultades de Filosofía y Teologia S. Francisco de Borja. San Cugat del Vallés (Barcelona)
Semeia	Semeia — An experimental journal for biblical criticism. Missoula
Seminarios	Seminarios. Estudios y Documentos sobre temas sacerdotales. Salamanca
Seminarium	Seminarium. Città del Vaticano
Semitica	Semitica. Institut d'Études Sémitiques de l'Université de Paris. Paris
SG	Siculorum gymnasium. Facoltà di Lettere e Filosofía dell'Università. Catania (Sicilia)
ShaneQ	The Shane Quarterly. Indianapolis
SHCSR	Spicilegium historicum congregations SSmi. Redemptoris. Roma
SHE	Studia historico-ecclesiastica. Uppsala
SHG	Subsidia Hagiographica. Bruxelles
SHR	Scottish Historical Review. Edinburgh
SHVL	Skrifter utgivna av kungl. humanistiska vetenskapssamfundet i Lund. Lund
SHVSU	Skrifter utgivna av humanistiska vetenskapssamfundet i Uppsala. Uppsala
SIF	Studi Italiani di Filologia Classica. Firenze
Sileno	Sileno. Rivista di studi classici e cristiani. Catania
Sinite	Sinite. Tejares-Salamanca
SISchul	Schriftenreihe des internationalen Schulbuchinstituts
SJTh	Scottish Journal of Theology. Edinburgh
SKZ	Schweizerische Kirchenzeitung. Luzern
Slavia	Slavia. Praha
SLH	Scriptores Latini Hiberniae
Slovo	Slovo. Zagreb
SM	Studien und Mitteilungen zur Geschichte des Benediktinerordens und seiner Zweige. München
SMEA	Studi micenei ed egeo-anatolici. Roma
SMLV	Studi Mediolatini e Volgari. Bologna
SMR	Studia Montis Regii. Montreal
SMSR	Studi e Materiali di Storia delle Religioni. Bologna
SNMP	Sbornik Národního Musea v Praze (Acta Musaei Nationalis Pragae). Praha
SNVAO	Skrifter utgitt av det norske videnskapsakademi i Oslo. Oslo
SO	Symbolae Osloenses. Oslo

So	Sophia. Rivista Internazionale di Filosofia e Storia della Filoso-fia. Padova
Sob	Sobornost. London
SOCC	Studia orientalia christiana. Collectanea. Kairo
Sp	Speculum. A Journal of Mediaeval Studies. Cambridge (Mass.)
SPC	Studia philosophiae Christianae. Warszawa
Speculator	Speculator. Oostehout
SPFFBU	Sbornik praci filosofické fakulty brněnské university. Brno
SPGAP	Studien zur Problemgeschichte der antiken und mittelalterli-chen Philosophie. Leiden
SPh	Studies in Philology. University of North Carolina. Chapel Hill
Spic	Spicilegium sacrum Lovaniense
Spiritus	Spiritus. Cahiers de spiritualité missionaire. Paris
SPLi	Studias patristica et liturgica. Regensburg
SPMe	Studia Patristica mediolanensia
SQS	Sammlung ausgewählter kirchen- und dogmengeschichtlicher Quellenschriften
SR	Studies in Religion/Sciences Religieuses. Revue canadienne. Waterloo, Ontario
SSF	Societas scientiarum Fennica. Commentationes humanarum lit-terarum. Helsinki
SSHT	Slaskie studia historyczno-teologiczne. Katowice
SST	Studies in Sacred Theology. Catholic University of America, Washington
ST	Studi e Testi
StAC	Studia Antiquitatis Christianae. Warszawa
StAcOr	Studia et acta orientalia. Bucureşti
StAns	Studia Anselmiana. Roma
StANT	Studien zum Alten und Neuen Testament. München
StaroLit	Starobŭlgarska literatura. Sofia
StBibF	Studii Biblici Franciscani Liber Annus. Jerusalem
StBiz	Studi Bizantini e Neoellenici. Roma
StBuc	Studii teologice. Bucureşti
StByz	Studia Byzantina. Berlin
StChrRe	Studies in the Christian Religion (Kimsutokyo Kenkyu). Kyoto
StClOr	Studi Classici e Orientali. Pisa
STDJ	Studies on the Texts of the Desert of Judah. Leiden
StEA	Studia Ephemeridis „Augustinianum". Rom
StFr	Studi Francescani. Firenze
StFrancesi	Studi Francesi. Torino
StGen	Studium generale. Berlin−Heidelberg−New York
StGnes	Studia Gnesnensia. Gniezno
StH	Studia historica
StHS	Studia z historii semiotyki
STI	Svensk tidskriftsindex. Stockholm
StIR	Studies. An Irish Quarterly Review. Dublin
StJCA	Studies in Judaism and Christianity in antiquity. University of Notre Dame

StLeg	Studium legionense. León
StLit	Studia Liturgica. Rotterdam
StMC	Studies in Medieval Culture. Kalamazoo
StMe	Studi medievali. Spoleto
StMiss	Studia missionalia. Roma
StMon	Studia Monastica. Abadia de Montserrat. Barcelona
StMor	Studia Moralia. Roma−Paris−Tournai−New York
StMTh	Studies in Medieval Thought (Chusei Shiso Kenkyu). Institute of Medieval Studies, Sophia University. Tokyo
StOr	Studia Orientalia. Helsinki
StOv	Studium Ovetense. Oviedo
StPad	Studia Patavina. Padova
StPap	Studia papyrologica. San Cugat del Vallés (Barcelona) ·
StPB	Studia post-biblica. Leiden
StPel	Studia Pelplińskie. Pelplin
StPh	Studia philosophica. Basel
StPic	Studia Picena. Fano
STPIMS	Studies and Texts. Pontifical Institue of Medieval Studies. Toronto
Streven	Streven. Maandblad voor geestesleven en cultuur. Brussel
StRo	Studi Romani. Roma
Stromata	Stromata-Ciencia y Fe. Buenos Aires
StrPat	Stromata patristica et mediaevalia
StSR	Studi storico-religiosi. Roma
StTh	Studia theologica. Oslo
StThF	Studies in Theology (Shingaku Ronshu), Seinan Gakuin University. Fukuoka
StudChr	Studium Christianitatis (Kirisutokyogaku), Hokkaido University. Sapporo
StudClas	Studii Clasice. Bucureşti
StudEnc	Study Encounter. Geneva. N.Y.
Studie o rukopisech	Studie o rukopisech. Praha
StudIs	Studia Islamica. Paris
Studium	Studium. Roma
StudiumAv	Studium. Avila
StudiumM	Studium. Institutos Pontificios de Teología y de Filosofía. O. P. Madrid
StudStor	Studi storici. Rivista trimestrale dell' Ist. Gramsci. Roma
StudWarm	Studia Warmińskie
StUrbino	Studi Urbinati di Storia, Filosofia e Letteratura. Urbino
STV	Studia Theologica Varsaviensia. Warszawa
SU	Schriften des Urchristentums
SubMon	Subsidia monastica. Abadia de Montserrat
SvBok	Svensk Bokförteckning. Stockholm
SVict	Scriptorium Victoriense. Seminario diocesano. Vitoria
SVSL	Skrifter utgivna av vetenskapssocieteten i Lund. Lund
SvTK	Svensk teologisk kvartalskrift. Lund
SyBU	Symbolae biblicae Uppsalienses. (Supplementhäften till SEÅ)

Symbolon	Symbolon. Jahrbuch für Symbolforschung. Köln
Syria	Syria. Paris
SZ	Stimmen der Zeit. Freiburg i. Br.
SZG	Schweizerische Zeitschrift für Geschichte. Zürich
TAik	Teologinen Aikakauskirja. Helsinki
TB	Theologische Bücherei. Neudrucke und Berichte aus dem 20. Jhd. München
TBT	Theologische Bibliothek Töpelmann. Berlin
TC	Traditio Christiana. Texte und Kommentare zur patristischen Theologie. Zürich
Temenos	Temenos. Studies in comparative religion presented by scholars in Denmark, Finland, Norway and Sweden. Helsinki
Teologia	Teologia. Revista de la Facultad de Teologia de la Pontificia Universidad Católica Argentina. Buenos Aires
Teruel	Teruel (Literatura, Arte, Ciencia, Actividades culturales). Teruel
TEsp	Teologia espiritual. Valencia
TG	Tijdschrift voor geschiedenis. Groningen
TGL	Tijdschrift voor geestelijk leven. Borgerhout-Antwerpen
ThA	Theologische Arbeiten. Berlin
ThAthen	Theologia. Athen
TheBibleToday	The Bible Today. Collegeville, Minnesota
ThBraga	Theologica. Braga
ThDi	Theology Digest. St. Louis (Missouri)
Theokratia	Theokratia. Jahrbuch des Institutum Iudaicum Delitzschianum. Leiden
Theologian	The Theologian
Theology	Theology. London
Theoph	Theophaneia. Beiträge zur Religions- und Kirchengeschichte des Altertums. Bonn
Theoria	Theoria. Lund
ThFen	Theologia Fennica. Helsinki
ThGl	Theologie und Glaube. Paderborn
ThH	Théologie historique. Paris
ThJ	Theological Journal (Shingaku Zasshi). Japan Lutheran Theological College and Seminary. Tokyo
ThLZ	Theologische Literaturzeitung. Berlin
Thom	The Thomist. Washington
Thought	Thought. New York
ThPh	Theologie und Philosophie. Freiburg i. Br.
ThQ	Theologische Quartalschrift. Stuttgart
THR	Travaux d'humanisme et Renaissance. Genova
ThRe	Theologische Revue. Münster
ThRes	Theological resources. London
ThRu	Theologische Rundschau. Tübingen
ThSt	Theological Studies. Washington D. C.
ThStJ	Theological Studies in Japan (Nihon No Shingaku), Kyoto University. Kyoto

ThStN	Theological Studies (Shingaku Kenkyu). Nishinomiya
ThT	Theology Today. Princeton (N. Y.)
ThTS	Theological Today Series
ThViat	Theologia viatorum. Berlin
ThXaver	Theologica Xaveriana. Revista de la Facultad de Teologia. Pontificia Universidad Javeriana. Bogotá (Colombia)
ThZ	Theologische Zeitschrift. Basel
TJ	Travaux et Jours. Beyrouth (Liban)
TKTG	Texte zur Kirchen- und Theologiegeschichte. Gütersloh
TLit	Tijdschrift voor liturgie. Afflighem-Hekelgem
TLS	The Times Literary Supplement. London
TM	Travaux et Mémoires. Paris
TMLT	Toronto medieval Latin Texts
TNTL	Tijdschrift voor Nederlandse taal- en letterkunde. Leiden
TP	Teološki Pogledi (Revue du Patriarcat serbe). Belgrade
TPAPA	Transactions and Proceedings of the American Philological Association. Cleveland
TPh	Tijdschrift voor philosophie. Leuven, Utrecht
TPL	Textus patristici et liturgici. Regensburg
TPQS	Theologisch-praktische Quartalschrift. Linz a. D.
Tr	Traditio. Studies in Ancient and Medieval History, Thought and Religion. New York
TrAmPhilos	Transactions of the American Philosophical Society. Philadelphia
TrConnec	Transactions of the Connecticut Academy of Arts and Sciences. New Haven
Treatises	Treatises (Ronshu). Zentsuji
TRG	Tijdschrift voor rechtsgeschiedenis. Haarlem
TRHS	Transactions of the Royal Historical Society. London
TrPhilol	Transactions of the Philological Society. Oxford
TS	La Terra Santa. Gerusaleme
TSPS	Theses et studia philologica Salamantica
TT	Teologisk Tidskrift
TTh	Tijdschrift voor Theologie. Leuven–Nijmegen
TThQ	Tübinger Theologische Quartalsschrift
TTK	Tidskrift for teologi og kirke. Oslo
TTKob	Teologisk Tidskrift. København
TTS	Tübinger Theologische Studien. Mainz
TTZ	Trierer Theologische Zeitschrift. Trier
TU	Texte und Untersuchungen zur Geschichte der altchristlichen Literatur
TWAS	Twayne's world authors series
TWK	Tydskrift vir wetenschap en kuns. Bloemfontain (Suid-Africa)
TyV	Teología y Vida. Facultad de Teología. Universidad Católica de Chile. Santiago de Chile
UCalifClass	University of California Publications in Classical Philology. Berkeley

UCalifSem	University of California Publications in Semitic Philology. Berkeley
UF	Ugarit-Forschungen. Neukirchen-Vluyn
UHabana	Universidad de La Habana. La Habana
UM	University Microfilms. Ann Arbor. Michigan
UMC	Xerox University Microfilms. Ottawa
UMéxico	Universidad de México. México
UnHumJav	Universitas Humanistica. Pontificia Universidad Javeriana. Bogotá
Unitas	Unitas. Revue internationale. Paris
UnitasManila	Unitas. Manila
UnivAnt	Universidad de Antioquía. Antioquía (Colombia)
Universitas	Universitas. Stuttgart
UniTor	Università di Torino. Pubblicazioni della Facoltà di Lettere e Filosofia. Torino
USa	Una Sancta. Rundbriefe für interkonfessionelle Begegnung. Meitingen b. Augsburg
USaFe	Universidad. Santa Fe
USaR	Una Sancta. Chicago
USTBog	Universidad de Santo Tomás. Publicación cuatrimestral de investigación e información. Bogotá, Colombia
UToronto	University of Toronto Quarterly. Toronto
UUA	Uppsala universitets årsskrift. Uppsala
UZaragoza	Universidad. Zaragoza
VAA	Verhandelingen der Koninklijke Nederlandse Akademie van Wetenschappen, Afdeling letterkunde. Amsterdam
VaQR	Virginia Quarterly Review. Charlottesville, Virginia
VbSal	Verbum salutis. Paris
VCaro	Verbum Caro. Neuchâtel. Erscheint jetzt unter dem Namen ,Communion‘
VD	Verbum Domini. Roma
VDI	Vestnik drevnej istorii. Moskva
VdP	Vocez de Petropolis. Petropolis
Veltro	Il Veltro. Rivista di civiltà italiana. Roma
Verbum	Verbum. Pontificia Universidade Catolica. Rio de Janeiro (Brasil)
VerC	Veritatem in caritate. ’s-Gravenhage, Brussel
Veritas	Veritas. Rio Grande (Brasil)
VetChr	Vetera Christianorum. Bari
VF	Verkündigung und Forschung. München
Via	Viator. Medieval and Renaissance Studies. Berkeley, California
Vichiana	Vichiana. Rassegna di Studi Classici. Napoli
VigChr	Vigiliae Christianae. Amsterdam
ViLetras	Virtud y Letras. Manizales (Colombia)
Vivarium	Vivarium. Assen
ViVrem	Vizantijskij Vremennik. Leningrad
VL	Vita Latina. Avignon

VladQ	St. Vladimir's Seminary Quarterly. New York
VoprJaz	Voprosy jazykoznanija. L'vov
VoxTh	Vox theologica. Assen
VS	La vie spirituelle. Paris
VSen	Verba seniorum
VSLA	Vetenskaps-societeten i Lund. Årsbok. Lund
VSob	Vida sobrenatural. Salamanca
VSSuppl	La vie spirituelle. Supplément. Paris
VT	Vetus Testamentum. Leiden
VyV	Verdad y Vida. Madrid
Wending	Wending. 's-Gravenhage
WestThJ	Westminster Theological Journal. Philadelphia
WiWh	Wissenschaft und Weisheit. Düsseldorf
WJA	Würzburger Jahrbücher für die Altertumswissenschaft. Neue Folge. Würzburg
WKGLS	Wissenschaftliche Kommentare zu griechischen und lateinischen Schriftstellern
Word	Word. Journal of the Linguistic Circle of New York. New York
Worship	Worship. Collegeville, Minn.
WSlJb	Wiener slawistisches Jahrbuch. Wien
WSt	Wiener Studien. Zeitschrift für klassische Philologie und Patristik. Wien
WuD	Wort und Dienst. Jahrbuch der theologischen Schule Bethel. Bielefeld
WUNT	Wissenschaftliche Untersuchungen zum Neuen Testament. Tübingen
WuW	Wort und Wahrheit. Monatsschrift für Religion und Kultur. Wien
WZBerlin	Wissenschaftliche Zeitschrift der Humboldt-Universität. Gesellschafts- und sprachwissenschaftliche Reihe. Berlin
WZGreifswald	Wissenschaftliche Zeitschrift der Universität Greifswald. Gesellschafts- und sprachwissenschaftliche Reihe. Greifswald
WZHalle	Wissenschaftliche Zeitschrift der M.-Luther-Universität Halle-Wittenberg. Halle a. S.
WZJena	Wissenschaftliche Zeitschrift der Fr.-Schiller-Universität Jena. Gesellschafts- und sprachwissenschaftliche Reihe. Jena
WZKM	Wiener Zeitschrift für die Kunde des Morgenlandes. Wien
WZLeipzig	Wissenschaftliche Zeitschrift der K.-Marx-Universität Leipzig. Gesellschafts- und sprachwissenschaftliche Reihe. Leipzig
WZRostock	Wissenschaftliche Zeitschrift der E.-M.-Arndt-Universität Rostock. Gesellschafts- und sprachwissenschaftliche Reihe. Rostock
YClSt	Yale Classical Studies. New Haven
Yermo	Yermo. El Paular. Madrid
YJS	Yale Judaica Series. New Haven
YLS	Yearbook of Liturgical Studies. Collegeville (Min.)
YULG	Yale University Library Gazetta. New Haven

ŽA	Živa antika. Skopje
ZÄA	Zeitschrift für ägyptische Sprachen und Altertumskunde. Berlin
ZAGV	Zeitschrift des Aachener Geschichtsvereins. Aachen
ZAW	Zeitschrift für die alttestamentliche Wissenschaft. Berlin
ZB	Zeitschrift für Balkanologie. Wiesbaden
ZBB	Zeitschrift für Bibliothekswesen und Bibliographie. Frankfurt a. M.
ZBW	Zentralblatt für Bibliothekswesen. Leipzig
ZDMG	Zeitschrift der Deutschen Morgenländischen Gesellschaft. Wiesbaden
ZDPV	Zeitschrift des deutschen Palästinavereins. Stuttgart
ZEE	Zeitschrift für evangelische Ethik. Gütersloh
ZEvKR	Zeitschrift für evangelisches Kirchenrecht. Tübingen
ZGesch	Zeitschrift für Geschichtswissenschaft. Berlin
ZJFK	Zprávy Jetnoty klasickych Filologu. Praha
ZKG	Zeitschrift für Kirchengeschichte. Stuttgart
ZKTh	Zeitschrift für katholische Theologie. Wien
ZMRW	Zeitschrift für Missionswissenschaft und Religionswissenschaft. Münster
ZNKUL	Zeszyty Naukowe Katolickiego Uniwersytetu Lubelskiego. Lublin
ZNUJ	Zeszyty Naukowe Uniwersytetu Jagiellońskiego. Kraków
ZNW	Zeitschrift für die neutestamentliche Wissenschaft und die Kunde der älteren Kirche. Berlin
ZPE	Zeitschrift für Papyrologie und Epigraphik. Bonn
ZPhF	Zeitschrift für philosophische Forschung. Bonn
ZRGG	Zeitschrift für Religions- und Geistesgeschichte. Köln
ZRPh	Zeitschrift für Romanische Philologie. Tübingen
ZRBI	Zbornik Radova Vizantološkog Instituta. Beograd
ZSavG	Zeitschrift der Savigny-Stiftung für Rechtsgeschichte. Germanistische Abteilung. Weimar
ZSavK	Zeitschrift der Savigny-Stiftung für Rechtsgeschichte. Kanonistische Abteilung. Weimar
ZSavR	Zeitschrift der Savigny-Stiftung für Rechtsgeschichte. Romanistische Abteilung. Weimar
ZSKG	Zeitschrift für schweizerische Kirchengeschichte. Freiburg (Schweiz)
ZSl	Zeitschrift für Slawistik. Berlin
ZSP	Zeitschrift für slavische Philologie. Heidelberg
ZThK	Zeitschrift für Theologie und Kirche. Tübingen
ŽurMP	Žurnal Moskovskoj Patriarchi. Moskau = RPMosc = Revue du Patriarcat de Moscou
ZVSp	Zeitschrift für vergleichende Sprachforschung auf dem Gebiete der indogermanischen Sprache. Göttingen
ZWG	Sudhoffs Archiv. Zeitschrift für Wissenschaftsgeschichte. Wiesbaden
ΘΠ	ΘΠ. A journal for Greek and early christian philosophy. Leiden

I. GENERALIA

1. Historia patrologiae

1 AGUIRRE, P. *San Agustín y el «tesoro de humildad» de Fray Justo del Espíritu Santo* — Augustinus 25 (1980) 309—316

2 ALVAREZ TURIENZO, SATURNINO *San Agustín entre las autoridades inspiradoras del pensamiento de Fray Luis de León* — Augustinus 25 (1980) 227—260

3 ANDRESEN, CARL *Hermann Dörries* — JbGö (1978) 40—53

4 ANDRZEJEWSKI, R. *Rozwój studiów patrystycznych (= Le développement des recherches patristiques)* — AtKap 71/92 (1979) 177—194

5 ANDRZEJEWSKI, R. *Sytuacja dydactyczna patrologii w seminariach dochownych (= The didactic situation of patrology in Theological Seminaries)* — RoczTK 26 (1979) 53—61

6 ARTAMENDI, P. *El P. Gonzalo Cervantes y el parecer de san Agustín sobre la Inmaculada Concepción de María* — Augustinus 25 (1980) 281—287

7 BARNARD, L. W. *Joseph Bingham and the Early Church.* In: *Studies in Church history* ... (cf. 1979/80, 91) 387—401

8 BOBER, A. „*Piećdziesiat homilii św. Augustyna". Karta z dziejow polskiej patrystyki (= The so-called fifty homilies by St. Augustine)* — RoczTK 26 (1979) 145—161

9 FIORITO, M. A. *Una colección de espiritualidad: «Ichtys»* — CiFe 36 (1980) 131—147

[456] GARCÍA FERNANDEZ, A.: Philosophica

10 HARRINGTON, DANIEL J. *The Reception of Walter Bauer's "Orthodoxy and Heresy in Earliest Christianity" during the 1970s* — HThR 73 (1980) 289—298

11 *VII Incontro di studiosi dell'antichità cristiana. Cristianesimo e culture locali nei secoli II—V* — AugR 19 (1979) 5—196

12 IRMSCHER, J. *Jacques-Paul Migne heute* — AugR 20 (1980) 221—232

13 KANNENGIESSER, CHARLES *Un bilan des études patristiques* — Oxford 1979 — Et 352 (1980) 249—258

14 LABOWSKY, LOTTE *Cardinal Bessarion's Library and Arethas's Collection of Early Christian Writers.* In: *«Sapientiae doctrina».* Leuven (1980) 180—185

15 LANGA, PEDRO *John Henry Newman o el «Augustinus Redivivus»* —
RC 25 (1979) 529—566

16 LOMBARDO, G. *Il monachesimo basiliano. Messina, 3—6 dicembre
1979* — QM (1980) 217—222

17 MALINOWSKI, A. *10-lecie Międzywydziałowego Zakladu Badań
nad Antykiem Chrześcijańskim (= Zehnjähriges Bestehen des Instituts der Erforschung des antiken Christentums)* — RoczThK 26
(1979) 7—22

18 MAŁUNOWICZÓWNA, L. *Kongresy patrystyczne (= Congres patristiques)* — AtKp 95 (1980) 294—297

19 MAŁUNOWICZÓWNA, L. *Możliwości pracy nad antykiem chrześcijańskim i jego propagowania w Polsce (= Prospects of work on the
ancient christianity and its propagation in Poland)* — RoczTK 26
(1979) 63—71

20 MANTOWANI, G. *Il Colloquio di Lovanio su Gnosticismo e mondo
ellenistico (11—14 marzo 1980)* — VetChr 17 (1980) 142—152

21 McCUE, J. F. *Orthodoxy and heresy, Walter Bauer and the Valen-
tinians* — VigChr 33 (1979) 118—130

22 ΜΟΥΤΣΟΥΛΑΣ, ΗΛΙΑΣ Δ. *'Ο Jacques-Paul Migne καί ἡ συμβολή
του εἰς τήν ἀνάπτυξιν τῶν πατερικῶν σπουδῶν* — EpThAth 22
(1975) 343—358

23 OROZ RETA, J. *Etienne Gilson, filósofo del agustinismo (13-6-1884—
19-9-1978)* — Augustinus 24 (1979) 111—112

24 PAKCIŃSKA, M; MAZUR, C. *Adam Krokiewicz als Erforscher der
antiken Religionen* — Studia Religioznawcze 16 (1980) 15—38

25 PELAEZ, MANUEL J. *La ley, la justicia, la libertad política en el
pensamiento jurídico de Francesc Eiximenis, OFM (Agustinismo
político, franciscanismo canónico y «ius commune»)* — EF 80
(1979) 167—208

26 RESTREPO RESTREPO, G. *La patrística y la escolástica* — CTM 12
(1978) 28—42

27 RIVERA DE VENTOSA, ENRIQUE *El agustinismo político a la luz del
concepto de naturaleza en Suárez* — CSF 7 (1980) 107—119

[641] SCHULTZE, B.: Auctores

28 SCORZA BARCELLONA, F. *Il donatismo negli studi di Alberto Pincherle* — StSR 4 (1980) 155—165

29 URBAN, W. *Zainteresowania patrystyczne kanoników Kapituły
Katedralnej we Wroclawiu w XVII w. (= De scientificis investiga-
tionibus canonicorum Capituli Eccleciae Cathedralis Vratislaviensis
XVII saeculo peractis ad disciplinam patrologiae spectantibus)* In:
Miscellanea patristica in memoriam Joannis Czuj (cf. 1979/80,
143) 266—279

30 VIERHAUS, RUDOLF *Adolf von Harnack als Wissenschaftsorgani-
sator* — Jahrbuch der Max-Planck-Gesellschaft (1980) 98—108.

2. Opera ad patrologiam universalem pertinentia

31 ALTANER, B. *Patrologia.* 7ª ed. con aggiornamento bibl. a cura di
   A. DI BERARDINO. Torino: Marietti 1979. 648 pp.
32 ALTANER, BERTOLD; STUIBER, ALFRED *Patrologie. Leben, Schriften
   und Lehre der Kirchenväter* [9. Auflage]. Freiburg: Herder 1980.
   XXII, 672 pp.
33 RAMOS-LISSON, DOMINGO *Espiritualidad de los primeros cristianos. Textos seleccionados* [Neblí. Clásicos de Espiritualidad 47].
   Madrid: Ediciones Rialp 1979. 324 pp.

3. Bibliographica

34 ADALMA, J. A. DE *Boletín de literatura antigua cristiana* — EE 54
   (1979) 395—406
[577] *The Ante-Nicene Fathers:* Auctores
35 *Bibliographia Patristica. Internationale patristische Bibliographie
   18—19: Die Erscheinungen der Jahre 1973 und 1974.* Hsg. von
   W. SCHNEEMELCHER. Berlin: de Gruyter 1980. XLVI, 307 pp.
36 BOGAERT, P. M. *Bulletin d'ancienne littérature chrétienne latine* VI —
   RBen 90 (1980) [93]—[116]
[2328] BRATOŽ, R.: Severinus
[2191] BRAUN, R., FREDOUILLE, J. C.; PETITMENGIN, P.: Tertullianus
[2192] BRAUN, R.; FREDOUILLE, J. C.; PETITMENGIN, P.: Tertullianus
37 BROEKAERT, JEAN D. *Bibliographie de la Règle de Saint Benoît.
   Editions latines et traductions imprimées de 1489 à 1929. Descrip-
   tion diplomatique. 1239 numéros. 1: 1489—1750. 2: 1751—1929.*
   [StAns 77, 78]. Roma: Ed. Anselmiana 1980
38 *Bulletin augustinien pour 1979 et compléments d'années anté-
   rieures* — REA 26 (1980) 333—395
39 *Bulletin des publications hagiographiques* — AB 98 (1980) 211—
   232; 423—455
40 CAPÁNAGA, V.; OROZ RETA, J. *Boletín agustiniano* — Augustinus
   24 (1979) 383—412
41 CROUZEL, H.; JUNOD, E. *Chronique origénienne* — BLE 81 (1980)
   115—122
[1282] CUSCITO, G.: Chromatius Aquileiensis
42 DREWNIEWSKA, B.; PISZCZEK, Z. *Antyk w Polsce w 1976 roku.
   Bibliografia* — Meander 34 (1979) 575—576
43 DREWNIEWSKA, B.; PISZCZEK, Z. *Antyk w Polsce w 1977 roku.
   Bibliografia* — Meander 35 (1980) 249—336

44 *Elenchus bibliographicus biblicus LVIII–LIX (1977–1978), Indices.* Ed. P. NOBER. Roma: Pontif. Ist. Bibl. 1980. 721–1451 pp.
45 FAIVRE, A. *La documentation canonicoliturgique de l'Église ancienne* – ReSR 54 (1980) 204–219
46 GRANDO BELLIANDO, CARMELO, *Boletín de literatura antigua cristiana* – EE 55 (1980) 383–390
47 GUERRI CONDE, ELENA *Presencia bibliográfica de san Agustín en Murcia* – Augustinus 25 (1980) 371–372
48 *A guide to Byzantine hymnography. A classified bibliography of texts and studies, I.* By J. SZÖVÉRFFY. Leiden: Brill 1978. XVIII, 181 pp.
49 GY, R. M. *Bulletin de liturgie* – RSPhTh 63 (1979) 289–299
50 *Index international des dissertations doctorales en théologie et en droit canonique présentées en 1978* – RThL 10 (1979) 477–544
51 JUDGE, E. A. *Antike und Christentum. Towards a definition of the field. A bibliographical survey* – ANRW 2,23.1 (1979) 4–58
52 KALINKOWSKI, S. *Biuletyn patrystyczny* – CoTh 49 (1979) 183–195
53 KALINKOWSKI, S. *Biuletyn patrystyczny* – CoTh 50 (1980) 155–163; 165–176
54 KANNENGIESSER, CH. *Bulletin de théologie patristique. Éthique chrétienne et structures d'Église* – RechSR 68 (1980) 95–110
55 KÖSTER, BEATE; UHLIG, CHRISTIAN *Bibliographie Kurt Aland.* In: *Text, Wort, Glaube* (cf. 1979/80, 171) 377–397
[884] KURZ, R.: Augustinus
56 LEDOYEN, H. *Bulletin d'histoire bénédictine, X* – RBen 89 (1979) 1*–176*; 90 (1979) 177*–416*
57 MALASPINA, E. *Gli studi sulla latinità cristiana (1951–1978), I; II* – CS 18,71 (1979) 40–47; CS 18,72 (1979) 64–70
58 MANNS, FRÉDÉRIC *Bibliographie du judéo-christianisme.* Préf. du P. B. BAGATTI [Studium biblicum Franciscanum. Analecta 13]. Jerusalem: Franciscan Printing Press 1979. 265 pp.
59 MAZUR, G. *Materiały do bibliografii prac księdza Jana Czuja (= Zur Bibliographie Jan Czujs).* In: *Miscellanea patristica in memoriam Joannis Czuj* (cf. 1979/80, 143) 236–243
60 MECKBACH, E. *Bibliographie zur christlichen Mission im frühen Mittelalter.* In: *Kirchengeschichte als Missionsgeschichte, II: Die Kirche des frühen Mittelalters* (cf. 1979/80, 345) 507–542
61 MIELGO, CONSTANTINO *Obras de san Agustín en la biblioteca de Padres Agustinos de Valladolid* – Augustinus 25 (1980) 395–402
62 OROZ RETA, JOSÉ *La BAC al servicio de san Agustín* – Augustinus 25 (1980) 421–427
63 PAUL, A. *Bulletin de littérature intertestamentaire. Du judaïsme ancien au judéo-christianisme* – RechSR 66 (1978) 343–388

64 PAUL, A. *Bulletin critique de littérature intertestamentaire. Du judaïsme ancien au christianisme primitif* — RechSR 68 (1980) 463—480; 519—552

65 PENCO, G. *Gli studi italiani di storia della Chiesa nel secondo dopoguerra* — Renovatio 14 (1979) 237—247

66 PRATS, JESUS *San Agustín en las bibliotecas de Gerona* — Augustinus 25 (1980) 363—369

67 QUELLET, HENRI *Bibliographia indicum, lexicorum et concordantiarum auctorum latinorum. Répertoire bibliographique des index, lexiques et concordances des auteurs latins.* Hildesheim: Olms 1980. IX, 262 pp.

68 *Repertorio de historia de las ciencias eclesiásticas en España,* VII: *Siglos III—XVI* [Inst. de hist. de la teol. española Corpus script. sacrorum Hispaniae Est. 7]. Salamanca: Universidad Pontif. 1979. 645 pp.

69 SAMPLE, ROBERT LYNN *Pre-Nicene Syrian Christianity. A bibliographic survey* [Garrett-Evangelical bibliographical lectures 11]. Evanston, Ill.: Garrett-Evangelical Theological Seminary Library 1977. 95 pp.

70 SCHOLER, D. M. *Bibliographia gnostica. Supplementum VIII* — NovTest 21 (1979) 357—382

71 SCHOLER, D. M. *Bibliographia gnostica. Supplementum IX* — NovTest 22 (1980) 352—384

72 SOBAŃSKI, R. *Polska bibliografia nauk kościelnych za lata 1972—1973 (= La bibliographie polonaise des sciences ecclésiastiques pour les années 1972—1973).* Warszawa: Akademia Teologii Katolickie 1979. 516 pp.

[662] STAROWIEYSKI, M.: Aetheria

74 TREVIJANO ETCHEVERRÍA, RAMON *Bibliografía Patrística hispano-luso-americana (1977—1978)* — Salmant 27 (1980) 93—112

75 VALLIN, P. *Bulletin d'histoire de l'Église et d'ecclésiologie* — RechSR 68 (1980) 77—94

76 VIGNA, GERALD *A bibliography of St. Augustine's De civitate Dei* [Garrett-Evangelical bibliographical lectures 13]. Evanston, Ill.: Garrett-Evangelical Theological Seminary Library 1978. VIII, 84 pp.

77 WINLING, R. *Chronique. Discours sur Jésus et christologie d'après quelques ouvrages récents* — ReSR 54 (1980) 337—349

78 ZARAGOZA PASCUAL, E. *Ediciones de la Regla de san Benito impresas en la Península Ibérica (1900—1980) y Ediciones castellanas del II libro de los «Diálogos» de san Gregorio Magno (1488—1980)* — NetV (1980) 137—160

[1159] ZMEU, I.: Basilius Caesariensis

4. *Series editionum et versionum*

Biblioteca de Autores Cristianos (BAC)

[780] Vol. 10: Augustinus
[2061] Vol. 65: Patres Apostolici
[544] Vol. 148: Apocrypha
[1167] Vol. 406: Benedictus Nursinus
[661] Vol. 416: Aetheria

Bibliothek der griechischen Literatur (BGL)

[2001] Vol. 10: Origenes

Βιβλιοθηκη Ελληνων Πατερων και Εκκλησιαστικων Συγγραφεων

[1579] Vol. 59: Gregorius Nazianzenus

Collana di Testi Patristici (CTP)

[2147] Vol. 10: Salvianus
[2143] Vol. 11: Rufinus Aquileiensis
[1608] Vol. 15: Gregorius Nyssenus
[1601] Vol. 16: Pseudo-Gregorius Nazianzenus
[1544] Vol. 17: Gregorius Magnus
[1545] Vol. 18: Gregorius Magnus
[1956] Vol. 19: Maximus Confessor
[1279] Vol. 20: Chromatius Aquileiensis
[1439] Vol. 21: Dorotheus Gazensis
[1764] Vol. 22: Iohannes Chrysostomus
[751] Vol. 23: Pseudo-Athanasius Alexandrinus
[1765] Vol. 24: Iohannes Chrysostomus
[1812] Vol. 25: Iohannes Damascenus

Corona Patrum

[2099] Vol. 6: Philo Carpasianus

Corpus Christianorum (CChr)
Series Graeca
[582] Vol. 5: Auctores
[1406] Vol. 6: Diodorus Tarsensis
[1955] Vol. 7: Maximus Confessor

Series Latina
[759] Vol. 44B: Augustinus
[1687] Vol. 62: Hilarius Pictaviensis
[1538/1539] Vol. 143: Gregorius Magnus

Corpus Scriptorum Christianorum Orientalium (CSCO)

[583] Vol. 177/178: Auctores
[1402] Vol. 401/402: Didascalia apostolorum
[1446] Vol. 413: Ephraem Syrus
[1437] Vol. 415: Dioscorus Alexandrinus
[1438] Vol. 416: Dioscorus Alexandrinus
[732] Vol. 417: Athanasius Alexandrinus
[733] Vol. 418: Athanasius Alexandrinus
[1447] Vol. 419: Ephraem Syrus

Fathers of the Church (FaCh)

[1760] Vol. 68: Iohannes Chrysostomus

Os Padres da Igreja

[1769] Vol. 1: Iohannes Chrysostomus

Părinţi şi Scriitori Bisericeşti (PărSB)

[2059] Vol. 1: Patres Apostolici
[1876] Vol. 2: Iustinus Martyr

Patristische Texte und Studien (PTS)

[1811] Vol. 22: Iohannes Damascenus

Pisma Starochrześcijańskich Pisarzy (PSP)

[1379] Vol. 18: Cyrillus Alexandrinus
[2594] Vol. 20: Gnostica
[734] Vol. 21: Athanasius Alexandrinus
[775/776] Vol. 22: Augustinus
[1994] Vol. 23: Origenes
[1967] Vol. 24: Methodius
[1993] Vol. 24: Origenes
[777] Vol. 25: Augustinus
[238] Vol. 26: Subsidia
[1440] Vol. 27: Dorotheus Gazensis

Select Library of the Nicene and Post-Nicene Fathers of the Christian Church (NPNF)

[760] Vol. 1: Augustinus
[761] Vol. 2: Augustinus
[762] Vol. 3: Augustinus
[763] Vol. 4: Augustinus
[764] Vol. 5: Augustinus
[765] Vol. 6: Augustinus
[766] Vol. 7: Augustinus
[767] Vol. 8: Augustinus
[1754] Vol. 9: Iohannes Chrysostomus
[1755] Vol. 10: Iohannes Chrysostomus
[1756] Vol. 11: Iohannes Chrysostomus
[1757] Vol. 12: Iohannes Chrysostomus
[1758] Vol. 13: Iohannes Chrysostomus
[1759] Vol. 14: Iohannes Chrysostomus

Sources Chrétiennes (SC)

[239] Vol. 245: Subsidia
[240] Vol. 256: Subsidia
[2236] Vol. 257: Theodoretus Cyrensis
[1688] Vol. 258: Hilarius Pictaviensis
[1651] Vol. 259: Hieronymus
[1540] Vol. 260: Gregorius Magnus
[241] Vol. 261: Subsidia
[1475] Vol. 262: Eusebius Caesariensis
[1826] Vol. 263: Irenaeus Lugdunensis
[1827] Vol. 264: Irenaeus Lugdunensis
[1541] Vol. 265: Gregorius Magnus
[1476] Vol. 266: Eusebius Caesariensis
[581] Vol. 267: Auctores
[1999] Vol. 268: Origenes
[2000] Vol. 269: Origenes
[1580] Vol. 270: Gregorius Nazianzenus
[242] Vol. 271: Subsidia
[1761] Vol. 272: Iohannes Chrysostomus
[2183] Vol. 273: Tertullianus
[1935] Vol. 275: Pseudo-Macarius
[2235] Vol. 276: Theodoretus Cyrensis
[2181] Vol. 280: Tertullianus

Subsidia Hagiographica (SHG)

[1645]   Vol. 59: Hesychius Hierosolymitanus

Testimonis Liturgics

[1705]   Vol. 1: Hippolytus Romanus
[1396]   Vol. 2: Didache
[1409]   Vol. 3: Ad Diognetum
[1387]   Vol. 4: Cyrillus Hierosolymitanus
[2363]   Vol. 5: Missa, sacramenta, sacramentalia

5. Collectanea et miscellanea

79   *Actes du XVe Congrès international de papyrologie, II: Papyrus inédits (P. XV. Congr.).* Éd. par J. BINGEN et G. NACHTERGAEL [PapyBrux 17]. Bruxelles: Fond. Égyptol. Reine Élisabeth 1979. 197 pp.

80   *Africa et Roma. Acta omnium gentium ac nationum Conventus Latinus litteris linguaeque fovendis, Leopold Senghor dicatum.* Ed. G. FARENGA USSANI. Roma: L'Erma 1979. 487 pp.

81   *Altes Testament, Frühjudentum, Gnosis: Neue Studien zu „Gnosis und Bibel".* Hrsg. von KARL-WOLFGANG TRÖGER. Gütersloh: Gütersloher Verlagshaus Mohn 1980. 364 pp.

82   ANASTOS, MILTON V. *Studies in Byzantine Intellectual History* [Collected Studies 88]. London: Variorum Reprints 1979. 432 pp.

83   *L'Apocalypse de Jean: traditions exégétiques et iconographiques, 3e−13e siècles.* Actes du Colloque de la Fondation Hardt. 29 février−3 mars 1976 (organisé par YVES CHRISTE). Genève: Droz 1979. 339 pp.

84   *L'Apocalypse johannique et l'Apocalyptique dans le Nouveau Testament.* Ed. par J. LAMBRECHT [BETHL 53]. Gembloux: Duculot 1980. 458 pp.

85   ARMSTRONG, ARTHUR HILARY *Plotinian and Christian studies* [Variorum Reprints collected studies 102]. London: Variorum Reprints 1979. 384 pp.

86   *Atti dell'Accademia romanistica constantiníana 3° convegno internazionale (Perugia-Trevi-Gualdo Tadino 28 settembre−1° ottobre 1977).* Perugia: Libr. Univ. 1979. VII, 499 pp.

87   *Atti del IX Congresso internazionale di archeologia cristiana (Roma, 21−27 settembre 1975)* [SAC 32]. Città del Vaticano 1978. 668, 604 pp.

88 Aus Geschichte und ihren Hilfswissenschaften. Festschrift für
    Walter Heinemeyer zum 65. Geburtstag. Herausgegeben von H.
    BANNASCH und H. P. LACHMANN [Veröffentl. der Hist. Komm.
    für Hessen 40]. Marburg: Elwert 1979. XVI, 801 pp.

89 Authority and freedom in liturgy. (Patristic, Free Church, pente-
    costal, ecumenical.). Ed. by KENNETH STEVENSON [Grove liturgical
    study 17]. Nottingham: Grove Books 1979. 40 pp.

90 Balcanica. Recherches linguistiques [en russe, résumés en angl. et
    en franç.] – Éd. par T. V. CIV'JAN. Moskva: Nauka 1979. 299 pp.

91 BARNARD, L. W. Studies in Church history and patristics. Thessalo-
    niki: Patriarchal Institute of Patristic Studies 1978. 422 pp.

92 Begegnung mit dem Wort. Festschrift für Heinrich Zimmermann.
    Hrsg. v. JOSEF ZMIJEWSKI und ERNST NELLESEN [BBB 53]. Bonn:
    Hanstein 1980. 424 pp.

93 Bewahren und Erneuern. Festschrift zum 80. Geburtstag von Kir-
    chenpräsident a. D. Prof. D. Theodor Schaller. Speyer: Protestan-
    tischer Landeskirchenrat der Pfalz 1980.

94 BEYSCHLAG, KARLMANN Evangelium als Schicksal: 5 Studien zur
    Geschichte der Alten Kirche. München: Claudius 1979. 141 pp.

95 Bonner Historia Augusta-Colloquium 1977/78. Hrsg. von J. STRAUB
    [Antiquitas R. 4, 14]. Bonn: Habelt 1980. XIII, 296 pp.

96 CAMPENHAUSEN, H. VON Urchristliches und Altkirchliches. Vor-
    träge und Aufsätze. Tübingen: Mohr 1979. 360 pp.

97 Chiesa e società dal secolo IV ai nostri giorni. Studi Storici in onore
    del P. Ilarino da Milano [Italia Sacra 30/31]. Roma: Herder 1979.
    XXX, 774 pp.

98 Christianisme d'hier et d'aujourd'hui. Hommages à Jean Préaux.
    Éd. par GUY CAMBIER, Bruxelles: Ed. de l'Univ. 1979. 160 pp.

99 The Church in Town and Countryside. Papers read at the seven-
    teenth summer meeting and the eighteenth winter meeting of the
    Ecclesiastical History Society. Ed. by DEREK BAKER [Studies in
    Church History 16]. Oxford: Basil Blackwell 1979, 486 pp.

100 Classica et Provincialia. Festschrift Erna Diez. Hrsg. von G.
    SCHWARZ und E. POCHMARSKI. Graz: Akademische Druck- und
    Verlags-Anstalt 1978. 222 pp.

101 COLLART, J. Varron, grammaire antique et stylistique latine [Publ.
    Sorbonne études 14]. Paris: Les Belles lettres 1978. XXVI, 415 pp.

102 Continuity and discontinuity in church history. Essays presented
    to George Huntston Williams on the occasion of his 65th birthday.
    Ed. by F. FORRESTER CHURCH and TIMOTHY GEORGE [Studies
    in the history of the Christian thought 19]. Leiden: Brill 1979.
    XXII, 419 pp.

103 Cristologia e catechesi patristica. 1. Convegno di studio e aggior-
    namento, Pontificium Institutum altioris latinitatis (Facoltà di Let-

tere cristiane e classiche) Roma. 17–19 febbrario 1979. Ed. a cura di S. FELICI [Bibl. di Sc. rel. 31]. Rom: Libr. Ateneo Salesiano 1980. 264 pp.

104 *Disciplina nostra. Essays in memory of Robert Franklin Evans.* Ed. by DONALD F. WINSLOW [PMS 6]. Philadelphia: Patristic Foundation 1979. IV, 212 pp.

105 *Donum gentilicium. New Testament studies in honour of David Daube.* By E. BAMMEL, C. K. BARRETT and W. D. DAVIES. Oxford: Clarendon Press 1978, X, 342 pp.

106 *Early Christian literature and the classical intellectual tradition. In honorem Robert McQueen Grant.* Ed. by WILLIAM RICHARD SCHOEDEL and ROBERT L. WILKEN [ThH 54]. Paris: Beauchesne 1979. 205 pp.

107 *Erbe, das nicht veraltet.* Hrsg. von P. NEUKAM. München: Bayer. Schulbuch-Verlag 1979. 240 pp.

108 *Eriugena. Studien zu seinen Quellen. Vorträge des 3. Internationalen Eriugena-Colloquiums, Freiburg im Breisgau, 27.–30. August 1979.* Hrsg. von WERNER BEIERWALTES [Abhandlungen der Heidelberger Akademie der Wissenschaften. Phil.-Hist. Kl., Jahrgang 1980. Abhandlung 3]. Heidelberg: Winter 1980. VIII, 206 pp.

109 *Estudios dedicados a C. Callejo Serrano.* Cáceres: Diput. Prov. 1979. 855 pp.

110 *Ética y teología ante la crisis contemporánea. I Simposio Internacional de Teología. Pamplona, 18–20 abril 1979* [Colección Teológica 25]. Pamplona: Ediciones Universidad de Navarra 1980. 661 pp.

111 *Études balkaniques antiques, 3: Données linguistiques et contexte ethno-culturel méditerranéen (Symposium, 3–5 avril 1978), Matériaux préliminaires.* Ed. L. A. GINDIN [en russe]. Moskau: Instit. d'Ét. slaves et balkan. 1978. 68 pp.

112 *Études de littérature ancienne.* Paris: Pr. de L'École norm. sup. 1979. 127 pp.

113 *Eulogia. Miscellanea liturgica in onore di P. Burkhard Neunheuser O.S.B., Preside del Pontificio Istituto Liturgico* [StAns 68; Analecta Liturgica 1]. Roma: Ed. Anselmiana 1979. XVI, 632 pp.

114 FONTAINE, J. *Études sur la poésie latine tardive d'Ausone à Prudence. Recueil de travaux* [Coll. d'Ét. anc.]. Paris: Les Belles Lettres 1980. VII, 519 pp.

115 FREND, W. H. C. Town and country in the early christian centuries [Coll. Stud. No 110]. London: Variorum Repr. 1979. 372 pp.

116 *From faith to faith. Essays in honor of Donald G. Miller on his 70th birthday.* Ed. by DIKRAN Y. HADIDIAN [Pittsburgh theological monograph series 31]: Pittsburgh: Pickwick Pr. 1979. XXXII, 446 pp.

117 *The Future of Coptic Studies.* Edited by ROBERT MACLACKLAN
    WILSON [Coptic Studies 1]. Leiden: Brill 1978. XII, 253 pp.

118 *Gestes et paroles dans les diverses familles liturgiques. Conférences*
    Saint-Serge. XXIVᵉ semaine d'études liturgiques, Paris, 28 juin – 1ᵉʳ
    juillet 1977. Rom: Centro Liturg. Vincenziano 1978. 185 pp.

119 GAUDEMET, JEAN *La société ecclésiastique dans l'Occident médiéval*
    [Variorum reprints collected studies 116]. London: Variorum Repr.
    1980. 338 pp.

120 *Gnadenwahl und Entscheidungsfreiheit in der Theologie der Alten*
    Kirche. Vorträge, gehalten auf der Patristischen Arbeitsgemein-
    schaft, 3.–5. Januar 1979 in Bethel. Hrsg. von FAIRY VON LILIEN-
    FELD und EKKEHARD MÜHLENBERG [Oikonomia 9]. Erlangen:
    Lehrstuhl f. Geschichte und Theologie d. Christlichen Ostens 1980.
    121 pp.

121 *Gottesherrschaft – Weltherrschaft. Festschrift Bischof Dr. Dr. h. c.*
    Rudolf Graber, überreicht von Professoren der Kath.-Theolog. Fak.
    d. Univ. Regensburg. Regensburg: Pustet 1980. 351 pp.

122 *Griechische Kodikologie und Textüberlieferung.* Hrsg. von D.
    HARLFINGER, Darmstadt: Wiss. Buchgesellschaft 1980. XI, 716 pp.

123 *Hacia una relectura de la Regla de San Benito. XVII Semana de*
    Estudios Monásticos (XV Centenario del nacimiento de San Benito,
    480–1980). [Studia Silensia 6]. Abadía de Silos 1980. 478 pp.

124 HARNACK, ADOLF VON *Kleine Schriften zur alten Kirche. 1. Berliner*
    Akademieschriften 1890–1907. 2. Berliner Akademieschriften
    1908–1930. Mit einem Vorwort von JÜRGEN DUMMER [Opuscula
    9; Reprint]. Leipzig: Zentralantiquariat der Dt. Demokratischen
    Republik 1980.

[2275] *Heilige in Geschichte . . .:* Hagiographica

125 *Histoire des doctrines linguistiques. Le monde ancien* [en russe].
    Éd. par A. V. DESNICKAJA et S. D. KACNELSON. Leningrad:
    Nauka 1980. 258 pp.

126 *Humanismus und Menschenbild im Orient und in der Antike.*
    Konferenzvorträge. Hrsg. von der Sektion Orient- und Altertums-
    wissensch. der Martin-Luther-Universität, Halle–Wittenberg [Wiss.
    Beiträge 28 (12) (1977)]. Halle (Saale): 1977. 427 pp.

127 *Humanitas religiosa. Festschrift für Haralds Biezais zu seinem*
    70. Geburtstag. Stockholm: Almqvist och Wiksell 1979. XII,
    316 pp.

128 *Identität.* Hrsg. von O. MARQUARD und K. STIERLE [Poetik und
    Hermeneutik 8]. München: Fink 1979. 765 pp.

129 *In memoria di Leone Tondelli.* A cura di N. ARTIOLI. Reggio:
    Emilia Studio teol. interdiocesano 1980. 472 pp.

130 *In verbis verum amare. Miscellanea dell'Istituto di Filologia latina*
    e medioevale dell'Universita di Bologna. A cura di P. SERRA

ZANETTI [Pubbl. Fac. di Magistero N. S.]. Firenze: La Nuova Italia 1980. 326 pp.

131 *Italia.* Gesammelte Aufsätze, herausgegeben von E. TARACZYŃSKA. Polska Akademia Nauk, Instytut Historii Kultury Materialnej. Warszawa: Ossolineum 1980.

132 *Kerygma und Logos. Beiträge zu den geistesgeschichtlichen Beziehungen zwischen Antike und Christentum. Festschrift für Carl Andresen zum 70. Geburtstag.* Hrsg. von A. M. RITTER. Göttingen: Vandenhoeck und Ruprecht 1979. 519 pp.

133 *Kirche und Bibel: Festgabe für Bischof Eduard Schick.* Paderborn: Schöningh 1979. 502 pp.

134 KONIK, E. *1500 – lecie upadku Cesarstwa Zachodniorzymskiego (= Fünfzehntausendtster Jahrestag des Untergangs des West-Römischen Kaisertums)* [AUW 449, Antiquitas 8]. Wroclaw: Wydawnicta Uniwersytetu Wroclawskiego 1979. 339 pp.

135 *Lex orandi, lex credendi. Miscellanea in onore di Cipriano Vagaggi* 1. Ed. a cura di G. J. BÉKÉS e G. FARNEDI [Studia Anselmiana 79]. Roma: Ed. Anselmiana 1980. 377 pp.

136 MARCHESI, C. *Scritti minori di filologia e letteratura.* In append.: *Religiosità di Marchesi,* di P. FERRARINO. [Opuscoli accademici XIII]. Firenze: Olschki 1978. XXIII, 1382 pp. en 3 vols.

137 MEINHOLD, P. *Studien zu Ignatius von Antiochien* [Veröffentl. des Instituts für Europäische Geschichte Mainz 97]. Wiesbaden: Steiner 1979. XII, 86 pp.

138 *Mélanges de littérature et d'épigraphie latines, d'histoire ancienne et d'archéologie. Hommage à la mémoire de Pierre Wuilleumier,* avantpropos de H. LE BONNIEC et G. VALLET [Coll. d'et. lat. Sér. scientif. 35]. Paris: Les Belles Lettres 1980. XXVI, 365 pp.

139 MEMOLI, A. F. *Studi sulla prosa d'arte negli scrittori cristiani* [Studi e testi dell'ant. 13]. Napoli: Soc. ed. napolet. 1979. 239 pp.

140 METZGER, B. M. *New Testament Studies Philological, versional and patristic* [NT Tools and Stud. 10]. Leiden: Brill 1980. X, 234 pp.

141 *Miscellània litúrgica catalana, I* [Soc. Catalana d'est. liturg.]. Barcelona: Inst. d'est. catalans 1978. 185 pp.

142 *Mysteria Mithrae. Proceedings of the international Seminar on the religio-historical character of Roman mithraism, with particular reference to Roman and Ostian sources, Rome and Ostia 28–31 March 1978.* Ed. by U. BIANCHI [Et. prélimin. aux relig. orient. dans l'empire rom. 80]. Leiden: Brill 1979. XXVII, 1005 pp.

143 MYSZOR, W.; STANULA, E. *Miscellanea patristica in memoriam Joannis Czuj* [StAC 2]. Warszawa: ATK 1980. 287 pp.

144 *Palaeographica diplomatica et archivistica. Studi in onore di Guilio Battelli.* A cura della Scuola speciale per archivisti e bibliotecari

dell'Univ. di Roma [Racc. di studi e testi CXXXIX–XCL]. Rom: Ed. di storia e lett. 1979. XXXII, 453; VIII, 661 pp.

145 *Paradoxos politeia. Studi patristici in onore di Giuseppe Lazzati.* A cura di R. CANTALAMESSA et L. F. PIZZOLATO [SPMe 10]. Milano: Vita e Pensiero 1980. XXXIV, 531 pp.

146 *Pauline Studies. Essays presented to Professor F. F. Bruce on his 70th birthday.* Ed. by DONALD A. HAGNER and MURRAY J. HARRIS. Grand Rapids, Mich.: Eerdmans 1980. XLI, 293 pp.

147 *Perennitas. Studi in onore di Angelo Brelich promossi dalla Cattedra di Religioni del mondo classico dell'Università degli Studi di Roma.* Rom: Ed. dell'Ateneo 1980. VII, 668 pp.

148 *Philoxenia. Prof. Dr. Bernhard Kötting gewidmet von seinen griechischen Schülern.* Hrsg. von ANASTASIOS KALLIS. Münster: Aschendorff 1980. 310 pp.

149 *Pietas. Festschrift für Bernhard Kötting.* Herausgegeben von ERNST DASSMANN und K. S. FRANK, [JAC Ergänzungsband 8]. Münster: Aschendorff 1980. VII, 310 pp.

150 *Problèmes d'histoire du christianisme 8.* Éd. par G. CAMBIER [Univ. libre de Bruxelles Institut d'histoire du christianisme]. Bruxelles: Éds. de l'Université 1979. 139 pp.

151 *Problèmes d'histoire du christianisme, 9: Hommages à Jean Hadot.* Éd. par. G. CAMBRIER [Université libre de Bruxelles. Institut d'histoire du christianisme]. Bruxelles: Éd. de l'Université 1980. 238 pp.

152 *Problèmes d'histoire et de culture antique. Actes de la XIVe Conférence Eirene des specialistes de l'antiquité dans les pays socialistes.* Éd. par B. B. PIOTROVSKIJ. Jerevan: AN ArmSSR 1979. 548; 507 pp.

153 *The rediscovery of gnosticism. Proceedings of the International conference on gnosticism at Yale, New Haven, Connecticut, March 28–31, 1978, I: The school of Valentius.* Ed. B. LAYTON [Numen 41]. Leiden: Brill 1980. XXIV, 454 pp.

154 *Reformatio ecclesiae. Beiträge zu kirchlichen Reformbemühungen von der Alten Kirche bis zur Neuzeit. Festgabe für Erwin Iserloh.* Hrsg. v. REMIGIUS BÄUMER. Paderborn: Schönigh 1980. 989 pp.

155 ROBERTS, COLIN HENDERSON *Manuscript, society and belief in early Christian Egypt.* London: Oxford University Press 1979. IX, 88 pp.

156 *Das römische Epos.* Hrsg. von E. BURCK [*Grundriß der Literaturgeschichte nach Gattungen*]. Darmstadt: Wissenschaftliche Buchgesellschaft 1979. XII, 419 pp.

157 *Saint-Tierry, une abbaye du VIe au XXe siècle. Actes du Colloque international d'histoire monastique, Reims-Saint-Thierry, 11 au 14 octobre 1976.* Réunis par M. BUR. Saint Thierry: Assoc. des amis de l'abbaye 1979. XVIII, 646 pp.

158 SESTON, WILLIAM *Scripta varia. Mélanges d'histoire romaine, de droit, d'épigraphie et d'histoire du christianisme* [Collection de l'École Française de Rome 43]. Rome: École Française 1980, 717 pp.

159 *Sfîntul Vasile cel Mare. Inchinare la 1600 de ani de la sàvîrşirea sa. (Der Hl. Basilius der Große. Festgabe zum 1600. Jahrestag seiner Entschlafung.* Tipărit cu binecuvîntarea Prea Fericitului Părinte IUSTIN, Patriarhul Bisericii Ortodoxe Române [Biblioteca teologică 3]. Bucureşti: Editura Institutului Biblic şi de misiune ortodoxă 1980. 490 pp.

160 *La storiografia ecclesiastica nella tarda antichità. Atti del Convegno tenuto in Erice (3–8 XII 1978).* Pref. di S. CALDERONE. Messina: Cento di studi umanist. 1980. 591 pp.

161 *Studi di poesia latina in onore di Antonio Traglia* [Storia e letteratura 141/142]. Ròma: Ed. di storia e letteratura 1979. XXIII, 998 pp.

162 *Studi in onore di Ferrante Rittatore Vonwiller, II: Archeologia italica classica medievale. Diritto. Letteratura. Linguistica. Storia. Varie.* Premessa di P. MAGGI. Como: Soc. archeol. Comense 1980. 582 pp.

163 *Studi in onore di Pietro Agostini d'Avack* [Pubbl. Fac. di Giurisprud. Univ. di Roma 46–49]. Milano: Giuffre 1976. XV, 1926; 1938; 1056 et 717 pp.

164 *Studies in Hellenistic Religions.* Ed. by M. J. VERMASEREN [Études préliminaires aux religions orientales dans l'Empire romain 78]. Leiden: Brill 1979

165 *Studien zur antiken Sozialgeschichte. Festschrift für Friedrich Vittinghoff zum 70. Geburtstag.* Herausgegeben von WERNER ECK, HARTMUT GALSTERER und HARTMUT WOLFF [Kölner historische Abhandlungen 28]. Köln 1980. 720 pp.

166 *Studien zum Menschenbild in Gnosis und Manichäismus.* Ed. P. NAGEL [Wiss. Beitr. der Univ. Halle]. Halle: Martin-Luther-Univ. 1979. 39, 295 pp.

167 *Teología del Sacerdocio 11. El ministerio en los primeros siglos* [Facultad de Teología del Norte de España, sede de Burgos. Instituto Juan de Avila]. Burgos: Ediciones Aldecoa 1979. 347 pp.

168 *Testimonianze cristiane antiche ed altomedievali nella Sibaritide. Atti del Convegno nazionale tenuto a Corigliano-Rossano l'11–12 marzo 1978.* A cura di C. D'ANGELA [Vetchr Scavi e Ric. 3]. Bari: Adriatica ed. 1980. VIII, 325 pp.

169 *Text and interpretation. Studies in the New Testament pres. to Matthew Black.* Ed. by ERNEST BEST and R. McL. WILSON. Cambridge: Univ. Pr. 1979. XV, 268 pp.

170 *Text and Testaments: Critical Essays on the Bible and the Early Church Fathers.* Ed. by W. EUGENE MARCH. San Antonio: Trinity University Pr. 1980. XII, 320 pp.

171 *Text, Wort, Glaube. Studien zur Überlieferung, Interpretation und Autorisierung biblischer Texte; Kurt Aland gewidmet.* Hrsg. von MARTIN BRECHT [Arbeiten zur Kirchengeschichte 50]. Berlin: de Gruyter 1980. VIII, 397 pp.

172 *Theologia crucis, signum crucis. Festschrift für Erich Dinkler zum 70. Geburtstag.* Hrsg. von C. ANDRESEN und G. KLEIN. Tübingen: Mohr 1979. VIII, 563 pp.

173 *Theologia scientia eminens practica. Fritz Zerbst zum 70. Geburtstag.* Hrsg. v. HANS-CHRISTOPH SCHMIDT-LAUBER. Wien: Herder 1979. 335 pp.

174 *Trinification of the world. A Festschrift in honour of Frederick E. Crowe in the Celebration of his 60th birthday.* Edited by THOMAS A. DUNNE and JEAN-MARC LAPORTE. Toront: Regis College Press 1978. 329 pp.

175 *Umanesimo e Rinascimento. Studi offerti a Paul Oskar Kristeller.* Da V. BRANCA, A. FRUGONI, E. GARIN, V. GIUSTIANI, S. MARIOTTI, A. PEROSA e C. VASOLI [Bibl. di Lettere ital ST. 24]. Firenze: Olschki 1980. 176 pp.

176 *Unterwegs zur Einheit. Festschrift für Heinrich Stirnimann.* Hrsg. von JOHANNES BRANTSCHEN und PIETRO SELVATICO. Freiburg/ Schweiz: Universitätsverlag 1980. 942 pp.

177 *Vergil and Roman elegy, medieval Latin poetry and prose, Greek lyric and drama.* Ed. by F. CAIRNS [Papers of the Liverpool Latin Seminar, 2]. Liverpool: 1979. 360 pp.

178 *Verpflichtung der Antike.* Hrsg. von P. NEUKAM. München: Bayer. Schulbuch-Verlag 1979. 224 pp.

179 WASZINK, JAN HENDRIK *Opuscula selecta.* Leiden: Brill 1979. XXV, 454 pp.

180 *Word and Spirit. A monastic review, I: In honor of Saint Basil the great.* Still River, Mass: St. Bede's Publ. 1979. XII, 195 pp.

181 *Les yeux de chair et les yeux de feu. La science et la gnose. Colloque tenu à Paris les 2, 3 et 4 juin 1978* [Cahiers de l'Université Saint Jean de Jerusalem 5]. Paris: Berg Internat. 1979. 244 pp.

182 *Zur Soziologie des Urchristentums. Ausgewählte Beiträge zum frühchristlichen Gemeinschaftsleben in seiner gesellschaftlichen Umwelt.* Ed. W. A. MEEKS. München: Kaiser 1979. 312 pp.

6. Methodologica

183 BOLGIANI, F. *Le origini della cultura cristiana. Posizioni di princi-pio e problemi di metodo per una ricerca* — AugR 19 (1979) 7–40

184 BROX, N. *Methodenfragen der Pseudepigraphie-Forschung* — ThRe 75 (1979) 275–278

185 ΔΕΝΤΑΚΗΣ, ΒΑΣΙΛΕΙΟΣ Λ. *Τό ἐκδοτικόν ἔργον τοῦ J.-P. Migne καί τά εὑρετήρια τῶν Πατρολογιῶν αὐτοῦ* — EpThAth 22 (1975) 599–711

186 FILARSKA, B.: GÓRSKI, T. *Archeologia chrześcijańska jako wazne źródło do poznania zycia Kościoła pierwszych wiekŏw* (= *L'Archéo-logie chrètienne — source de la connaissance de la vie de l'Eglise primaire)* — AtKap 71/92 (1979) 195–200

187 FREIRE, JOSÉ GERALDES *Os Estudos Patristicos em Portugal* — HumTeol. 1 (1980) 332–336

188 GÓMEZ, I. M. *XVIII Semana de Estudios Monásticos* — Yermo 18 (1980) 315–320

189 KRAUSE, M. *Die Disziplin Koptologie.* In: *The Future . . .* (cf. 1979/80, 117) 1–22

[2279] LOTTER, F.: Hagiographica

190 MAŁUNOWICZÓWNA, L. *Antyk chrześcijański (= The ancient Christianity)* — RoczTK 26 (1979) 23–24

191 MONDÉSERT, CLAUDE *Pour lire les Pères de l'Église dans la collec-tion «Sources chrétiennes»* [Foi vivante 196]. Paris: Cerf 1979. 106 pp.

192 MONTEIRO, CRISOSTOMO *Semana Beneditina de Fatima* — OrLab 26 (1980) 279–281

193 ORLANDI, TITO *The Future of Studies in Coptic Biblical and Ecclesiastical Literature.* In: *The Future . . .* (cf. 1979/80, 117) 143–163

194 OROZ RETA, J. *VIII Congreso Internacional de Estudios Patrísticos, Oxford 3–8 de septiembre 1979* — Helmantica 31 (1980) 145–148

195 QUECKE, HANS *Zukunftschancen bei der Erforschung der koptischen Liturgie.* In: *The Future . . .* (cf. 1979/80, 117) 164–196

[1429] RITTER, A. M.: Pseudo-Dionysius Areopagita

196 ROBINSON, JAMES M. *The Future of Papyrus Codicology.* In: *The Future . . .* (cf. 1979/80, 117) 23–70

197 ROMERO POSE, EUGENIO *Octavo Congreso internacional de Patrí-stica (Oxford, 3–8 septiembre 1979)* — Burgense 21 (1980) 295–296

198 SANTORSKI, A. *Miejsce patrologii wśród dyscyplin teologiczynch (= La place de la patrologie dans les sciences théologiques)* — RoczTK 26 (1979) 45–51

199 SERNA, CLEMENTE DE LA XVII *Semana de Estudios Monásticos*
      (Monasterio de San Pelayo, Oviedo, 28 de agosto–2 de setiembre,
      1978) – StOv 7/8 (1978/79) 333–339
[1596] SICHERL, M.; MOSSAY, J.; LAFONTAINE, G.: Gregorius Nazianzenus
200 SINISCALO, P. *Patristica, patrologia e letteratura cristiana antica ieri*
      e oggi. Postille storiche e metodologiche – AugR 20 (1980) 383–
      400
201 TIMM, S. *The Tübingen proposal for a cartographic representation*
      of christianity in Egypt – Enchoria 8 (1979) Sonderband 105–107
202 WINKELMANN, F. *Kirchengeschichtsforschung als notwendige Kom-*
      ponente der Altertumswissenschaft – Helikon 19 (1979) 540–546

7. Subsidia

203 *Altspanische Gebete zum Kirchenjahr.* Ausgew., übersetzt und
      kommentiert von ANTON THALER. Zürich: Benziger 1980. 130 pp.
204 *Apocalyptic spirituality. Treatises and letters of Lactantius, Adso of*
      Montier-en-Der, Joachim of Fiore, the Franciscan Spirituals, Savo-
      narola. Transl. and introduction by BERNARD MCGINN. Pref. by
      MARJORIE REEVES. New York: Paulist Press 1979. XVIII, 334 pp.
205 BAUER, W. A. *A Greek-English lexicon of the New Testament and*
      other early christian literature. 2nd ed. rev. and augm. by F. W.
      GINGRICH and F. W. DANKER from W. Bauer's 5th ed. Chicago:
      University of Chicago Press 1979. XL, 900 pp.
[1250] BERNHARD, M.: Boethius
206 *Biblia Patristica. Index des citations et allusions bibliques dans la*
      littérature patristique. III. Origène. Paris: Éd. du CNRS 1980.
      472 pp.
207 *Die byzantinischen Kleinchroniken, III: Teilübersetzungen, Ad-*
      denda et corrigenda, Indices. Ed. P. SCHREINER [Corpus fontium
      hist. byz. 12,3]. Wien: Verl. der Österr. Akad. der Wiss. 1979.
      254 pp.
208 *Catalogus translationum et commentarium. Medieval and Renais-*
      sance Latin translations and commentaries. Annotated lists and
      guides, 4. Ed. by F. E. CRANZ and P. O. KRISTELLER. Washington:
      Catholic Univ. of America Press 1980. XXII, 524 pp.
[819] *Catalogus verborum . . . II:* Augustinus
[820] *Catalogus verborum . . . III:* Augustinus
209 *The Christological controversy.* Translated and edited by RICHARD
      A. MORRIS, Jr. Philadelphia: Fortress Press 1980. VIII, 162 pp.
210 *Computer-Konkordanz zum Novum Testamentum Graece von*
      Nestle-Aland, 26. Auflage und zum Greek New Testament, 3ʳᵈ edi-

tion. Heausgegeben vom Institut für neutestamentliche Textfor-
schung und vom Rechenzentrum der Universität Münster unter be-
sonderer Mitwirkung von H. BACHMANN und W. A. SLABY. Berlin:
Walter de Gruyter 1980. X, 1018 pp.

211 *Corpus Christianorum. Initia patrum Latinorum. Series altera.*
Coll. ordin. a J. M. CLÉMENT, Turnhout: Brepols 1979. 132 pp.

212 DELANEY, JOHN J. *Dictionary of saints.* Garden City, New York:
Doubleday 1980. 647 pp.

213 ΔΕΝΤΑΚΗΣ, ΒΑΣΙΛΕΙΟΣ Λ. *Συναγωγή Πατέρων, ἤτοι Συστηματικοί
πίνακες τῆς Ἑλληνικῆς Πατρολογίας τοῦ J.-P. Migne* – ExThAth
22 (1975) 529–597

214 *Dicionário de história da Igreja em Portugal.* Ed. A. A. BANHA DE
ANDRADE [et. al.] fasc. 1–5: *Abade–Andrade.* Lisboa: Ed. Re-
sistencía 1979/80. 26; 292 pp.

215 *Dicionário de história da Igreja em Portugal.* Ed. A. A. BANHA DE
ANDRADE [et. al.] fasc. 6–10: *Angola–arte. Lisboa:* Ed. Resis-
tencía 1980. p. 293–612

216 *Dictionnaire de spiritualité ascétique et mystique. Doctrine et histoire, X, Fasc. 68–69, Ménologes–Monde.* Paris: Beauchesne
1979. col. 1025–1632

217 *Dictionnaire de spiritualité ascétique et mystique X, fasc. 70–71,
Monde–Mythe.* Paris: Beauchesne 1980. col. 1633–2008

218 *Dictionnaire d'histoire et de géographie ecclésiastiques,* XIX, fasc.
108b–109; 110. Paris: Letouzey et Ané 1979. col. 1–400; 401–
656

219 *Enchiridion euchologicum fontium liturgicorum.* A cura di E. LODI
[Bibl. Ephem. Liturg. Subsidia 15]. Roma: Ed. liturg. 1979. XXX,
1866 pp.

220 FARMER, D. H. *The Oxford dictionary of saints.* London: Clarendon Pr. 1978. XXIV, 423 pp.

[1008] FELBER, H. F.: Ausonius

221 FERREIRA, P. *Indice dos temas, autores e obras das leituras patristi-
cas e eclesiasticas da Liturgia das Horas.* Lisboa: Secretariado
Nacional da Liturgia 1979. 165 pp.

222 FICHTINGER, CHRISTIAN *Lexikon der Heiligen und Päpste.* Gütersm-
loh: Prisma-Verlag 1980. 389 pp.

223 GEERARD, M. *Clavis Patrum Graecorum, III: A Cyrillo Alexan-
drino ad Iohannem Damascenum* [CChr Ser. Graeca]. Turnhout:
Brepols 1979. XXI, 574 pp.

224 GEERARD, M. *Clavis Patrum Graecorum, IV: Concilia, catenae*
[CChr Ser. Graeca]. Turnhout: Brepols 1980. XVI, 273 pp.

225 JANSON, T. *A concordance to the Latin panegyrics. A concordance
to the XII Panegyrici Latini and to the Panegyrical texts and fragments of Symmachus, Ausonius, Merobaudes, Ennodius, Cassio-*

dorus [Alpha—Omega R.A. 37]. Hildesheim: Olms 1979. XI, 898 pp.

226 KITTEL, G.; FRIEDRICH, G. *Theologisches Wörterbuch zum Neuen Testament, X, 2: Literaturnachträge, Lief. 18—20:* ἔλεος—ὡσαννά. Stuttgart: Kohlhammer 1979. Sp. 1973—1294

[1204] LIENHARD, J. T.: Benedictus Nursinus

227 LITTELL, F. H. *Atlas zur Geschichte des Christentums. Dt. Bearb.* von E. GELDBACH. Wuppertal: Brockhaus 1980. 168 pp.

228 *Lodi alla Madonna Nel 1. millennio delle Chiese d'Oriente e d'Occidente.* Testi scelti di CONSTANTE BERSELLI e GREGORIO GHARIB. Note e coord. di CONSTANTE BERSELLI [Letture cristiane delle origini. Antologie 1]. Roma: Ed. Paoline 1979. 110 pp.

229 PETERS, EDWARD *Heresy and authority in medieval Europe: documents in translation.* Philadephia: University of Pennsylvania Press 1980. VIII, 312 pp.

230 PLEZIA, M. *Słownik łacińsko-polski (= Lateinisch-Polnisches Wörterbuch) 1—5.* Warszawa: Państowne Wydawnictwo Naukowe 1959—1979. 827; 744; 751; 583; 673 pp.

231 *La prière des liturgies anciennes.* Textes choisis et présentés par GUY-MARIE OURY [Prières de tous les temps 8]. Chambray-les-Tours: C.L.D. 1979. 93 pp.

232 *La prière des Pères de l'Eglise.* Textes choisis et présentés par GUY-MARIE OURY [Prières de tous les temps 6]. Chambray-les-Tours: C.L.D. 1979. 93 pp.

233 *Quellen geistlichen Lebens: die Zeit der Väter.* Hrsg. von WILHELM GEERLINGS und GISBERT GRESHAKE. Mainz: Matthias-Grünewald-Verlag 1980. 262 pp.

[67] QUELLET, H.: Bibliographica

234 *Règles monastiques d'Occident. IVe—VIe siècle. D'Augustin à Ferréol.* Traduction, introd. et notes par VINCENT DESPREZ; préf. par ADALBERT DE VOGÜÉ. (Spiritualité orientale et vie monastique. Vie monastique 9). Bégrolles-en-Mauges: Abbaye de Bellefontaine 1980. 396 pp.

235 RYBANDT, S. *Katalog ksiąg zachowanych z średniowiecznej biblioteki cystersów w Rudach (= Katalog der aufbewahrten Bücher aus der mittelalterlichen Bibliothek der Cistercienserabtei Rauden, in Oberschlesien)* [Silva Medii et Recentioris Aevi 7]. Warszawa: Pax 1979. 123 pp.

236 SIEBEN, HERMANN JOSEF *Voces. Eine Bibliographie zu Wörtern und Begriffen aus der Patristik* [Bibliographia patristica Suppl. 1]. Berlin, New York: de Gruyter 1980. 461 pp.

237 *La spiritualité des premiers siècles.* Textes choisis et présentés par GUY-MARIE OURY [Prières de tous les temps 5]. Chambrays-les-Tours: C.L.D. 1979. 92 pp.

238 *Starożytne reguły zakonne (= Die antike Klosterregel).* Von mehreren Mitarbeitern unter Leitung von M. STAROWIEYSKI ins Polnische übersetzt. Vorwort von J. KŁOCZOWSKI, Einführung und Überarbeitung von M. STAROWIEYSKI [PSP 26]. Warszawa: Akademia Teologii Katolickiej 1980. 343 pp.

239 *Targum du Pentateuque.* Traduction des deux recensions palestiniennes par ROGER LE DÉAUT et JACQUES ROBERT. Tome I.: *Genèse* [SC 245]. Paris: Cerf 1978.

240 *Targum du Pentateuque.* Traduction des deux recensions palestiniennes par ROGER LE DÉAUT et JACQUES ROBERT. Tome II.: *Exode et Lévitique* [SC 256]. Paris: Cerf 1979.

241 *Targum du Pentateuque.* Traduction des deux recensions palestiniennes complètes avec introduction, parallèles, notes et index par ROGER LE DÉAUT avec la collaboration de JACQUES ROBERT. Tome III.: *Nombres* [SC 261]. Paris: Ed. du Cerf 1979. 341 pp.

242 *Targum du Pentateuque.* Traduction des deux recensions palestiniennes complètes par ROGER LE DÉAUT. Tome IV: *Deutéronome.* Bibliographie générale, glossaire et index des quatre tomes [SC 271]. Paris: Ed. du Cerf 1980. 409 pp.

243 *Temario de estudios hispano-agustinianos –* Augustinus 25 (1980) 429–449

244 *Theologische Realenzyklopädie,* hrsg. v. G. KRAUSE; G. MÜLLER; H. R. BALZ, IV: *Arkandisziplin – Autobiographie.* Berlin: de Gruyter 1979. IV, 813 pp.

245 *Theologische Realenzyklopädie,* hrsg. v. G. KRAUSE; G. MÜLLER; H. R. BALZ, V: *Autokephalie – Biandrata.* Berlin: de Gruyter 1979/80. 805 pp.

246 *Theologische Realenzyklopädie,* hrsg. v. G. KRAUSE; G. MÜLLER; H. R. BALZ, VI: *Bibel – Böhmen und Mähren.* Berlin: de Gruyter 1980, IV, 786 pp.

247 *The Trinitarian controversy.* Translated and edited by WILLIAM G. RUSCH [Sources of early Christian thought]. Philadelphia: Fortress Press 1980. VIII, 182 pp.

248 *Vita sancti Fructuosi. Indices, concordancia, análise linguística, datos estatísticos.* Ed. A. NASCIMENTO. Lisboa: 1977. XIV, 75 pp.

249 *Vorarbeiten zu einem Augustinus-Lexikon. A 8 = De vera religione. Werksindex.* Bearbeitet von WERNER HENSELLEK und PETER SCHILLING [Beiheft zum CSEL 5]. Wien: Verlag der Österreichischen Akademie der Wissenschaften 1980. 484 pp.

[1305] WACHT, M.: Claudius Claudianus

250 *Wortindex zu den Schriften des hl. Ambrosius* nach der Sammlung von O. FALLER, bearbeitet von L. KRESTAN [Beiheft zum CSEL 4]. Wien: Verlag der Österreichischen Akademie der Wissenschaften 1979. 199 pp.

8. Opera ad historiam ecclesiasticam sive saecularem spectantia

251 ALAND, KURT Geschichte der Christenheit, I: Von den Anfängen bis an die Schwelle der Reformation. Gütersloh: Mohn 1980. 476 pp.

252 ALAND, K. Das Verhältnis von Kirche und Staat in der Frühzeit — ANRW 2,23.1 (1979) 60—246

253 ALLEN, P. The "Justinianic" Plague — Byzan 49 (1979) 5—20

254 ALONSO-NUNEZ, J. M. The Emperor Julian's "Misopogon" and the Conflict between Christianity and Paganism — AncSoc 10 (1979) 311—324

255 AUGÉ, M. L'abito religioso. Studio storico e psico-religioso dell'abbigliamento religioso. Roma: Ist. di teol. della rel. Claretianum 1977. 176 pp.

256 AULAGNIER, JEAN Et Dieu vint. Évocation historique du 1er siècle de la chrétienté. Paris: Centre Jean-Bart 1980. 112 pp.

257 BARNARD, L. W. Hadrian and Judaism. In: Studies in Church history . . . (cf. 1979/80, 91) 9—26

258 BARNARD, L. W. The Background of Judaism and Christianity in Egypt. In: Studies in Church history . . . (cf. 1979/80, 91) 27—51

259 BARNARD, L. W. The Church in Rome in the First Two Centuries A.D. In: Studies in Church history . . . (cf. 1979/80, 91) 131—180

260 BARNARD, L. W. Early Syriac Christianity. In: Studies in Church history . . . (cf. 1979/80, 91) 194—223

261 BARNARD, L. W. The Antecedents of Arius. In: Studies in Church history . . . (cf. 1979/80, 91) 289—311

262 BARNARD, L. W. The Jews and the Byzantine Iconoclastic Controverse. In: Studies in Church history . . . (cf. 1979/80, 91) 373—386

263 BARNARD, L. W. Early Christian Art as Apologetic. In: Studies in Church history . . . (cf. 1979/80, 91) 402—415

264 BARNARD, L. W. East-West conciliatory moves and their outcome in the period 341—351 A.D. — HeythropJ 20 (1979) 243—256

265 BECK, HANS-GEORG Geschichte der orthodoxen Kirche im byzantinischen Reich [Die Kirche in ihrer Geschichte 1]. Göttingen: Vandenhoeck und Ruprecht 1980. 268 pp.

266 BESSON, MARIUS Nos origines chrétiennes: étude sur les commencements du christianisme en Suisse romande (Reprint). Lausanne: Ed. de l'Aire 1979

267 BEYSCHLAG, K. Kirche und Gesellschaft bei den frühen Christen. In: Evangelium als Schicksal (cf. 1979/80, 94) 59—76

268 BEYSCHLAG, K. In der Welt — nicht von der Welt (Der Weg der frühen Christen). In: Evangelium als Schicksal (cf. 1979/80, 94) 9—58

269 BIENERT, W. A. Das vornicaenische ὁμοούσιος als Ausdruck der Rechtgläubigkeit — ZKG 90 (1979) 151—175

270 BILLON, B. M. *The early tradition of the papacy.* Ilfracombe: Stockwell 1979. 171 pp.

271 BINTERIM, ANTON JOSEPH *Über die Besessenen (Energumenen) und ihre Behandlung in der alten Kirche.* München: Arbeitsgemeinschaft für Religions- und Weltanschauungsfragen 1979. 148 pp.

272 BLANCHETIÈRE, F. *Le montanisme originel* — ReSR 52 (1978) 118–134; 53 (1979) 1–11

273 BLANK, JOSEF; DAUTZENBERG, GERHARD; MERKLEIN, HELMUT u. a. *Zur Geschichte des Urchristentums* [Quaestiones Disputatae 87]. Freiburg: Herder 1979. 160 pp.

274 BOLGIANI, FRANCO *Introduzione al cristianesimo dell II secolo. Il quadro esterno.* Torino: G. Giappichelli 1980. 136 pp.

275 BORST, A. *Mönche am Bodensee 610–1525* [Bodensee Bibl. 5]. Sigmaringen: Thorbecke 1978. 584 pp.

276 BOWEN, J. *Historia de la educación occidental,* II: *La civilización de Europa. Siglos VI–XVI.* Barcelona: Editorial Herder 1979. 612 pp.

277 BURGARELLA, F. *La Chiesa greca di Calabria in età bizantina (VI°–VII° secolo).* In: *Testimonianze cristiane antiche ed altomedievali nella Sibaritide . . .* (cf. 1979/80, 168) 89–120

278 BURGHARDT, WALTER J. *Primitive Montanism: Why Condemned?* In: *From faith to faith* (cf. 1979/80, 116) 339–356

[808] BURNS, J.-P.: Augustinus

279 BURNS, T. S. *Pursuing the early Gothic migrations* — AArchHung 31 (1979) 189–199

280 BURTON, EDWARD *An inquiry into the heresies of the apostolic age in eight sermons.* Preached before the University of Oxford, in the year 1829 at the lecture founded by the Rev. John Bampton Oxford 1829. New York: AMS Press 1980. XXXII, 600 pp.

281 CAMERON, AVERIL *"Neither Male nor Female"* — Gn 52 (1980) 60–68

282 CAMPENHAUSEN, H. VON *Die ersten Konflikte zwischen Kirche und Staat und ihre bleibende Bedeutung.* In: *Urchristliches und Altkirchliches* (cf. 1979/80, 96) 353–359

283 CAPEL, EVELYN FRANCIS *The making of Christianity and the Greek spirit.* Edinburgh: Floris Books 1980.

284 CARLETTI, CARLO; MARIAROSARIA, SALVATORE *Ruvo di Puglia. Saggi di scavo.* [VetChr Scavi e ricerche 1]. Bari: Istituto di Letteratura Cristiana Antica, Univ. 1977. 79 pp.

285 CERAN, W. *Kościół wobec chrześcijańskiej polityki cesarza Juliana Apostaty (= Die Kirche angesichts der Christenpolitik des Kaisers Julian Apostata).* Łódź: Wydawnictwo Uniwersytetu Łódzkiego 1980. 235 pp.

286 CHADWICK, HENRY *The role of the Christian Bishop in ancient society.* Berkeley: Center for Hermeneutical Studies in Hellenistic and Modern Culture 1979. 47 pp.

287 CHADWICK, HENRY *The Relativity of Moral Codes: Rome and Persia in Late Antiquity:* In: *Early Christian literature* ... (cf. 1979/80, 106) 135–154

288 CHURRUCA, JUAN *Torturas y vejaciones en el proceso contra los cristianos de Lyon (177)* – EDeusto 28 (1980) 347–369

289 CLARKE, G. W. *Dating the death of the emperor Decius* – ZPE 37 (1980) 114–116

290 CONDE, GUERRI, E. *Los «fossores» de Roma Paleocristiana (estudio iconográfico, epigráfico y social)* [Studi di Antichità cristiana publicati a cura del Pontificio Istituto di Archeologia Cristiana 33]. Città del Vaticano 1979. 212 pp. XXII tabl. con 37 fig. y 1 plano.

291 COUNTRYMAN, L. W. *The rich christian in the church of the early empire. Contradictions and accomodations* [Texts and studies in religion 7]. New York, Toronto: Edwin Mellen Press 1980. VIII, 239 pp.

292 COUNTRYMAN, L. W. *The intellectual role of the early Catholic Episcopate* – ChH 48 (1979) 261–268

293 CROUZEL, H. *Le christianisme de l'empereur Philippe l'Arabe* – Greg 56 (1975) 545–550

[2008] CROUZEL, H.: Origenes

294 CUSCITO, G. *Cristianesimo antico ad Aquileia e in Istria* [Fonti e studi per la storia della Venezia Giulia Ser. 2ª Studi 3]. Trieste: Deput. di storia patria 1977. 366 pp.

295 CUSCITO, G. *Linee di diffusione del cristianesimo nel territorio di Aquileia* – AnAl 15 (1979) 603–626

296 DECKER, D. DE; DUPIUS-MASAY, G. *L'«épiscopat» de l'empereur Constantin* – Byzan 50 (1980) 118–157

297 DECRET, FRANCOIS *Les conséquences sur le Christianisme en Perse de l'affrontement des empires romain et sassanide. De Shâpûr Ier à Yadzgard Ier* – RechAug 14 (1979) 91–152

298 DECRET, F. *Encore le manichéisme* – REA 26 (1980) 306–312

299 DEKKERS, ELIGIUS *L'Église devant la Bible en langue vernaculaire.* In: *The Bible and Medieval Culture.* Leuven: Univ. Press 1979. 15 pp.

300 DOIGNON, J. *Les plebes de la Narbonnaise et la communion d'Hilaire de Poitiers durant la crise arienne du milieu du IVe s. en Gaule* – REAnc 80 (1978) 95–107

301 DONINI, A. *Aux sources du christianisme. Des origines à Justinien* [en russe]. Moskva: Politizdat 1979. 341 pp.

302 EIJL, EDMOND J. M. VAN *Beknopte geschiedenis van de kerk in de oudheid en middeleeuwen.* Leuven: Uitg. Acco 1979. IV, 218 pp.

303 FONTAINE, J. *L'aristocratie occidentale devant le monachisme aux IVe et Ve siècles* – RSLR 15 (1979) 28–53

304 Φουγιας, Μεθοδιος, Μητροπολίτης 'Αξώμης 'Ο Χριστιανισμός καί ὁ 'Ιουδαϊσμός ἐν Αἰθιοπίᾳ, Νουβίᾳ καί Μερόῃ. Τ. I. 'Ο Χριστιανισμός ἐν τῳ 'Αξωμικῷ Βασιλείῳ. Οἱ FALASHAS τῆς Αἰθιοπίας. Ἡ ἐπίδρασις τοῦ Ἑλληνισμοῦ ἐπί τοῦ αἰθιοπικοῦ πολιτισμοῦ. 'Αθῆναι: Παρισιάνος 1979.

305 FOURACRE, PAUL The work of Audoenus of Rouen and Eligius of Noyen in extending episcopal influence from the town to the country in seventh-century Neustria. In: The Church ... (cf. 1979/80, 99) 77−91

306 FREND, WILLIAM H. The Cult of Miltary Saints in Christian Nubia. In: Theologia crucis, signum crucis (cf. 1979/80, 172) 155−164

307 FREND, WILLIAM H. C. The fall of Macedonius in 511 − a suggestion. In: Kerygma und Logos. Festschrift für Carl Andresen zum 70. Geburtstag (cf. 1979/80, 132) 183−195

308 FREND, W. H. C. Town and countryside in early Christianity. In: The Church ... (cf. 1979/80, 99) 25−42

309 FREND, W. H. C. "Ecclesia Britannica": Prelude or Dead End? − JEcclH 30 (1979) 129−144

310 GARCÍA IGLESIAS, L. Los judíos en la España antigua. Madrid: Ediciones Cristiandad 1978. 228 pp.

311 GARCÍA IGLESIAS, L. Los menores de edad, hijos de judíos, en los cánones y leyes de época visigoda − Oliv 2 (1978) 28−33

312 GARCÍA IGLESIAS, L. Textos sobre la política antijudía en el Reino visigodo − Oliv 2 (1978) 84−96

313 GARCÍA IGLESIAS, LUIS Castigos corporales a judíos y judaizantes en la legislación visigótica − Oliv 3 (1979) 85−91

314 GARCIA VILLOSLADA, RICARDO [dir.] Historia de la Iglesia en España, I. La Iglesia en la España romana y visigoda (siglos I−VIII) [BAC maior 16]. Madrid: Editorial Católica 1979. LXXVI, 759 pp.

315 GARDNER, ALICE Julian, philosopher and emperor and the last struggle of paganism against Christianity [Repr. of the ed. New York, London 1895]. New York: AMS Press 1978. XX, 364 pp.

316 GESSEL, W. Der nordafrikanische Donatismus − AW II, 1 (1980) 3−16

317 GILLIARD, F. D. The senators of sixth-century Gaul − Sp 54 (1979) 685−697

318 GLIGORA, FRANCESCO Breve storia dei papi: da s. Pietro a Giovanni Paolo II [2. ed.]. Padova: Panda 1979. 498 pp.

319 GOÑI GAZTAMBIDE, J. Historia de los obispos de Pamplona, I.: Siglos IV−XIII [Col. Hist. de la Iglesia 10]. Pamplona: Ed. Universidad de Navarra 1979. 808 pp.

320 GONZÁLEZ BLANCO, ANTONINO Fundamentos jurídicos de la postura antijudía de la Iglesia en el siglo IV − Oliv 2 (1978) 19−27

321 GONZÁLEZ NOVALÍN, JOSÉ LUIS *El ministerio eclesiástico en la Iglesia irlandesa (ss. V—VIII)*. In: *Teología del Sacerdocio* 11 (cf. 1979/80, 167) 157—196

322 GOREE, B. W. *The cultural bases of Montanism* [Dissertation Baylor University]. Waco, Texas 1980. 312 pp.

323 *Gottesverächter und Menschenfeinde? Juden zwischen Jesus und frühchristlicher Kirche.* Ed. H. GOLDSTEIN. Düsseldorf: Patmos 1979. 304 pp.

324 GOTTLIEB, G. *Die Circumcellionen. Bemerkungen zum donatistischen Streit* — AHC 10 (1978) 1—15

325 GRANT, ROBERT M. *Dietary Laws among Pythagoreans, Jews, and Christians* — HThR 72 (1979) 299—310.

326 GREGORY, TIMOTHY E. *Vox populi. Popular opinion and violence in the religious controversies of the 5. century A. D.*. Columbus: Ohio State Univ. Press 1979. XII, 245 pp.

327 GRIFFE, ÉLIE *Les relations de l'épiscopat gaulois avec Rome et l'Orient au VIe siècle* — BLE 79 (1980) 161—178

328 GRYSON, R. *Les élections épiscopales en Orient au IVe siècle* — RHE 74 (1979) 301—345

329 GRYSON, R. *Les élections épiscopales en Occident au IVe siècle* — RHE 75 (1980) 257—283

330 HAEHLING, RABIAN VON *Damascius und die heidnische Opposition im 5. Jahrhundert nach Christus. Betrachtungen zu einem Katalog heidnischer Widersacher in der Vita Isidori* — JAC 23 (1980) 82—95

331 HAENDLER, GERT *Die abendländische Kirche im Zeitalter der Völkerwanderung* [Kirchengeschichte in Einzeldarstellungen I, 5]. Berlin: Evangelische Verlags-Anstalt 1980. 149 pp.

332 HAMMAN, ADALBERT G. *La vie quotidienne en Afrique du Nord au temps de Saint Augustin.* Paris: Hachette 1979. 479 pp.

333 HEIDE, GERM JAN VAN DER *Christendom en politiek in de tijd van keizer Constantijn de Grote.* Kampen: Kok 1979. IX, 149 pp.

334 HEINEMEYER, KARL *Das Erzbistum Mainz in römischer und fränkischer Zeit,* I: *Die Anfänge der Diözese Mainz* [Veröffentlichungen der Historischen Kommission für Hessen 39]. Marburg: Elwert 1979. XII, 237 pp.

335 HENGEL, MARTIN *Zur urchristlichen Geschichtsschreibung.* Stuttgart: Calwer Verlag 1979. 120 pp.

336 HERNÁNDEZ, CRUZ *La población peninsular durante los períodos visigodo y omeya y su influencia en los problemas de la alta Edad Media* — CD 193 (1980) 259—296

337 HEUSSI, KARL *Kompendium der Kirchengeschichte* [15. Aufl.]. Tübingen: Mohr 1979. XII, 609 pp.

338 *Histoire vécue de peuple chrétien,* I: *De la clandestinité à la chrétienté.* Éd. J. DELUMEAU. Toulouse: Privat 1979. 461 pp.

339 JACZYNOWSKA, M. *Kult Herkulesa jako główny element opozycji pogańskiej przeciw chrześcinaństwu w III i IV w.* (= *Le culte d'Hercule en tant qu'élément principal de l'opposition paienne contre le christianisme aux IIIe–IVe siècle de notre ère*) — AUW 449, Antiquitas 8 (1979) 149–154

340 *Jewish and Christian self-definition, 1. The shaping of christianity in the second and third centuries.* Ed. by PARISH SANDERS. London: SCM Press 1980

341 JOSSA, GIORGIO *Giudei, pagani e cristiani. 4 saggi sulla spiritulità del mondo antico* [Koinonia 1]. Napoli: Assoc. di Studi Tardoantichi 1977. 225 pp.

342 KABAJ, J. *Judeochrystianizm a chrześcijaństwo* (= *Judeochristianism versus Christianity*) — Zeszyty Naukowe Uniwersytetu Jagiellońskiego, Nr. 568 (1980), Studia Religiologica 5, 23–41

343 KAMIENIK, R. *Kościół i hierarchia kościelna wobec „barbarzyńców". Nowy stosunek do ludów nierzymskich i kształtowanie się „Wspólnoty narodów"* (= *Kirche und kirchliche Hierarchie gegenüber den „Barbaren". Neues Verhältnis zu nichtrömischen Völkern und Bildung einer „Völkergemeinschaft"*) — AUW 449, Antiquitas 8 (1979) 161–178

344 KAMPERS, GERD *Personengeschichtliche Studien zum Westgotenreich in Spanien* [Spanische Forschungen der Görresgesellschaft. 2. Reihe. 17]. Münster: Aschendorff 1979. VIII, 224 pp.

345 *Kirchengeschichte als Missionsgeschichte, II, 1: Die Kirche des frühen Mittelalters.* Hrsg. von K. SCHÄFERDIEK. München: Kaiser 1978. 604 pp.

346 KOPECEK, THOMAS A. *A history of Neo-Arianism. 1.2.* [Patristic monograph series 8]. Cambridge, Mass.: Philadelphia Patristic Foundation 1979. V, 553 pp.

347 KOSTOF, S. *Caves of God. The monastic environment of Cappadocia.* London: MIT Press 1979. XXI, 296 pp.

348 KRAFT, H. *Die Lyoner Märtyrer und der Montanismus.* In: *Pietas* (cf. 1979/80, 149) 250–266

349 LANGEL, S. *Les débuts du Donatisme; la date du Protocole de Cirta et de l'élection épiscopale de Silvanus* — REA 25 (1979) 217–229

350 LASSIAT, H. *Jeunesse de l'Église. La foi au 2e siècle, I.: Dans la mouvance de la tradition de Rome; II.: Dans la mouvance de la tradition d'Antioche et d'Athènes.* Paris: Mame 1979. 375; 244 pp.

351 LASSIAT, HENRI *L'actualité de la catéchèse apostolique* [Le soleil dans le cœur 14]. Sisteron: Éd. Présence 1978. 323 pp.

352 LIEBSCHUETZ, W. *Problems arising from the conversion of Syria.* In: *The Church* . . . (cf. 1979/80, 99) 17–24

353 LLOBREGAT, ENRIQUE A. *Las sedes episcopales valencianas preis-lámicas y su dependencia metropolitana. Subsidios para un análisis de la «Ordinatio Ecclesiae Valentinae»* — EscrVedat 10 (1980) 397—414

354 MAŁUNOWICZÓWNA, L. *Stosunek wczesnego chrześcijaństwa do kultury i filozofii pogańskiej (= Le rapport entre la chrétienté primitive et la culture et philosophie païennes)* — AtKap 71 (1979) T. 93, 3—15

355 MANNA, S. *La Chiesa di Cesarea tre le Chiese di Oriente e di Occidente* — Nicolaus 8 (1980) 127—137

356 MARKUS, R. A. *Country bishops in Byzantine Africa.* In: *The Church* . . . (cf. 1979/80, 99) 1—15

357 MARKUS, R. A. *Carthage — Prima Justiniana — Ravenna: an aspect of Justinian's "Kirchenpolitik"* — Byzan 49 (1979) 277—306

358 MARROU, HENRI IRÉNEÉ *Décadence romaine ou Antiquité tardive?* [Points-histoire 29]. Paris: Seuil 1977. 192 pp.

358a MARROU, HENRI IRÉNEÉ *Décadencia romana o antigüedad tardía? Siglos III— VI.* Versión española de PILAR GARCIA MARTÍN. Madrid: Ediciones Rialp 1980. 193 pp.

359 NASRI, IRIS HABIB AL *The story of the Copts.* Middle East Council of Churches 1978. 584 pp.

360 MATERN, GERHARD *Die erste große Herausforderung. Dualismus und Soteriologie der Gnosis bedrohen die junge Kirche in ihrer Substanz.* In: *Kirche und Bibel* (cf. 1979/80, 133) 261—290

361 MATHISEN, RALPH WHITNEY *The ecclesiastical aristocracy of fifth-century Gaul. A regional analysis of family structures.* Ann Arbor, Mich.: Univ. Microfilms Internat. 1979

362 MCSHANE, PH. A. *La Romanitas et le pape Léon le Grand. L'apport culturel des institutions impériales à la formation des structures ecclésiastiques* [Coll. Recherches 24]. Paris: Desclée-Bellarmin 1980. 400 pp.

363 MEES, M. *Pilgerschaft und Heimatlosigkeit. Das frühe Christentum Ostsyriens* — AugR 19 (1979) 53—73

364 MENNE, FERDINAND *L'éthique sexuelle de l'Eglise et les rôles des sexes dans l'Eglise* — Concilium T 154 (1980) 23—35

365 MERKELBACH, REINHOLD *Analphabetische Klostervorsteher in Konstantinopel und Chalkedon* — ZPE 39 (1980) 291—294

[1300] MEIJER, L. C.: Claudius Claudianus

366 MEYER, BEN F. *Self-definition in early Christianity.* Berkeley, Cal.: Center for Hermeneutical Studies in Hellenistic and Modern Culture 1980. 38 pp.

367 MODZELEWSKI, K. *Społeczeństow i gospodarka (= Gesellschaft und Wirtschaft)* In: *Italia. Gesammelte Aufsätze.* Hrsg. v. E. TA-

BACZYŃSKA. Polska Akademia Nauk, Instytut Historii Kultury Materialnej. Warszawa: Ossolineum (1980) 149–274

368 MÜHLENBERG, EKKEHARD *Epochen der Kirchengeschichte*. Heidelberg: Quelle und Meyer 1980. 352 pp.

369 NALDINI, MARIO *Aspetti «culturali» nell'Egitto cristiano (IV–V secolo)* – AugR 19 (1979) 75–86

370 NOVAK, D. M. *Constantine and the Senate: An Early Phase of the Christianization of the Roman Aristocracy* – AncSoc 10 (1979) 271–310

371 NUNES, RUY ALFONDO DA COSTA *História da Educação na antiguidade cristã. O pensamento educacional dos mestres e escritores cristãos no fim do mundo antigo*. São Paulo: Ed. da Universidade de S. Paulo 1978. 246 pp.

372 OLIVEIRA, ANCLETO DE – OLIVEIRA, ROGÉRIO PEDRO DE O *Cristianismo e a Escravatura no Império Romano* – HumanitasCoim 29/30 (1977/78) 145–201

373 ORLANDIS, JOSÉ *Poder civil y ministerio eclesiástico en el Occidente visigodo*. In: *Teología del Sacerdocio 11* (cf. 1979/80, 167) 197–218

374 PENCO, GREGORIO *La storiografia del monachesimo nel quadro e negli sviluppi della storiografia ecclesiastica* – StMon 22 (1980) 15–28

375 PERCHENET, ANNIE *De l'antijudaïsme antique à l'antisémitisme contemporain* – CUC 4 (1980) 5–7

376 PERICOLI RIDOLFINI, FRANCESCO SAVERIO *Le eresie nei primi secoli del cristianesimo* [La ricerca 83]. Torino: Loescher 1979. 60 pp.

[2662] PERKINS, PH.: Gnostica
[229] PETERS, E.: Subsidia

377 PIETRI, CHARLES *Die Christen und die Sklaven in der ersten Zeit der Kirche (2.–3. Jahrhundert)* – Concilium 15 (1979) 638–643

378 ПИГУЛЕВСКАЯ, Н. В. Культура Сирийцев в средние века (= *Syrian Culture in the Middle Ages)*. Москва: Наука 1979. 248cc.

379 PREISKER, HERBERT *Christentum und Ehe in den ersten drei Jahrhunderten. Eine Studie zur Kulturgeschichte der Alten Welt* [Neue Studien zur Geschichte der Theologie und Kirche 23; Neudruck der Ausgabe 1927]. Aalen: Scientia 1979. VIII, 260 pp.

380 PRINZ, FRIEDRICH *Askese und Kultur: vor- und frühbenediktinisches Mönchtum an der Wiege Europas*. München: Beck 1980. 118 pp.

381 PUMMER, REINHARD *New Evidence for Samaritan Christianity?* – CBQ 41 (1979) 98–117

382 RABBATH, EDMOND *Les chrétiens dans l'Islam des premiers temps. 1. L'Orient chrétien à la veille de l'Islam*. [Publications de l'Université Libanaise. Sect. des Études Historiques 23]. Beyrouth: Libr. Orientale 1980

383 RAMING, IDA *De la liberté de l'Evangile à l'Eglise masculine pétrifiée.
     Naissance et développement de la suprématie masculine dans
     l'Eglise* — ConciliumT 154 (1980) 11—22

384 REINMUTH, OSKAR WILLIAM *The prefect of Egypt from Augustus
     to Diocletian* [second reprint of the edition 1935, completed by a
     revised list, originally printed in Pauly-Wissowa's Realencyclopädie
     der classischen Altertumswissenschaft; Klio 34]. Aalen: Scientia
     1979. XIV, 164 pp.

385 RISTOW, GÜNTER *Römischer Götterhimmel und frühes Christen-
     tum: Bilder zur Frühzeit der Kölner Religions- und Kirchenge-
     schichte.* Köln: Wienand 1980. 199 pp.

386 ROBERTS, COLIN H. *The Character and the Development of the
     Church.* In: *Manuscript, society* . . . (cf. 1979/80, 155) 49—73

387 ROCHOW, ILSE *Zum Fortleben des Manichäismus im Byzantinischen
     Reich nach Justinian I.* — Byslav 40 (1979) 13—21

388 ROMERO POSE, E. *A propósito de las actas y pasiones donatistas* —
     StSR 4 (1980) 59—76

389 RUSECKI, M. *Funcja argumentacyjna cudów w pierwszych trzech
     wiekach Kościoła (= The Argumentations Function of Miracle in
     the First Three Centuries of the Church)* — RoczTK 26 (1979) 29—
     40

390 SADURSKA, A. *Antyczne sanktuarium pielgrzymie bogini Fortuny w
     Preneste (= Les pélérinages dans l'antiquité et le sanctuaire de For-
     tune à Preneste)* — RoczTK 26 (1979) 79—89

391 SALAMON, M. *Praca rzemieślnicza a kariera senatorska w Konstan-
     tynopolu w IV wieku (= Die Handwerkerarbeit und die Laufbahn
     der Senatoren in Konstantinopel im 4. Jahrhundert).* In: *Pamiętnik
     12 Powszechnego Zjyzdu Historyków Polskich 17—20 września
     1979 roku, Cześć 2, Sympozja 1—8.* Katowice: Uniwersytet Sląski
     (1979) 48—55

392 SANTA ANA, JULIO DE *La Iglesia y el desafío de la pobreza. Un
     estudio del desafío de los Pobres y de la pobreza a la communidad
     cristiana, desde los primeros siglos de la historia de la Iglesia hasta
     fines de la Edad Media* [Iglesia y desarollo 1]. Buenos Aires: Tierre
     Nueva 1978. 219 pp.

393 SANTOS YANGUAS, NARCISO *El Emperador Dominiciano y los
     cristianos* — StOv 7/8 (1978/79) 165—185

394 SANTOS YANGUAS, NARCISO *Movimientos sociales en la España del
     Bajo Imperio* — Hispania 40 (1980) 237—269

395 SAXER, V. *Morts, martyrs, reliques en Afrique chrétienne aux pre-
     miers siècles. Les témoignages de Tertullien, Cyprien et Augustin à
     la lumière de l'archéologie africaine* [ThH 55]. Paris: Beauchesne
     1980. 340 pp.

396 SCHÄFERDIEK, KNUT *Zeit und Umstände des westgotischen Über-gangs zum Christentum* − Historia 28 (1979) 90−97

397 SCHENK, W. *Wpływ ruchu pielgrzykowego na liturgie rzymską do VIII w. (= Der Einfluß der Wallfahrtsbewegung auf die römische Liturgie bis zum 8. Jahrhundert)* − RoczTK 26 (1979) 129−135

398 SCICOLONE, S. *Aspetti della persecuzione giulianea* − RSCI 33 (1979) 420−434

399 SIMON, MARCEL *From Greek Hairesis to Christian Heresy.* In: *Early Christian literature* . . . (cf. 1979/80, 106) 101−116

400 SIMON, M. *Cywilizacje wczesnego chrześijyństwa (= La civilisa-tion de l'Antiquité et le Christianisme).* Trad. en polonais par E. BAKOWSKA. Warszawa: Państwowy Instytut Wydawniczy 1979. 531 pp.

401 SIMONETTI, M. *Sabellio e il sabellianesimo* − StSR 4 (1980) 7−28

402 SORDI, MARTA *La data dell'editto di Decio e il significato della per-secuzione anticristiana* − RSCI 34 (1980) 451−461

403 SPEYER, WOLFGANG *Religiös-sittliches und frevelhaftes Verhalten in seiner Auswirkung auf die Naturgewalten. Zur Kontinuität einer volkstümlich-religiösen Vorstellung in Antike und Christentum* − JAC 22 (1979) 30−39

404 ŚRUTWA, J. *Kościół Afryki rzymskiej II−V wieku wobec służby wojskowej (= L'Eglise de l'Afrique romaine en II−Ve siècles envers le service militaire)* − CoTh 49 (1979) 65−77

405 ŚRUTWA, J. *Stosunek Kościoła w Afryce Rzymskiej II−V w. do pracy chrześcijan w rolnictwie i rzemiośle (= L'attitude de l'Eglise de l'Afrique Romaine II−V siècles envers le travail agricole et artisanal des chrétiens)* − STV 17 (1979) 225−246

406 ŚRUTWA, J. *Widowiska epoki klasycznej w ocenie Kościoła Afry-kańskiego II−V wieku (= The spectacles of the classical epoch as seen by the African Church of the second to the fifth century)* − RoczTK 27 (1980) 43−56

407 STANCLIFFE, C. E. *From town to country: the Christianization of the Touraine 370−600.* In: *The Church* . . . (cf. 1979/80, 99) 43−59

408 STEIN, DIETRICH *Der Beginn des byzantinischen Bilderstreits und seine Entwicklung bis in die 40er Jahre des 8. Jahrhunderts.* [Miscel-lanea Byzantina Monacensia 25]. München: Institut für Byzanti-nistik und Neugriechische Philologie der Universität 1980. X, 360 pp.

409 STEVENSON, J. *Im Schattenreich der Katakomben: Entstehung, Be-deutung und Wiederentdeckung der frühchristlichen Grabstätten.* Deutsch von DORIS und HANS GEORG NIEMEYER. Bergisch Glad-bach: Lübbe 1980. 240 pp.

410 STOCKMEIER, PETER *Die Wahl des Bischofs durch Klerus und Volk in der frühen Kirche* — ConciliumT 16 (1980) 463—467

411 STOCKMEIER, P. *Christlicher Glaube und antike Religiosität* — ANRW 2,23.1 (1980) 871—909

412 STOPNIAK, F. *Korporacje zawodowe w Cesarstwie Rzymskim i udział w nich chrześcijan (= Berufsstände im Römischen Kaisertum und die christliche Teilnahme an ihnen)* — STV 17 (1979) 173—186

413 STOPNIAK, F. *Starochrześcijańskie kolegia fossorów (= Paleocristiani collegi dei fossori)* — STV 17 (1979) 207—223

414 STRAUB, J. *W sprawie przełomu konstantyńskiego (= On the Constantin break-through)* — RoczTK 27 (1980) 157—166

415 STROBEL, AUGUST *Das heilige Land der Montanisten. Eine religionsgeographische Untersuchung* [Religionsgeschichtliche Versuche und Vorarbeiten 37]. Berlin: de Gruyter 1980. X, 308 pp.

416 STRZELCZYK, J. *Państwo Rzymskie — jego upadek i trwanie w popiniach pisarzy Sredniowiecza (= Das römische Reich — sein Untergang und Fortdauern in den Ansichten mittelalterlicher Schriftsteller)* — AUW 449, Antiquitas 8 (1979) 311—339

417 SZULCZYK, J. *Moles labentis imperii. O nastrojach pesymizmu i rezygnacji w literaturze rzymskiej w epoce schułku i upadku Cesarstwa Zachodniorzymskiego (= Über pessimistische Stimmungen und Resignation der römischen Literatur in der Endperiode und beim Untergang des Weströmischen Kaiserreiches)* — AUW 449, Antiquitas 8 (1979) 269—274

418 TARDIEU, M. *Vues nouvelles sur le manichéisme africain?* — REA 25 (1979) 249—255

419 TEJA, R. *Esclavos y semilibres en Asia Menor y en el Occidente a comienzos del Bajo Imperio. Ensayo de interpretación de la leyenda de los Tergemini* — MHA 2 (1978) 93—102

420 THOMPSON, E. A. *The End of Roman Spain, IV* — NMS 23 (1979) 1—21

421 TIMBIE, J. A. *Dualism and the concept of orthodoxy in the thought of the monks of Upper Egypt* [Dissertation, University of Philadelphia]. Philadelphia: 1979. 302 pp.

422 TOWERS, TERENCE *The Shroud and the Icon* — DR 96 (1978) 226—234

423 TRIMINGHAM, JOHN SPENCER *Christianity among the Arabs in pre-Islamic times.* London—New York: Longman 1979. XIV, 342 pp.

424 VOIGT, JOSEPH *Die Sklaven und die unteren Schichten im frühen Christentum* — Gy 87 (1980) 436—446

425 WAND, JOHN WILLIAM CHARLES *The four great heresies.* New York: AMS Press 1980. 139 pp.

426 WANKENNE, A. *Les sens du bas-empire: effacement du mythe de Rome et naissance de la chrétienté* – LEC 47 (1979) 27–34

427 WILKEN, ROBERT L. *Pagan Criticism of Christianity: Greek Religion and Christian Faith.* In: *Early Christian literature* . . . (cf. 1979/80, 106) 117–134

428 WINKELMANN, FRIEDHELM *Die östlichen Kirchen in der Epoche der christologischen Auseinandersetzungen (5. bis 7. Jahrhundert)* [Kirchengeschichte in Einzeldarstellungen 1,6.]. Berlin: Evangelische Verlagsanstalt 1980. 145 pp.

429 WINKELMANN, F. *Ägypten und Byzanz vor der arabischen Eroberung* – Byslav 40 (1979) 161–182

430 WINTER, EDUARD *Ketzerschicksale: christliche Denker aus 9 Jahrhunderten.* Unter Mitarbeit von GÜNTER MÜHLPFORDT. Berlin: Union-Verlag 1979. 431 pp.

431 WIPSZYCKA-BRAVO, E. *Wierni u stóp Symeona Słupnika. O społecznej funkcji ascetyzmu syryjskiego (= Les fidèles aux pieds de Saint Syméon le Stylite. Sur la fonction sociale de l'ascétisme syrien)* – RoczTK 26 (1979) 91–117

432 WISCHMEYER, W. *Die Bedeutung des Sukzessionsgedankens für eine theologische Interpretation des donatistischen Streits* – ZNW 70 (1979) 68–85

433 WOOD, I. N. *Early Merovingian devotion in town and country.* In: *The Church* . . . (cf. 1979/80, 99) 61–76

434 WORKMAN, HERBERT BROOK *Persecution in the early church.* Oxford, New York: Oxford University Press 1980. V, 145 pp.

435 YOUNG, WILLIAM G. *Patriarch, shah and caliph. A study of the relationships of the Church of the East with the Sassanid Empire and the early Caliphates up to 820 A.D.* [Christian Study Centre series 8]. Rawalpindi: Christian Study Centre 1974. XIII, 222 pp.

9. *Philosophica*

[1770] ALVES DE SOUSA, P. G.: Iohannes Chrysostomus

436 ARMSTRONG, ARTHUR HILARY *Plotinus's Doctrine of the Infinite and Christian Thought.* In: *Plotinian and Christian Studies* (cf. 1979/80, 85) 47–58 (= Nr. V)

437 ARMSTRONG, ARTHUR HILARY *Salvation, Plotinian and Christian.* In: *Plotinian and Christian Studies* (cf. 1979/80, 85) 126–139 (= Nr. VI)

438 ARMSTRONG, ARTHUR HILARY *Spiritual or Intelligible Matter in Plotinus and St. Augustine.* In: *Plotinian and Christian Studies* (cf. 1979/80, 85) 277–283 (= Nr. VII)

439 ARMSTRONG, ARTHUR HILARY *The Theory of the Non-Existence of Plotinus and the Cappadocians.* In: *Plotinian and Christian Studies* (cf. 1979/80, 85) 427–429 (= Nr. VIII)

440 ARMSTRONG, ARTHUR HILARY *Platonic Eros and Christian Agape.* In: *Plotinian and Christian Studies* (cf. 1979/80, 85) 105–112 (= Nr. IX)

441 ARMSTRONG, ARTHUR HILARY *St. Augustine and Christian Platonism.* In: *Plotinian and Christian Studies* (cf. 1979/80, 85) 1–66 (= Nr. XI)

442 ARMSTRONG, ARTHUR HILARY *Reason and Faith in the First Millenium.* In: *Plotinian and Christian Studies* (cf. 1979/80, 85) 104–109 (= Nr. XII)

443 ARMSTRONG, ARTHUR HILARY *Faith and Reason: Ancient and Modern.* In: *Plotinian and Christian Studies* (cf. 1979/80, 85) 3–16 (= Nr. XIII)

444 ARMSTRONG, ARTHUR HILARY *The Search for Understanding: Philosophy and Theology in 1973.* In: *Plotinian and Christian Studies* (cf. 1979/80, 85) 43–48 (= Nr. XIV)

445 ARMSTRONG, ARTHUR HILARY *Gnosis and Greek Philosophy.* In: *Plotinian and Christian Studies* (cf. 1979/80, 85) 87–124 (= Nr. XXI)

446 ARMSTRONG, ARTHUR HILARY *Man in the Cosmos. A Study of Some Differences between Pagan Neoplatonism and Christianity.* In: *Plotinian and Christian Studies* (cf. 1979/80, 85) 5–14 (= Nr. XXII)

447 ARMSTRONG, ARTHUR HILARY *The Escape of the One. An Investigation of Some Possibilities of Apophatic Theology Imperfectly Realised in the West.* In: *Plotinian and Christian Studies* (cf. 1979/80, 85) 77–89 (= Nr. XXIII)

448 ARMSTRONG, ARTHUR HILARY *Negative Theology.* In: *Plotinian and Christian Studies* (cf. 1979/80, 85) 176–189 (= Nr. XXIV)

[2184] AYERS, R. H.: Tertullianus

[2188] BARCALA MUÑOZ, A.: Tertullianus

[795] BERTON EWBANK, M.: Augustinus

[799] BOOTH, E.: Augustinus

[800] BOOTH, E.: Augustinus

[1481] BOZONIS, M.: Eusebius Caesariensis

449 BRAVO GARCIA, ANTONIO *La concepción filoniana de «eiréne» y «pólemos»: ideas sobre el pensamiento antropológico del filósofo de Alejandría* – CD 192 (1979) 193–238

450 CAPÁNAGA, VICTORINO *Un filósofo mexicano: Agustín Basave Fernandez del Valle. Su espíritu agustiniano* – Augustinus 24 (1979) 379–382

451 CASADO, FIDEL ¿Apriorismo como contenido intelectual en Balmes, reflejo de la «memoria dei» agustiniana? — Augustinus 25 (1980) 353—362

[1858] CHURRUCA, J.: Isidorus Hispalensis

452 CLASSEN, CARL JOACHIM Der platonisch-stoische Kanon der Kardinaltugenden bei Philon, Clemens Alexandrinus und Origenes. In: Kerygma und Logos. Festschrift für Carl Andresen zum 70. Geburtstag (cf. 1979/80, 132) 68—88

453 COLPE, CARSTEN Von der Logoslehre des Philon zu der des Clemens von Alexandrien. In: Kerygma und Logos. Festschrift für Carl Andresen zum 70. Geburtstag (cf. 1979/80, 132) 89—107

454 DIHLE, A. Das Problem der Entscheidungsfreiheit in frühchristlicher Zeit. Die Überwindung des gnostischen Heilsdeterminismus mit den Mitteln der griechischen Philosophie. In: Gnadenwahl und Entscheidungsfreiheit (cf. 1979/80, 120) 9—31, 90—94

455 DUCHATELEZ, K. L'«epieikeia» dans l'Antiquité grecque, païenne et chrétienne — Communio 12 (1979) 203—231

455a FERNANDEZ, CLEMENTE Los filósofos medievales. Selección de textos. I. Filosofía patrística. Filosofía árabe y judía [BAC 409]. Madrid: Editorial Católica 1979. XVII, 753 pp.

[1950] FERREIRA DE SOUSA, M. P.: Martinus Braccarensis

[2622] GARCÍA BAZÁN, F.: Gnostica

456 GARCÍA FERNÁNDEZ, ALFONSO El agustinismo de Malebranche en la teoría del conocimiento — Augustinus 24 (1979) 157—203

457 GAVILANES, JOSÉ, V. «Memoria Dei» y gnoseología — Mayeútica 5 (1979) 267—279

[1908] GIGON, O.: Lactantius

458 HADOT, ILSETRAUT Ist die Lehre des Hierokles vom Demiurgen christlich beeinflußt? In: Kerygma und Logos. Festschrift für Carl Andresen zum 70. Geburtstag (cf. 1979/80, 132) 258—271

[871] HADOT, P.: Augustinus

459 HERRMANN, LÉON Sénèque et les premiers chrétiens [Collection Latomus 167]. Bruxelles: Latomus, Revue d'Études Latines 1979. 92 pp.

[1318] HOFFMANN, R.: Clemens Alexandrinus

[1885] JOLY, R.: Iustinus Martyr

[1383] LABELLE, J. M.: Cyrillus Alexandrinus

460 LANCHAS, J. FELIPE Heidegger desde la perspectiva de Agustín de Hipona — UnHumJav 10 (1979) 117—126

[2027] LUBAC, H. DE: Origenes

[620] MAJOROV, G. G.: Auctores

[920] MEIJERING, E. P.: Augustinus

461 MOREAU, JOSEPH L'oublie de la métaphysique et la crise de la pensée religieuse — GM 31 (1976) 3—22

[2203] MORESCHINI, C.: Tertullianus
[1323] NIKOΛAOY, Θ. Στ.: Clemens Alexandrinus
[1456] NOUJAIM, G.: Ephraem Syrus
 [23] OROZ RETA, J.: Historia patrologiae
 462 OSBORN, E. *The Platonic ideas in second century Christian thought*
  — Prudentia 12 (1980) 31—45
[2069] OSBORN, E.: Patres Apostolici
[1126] PAVEL, C. C.: Basilius Caesariensis
 [946] PEGUEROLES, J.: Augustinus
[2131] PERELMUTER, I. A.: Prudentius
[1911] PERRIN, M.: Lactantius
[2036] SCHÄUBLIN, C.: Origenes
 463 SCHINDLER, ALFRED *Überlegungen zum Philosophie-Anspruch im
  Christentum des 2. und 3. Jahrhunderts.* In: *Bewahren und Erneuern* ... (cf. 1979/80, 93) 171—185
[1325] SCHMOELE, K.: Clemens Alexandrinus
 464 SHARPLES, R. W.: *If what is earlier, then of necessity what is later?
  Some ancient discussions of Aristotle, De generatione et corrup-
  tione 2.11* — BICS 26 (1979) 27—44
[2689] SIDOROV, A. I.: Gnostica
[2690] SIDOROV, A. I.: Gnostica
[1926] STICKELBERGER, H.: Leontius Constantinopolitanus
 [974] STIGLMAYR, E.: Augustinus
 [976] STORONI, A. M. P.: Augustinus
[2041] TRIPOLITIS, A.: Origenes
 465 VOGEL, C. J. DE *L'acceptation de la notion philosophique de Dieu
  comme problème doctrinal de la théologie chrétienne des premiers
  siècles* — ScTh 11 (1979) 929—952
 466 WASZINK, J. H. *Bemerkungen zum Einfluß des Platonismus im
  frühen Christentum.* In: *Opuscula selecta* (cf. 1979/80, 179) 352—
  386
 [652] WASZINK, J. H.: Auctores
 [995] WITTMANN, L.: Augustinus
 [657] WOLFSON, H. A.: Auctores

10. *Philologia patristica (lexicalia atque linguistica)*

a) Generalia

 467 AMIGUES, S. *L'optatif dans la correspondance des Pères cappadociens* — RPh 53 (1979) 286—305
 468 BARTELINK, G. J. M. *Le vocabulaire paléo-chrétien dans les écrits
  des auteurs profanes* — SE 23 (1978/79) 5—32

[671] BARTELINK, G. J. M.: Ambrosius

[1656] BARTELINK, G. J. M.: Hieronymus

469 BLOMQVIST, JERKER *Das sogenannte Kai Adversativum. Zur Semantik einer griechischen Partikel* [Acta Universitatis Upsaliensis. Studia Graeca Upsaliensia 13]. Uppsala, Stockholm: Almquist og Wiksell 1979. 66 pp.

[804] BRASA DIEZ, M.: Augustinus

470 BUSTO SAIZ, JOSÉ RAMON *El léxico peculiar del traductor Aquila* — Emerita 48 (1980) 31—41

471 CHAPARRO GÓMEZ, C. *Notas de lexicología, El campo léxico de la colectividad en Vitae Sanctorum Patrum Emeritensium.* In: *Estudios dedicados a C. Callejo Serrano* (cf. 1979/80, 109) 223—244

472 DIAZ DE BUSTAMANTE, J. M. *Onerata resurgit. Notas a la tradición simbólica y emblemática de la palmera* — Helmantica 31 (1980) 27—88

473 FERRARI, M. *Alcune considerazioni sul concetto di etimologia nell'antichità e nel medioevo* — Anazetesis 1 (1978) 13—40

[850] FREIRE, J. G.: Augustinus

474 GEERLINGS, W. *Augustinus Lexikon. Un proyecto definitivo* — EAg 15 (1980) 127—131

475 GEERLINGS, W. *Publicação do Augustinus-Lexicon* — Didaskalia 10 (1980) 207—208

476 KACMARKOWSKI, M. *Łacina starochrześcijańska (= Latino Altocristiano)* — RoczTK 26 (1979) 35—44

477 KASCH, ELISABETH *Das liturgische Vokabular der frühen lateinischen Mönchsregeln* [RBS Supplementa 1; 2. Aufl.]. Hildesheim: 1979. XVI, 403 pp.

[1588] KERTSCH, M.: Gregorius Nazianzenus

478 LIVER, RICARDA *Die Nachwirkung der antiken Sakralsprache im christlichen Gebet des lateinischen und italienischen Mittelalters: Untersuchungen zu den syntaktischen und stilistischen Formen dichterisch gestalteter Gebete von den Anfängen der lateinischen Literatur bis zu Dante* [Romanica Helvetica 89]. Bern: Francke 1979. 434 pp.

479 MYŚLIWIEC, H. *Rewaloryzacja języka potocznego warstw ludowych jako głonego determinantu ukształtowania tzw. łaciny schyłkowej (= Die Revalorisierung der volkstümlichen Umgangssprache als der Hauptdeterminante bei der Herausbildung des sog. Spätlateins)* — AUW 449, Antiquitas 8 (1979) 259—267

480 O'CALLAGHAN, J. *El cambio αι > η en PChester Beatty XIII* — Bibl 60 (1979) 567—569

481 OROZ RETA, J. *Proyecto de un Augustinus-Lexikon* — Helmantica 31 (1980) 405—431

[954] PIZZANI, U.: Augustinus

[2210] PUENTE SANTIDRIAN, P.: Tertullianus
[2080] QUATTORDIO MORESCHINI, A.: Paulinus Nolanus
[1574] REINHART, J. M.: Gregorius Magnus
[1632] ROBERT, J. T.: Gregorius Turonensis
[1369] ROMEO, J. M.: Cyprianus Carthaginiensis
[2244] SCHÄUBLIN, C.: Theodorus Mopsuestenus

b) Voces

ἀλλήλοις

481a VERSTEEG, J. P.: *Oog vor elkaar. Het gebruik van het woord
‚elkaar' in het Nieuwe Testament met betrekking tot de onderlinge
verhoudingen binnen de gemeente* [Apeldoornse studies No. 15].
Kampen: Uitgeversmaatschappij J. H. Kok 1979. 109 pp.

ἀλλότριος

482 BARTELINK, G. J. M. *Ἀλλότριος und alienus als Teufels- und
Dämonenbezeichnung* — Glotta 58 (1980) 266—278

ἐλπίς

[2510] WOSCHITZ, K. M.: Doctrina auctorum

ἐπιστρέφειν

[1887] MERINO, M.: Iustinus

θίασος

483 BARTELINK, G. J. M. *Θίασος et Θιασώτης chez les auteurs chrétiens* — OrChrP 45 (1979) 267—278

ἱερεύς

484 KÖTTING, BERNHARD *Die Aufnahme des Begriffs ‚Hiereus' in den
christlichen Sprachgebrauch.* In: *Text, Wort, Glaube* (cf. 1979/80,
171) 112—123

μετανοεῖν

[1887] MERINO, M.: Iustinus

όμοούιος

485 SIMONETTI, M. *Ancora su όμοούσιος a proposito di due recenti studi* — VetChr 17 (1980) 85—98

πρόσωπον

[1616] LYNCH, J. J.: Gregorius Nyssenus

alienus

[482] BARTLINK, G. J. M.: ἀλλότριος

auctoritas

486 DASSMANN, ERNST *Amt und Autorität in frühchristlicher Zeit* — Internationale katholische Zeitschrift (Köln) 5 (1980) 399—411

ausculta

487 TORRE, JUAN MARIA DE LA *El hapax legomenon « Ausculta » (Prol.) y una relectura teológico-espiritual de la RB.* In: *Hacia una relectura* ... (cf. 1979/80, 123) 69—87

bustum caesaris

488 MORAWIECKI, L. *Bustum caesaris.* In: *Miscellanea patristica in memoriam Joannis Czuj* (cf. 1979/80, 143) 261—265

concilium

489 LUMPE, A. *Zur Geschichte der Wörter concilium und synodus in der antiken christlichen Latinität* — AHC 2 (1970) 1—21

conversatio morum

490 PASCUAL, AUGUSTO *La « conversatio morum » benedictina. Sentido y actualidad de este voto.* In: *Hacia una relectura* ... (cf. 1979/80 123) 309—324

corpus spiritale

491 PIFARRÉ, CEBRIÀ *Relectura del « corpus spiritale » de la RB.* In: *Hacia una relectura* ... (cf. 1979/80, 123) 117—134

dogma

492 BECKER, K. J. *Dogma. Zur Bedeutungsgeschichte des lateinischen Wortes in der christlichen Literatur bis 1500;* Teil II — Greg 57 (1976) 659—702

fenus

493 GIACCHERO, M. *Fenus, usura, pignus e fideiussio negli scrittori patristici del quarto secolo. Basilio, Gregorio, Ambrogio, Gerolamo.* In: *Atti dell'Academia romanistica constantiniana. 3° convegno internazionale (Perugia-Trevi-Gualdo Tadino) 28 settembre — 1° ottobre 1977* (cf. 1979/80, 86) 443—473

fideiussio

[493] GIACCHERO, M.: fenus

intemerata dei virgo

[2054] ANGLADA, A.: Pacianus

inter

[1340] LÖFSTEDT, B.: Commodianus

opus Dei

494 GUERIN BETTS, PATRICIO *La idea madre de la Regla Benedictina: el «opus Dei».* In: *Hacia una relectura* . . . (cf. 1979/80, 123) 153—158

pandectes

[1268] HALPORN, J. W.: Cassiodorus

pignus

[493] GIACCHERO, M.: fenus

pomelida

[1854] ANDRÉ, J.: Isidorus Hispalensis

regula sancta

495 HEVIA BALLINA, AGUSTIN La «Regula Sancta», un programma de salvación. In: Hacia una relectura . . . (cf. 1979/80, 123) 57—68

resurrectio

[2211] PUENTE SANTIDRIAN, P.: Tertullianus

solemnitas

496 PERNIGOTTO-CEGO, A. Il significato del termine «Solemnitas» e dei suoi sinonimi nel latino precristiano e cristiano dei primi secoli. In: Eulogia (cf. 1979/80, 113) 277—316

synodus

[489] LUMPE, A.: concilium

usura

[493] GIACCHERO, M.: fenus

11. Palaeographica atque manuscripta

497 AMIET, R. Inventaire des manuscrits liturgiques conservés dans les bibliothèques et les archives de Turin — Sc 33 (1979) 84—89
[718] BĂLAN, I.: Apophthegmata Patrum
[1353] BÉVENOT, M.: Cyprianus Carthaginiensis
498 BROWNE, GERALD M. Michigan Coptic Texts [Papyrologia Castroctaviana 7]. Barcelona 1979. XVI, 78 pp., 4 tablas
[1857] CHAPARRO GÓMEZ, C.: Isidorus Hispalensis
499 CRASTA, PATRICK Graeco-Christian Magical Papyri — StPap 18 (1979) 31—40
500 DEKKERS, E.; HOSTE, A. De la pénurie des manuscrits anciens des ouvrages le plus souvant copiés. In: Sapientiae doctrina. Mélanges de théologie et de littérature médiévales offerts à Dom Hildebrand Bascour O.S.B. Leuven (1980) 24—37
501 DOLBEAU, F. Anciens possesseurs des manuscrits hagiographiques latins conservés à la Bibliothèque nationale de Paris — RHT 9 (1979) 183—238
502 DOTTI, GOFFREDO I Codici Agostiniani della Bibliotheca statale di Cremona — Augustiniana 30 (1980) 71—116

503 ESBROECK, M. VAN *Deux feuillets du Sinaiticus 492 (VIIIe—IXe siècle) retrouvés à Léningrad* — AB 96 (1978) 51—54

[1743] FAULHABER, CH. B.: Ildefonsus Toletanus

504 FOLLIERI, E. *Due codici greci già Cassinesi oggi alla Biblioteca Vaticana, gli Ottob. gr. 250 e 251.* In: *Palaeographica diplomatica et archivistica. Studi in onore di Giulio Battelli* (cf. 1979/80, 144) 159—221

[1081] FOTI, M. B.: Basilius Caesariensis

[1783] FOTI, M. B.: Iohannes Chrysostomus

[1784] FOTI, M. B.: Iohannes Chrysostomus

[1584] GAMILLSCHEG, E.: Gregorius Nazianzenus

[1192] GARRIGA, P.: Benedictus Nursinus

505 HAILE, GETATCHEW *A Catalogue of Ethiopian Manuscripts Microfilmed for the Ethopian Manuscript Microfilm Library, Addis Ababa and for the Monastic Hill Monastic Manuscript Library, Collegeville.* Vol. IV: *Project numbers 1101—1500.* Collegeville, Mn.: Hill Library 1979. 760 pp.

506 HALKIN, F. *Les manuscrits grecs de la Bibliothèque Laurentienne à Florence. Inventaire hagiographique* — AB 96 (1978) 5—50

507 HALKIN, F. *Manuscrits grecs du fonds «Theol.» à Vienne* — AB 96 (1978) 211—213

508 HARRAUER, H. *Ein christlicher Wartetext* — StPap 18 (1979) 137—139

509 HENRICHS, A. *The Cologne Mani codex reconsidered* — HarvClassPhil 83 (1979) 339—367

510 *Iter Helveticum.* Hrsg. v. PASCAL LEHNER. Teil 3: *Die liturgischen Handschriften des Kapitelsarchivs in Sitten.* Beschrieben v. JOSEPH LEISIBACH. Fribourg: Universitätsverlag 1979. 322 pp.

511 JANINI, J.; GONZALVES, R. *Catálogo de los manuscritos litúrgicos de la Catedral de Toledo.* Con la colaboración de A. MUNDÓ [Publicaciones del Instituto Provincial de Investigaciones y Estudios Toledanos II]. Toledo: Disputación Provincial 1977. 350 pp.

512 JANINI, J. *Liber Misticus de Cuaresma* (Cod. Toledo 35, 2, hoy en Madrid, Bibl.Nac. 10, 110). Estudio paleográfico por A. M. MUNDÓ [Instituto de Estudios Visigótico-Mozárabes de Toledo 1]. Toledo: I.E.V.M. 1979. LII, 306 pp.

513 KALB, H. *Bemerkungen zum Codex 429 der Innsbrucker Universitätsbibliothek* — CodMan 4 (1978) 82—96

[1104] KRESTEN, O.: Basilius Caesariensis

[884] KURZ, R.: Augustinus

[1257] MENESTÒ, E.: Boethius

[1864] MUNDÓ, A. M.: Isidorus Hispalensis

[1568] NOGARA, A.: Gregorius Magnus

[1593] NORET, J.: Gregorius Nazianzenus

[1594] NORET, J.: Gregorius Nazianzenus

[1674] NUVOLONE, F.: Hieronymus

[1675] NUVOLONE, F.: Hieronymus

514 O'CALLAGHAN, JOSÉ *¿Papiro mágico cristiano? (PMatr.inv. 5)* – StPap 19 (1980) 61–63

515 O'CALLAGHAN, J. *Papyrus patristique*. In: *Actes du XVe Congrès international de papyrologie, II* (cf. 1979/80, 79) 42–48

516 OLIVAR, ALEXANDRE *Consideracions sobre l'acròstic « Audiamus Fratres Magnalia Dei »* [pap.egip. S. IV gnóstico?] – RCatT 4 (1979) 25–32

517 PATTIE, THOMAS SMITH *Manuscripts of the Bible. Greek bibles in the British Library*. London: The British Libr. 1979. 36 pp.

[526] QUECKE, H.: Novum Testamentum

518 ROBERTS, COLIN H. *The Evidence of the Papyri*. In: *Manuscript, society* ... (cf. 1979/80, 155) 1–25

[196] ROBINSON, J. M.: Methodologica

[2389] ROCA PUIG, R.: Missa, sacramenta, sacramentalia

[962] RODRIGUEZ, L.: Augustinus

[1234] *Secundum regulam S. Benedicti:* Benedictus Nursinus

519 SIJPESTEIJN, P. J.: *Drei christliche Papyri* – StPap 19 (1980) 119–122

[1870] SPILLING, H.: Isidorus Hispalensis

520 STRAETEN, J. VAN DER *Catalogues récents de manuscrits. Onzième série. Manuscrits latins* – AB 98 (1980) 171–210

[572] STRYCKER, E. DE: Apocrypha

[1941] TOHILL, K.: Macrobius

521 TREU, H. *Christliche Papyri, VII* – ArPap 27 (1980) 251–258

[2039] TREU, K.; WORP, K. A.: Origenes

522 URBAN, W. *Zachowany rekopis patrologiczny księgozbioru biskupa Jana IV Rotha (1482–1506)* [= *De manuscripto patrologico in bibliotheca Joannis IV Roth, ep. Wratisl.]* – Archiwa, Biblioteki i Muzea Kościelne, Lublin 40 (1980) 179–183

[1372] URBAN, W.: Cyprianus Carthaginiensis

523 VATTIONI, F. *La lessicografia dei LXX nei papiri* – StPap 19 (1980) 39–59

II. NOVUM TESTAMENTUM ATQUE APOCRYPHA

1. Novum Testamentum

a) Editiones textus Novi Testamenti aut partium eius

aa) Editiones textus graeci

525 *Novum Testamentum Graece* post EBERHARD et ERWIN NESTLE communiter ediderunt KURT ALAND; MATTHEW BLACK; CARLO M. MARTINI; BRUCE M. METZGER; ALLEN WIKGREN ... [Editio 26]. Stuttgart: Deutsche Bibelstiftung 1979/80, 78*, 779 pp.

bb) Editiones versionum antiquarum

526 QUECKE, HANS *Das Lukasevangelium saïdisch. Text der Handschrift PPalau Rib. Inv.-Nr. 181 mit den Varianten der Handschrift M 569* [Papyrologica Castroctaviana 6]. Barcelona 1977. XII, 279 pp.

527 *Vetus Latina. Die Reste der altlateinischen Bibel. XXV, 7: Epistulae ad Thessalonicenses, Timotheum, Titum, Philemonem, Hebraeos: 1 Tm 3, 1–5,10.* Hrsg. v. H. J. FREDE. Freiburg: Herder 1979. 481–560

528 *Vetus Latina. Die Reste der altlateinischen Bibel. XXV, 8: Epistulae ad Thessalonicenses, Timotheum, Titum, Philemonem, Hebraeos: 1 Tm 5,10–6,17.* Hrsg. v. H. J. FREDE. Freiburg: Herder 1980. 561–640

b) Quaestiones et dissertationes ad textum eiusque traditionem pertinentes

529 ALAND, KURT *The twentieth-century interlude in New Testament textual criticism.* In: *Text and interpretation* (cf. 1979/80, 169) 1–14

530 BIRDSALL, J. N. *The Dialogue of Timothy and Aquila and the early harmonistic traditions* – NovTest 22 (1980) 66–77

531 BROWNE, GERALD M. *Notes on the Fayumic John* – Enchoria 9 (1979) 135–137

532 BRUCE, F. F. *The Gospel Text of Marius Victorinus.* In: *Text and interpretation* (cf. 1979/80, 169) 69—78

[1693] DOIGNON, J.: Hilarius Pictaviensis

[1073] DUPLAY, J.: Basilius Caesariensis

[715] *Un éloge de Jacques:* Pseudo-Andreas Cretensis

[1782] FEE, G. D.: Iohannes Chrysostomus

533 FERNANDEZ MARCOS, NATALIO *Introducción a las versiones griegas de la Biblia* [Textos y Estudios «Cardenal Cisneros» 23]. Madrid: Consejo Superior de Investigaciones Científicas 1979. XIII, 349 pp.

534 FISCHER, BONIFATIUS *Ein altlateinisches Evangelienfragment. In: Text, Wort, Glaube,* (cf. 1979/80, 171) 84—112

535 HOWARD, GEORGE *Harmonistic Readings in the Old Syriac Gospels* — HThR 73 (1980) 473—491

536 KILPATRICK, GEORGE D. *The Text of the Epistles: the Contribution of Western Witness.* In: *Text, Wort, Glaube* (cf. 1979/80, 171) 47—69

537 KLIJN, A. F. J. *Patristic evidence for Jewish Christian and Aramaic Gospel tradition.* In: *Text and interpretation* (cf. 1979/80, 169) 169—178

538 METZGER, BRUCE M. *St. Jerome's explicit references to variant readings in manuscripts of the New Testament.* In: *Text and interpretation* (cf. 1979/80, 169) 179—190

539 MIZZI, J. *The old-Latin element in Jn. I, 29—III, 26 of Cod. Sangallensis 60* — SE 23 (1978—1979) 33—62

540 NEIRYNCK, F. *The New Nestle-Aland. The Text of Mark in N²⁶* — EThL 55,1 (1979) 331—356

541 PASSIONI DELL'ACQUA, ANNA *Frammenti inediti del Vangelo secondo Matteo* — Aeg 60 (1980) 96—119

542 ROYSE, J. R. *The Ethiopic support for Codex Vaticanus in Acts* — ZNW 71 (1980) 257—262

543 STRAMARE, TARSICIO *La Neo-Volgata: impresa scientifica e pastorale insieme* — EBib 38 (1979/80) 115—138

2. Apocrypha

a) Editiones textus originalis

544 *Los Evangelios apócrifos.* Col. de textos griegos y lat., versión crit., estud. introd. y comment. por A. DE SANTOS OTERO [BAC 148]. Madrid: La edit. catolica 1979. XXX, 705 pp.

b) Versiones modernae

545 *Apocrypha Novi Testamenti.* Translated from the original tongues; illustrated from ancient paintings and missals: with a new foreword by S. J. SCHEPPS [Repr. of the 1926 ed.]. New York: Bell 1979. 293 pp.

546 *Apocryfy Nowego Testamentu: 1,1.2 Evangelie apokryficzne.* Pod. red. MARKA STAROWIEYSKIEGO. Lublin: Towar. Naukowe Katol. Uniw. 1980. 760 pp.

547 *The Gospel of Barnabas.* With an introduction by M. A. RAHIM [4. Edition]. Karachi: Begum Aisha Bawany Wakf 1975. XXVIII, 273 pp.

[627] *Naissance des lettres chrétiennes:* Auctores

c) Questiones et dissertationes

548 ADAMCZYK, M. *Biblijno-apokryficzne narracje w literaturze staro-polskiej do końca XVI wieku (= Biblisch-apokryphe Erzählungen in der altpolnischen Literatur bis zum Ausgang des 16. Jahrhunderts).* Poznań: Uniwersytet im. Adama Mickiewicza w Poznaniu 1980. 157 pp.

549 ARANDA, GONZALO *María en las narraciones coptas sobre el final de su vida en la tierra* — ScrMar 2 (1979) 7—24

[2597] ATTRIDGE, H. W.: Gnostica

550 BAGATTI, B.; GARCIA, F. *La vida de Jesús en los apócrifos del Nuevo Testamento.* Jerusalem: Franciscan P. P. 1979. 109 pp.

551 BORI, P. C. *L'estasi del profeta. Ascensio Isaiae 6 e l'antico profetismo cristiano* — CrSt 1 (1980) 367—389

552 CHAISE, FILIBERT DE LA *A l'origine des récits apocryphes du «Transitus Mariae»* — EphMariol 29 (1979) 77—90

[591] CHARLESWORTH, J. H.: Auctores

553 DAVIES, STEVAN L. *The revolt of the widows: the social world of the Apocryphal Acts.* Carbondale: Southern Illinois University Press; London: Feffer and Simons 1980. X, 139 pp.

[2613] DEHANDSCHUTTER, B.: Gnostica

554 DELCOR, M. *Le livre des Paraboles d'Henoch Ethiopien. Le problème de son origine à la lumière des découvertes récentes* — EBib 38 (1979/80) 5—33

555 DRIJVERS, H. J. W. *Kerygma und Logos in den Oden Salomos, dargestellt am Beispiel der 23. Ode.* In: *Kerygma und Logos. Festschrift für Carl Andresen zum 70. Geburtstag* (cf. 1979/80, 132) 153—172

556 DRIJVERS, H. J. W. *The 19th Ode of Solomon: Its Interpretation and Place in Syrian Christianity* — JThS 31 (1980) 337—355

557 ΔΡΙΤΣΑΣ, Δ. Λ. *Ρυθμικαί τινες εὐχαί ἐκ τῶν γνωστικῶν ἀποκρύφων πράξεων* — GregPalThes 58 (1975) 372—389

[2616] ENGLEZAKIS, B.: Gnostica

558 GEOLTRAIN, P. *Pseudépigraphes et fait biblique* – AEHESR 89 (1980–81) 434–439

[2626] GERLEMAN, G.: Gnostica

559 HOLLANDER, H. W. *The influence of the Testaments of the Twelve Patriarchs in the early Church; Joseph as model in Prochorus' Acts of John* – OLP 9 (1978) 75–81

560 HOLLANDER, HARM W. *El «hombre bueno» en los pasajes éticos del Testamento de Benjamin* – EF 80 (1979) 209–221

[2632] HORMAN, J.: Gnostica

561 HOWE, E. MARGARET *Interpretations of Paul in "The Acts of Paul and Thecla"*. In: *Pauline Studies* (cf. 1979/80, 146) 33–49

562 KAESTLI, J. D. *L'Évangile de Thomas. Son importance pour l'étude des paroles de Jésus et du gnosticisme chrétien* – EtThR 54 (1979) 375–396

[2636] KIRCHNER, D.: Gnostica

563 KÖSTER, HELMUT *Apocryphal and Canonical Gospels* – HThR 73 (1980) 105–130

564 LATTKE, MICHAEL *Die Oden Salomons in ihrer Bedeutung für Neues Testament und Gnosis*. Fribourg: Éditions Universitaires; Göttingen: Vandenhoeck und Ruprecht 1979. XI, 237 pp.; XV, 201 pp.

565 LEONARDI, C. *Il testo dell'Ascensio Isaiae nel Vat. Lat. 5750* [rés. en angl.] – CrSt 1 (1980) 59–74

[2639] LINDEMANN, A.: Gnostica

[2644] MÉNARD, J. E.: Gnostica

566 MEŠČERSKAYA, E. N. *The Legends of Abgar and Greek Apotropaic Texts* [in russian] – PS 26/89 (1978) 102–106

567 MILLER, R. *Liturgical materials in the Acts of John*. In: *Studia Patristica 13* (cf. 1975/76, 200) 375–381

568 NORELLI, E. *La resurrezione di Gesù nell'ascensione di Isaia* – CrSt 1 (1980) 315–366

569 PENNY, D. N. *The pseudo-Pauline letters of the first two centuries* [Diss.]. Atlanta: Emory Univ. 1979. 383 pp.

570 SALAS, ANTONIO *La figura de María en los evangelios de la infancia* – CD 192 (1979) 337–354

[2687] SELL, J.: Gnostica

571 SOLAGES, D. DE *L'Évangile de Thomas et les Évangiles canoniques: l'ordre des péricopes* – BLE 80 (1979) 102–108

572 STRYCKER, É. DE *Die griechischen Handschriften des Protevangeliums Iacobi*. In: *Griechische Kodikologie und Textüberlieferung* (cf. 1979/80, 122) 577–612

[2701] TREVIJANO ETCHEVERRIA, R.: Gnostica

III. AUCTORES

(editiones, quaestiones, dissertationes, commentarii)

1. Generalia

573 The Ante-Nicene Fathers. Transl. of the writings of the fathers down to A.D. 325. Ed. ALEXANDER ROBERTS and JAMES DONALDSON [Repr.]. 1.: The Apostolic Fathers. Justin martyr. Irenaeus. Grand Rapids, Mich.: Eerdmans 1979

574 The Ante-Nicene Fathers. Transl. of the writings of the fathers down to A.D. 325. Ed. ALEXANDER ROBERTS and JAMES DONALDSON [Repr.]. 2.: Fathers of the Second century. Hermas, Tatian, Athenagoras, Theophilus, and Clement of Alexandria. Grand Rapids, Mich.: Eerdmans 1979

575 The Ante-Nicene Fathers. Transl. of the writings of the fathers down to A.D. 325. Ed. ALEXANDER ROBERTS and JAMES DONALDSON [Repr.]. 4.: Tertullian 4. Minucius Felix. Commodian 1−2. Grand Rapids, Mich.: Eerdmans 1979

576 The Ante-Nicene Fathers. Transl. of the writings of the fathers down to A.D. 325. Ed. ALEXANDER ROBERTS and JAMES DONALDSON [Repr.]. 7.: Lactantius, Venantius, Asterius, Victorinus, Dionysius, apostolic teaching, and constitutions, homily and liturgies. Grand Rapids, Mich.: Eerdmans 1979

577 The Ante-Nicene Fathers. Transl. of the writings of the fathers down to A.D. 325. Ed. ALEXANDER ROBERTS and JAMES DONALDSON [Repr.]. 9.: Bibliographical synopsis by ERNEST C. RICHARDSON. General index by BERNHARD PICK. Grand Rapids, Mich.: Eerdmans 1979

578 The Early church fathers. Ed. by E. GLENN HINSON. Nashville, Tenn.: Broadman Press 1980. 413 pp.

579 L'initiation chrétienne. Cyrille de Jérusalem: Catéchèses mystagogiques; Ambroise de Milan: Traité des mystères; Jean Chrysostome: Sermon aux néophytes. Textes rec. et prés. par ADALBERT G. HAMMAN. Introd. par JEAN DANIÉLOU [Nouv. éd.]. Paris: Desclée de Brouwer 1980. 298 pp.

580 Pélérinage patristique. Du Mont Carmel à Jérusalem, de Saint Irénée à Saint Thomas. Textes rassemblés, trad. et prés. par MARTINE

HASSE. Introd. par MICHEL GITTON. Préf. par LOUIS BOUYER. Paris: Desclée de Brouwer 1980. 194 pp.

581 *Scolies ariennes sur le concile d'Aquilée.* Introd., texte lat., trad. et notes de R. GRYSON [SC 267]. Paris: Éd. du Cerf 1980. 404 pp.

582 *Theognosti Thesaurus.* Cuius ed. principem curavit JOSEPH A. MUÑITIZ [Corpus christianorum. Series Graeca 5]. Turnhout: Brepols; Leuven: Univ. Press 1979. CXXVIII, 269 pp.

583 *Una raccolta di opuscoli Calcedonensi. [Ms. Sinai Syr. 10].* Ed. et trad. da PAOLO BETTIOLO [CSCO Scriptores Aethiopici Ser. 2 177/ 178]. Louvain: Secrétariat du Corpus SCO 1979

584 ALAND, K. *Falsche Verfasserangaben? Zur Pseudonymität im früh-christlichen Schrifttum* − ThRe 75 (1979) 1−10

585 ALAND, K. *Noch einmal: Das Problem der Anonymität und der Pseudonymität in der christlichen Literatur der ersten beiden Jahr-hunderte.* In: *Pietas. Festschrift für Bernhard Kötting* (cf. 1979/80, 149) 121−139

586 ALEXANDER, J. S. *The Motive for a Distinction between Donatus of Carthage and Donatus of Casae Nigrae* − JThS 31 (1980) 540−547

587 AUNE, D. E. *Magic in early Christianity* − ANRW 2,23.2 (1980) 1507−1557

588 ΜΠΟΝΗΣ, ΚΩΝΣΤΑΝΤΙΝΟΣ Γ. Ἡ ἑλληνικὴ χριστιανικὴ γραμματεία ἐν συγκρίσει πρὸς τήν Δυτικήν − Πρακτικά τῆς ᾿Ακαδημίας ᾿Αθηνῶν 54 (1979) 127−162

[184] BROX, N.: Methodologica

589 CATAUDELLA, Q. *Per una edizione critica degli epigrammi greci cristiani* − Sileno 3 (1977) 189−199

590 CATAUDELLA, Q. *Poeti cristiani d'amore nei primi secoli* − CS 18, 69 (1979) 59−66

[471] CHAPARRO GÓMEZ, C.: Philologia patristica

591 CHARLESWORTH, J. H. *A history of the Pseudepigrapha research. The reemerging importance of the pseudepigrapha* − ANRW 2, 19.1 (1979) 54−88

592 CHAVASSE, A. *Le Sermonnaire Vatican du VIIe siècle* − SE 23 (1978/79) 225−289

593 COMAN, I. G. *Scriitori bisericeşti din epoca strărimână (= Kirch-liche Schriftsteller aus der urrumänischen Epoche)* [Biblioteca teo-logică 1]. Bucureşti: Ed. Institutului biblic şi de misiune ortodoxă 1979. 376 pp.

594 COURCELLE, PIERRE *La figure du philosophe d'après les écrivains latins de l'Antiquité* − JS (1980) 85−101

595 DONNER, HERBERT *Pilgerfahrt ins Heilige Land: die ältesten Be-richte christlicher Palästinapilger (4.−7. Jahrhundert).* Stuttgart: Verlag Katholisches Bibelwerk 1979. 435 pp.

596 DRAKE, H. A. *A Coptic version of the discovery of the holy sepulchre* — GrRoBySt 20 (1979) 381—392

597 EICHENSEER, I. *Quid quidam Christiani Scriptores antiqui referant de Africa.* In: *Africa et Roma. Acta omnium gentium ac nationum Conventus Latinis litteris linguaeque fovendis, Leopold Sedar Senghor dicatum* (cf. 1979/80, 80) 266—280

598 FELLERMAYR, J. *Tradition und Sukzession im Lichte des römisch-antiken Erbgedankens. Untersuchungen zu den lateinischen Vätern bis zu Leo dem Großen.* München: Minerva-Publ. 1979. X, 468 pp.

599 FREDOUILLE, J. C. *L'esthétique théorique des écrivains paléochrétiens.* In: COLLART, J. *Varron, grammaire antique et stylistique latine* (cf. 1979/80, 101) 365—376

600 GERSTNER, HERMANN *Das heilige Siebengestirn: große christliche Gestalten des Abendlandes.* München: Athos-Verlag 1980. 256 pp.

601 GNÄDINGER, LOUISE *Das Altväterzitat im Predigtwerk Johannes Taulers.* In: *Unterwegs zur Einheit* (cf. 1979/80, 176) 253—267

602 GRIGORAŞ, CONSTANTIN *Structura şi importanţa necrologului în secolul de aur al predicii* (= *Struktur und Bedeutung des Nekrologs im goldenen Jahrhundert der Homilie*) — StBuc 32 (1980) 166—178

603 GRILLMEIER, ALOIS „*Christus licet uobis inuitis deus.*" *Ein Beitrag zur Diskussion über die Hellenisierung der christlichen Botschaft.* In: *Kerygma und Logos. Festschrift für Carl Andresen zum 70. Geburtstag* (cf. 1979/80, 132) 226—257

604 GRYSON, ROGER; GILISSEN, LÉON *Les scolies ariennes du Parisinus latinus 8907. Un echantillonage d'écritures latines du 5ᵉ siècle* [Armarium codicum insignium 1]. Turnhout: Brepols 1980. 100 pp.

605 GRYSON, ROGER *Littérature arienne latine, 1: Débat de Maximinus avec Augustin, scolies ariennes sur le concile d'Aquilée. Concordance et index* [Informatique et étude de textes 11]. Louvain—la Neuve: CETEDOC, Univ. Catholique de Louvain 1980. XIII, 212 pp.

606 HAUSCHILD, WOLF-DIETER *Die Confessio Augustana und die altkirchliche Tradition* — KuD 26 (1980) 142—163

607 HOŠEK, R. *Concordia Augusti und concordia christiana.* In: *Humanismus und Menschenbild im Orient und in der Antike. Konferenzvorträge* (cf. 1979/80, 126) 149—157

608 JÓZEFOWICZ-DZIELSKA, M. *Kilka uwag na temat żywotności idei pogańskich w IV i pierwszej połowie V w.* (= *Einige Bemerkungen über das Thema der Lebendigkeit heidnischer Ideen im IV. und in der ersten Hälfte des V. Jahrhunderts unserer Zeit*) — AUW 449, Antiquitas 8 (1979) 155—160

609 JÓSEFOWICZ-DZIELSKA, M. „*Vita Apollonii*" *Filostrata i jej związki z literaturą wczesnochrześcijańskąstan badań* (= « *Vita Apollonii* » *di Filostrato e le sue relazioni con la letteratura di primo cristiane-*

simo; Lo stato attuale delle ricerche). In: *Miscellanea patristica in memoriam Joannis Czuj* (cf. 1979/80, 143) 128—136

610 JÓSEFOWICZÓWNA, K. *Kultura artystyczna na przełomie antyku i wczesnego średniowiecza (= Die Kunst zwischen Spätantike und Frühmittelalter).* In: *Italia* (cf. 1979/80, 131) 345—540

611 KENNEDY, GEORGE A. *Classical Rhetoric and its Christian and Secular Tradition from Ancient to Modern Times.* Chapel Hill: University of North Carolina Press 1980. XII, 291 pp.

612 *Kerkvaders. Algemene inleiding.* Door de Benedictinessen van Bonheiden. Bonheiden: Uitg. Abdij Bethlehem 1980. 303 pp.

613 KRAFT, R. A. *Christian transmission of Greek Jewish scriptures; a methodological probe.* In: *Paganisme, judaisme, christianisme. Mélanges offerts à Marcel Simon* (cf. 1977/78, 171) 207—226

614 KRETSCHMAR, GEORG *Frühkatholizismus. Die Beurteilung theologischer Entwicklungen im späten 1. und 2. Jh. nach Christus.* In: *Unterwegs zur Einheit* (cf. 1979/80, 176) 573—587

615 *Lebenshilfe aus der Wüste: die alten Mönchsväter als Therapeuten.* Ausgew. und eingel. von G. u. T. SARTORY, übers. von B. MILLER [Herderbücherei Nr. 763]. Freiburg: Herder 1980. 159 pp.

616 LENAZ, L. *Annotazioni sul Carmen contra paganos* — StPat 25 (1978) 541—572

617 LENAZ, L. *Regitur fato si Iuppiter ipse . . . Una postilla al Carmen contra paganos.* In: *Perennitas. Studi in onore di Angelo Brelich* (cf. 1979/80, 147) 293—309

618 LÖFSTEDT, B. *Zu den Quellen des hibernolateinischen Donatkommentars im cod. Ambrosianus L 22 sup.* — StMe 21 (1980) 301—320

619 LÜDEMANN, GERD *Zum Antipaulinismus im frühen Christentum* — EvTh 40 (1980) 437—455

620 MAJOROV, G. G. *La genèse de la philosophie médiévale. La patristique latine* [en russe]. Moskva: Mysl' 1979. 431 pp.

621 MAYERSON, P. *Anti-black sentiment in the Vita Patrum* — HThR 71 (1979) 304—311

622 McCLURE, JUDITH *Handbook against Heresies in the West, from the late fourth to the late sixth centuries* — JThS 30 (1979) 186—197

623 McDONOUGH, C. J. *Some notes in late Latin and mediaeval writers* — StMe 20 (1979) 925—932

624 MIGUEL Y SICILIA, JUAN JOSÉ DE *La autoridad de los Padres de la Iglesia en Santo Tomás de Aquino* [Teologica 14]. Pamplona: Univ. de Navarra 1979. 45 pp.

625 MIGUEL Y SICILIA, JUAN JOSÉ DE *La autoridad de los Padres de la Iglesia en Santo Tomás de Aquino* — ThBraga 15 (1979) 165—191

626 MUÑITIZ, JOSEPH A. *A fragment attributed to Theognostus* — JThS 30 (1979) 56—66

627 *Naissance des lettres chrétiennes. Odes de Salomon. Lettre de Barnabé.* Textes rec. et prés. par ADALBERT G. HAMMAN [3. éd.]. Paris: Desclée de Brouwer 1980. 238 pp.

628 NALDINI, MARIO *Un frammento «cristiano» del VI secolo. Note esegetiche* — AFLP 15 (1977/78) 12 pp.

629 NYSSEN, WILHELM *Die Erneuerung der westlichen Welt aus dem Geist der Väter* [Schriftenreihe des Zentrums KOINONIA 1]. Mainz: Matthias-Grünewald-Verlag 1979. 42 pp.

630 OPELT, ILONA *Die Polemik in der christlichen lateinischen Literatur von Tertullian bis Augustin* [BKA Reihe 2; 63]. Heidelberg: 1980. 296 pp.

631 PAULSEN, H. *Papyrus Oxyrhynchus I. 5 und die ΔΙΑΔΟΧΗ ΤΩΝ ΠΡΟΦΗΤΩΝ* — NTS 25 (1979) 443—453

632 PAVAN, M. *Cultura classica e cristianesimo in Cappadocia* — Veltro 23, 2—4 (1979) 21—33

633 PFLIGERSDORFFER, GEORG „*Fremdgespräch*" *und* „*Selbstgespräch*". In: *Kerygma und Logos. Festschrift für Carl Andresen zum 70. Geburtsgag* (cf. 1979/80, 132) 404—423

634 QUACQUARELLI, A. *Il monogramma cristologico (Gammadia) H* — VetChr 16 (1979) 5—20

635 REYNOLDS, R. E. *The ordinals of Christ from their origins to the twelfth century* [Beiträge zur Geschichte und Quellenkunde des Mittelalters 7]. Berlin: de Gruyter 1978. XIV, 194 pp.

636 RIEDINGER, R. *Lateinische Übersetzungen griechischer Häretikertexte des siebten Jahrhunderts* [SAW 352]. Wien: 1979. 82 pp.

637 ROBERTS, COLIN H. *Nomina sacra: Origins and significance.* In: *Manuscript, society . . .* (cf. 1979/80, 155) 26—48

638 SCANZILLO, CIRIACO *L'anima nei Padri dei primi secoli* — Problemi di attualità 2 (1979) 33—164 (Bologna: Pàtron 1979)

639 SCHINDLER, A. *Das Wort Gnade und die Gnadenlehre bei den Kirchenvätern bis zu Augustin.* In: *Gnadenwahl und Entscheidungsfreiheit* (cf. 1979/80, 120) 45—62, 103—105

640 SCHRECKENBERG, H. *Juden und Judentum in der altkirchlichen lateinischen Poesie* — Theokratika 3 (1973—1975) 81—124

641 SCHULTZE, B. *Die patristische Eucharistielehre im Gespräch evangelischer und orthodoxer Theologen* — OstkiSt 28 (1979) 97—144

642 SIMONETTI, M. *De mirabilibus sacrae scripturae. Un trattato irlandese sui miracoli della Sacra Scrittura* — RomBarb 4 (1979) 225—251

643 STAROWIEYSKI, M. *Czytania patrystyczne w Liturgii Godzin* (= *Patristische Lesungen der Liturgie des Stundengebets*) — STV 18 (1980) 241—251

644 Svencickaja, I. S. *Les Écritures secrètes des premiers chrétiens* [en russe]. Moskva: Politizdat 1980, 198 pp.

645 Szadeczky-Kardoss, S. *Commentationes historico — hagiographicae adornatae* [Acta Univ. de Attila József nomin. Acta ant. et archaeol. Suppl. 1 Opuscula Byzantina 5]. Szeged: 1978. 71 pp.

646 Unnik, W. C. van *Theological Speculation and its Limits*. In: *Early Christian literature* . . . (cf. 1979/80, 106) 33−44

647 Valgiglio, Ernesto *Confessio nella Bibbia e nella letteratura cristiana antica*. Torino: G. Giappichelli 1980. 355 pp.

648 Vidal Pérez, J. L. *Los centones virgilianos cristianos* [Tesis Univ.]. Barcelona 1977. 306 pp.

649 Vööbus, Artur *Die zerstreuten Mēmrē: Der Bestand* [CSCO. Subsidia 422]. Louvain: CSCO 1980. 109 pp.

650 Waszink, J. H. *Alcuna osservazioni sul testo del Carmen de resurrectione mortuorum et de iudicio Domini* − SG 29 (1976) 449− 459

651 Waszink, J. H. *Some Observations on the Appreciation of the "Philosophy of the Barbarians" in the early Christian Literature*. In: *Opuscula selecta* (cf. 1979/80, 179) 272−288

652 Waszink, J. H. *Varrone nella letteratura cristiana dei primi secoli*. In: *Opuscula selecta* (cf. 1979/80, 179) 386−401

653 Weyer, Adam *Frühe Denker der Christenheit*. Gütersloh: Mohn 1979. 140 pp.

654 Wilken, Robert L. *The Jews and Christian Apologetics after Theodosius I "Cunctos Populos"* − HThR 73 (1980) 451−471

655 Wischmeyer, Wolfgang *Die Petrus-Leseszene als Beispiel für die christliche Adaption eines vorgegebenen Bildtypus*. In: *Kerygma und Logos. Festschrift für Carl Andresen zum 70. Geburtstag* (cf. 1979/80, 132) 461−481

656 Wojdecki, W. *Homilie Ojców Kościoła a współczesne kaznodziejstow w Polsce* (= *L'homélie chez les Pères de l'Eglise et la prédication actuelle en Pologne*) − AtKap 71/92 (1979) 272−281

657 Wolfson, H. A. *La filosofia dei Padri della Chiesa, I: Spirito, Trinità, Incarnazione* [Bibl. di studi class. 8]. Brescia: Paideia 1978. 564 pp.

[1718] Woodhall, J. A.: Hippolytus Romanus

658 Ζεπος, Π. Ι. Ἑλληνικαὶ καὶ βυζαντιναὶ ἐπιδράσεις εἰς τὴν χριστιανικὴν θεολογίαν − PAA 53 (1978) 128*−139*

2. *Auctores Singuli*
(in ordine alphabetico auctorum)

Aeneas Gazaeus

659 GALLICET, E. *Per una rilettura del Teofrasto di Enea di Gaza e dell'Ammonio di Zacaria Scolastico* — AtTor 112 (1978) 117–135; 137–167

Aetheria (Egeria)

660 *[Aetheria] Eteria, Diario di viaggio.* Trad. di C. DI ZOPPOLA, introd. di A. CANDELARESI. Roma: Ed. Paoline 1979. 148 pp.

661 *[Aetheria] Itinerario de la Virgen Egeria (381–384).* Edición crítica, traducción e introducción por AGUSTÍN ARCE [BAC 416]. Madrid: Editorial Católica 1980. XXX, 353 pp.

[595] DONNER, H.: Auctores

662 STAROWIEYSKI, M. *Bibliografia Egeriana* — AugR 19 (1979) 297–318

Agapetus Diaconus

663 IRMSCHER, J. *Das Bild des Untertanen im Fürstenspiegel des Agapetos* — Klio 60 (1978) 507–509

Ambrosius Mediolanensis

664 *[Ambrosius] Le chrétien devant la mort. Sur la mort, par Cyprien de Carthage. La mort est un bien, par Ambroise de Milan.* Introd. de PH. ARIÈS, trad. de M. H. STÉBÉ et P. CRAS [Les Pères dans la foi]. Paris: Desclée de Brouwer 1980. 103 pp.

665 *[Ambrosius] Saint Ambroise. Écrits sur la virginité.* Trad. et prés. par MARIE-GABRIEL TISSOT. Sablé-sur-Sarthe: Abbaye Saint-Pierre de Solesmes 1980. 350 pp.

665a *[Ambrosius] S. Ambrogio. La verginità.* Trad., introd. e note a cura di M. L. DANIELI. Roma: Città nuova 1972. 218 pp.

666 *[Ambrosius]* MENDES DE CASTRO, J. *Os Tres Livros das Obrigaçoens Christans, e Civis do grande Padre da Igreja S^{to}. Ambrozio Bispo de Milaõ.* Traduzidos por ordem de S. Magestade para o uzo do Collegio Real de Nobres por JOZÉ CAIETANO DE MESQUITA, Professor de Rethorica, e de Logica do mesmo Collegio — Didaskalia 10 (1980) 3–188

667 *[Ambrosius] A Virgindade, por Santo Ambrosio* [Os Padres da Igreja 2]. Petropolis: Ed. Vozes 1980. 118 pp.

668 ANDRZEJEWSKI, R. *Kult relikwii według św. Ambrozego (= The cult of relicts according to St. Ambrose)* – RoczTK 26 (1979) 73–78

669 ANDRZEJEWSKI, R. *Między Bogiem a Cesarem – Ambroży z Mediolanu (= Ambroise de Milan – entre Dieu et Césare)* – AtKap 71/93 (1979) 64–72

670 ANDRZEJEWSKI, R. *Myśl społecza, św. Bazylego Wielkiego w nauce św. Ambrożego (= The social thought of St. Basil the Great on the teachings of St. Ambrose)* – RoczTK 27 (1980) 179–182

671 BARTELINK, G. *Sprachliche und stilistische Bemerkungen in Ambrosius' Schriften* – WSt 13 (1979) 175–202

672 BEJARANO SÁNCHEZ, V. *Oraciones completivas y causales en dos obras de san Ambrosio* – AFFB 1 (1975) 51–57

673 BERTON, R. *Abraham dans le De officiis ministrorum d'Ambroise* – ReSR 54 (1980) 311–322

674 BOHLEN, R. *Täglich wird ein Nabot niedergeschlagen. Zur homiletischen Behandlung von 1 Kön 21 in Ambrosius De Nabuthe* – TTZ (1979) 221–237

675 BONAMENTE, G. *Potere politico ed autorità religiosa nel De obitu Theodosii di Ambrogio.* In: *Chiesa e società* (cf. 1979/80, 97) 83–133

676 CANTALAMESSA, R. *La concezione teologica della Pasqua in sant' Ambrogio.* In: *Paradoxos politeia. Studi patristici in onore di Giuseppe Lazzati* (cf. 1979/80, 145) 362–375

677 CAPPONI, F. *Ambros., Exam., Dies V, VIII, 21* – Latomus 38 (1979) 231–234

678 CATTENEO, E. *Il Sant'Aquilino: battistero o mausoleo? Una lettura ambrosiana dei mosaici.* In: *Paradoxos politeia. Studi patristici in onore di Giuseppe Lazzati* (cf. 1979/80, 145) 376–388

679 CLARK, RICHARD CHARLES *Saint Ambrose's theory of Church – State relations.* Ann Arbor, Mich.: University Microfilms International 1978.

680 COLINSON, PATRICK *If Constantine, then also Theodosius: St. Ambrose and the Integrity of the Elizabethan "Ecclesia Anglicana"* – JEcclH 30 (1979) 205–229

681 FEDALTO, G. *Ambrogio e la chiesa metropolitana di Aquileia.* In: *Paradoxos politeia. Studi patristici in onore di Giuseppe Lazzati* (cf. 1979/80, 145) 389–405

[1359] FENGER, A. L.: Cyprianus Carthaginiensis

682 FERRARO, G. *Lo Spiritu Santo nella Esposizione del Vangelo secondo Luca di Sant'Ambrogio (aspetti della dottrina e dell'esegesi ambrosiana)* – Nicolaus 7 (1979) 25–59

683 FONTAINE, J. *Le culte des martyrs militaires et son expression poétique au IVᵉ siècle; l'idéal évangélique de la non-violence dans le christianisme théodosien* – AugR 20 (1980) 141–171

684 FORLIN PATRUCCO, M. *Il tema politico della vittoria e della croce in Ambrogio e nella tradizione ambrosiana.* In: *Paradoxos politeia. Studi patristici in onore di Giuseppe Lazzati* (cf. 1979/80, 145) 406–418

[493] GIACCHERO, M.: fenus

685 GRANADO BELLIDO, CARMELO *La actividad del Espíritu Santo en la historia antes de Cristo en San Ambrosio de Milán.* Excerpta de la disertación para el Doctorado. Granada: Facultad de Teología 1979. 54 pp.

686 GRANADO BELLIDO, CARMELO *El Espíritu Santo y los profetas en San Ambrosio de Milán.* Granada: Facultad de Teología 1979. 38 pp.

687 GRANADO BELLIDO, CARMELO *El bautismo de Jesús en San Ambrosio de Milán* – EE 55 (1980) 339–354

688 GRYSON, R. *Melchisédech, type du Christ, selon saint Ambroise* – RThL 10 (1979) 176–195

689 GRYSON, R. *Les lévites, figure du sacerdoce véritable, selon saint Ambroise* – EthL 56 (1980) 89–112

690 GRYSON, R. *Le thème du bâton d'Aaron dans l'œuvre de saint Ambroise* – REA 26 (1980) 29–44

691 GRYSON, R. *La médiation d'Aaron d'après saint Ambroise* – RThAM 46 (1980) 5–15

[579] *L'initiation chrétienne*: Auctores

692 JACKSON, G. *Una pagina plautina nel «De Helia» di Ambrogio* – Vichiana 6 (1977) 231–240

693 LAMIRANDE, E. *Quelques visages de séductrices. Pour une théologie de la condition féminine selon saint Ambroise* – Science et Esprit (Montreal) 31 (1979) 173–189

694 LO MENZO RAPISARDA, G. *Tollerante o intollerante Ambrogio?* – SG 29 (1976) 273–305

695 MAZIÈRES, J. P. *Les lettres d'Ambroise de Milan à Irenaeus* – Pallas 26 (1979) 103–114

[1368] MAZZUCCO, C.: Cyprianus Carthaginiensis

696 NAZZARO, A. V. *Ambrosiana II: Note di critica testuale e d'esegesi* – Vichiana 8 (1979) 203–210

697 PALLA, R. *Temi del commento origeniano al Cantico dei Cantici nel «De Isaac» di Ambrogio* – ASNSP 9 (1979) 563–572

698 PARDYOVÁ-VODOVÁ, M. *L'impératrice Hélène et l'invention de la Sainte–Croix* – SPFFBU 25 (1980) 235–240

699 PELLEGRINO, M. *Mutus... loquar Christum. Pensieri di sant'Ambrogio.* In: *Paradoxos politeia. Studi patristici in onore di Giuseppe Lazzati* (cf. 1979/80, 145) 447–457

700 PERI, V. *L'esposizione del Vangelo secondo Luca. L'avvio della nuova edizione ambrosiana bilingue* – RSCI 33 (1979) 509–518

701 POIRIER, M. «*Christus pauper factus est*» *chez saint Ambroise* — RSLR 15 (1979) 250—257

702 RIGGI, C. *Lineamenti della personalità di S. Ambrogio nel ricordo agostiniano* — Salesianum 37 (1975) 3—37

703 SABBATINI, T. A. *Il Deus, creator omnium di Sant'Ambrogio di Milano* — RSC 27 (1979) 22—27

704 SINISCALCO, P. *Immagini del bene e del male in Ambrogio (De Cain et Abel 1,4 s.; Expos. evang. sec. Lucam 4,7 s.) Appunti per una storia della mentalità nel IV sec. d. C. . In: Paradoxos politeia. Studi patristici in onore di Guiseppe Lazzati* (cf. 1979/80, 145) 458—474

705 SWIFT, L. J. *Iustitia and ius privatum; Ambrose on private property* — AJPh 100 (1979) 176—187

706 TORTI, GIOVANNI *Sant'Ambrogio e il privilegio paolino* — GiorFil 32 (1980) 233—243

[2734] VILLEGAS MATHIEU, B.: Specialia in Vetus Testamentum

[250] *Wortindex zu den Schriften des hl. Ambrosius:* Subsidia

707 ZELZER, M. *Linien der Traditions- und Editionsgeschichte der Ambrosianischen Briefe am Beispiel des zehnten Briefbuches und der Epistulae extra collectionem* — AOAW 117 (1980) 208—230

Pseudo-Ambrosius Mediolanensis

708 POLLASTRI, A. *Nota all'interpretazione di Matteo 13,33 / Luca 13,21 nel frammento «Incipit de tribus mensuris»* — StSR 3 (1979) 61—78

709 POLLASTRI, A. *Sul rapporto tra cristiani e giudei secondo il commento dell'Ambrosiaster ad alcuni passi paolini (Gal. 3,19 b—20; 4,4; Rom. 11,16.20. 25—26 a; 15,11)* — StSR 4 (1980) 313—327

710 STANULA, E. *Nauka Ambrozjastra o stanie pierwotnym człowieka. Studium z zakresu antropologii teologicznej (= L'enseignement d'Ambrosiaster au sujet de l'état primitif de l'homme)* — StAC 1 (1977), fasc. 2, 3—120

Ammonius Eremita

711 *[Ammonius Eremita] The letters of Ammonas, successor of Saint Antony.* Transl. by JAMES DERWAY CHITTY. Rev. and with an introd. by SEBASTIAN BROCK. Oxford: Fairacres, SLG Pr. 1979. IV, 21 pp.

Amphilochius Iconiensis

712 VOICU, S. J. *L'edizione di Anfilochio nel CChG* — AugR 19 (1979) 359—364

Andreas Cretensis

713 BICKERSTETH, J. E. *Unedited Greek homilies (acephalous, anonymous or attributed to John Chrysostom) for festivals of the Virgin Mary* − OrChrP 46 (1980) 474−480
[2546] DUȚU, C.: Mariologia
714 GERASSIM, Bischof von Branitza *Velikijat pokaen kanon na sveti Andrej Kritski (= Der große Bußkanon des hl. Andreas von Kreta)* − CarkV 7 (1979) 2

Pseudo-Andreas Cretensis

715 *[Pseudo-Andreas Cretensis] Un éloge de Jacques le frère du Seigneur par un Pseudo-André de Crète, avec une paraphrase ancienne de l'Épître catholique de saint Jacques.* − Éd., trad. et notes crit. par. J. NORET, avec la collab. de H. GASPART [Stud. et Texts 44] Toronto: Pontif. Inst. of Med. Stud. 1978. 113 pp.

Anonymus

716 WASZINK, J. H. *Musae Luciferae.* In: *Opuscula selecta* (cf. 1979/80, 179) 401−411

Apollinarius Laodicensis

[2533] *Su Cristo:* Christologia

Apophthegmata Patrum

717 *[Apophthegmata] Vaderspreuken. (Gerontikon − Anonyma − Anvullende spreuken)* [Monastieke cahiers 10−14]. Bonheiden: Priorij Bethlehem 1978−1979.
718 BĂLAN, IOANICHIE *Circulaţia Patericului în manuscrise româneşti (= Die Zirkulation des Paterikons in rumänischen Handschriften)* − BOR 97 (1979) 131−153
[1548] BIRKFELLNER, G.: Gregorius Magnus
[2575] LABOURDETTE, M.-M.: Vita christiana, monastica
[1203] LELOIR, L.: Benedictus Nursinus

Arator

719 CHATILLON, F. *Arator déclamateur antijuif, II: Les traits empoisonnés du De actibus* − RMAL 19 (1963) 197−216; 20 (1964) 185−225; 24 (1968) 9−22; 25−34 (1969−1978) 11−17; 35 (1979) 9−29

Aristides

720 HORST, P. W. VAN DER *Aelius Aristides and the New Testament*
[SCHNT 6]. Leiden: Brill 1980. IX, 115 pp.

Arius

[261] BARNARD, L. W.: Opera ad historiam
721 LONGOSZ, S. *La tradizione nella controversia ariana (a. 318—362).*
Testimonianze non atanasiane — AugR 19 (1979) 443—468
722 LORENZ, RUDOLF *Arius judaizans? Untersuchung zur dogmen-*
geschichtlichen Einordnung des Arius [FKDG 31]. Göttingen:
Vandenhoeck und Ruprecht 1980. 227 pp.
[1497] LUIBHEID, C.: Eusebius Caesariensis
723 SIMONETTI, M. *Ancora sulla datazione della Thalia di Ario* — StSR
(1980) 349—354

Arnobius Maior

724 BURKERT, W. *Von Ullikummi zum Kaukasus. Die Felsgeburt des*
Unholds. Zur Kontinuität einer mündlichen Erzählung — WJA 5
(1979) 253—261
725 GAREAU, E. *Le fondement de la vraie religion d'après Arnobe* —
CahEA 11 (1980) 13—23
726 MARCHESI, C. *Questioni Arnobiane.* In: *Scritti minori* . . . (cf.
1977/78, 136) 1247—1269
727 MARCHESI, C. *Per una nuova edizione di Arnobio.* In: *Scritti*
minori . . . (cf. 1977/78, 136) 1271—1282

Asterius Amasenus

[576] *The Ante-Nicene Fathers:* Auctores
728 DATEMA, C. *Les homélies XV et XVI d'Astérius d'Amasée* — SE 23
(1978/79) 63—94
728a MEER, F. VAN DER; BARTELINK, G. *Zestien Preken van Asterius,*
bisschop van Amaseia. Nijmegen: Dekker en Van de Vegt 1976.
270 pp.
[2419] MICLE, V.: Cultus

Athanasius Alexandrinus

729 *[Athanasius Alexandrinus] St. Athanasius, Bishop of Alexandria.*
The Resurrection Letters. Ed. by JACK N. SPARKS. Nashville:
T. Nelson 1979. 224 pp.

730 *[Athanasius Alexandrinus] Athanasius Alexandrinus. The life of Antony and the letter to Marcellinus.* Translation and introd. by ROBERT C. GREGG; pref. by WILLIAM A. CLEBSCH. London: SPCK 1980. XXI, 166 pp.

731 *[Athanasius Alexandrinus] Saint Athanase: Vie et conduite de notre père Saint Antoine.* Trad. par BENOÎT LAVAUD [Spiritualité orientale et vie monastique. Spiritualité orientale 28]. Bégrolles en Mauges: Abbaye de Bellefontaine 1979. 96 pp.

732 *[Athanasius Alexandrinus] La vie primitive de Saint Antoine conservée en syriaque.* Editée par RENÉ DRAGUET [CSCO. Script. Syri 417]. Louvain: CSCO 1980. 18, 153 pp.

733 *[Athanasius Alexandrinus] La vie primitive de Saint Antoine conservée en syriaque.* Discussion et traduction par RENÉ DRAGUET [CSCO. Script. Syri 418]. Louvain: CSCO 1980. 113, 97 pp.

734 *[Athanasius Alexandrinus] Św. Atanazy. Apologie. (= Contra Arianos, Apologia ad Constantium, Apologia de fuga).* Ins Polnische übersetzt, eingeleitet und bearbeitet von J. OŻÓG [PSP 21]. Warszawa: Akademia Teologii Katolickiej 1979. 220 pp.

[2727] ARMSTRONG, G.T.: Specialia in Vetus Testamentum

735 BARNARD, L.W. *Athanasius and the Roman State.* In: *Studies in Church history* ... (cf. 1979/80, 91) 312−328

736 BARNARD, L.W. *Two Notes on Athanasius.* In: *Studies in Church history* ... (cf. 1979/80, 91) 329−340

[2288] DIHLE, A.: Antonius Eremita

737 DORIVAL, G. *Athanase ou Pseudo-Athanase?* − RSLR 16 (1980) 80−89

[1528] EHRHARDT, C.T.H.R.: Gelasius Cyzicenus

738 HAMILTON, A. *Athanasius and the simile of the mirror* − VigChr 34 (1980) 14−18

[2318] HEDRICK, CH. W.: Pachomius

739 LEONE, L. *Un punto fondamentale di ascetica atanasiana. La vocazione divinizzante dell'uomo* − QILCL 1 (1980) 113−139

740 LONGOSZ, S. *De auctoritate traditionis apud S. Athanasium Alexandrinum (245−373).* Excerptum ex dissertatione ad doctoratum in theologia et scientiis patristiciis. Roma: Institutum Patristicum Augustianum 1979. 50 pp.

[721] LONGOSZ, S.: Arius

741 NAZZARO, A.V. *Chiare, fresche e dolci acque* − Vichiana 6 (1977) 136−138

742 SANTOS OTERO, A. DE *Die altslavische Überlieferung der Vita Antonii des Athanasius* − ZKG 40 (1979) 242−252

743 SCHNEEMELCHER, WILHELM *Das Kreuz Christi und die Dämonen. Bemerkungen zur Vita Antonii des Athanasius.* In: *Pietas. Festschrift für Bernhard Kötting* (cf. 1979/80, 149) 381−392

744 SCHNEEMELCHER, WILHELM *Der Schriftgebrauch in den „Apologien" des Athanasius.* In: *Text, Wort, Glaube* (cf. 1979/80, 171) 209–220

745 STEAD, G.C. *Athanasius' "De Incarnatione": An Edition Reviewed* – JThS 31 (1980) 378–390

746 TANDOI, V. *Sul testo della Vita Antonii di Atanasio nella più antica versione latina (note marginali a un'editizione critica recente)* – SIF 50 (1978) 161–190

747 TETZ, M. *Zur Biographie des Athanasius von Alexandrien* – ZKG 40 (1979) 304–338

748 TETZ, M. *Das kritische Wort vom Kreuz und die Christologie bei Athanasius von Alexandrien.* In: *Theologia crucis, signum crucis* (cf. 1979/80, 172) 447–465

749 VIAN, G. M. *Κήρυγμα ε κλῆσις ἐθνῶν negli scritti atanasiani.* In: *Kerygma und Logos. Beiträge zu den geistesgeschichtlichen Beziehungen zwischen Antike und Christentum. Festschrift für Carl Andresen zum 70. Geburtstag* (cf. 1979/80, 132) 449–454

750 CHRYSOSTOMOS, Metropolit von Peristerion (= ZAPHIRIS, GERASSIMOS) *Der Logos Gottes als Quelle des Lebens nach Athanasios dem Großen.* In: *Philoxenia* (cf. 1979/80, 148) 51–96

Pseudo-Athanasius Alexandrinus

751 *[Pseudo-Athanasius Alexandrinus] Pseudo-Atanasio. La trinità.* Trad., introd. e note a cura di LORENZO DATTRINO [CTP 23]. Roma: Città nuova 1980. 164 pp.

752 CAVALCANTI, E. *La tradizione manoscritta del Dialogo II pseudoatanasiano contro i Macedoniani (P.G. 28, 1329–1337) (in preparazione all'edizione critica)* – VetChr 17 (1980) 217–228

753 CAVALCANTI, E. *In preparazione all'edizione critica dei due dialoghi pseudoatanasiani contro i Macedoniani.* In: *Chiesa e società* (cf. 1979/80, 97) 135–164

[1463] HÜBNER, R.M.: Epiphanius Episcopus

[2299] NORET, J.: Hilarion

Athenagoras

[574] *The Ante-Nicene Fathers:* Auctores

[1876] *Apologeţi de limbă greacă:* Iustinus Martyr

754 BARNARD, L.W. *Athenagoras' Treatise on the Resurrection.* In: *Studies in Church history* . . . (cf. 1979/80, 91) 242–288

755 CHRISTIDIS, D. A. *Athenagoras, Legatio pro Christianis 5,2 (ὄψις ἀδήλων τά φαινόμενα)* [en grec] – EpThes 18 (1979) 553–564

756 MARCOVICH, M. *On the text of Athenagoras, De resurrectione* – VigChr 33 (1979) 375–382

757 SCHOEDEL, WILLIAM R. *In Praise of the King: A Rhetorical Pattern of Athenagoras.* In: *Disciplina nostra* (cf. 1979/80, 104) 69–93

Audoenus Rotomagensis

[305] FOURACRE, P.: Opera ad historiam

Aurelius Augustinus

758 *[Augustinus] Sancti Aureli Augustini opera. Epistolae ex duobus codicibus nuper in lucem prolatae.* Rec. J. DIVJAK [Habil.-Schr.]. Wien: 1976. LXXXIV, 218 pp.

759 *[Augustinus] Sancti Aurelii Augustini. Quaestiones evangeliorum cum appendice questionum 16 in Mattheum.* Edidit ALMUT MUTZENBECHER [CChr. Ser. Latina 44 B]. Turnhout: Brepols 1980. LXII, 178 pp.

760 *[Augustinus] The Confessions and letters of St. Augustin, with a sketch of his life and work.* Translation and ann. by J. G. PILKINGTON and J. G. CUNNINGHAM [NPNF 1; Reprint]. Grand Rapids, Mich.: Eerdman 1979. VII, 619 pp.

761 *[Augustinus] St. Augustin's City of God and Christian doctrine.* Transl. by MARCUS DODS and F. J. SHAW [NPNF 2; Reprint]. Grand Rapids, Mich.: Eerdman 1979. XVI, 621 pp.

762 *[Augustinus] St. Augustin. On the Holy Trinity.* Translation by ARTHUR WEST HADDAN, rev. and ann., with an introd. essay by WILLIAM G. T. SHEDD [NPNF 3; Reprint]. Grand Rapids, Mich.: Eerdman 1978. IV, 578 pp.

763 *[Augustinus] St. Augustin. The writings against the Manichaeans and against the Donatists.* Transl. by RICHARD STOTHERT and others [NPNF 4; Reprint]. Grand Rapids, Mich.: Eerdman 1979. 675 pp.

764 *[Augustinus] Saint Augustin. Anti-Pelagian writings.* Translation by PETER HOLMES and others [NPNF 5; Reprint]. Grand Rapids, Mich.: Eerdman 1978. LXXI, 567 pp.

765 *[Augustinus] Saint Augustin. Sermon on the mount. Harmony of the gospels. Homilies on the gospels.* Transl. by WILLIAM FINDLEY [NPNF 6; Reprint]. Grand Rapids, Mich.: 1979. XII, 574 pp.

766 *[Augustinus] Saint Augustin. Homilies on the gospel of John. Homilies on the first Epistle of John.* Transl. by JOHN GIBB and JAMES INNES [NPNF 7; Reprint]. Grand Rapids, Mich.: Eerdman 1978. 584 pp.

767 *[Augustinus] Saint Augustin. Expositions on the Book of Psalms.* Transl., with notes and indices. Ed., with brief ann., and condensed

from the 6 vol. of the Oxford transl. by A. CLEVELAND COXE [NPNF 8; Reprint). Grand Rapids, Mich.: Eerdman 1979. X, 700 pp.

768 *[Augustinus] Augustine.* Ed. DOUGLAS L. ANDERSON [Christian classics]. Nashville, Tenn.: Broadman Press 1979. 416 pp.

769 *[Augustinus] The confessions of Augustine.* Redited by JOHN GIBB and WILLIAM MONTGOMERY [Ancient philosophy 13]. New York: Garland Pub. 1980. XXV, 479 pp.

770 *[Augustinus] Augustin d'Hippone. J'espère ton royaume aujourd' hui.* Prés. et choix de textes par Soeur DOUCELINE [Fontaine vive 3]. Paris: Le Centurion 1979. 159 pp.

771 *[Augustinus] Saint Augustin. L'année liturgique.* Sermons choisis, trad. et ann. par VICTOR SAXER. [Les pères dans la foi 9]. Paris: Desclée de Brouwer 1980. 172 pp.

772 *[Augustinus] San Agostino. De Trinitate.* Introd. di A. LANDI, trad. e note di C. BORGOGNO [Coll. patrist. e del pensiero crist.]. Roma: Ed. Paoline 1977. 704 pp.

773 *[Augustinus] S. Agostino, «Lo spirito e la lettera».* Introduzione, traduzione e note a cura di S. IODICE. Napoli: Associazione di Studi Tardoantichi 1979. 192 pp.

774 *[Augustinus] Augustinus. De stad Gods. In haar begin en voortgang bevattende eene Verhandeling over Gods Kerk of de Stad Gods. Alsmede eene Verdediging der Christelijke Religie tegen de dwalingen. Op vele plaatsem met vortrefflijke historien vermengd. Nieuwe en anaar de tegenwoordige spelling verbeterde uitg. 1,2.* Dordrecht: Van de Tol; Urk: De Vuurtoren 1979.

775 *[Augustinus] Św. Augustyn. O nauce chrześcijańskiej (= De doctrina christiana).* Ins Polnische übersetzt, eingeleitet und bearbeitet von J. SULOWSKI [PSP 22]. Warszawa: Akademia Teologii Katolickiej 1979. 1–148

776 *[Augustinus] Św. Augustyn. Sprostowania (= Retractationes).* Ins Polnische übersetzt von J. SULOWSKI, Einleitung und Bearbeitung von E. STANULA [PSP 22]. Warszawa: Akademia Theologii Katolickiej 1979. 149–308

777 *[Augustinus] Św. Augustyn. Pisma egzegetyczne przeciw manichejczykom (= De Gen. contra Manichaeos, De Gen. ad litteram opus imperf., De Gen. ad litteram).* Ins Polnische übersetzt von J. SULOWSKI und eingeleitet von W. MYSZOR [PSP 25]. Warszawa: Akademia Teologii Katolickiej 1980. 399 pp.

778 *[Augustinus] San Agustín. El sermón de la montaña.* Madrid: Ed. Palabra 1976. 222 pp.

779 *[Augustinus] San Agustín. Del Maestro.* Introducción y traducción de JOSÉ RUBÉN SANABRIA – RaFMex 11 (1978) 181–202; 331–354; 447–472

780 [*Augustinus*] *Obras de San Agustín en edición bilingüe*. I: *Intro-ducción general. Vida de San Agustín, escrita por San Posidio. In-troducción a los Diálogos. Soliloquios. De la vida feliz. Del orden. Bibliografía agustiniana.* Preparado por el P. VICTORINO CAPÁNAGA. – Quinta edición [BAC 10]. Madrid: Editorial Católica 1979. XII, 756 pp.

781 [*Augustinus*] SAHELICES, PAULINO *Oraciones de san Augustín.* Puerto Rico 1980. 54 pp.

782 AGUER, HECTOR *San Agustín y los salmos* – Mikael 20 (1979) 75–90

[1] AGUIRRE, P.: Historia patrologiae

[2428] AGUIRRE, P.: Concilia, acta conciliorum, canones

783 ALAND, B. *Cogitare Deum in den Confessiones Augustins.* In: *Pie-tas. Festschrift für Bernhard Kötting* (cf. 1979/80, 149) 93–104

784 ALDAMA, J. A. DE *Una cita interesante de San Agustín en el con-cilio de Trento* – ArGran 42 (1979) 43–48

785 ALLEN, DAVID WILLIAM *The doctrine of Augustine of the resurrec-tion of the dead in the "City of God".* Ann Arbor, Mich.: University Microfilms Internat. 1979

786 ALVAREZ TURIENZO, S. *Paralelo del Contra academicos agustiniano en Michele Federico Sciacca* – GM 31 (1976) 427–462

[2] ALVAREZ TURIENZO, S.: Historia patrologiae

787 ANZ, W. *Zur Exegese von Römer 7 bei Bultmann, Luther, Augustin.* In: *Theologia crucis, signum crucis* (cf. 1979/80, 172) 1–15

[2109] ARIAS, L.: Priscillianus

788 ARMAS, GREGORIO *Visión sinóptica de la vida religiosa según san Agustín* – Augustinus 24 (1979) 205–213

[438] ARMSTRONG, A. H.: Philosophica

[441] ARMSTRONG, A. H.: Philosophica

789 ARTAMENDI, P. *Acción y contemplación. Una carta de San Agustín a los monjes de la isla de Cabrera* – Augustinus 25 (1980) 23–27

[6] ARTAMENDI, P.: Historia patrologiae

790 AVILES, MONTSERRAT *Adecuación entre el método exegético agusti-niano y la exégesis de algunas de sus obras* – Augustinus 24 (1979) 43–69

[2184] AYERS, R. H.: Tertullianus

[2525] BASEVI, C.: Christologia

791 BEER, FRANCIS DE *L'amour est Dieu. La première épitre de saint Jean selon saint Augustin en 10 sermons.* Cambrai: Les soeurs Augustines 1980. 274 pp.

792 BELCHE, JEAN-PIERRE *Die Bekehrung zum Christentum nach Augu-stins Büchlein De Catechizandis Rudibus* – Augustiniana 29 (1979) 247–279

793 BENGOA, J. M. *Cristo hombre y la interioridad agustiniana en las Confesiones* — Mayeútica 5 (1979) 247–266

794 BENTLEY–TAYLOR, DAVID *Augustine. Wayward genius*. London: Hodder and Stoughton 1980. 272 pp.

795 BERTON EWBANK, MICHAEL *Algunas consideraciones sobre « ratio » y « voluntas » en el pensamiento de San Agustín* — CD 192 (1979) 35–56 (cf. 840)

796 BOEFT, J. DEN *Some etymologies in Augustin's De civitate Dei X* — VigChr 33 (1979) 242–259

797 BØRRESEN, KARI ELISABETH *Nature e ruolo della donna in Agostino e Tommaso d'Aquino*. Trad. di E. LILIANA LANZARINI. Assisi: Citadella Ed. 1979. 327 pp.

798 BONNIN AGUILO, FRANCISCO *San Agustín y la felicidad imperfecta* — Augustinus 24 (1979) 71–91

799 BOOTH, EDWARD *Hegel's Conception of Self-Knowledge Seen in Conjunction with Augustine's* — Augustiniana 30 (1980) 221–250

800 BOOTH, EDWARD *St. Augustine's "notitia sui" Related to Aristotle and the Early Neo-Platonists* — Augustiniana 29 (1979) 97–124

801 BOUCHARD, GUY *La conception augustinienne du signe selon Tzvetan Todorov* — RechAug 15 (1980) 305–346

802 BOUHOT, JEAN PAUL *Alcuin et le « De catechizandis rudibus » de saint Augustin* — RechAug 15 (1980) 176–240

803 BOURKE, VERNON J. *Joy in Augustine's Ethics* [Saint Augustine Lectures 1978]. Villanova, Pa.: Villanova University 1979. 124 pp.

804 BRASA DIEZ, MARIANO *El lenguaje en el « De ordine » de san Agustín* — Augustinus 24 (1979) 115–131

805 BREZZI, P. *Quomodo maris interni regiones a Romanis in unitatem redactae principium verae universalis Christi anaeque pacis secundum Sancti Augustini Hipponensis scripta constituerint*. In: *Africa et Roma. Acta omnium gentium ac nationum Conventus Latinis litteraris linguaeque fovendis, Leopold Senghor dicatum* (cf. 1979/80, 80) 253–258

806 BREZZI, P. *Riflessioni sulla genesi del De civitate Dei di Sant'Agostino*. In: *Perennitas. Studi in onore di Angelo Brelich* (cf. 1979/80, 147) 77–94

[2757] BUCHER, T. G.: Specialia in Novum Testamentum

807 BURNS, JAMES PATOUT jr. *The developpement of Augustine's doctrine of operative grace*. Paris: Études Augustiniennes 1980. 190 pp.

808 BURNS, J. PATOUT *Augustine's Role in the Imperial Action against Pelagius* — JThS 30 (1979) 67–83

809 BYČKOV, V. V. *Les traditions antiques dans l'esthétique du jeune Augustin* [en russe]. In: *La trad. dans l'hist. de la culture*. Moskva: Nauka (1978) 85–104

810 CAMINO LAMELAS, A. *La comunidad de Casiciaco: su evolución
     ideológica* — RAgEsp 21 (1980) 189—228

811 CAMPENHAUSEN, H. VON *Augustin als Kind und Überwinder seiner
     Zeit.* In: *Urchristliches und Altkirchliches* (cf. 1979/80, 96) 334—
     352

812 CAMPO DEL POZO, FERNANDO *El agustinismo político en España
     durante la Edad Media* — Augustinus 25 (1980) 181—207

[1873] CAMPOS, J.: Iulianus Toletanus

813 CANCIK, H. *Der Eingang in die Unterwelt. Ein religionswissen-
     schaftlicher Versuch zu Vergil, Aeneis 6, (236—272)* — AU 23,2
     (1980) 55—69

[2565] CANCIK, H.: Vita christiana, monastica

814 CAPÁNAGA, VICTORINO *La Iglesia «Misterio de paciencia» según
     San Agustín* — RC 25 (1979) 141—154

815 CAPÁNAGA, VICTORINO *El proceso del hombre interior, según San
     Agustín* — Mayeutica 5 (1979) 301—306

816 CAPÁNAGA, VICTORINO *San Agustín y la España interior* — Augusti-
     nus 25 (1980) 317—340

817 CAPÁNAGA, VICTORINO *San Agustín en la literatura vasca* — Augu-
     stinus 25 (1980) 299—308

818 CAPÁNAGA, VICTORINO *San Agustín y el Epistolario de Albaro de
     Córdoba* — Augustinus 25 (1980) 123—128

[40] CAPÁNAGA, V.; OROZ RETA, J.: Bibliographica

[450] CAPÁNAGA, V.: Philosophica

[451] CASADO, F.: Philosophica

819 *Catalogus verborum quae in operibus Sancti Augustini inveniuntur,
     II: Enarrationes in Psalmos 1—50 (CChr 38).* Hrsg. v. L. VERHEI-
     JEN. Eindhoven: Thesaurus linguae Augustinianae 1978. 236 pp.

820 *Catalogus verborum quae in operibus Sancti Augustini inveniuntur,
     III: Enarrationes in Psalmos 51—100 (CChr 39).* Vorwort von
     L. VERHEIJEN und M. SCHRAMA. Eindhoven: Thesaurus linguae
     Augustinianae 1980. 315 pp.

821 CERIOTTI, G. C. *Il sacerdozio in S. Agostino, I* — Renovatio 14
     (1979) 205—220

822 CHRISTES, J. *Christliche und heidnisch-römische Gerechtigkeit in
     Augustins Werk De civitate Dei* — RhM 123 (1980) 163—177

823 CICCARESE, M. P. *Ancora sulla tradizione manoscritta del «Contra
     adversarium legis et prophetarum» di Agostino* — StSR 4 (1980)
     115—121

824 CILLERUELO, LOPE *La mística de la «Memoria Dei» en San Agus-
     tín* — EAg 14 (1979) 413—448

825 CILLERUELO, LOPE *El espíritu de san Agustín en los orígenes del
     monacato español* — Augustinus 25 (1980) 137—155

[2567] CILLERUELO, L.: Vita christiana, monastica

826 CONGAR, Y. *Saint Augustin et le traité scolastique De gratia Capitis* — AugR 20 (1980) 79—93

827 DASSMANN, ERNST *Esperanza cristiana en un mundo decadente (El ejemplo de S. Agustín: un hombre entre dos épocas)* — RAgEsp 20 (1979) 331—347

[500] DEKKERS, E.; HOSTE, A.: Palaeographica atque manuscripta

828 DESCH, W. *Aufbau und Gliederung von Augustins Schrift «De vera religione»* — VigChr 34 (1980) 263—277

829 DÍAZ Y DÍAZ, M. C. *Agustín entre los mozárabes: un testimonio* — Augustinus 25 (1980) 157—180

830 DOIGNON, J. *Points litigieux dans la tradition du texte du De ordine (livre II) de saint Augustin* — REA 25 (1979) 230—244

831 DOIGNON, J. *Un adage du «De finibus» de Cicéron passé inaperçu dans le «Contra Iulianum» d'Augustin* — WSt N.F. 14 (1980) 152—157

[502] DOTTI, G.: Palaeographica atque Manuscripta

832 DOULL, J. A. *Augustinian trinitarianism and existential theology* — Dionysius 3 (1979) 111—159

833 EBOROWICZ, W. *Święty Augustyn doktor łaski (= Augustin — docteur de grâce)* — AtKap 71/92 (1979) 430—438

834 EBOROWICZ, W. *Biskupie refleksje Augustyna z Hippony nad sobą i swą paterską posługą (= Die bischöflichen Überlegungen des Augustinus von Hippo über sich selbst und seine Seelsorge)* — StPel 14 (1979) 91—107

835 EBOROWICZ, W. *Pielgrzymki w ocenie św. Augustyna (= Comment St. Augustin a-t-il apprecié les pélèrinages?)* — StPel 11 (1980) 89—95

836 EBOROWICZ, W. *Funkcja modlitwy w homiliach św. Augustyna (= Le rôle de la prière dans les homilies de St. Augustin)* — StPel 11 (1980) 97—100

837 ELIA, S. D'. *Storia e teologia della storia nel De civitate Dei.* In: *La storiografia ecclesiastica nella tarda antichità. Atti del Convegno tenuto in Erice (3—8 XII 1978)* (cf. 1979/80, 160) 391—481

838 ESCOBAR, NORBERTO *Consecuencias de la santidad de la Iglesia según san Agustín* — Augustinus 24 (1979) 133—155

839 ÉTAIX, R. *Sermon inédit de saint Augustin sur la circoncision dans un ancien manuscrit de Saragosse* — REA 26 (1980) 62—87

840 EWBANK, M. B. *Algunas consideraciones sobre ratio y voluntas en el pensamiento de San Agustin* — La Ciudad de Dios 192 (1979) 35—56

[2517] FAHEY, M.: Trinitas

841 FELDMANN, E. *Christus-Frömmigkeit der Mani-Jünger. Der suchende Student Augustinus in ihrem Netz.* In: *Pietas. Festschrift für Bernhard Kötting* (cf. 1979/80, 149) 198—216

842 FERRARI, LEO C. *The Gustatory Augustin* – Augustiniana 29 (1979) 304–315

843 FERRARI LEO C. *The arboral polarisation in Augustine's Confession* – REA 25 (1979) 35–46

844 FERRARI, LEO C. *From pagan literature to the pages of the Holy Scriptures: Augustine's Confessions as exemplary propaedeutic.* In: *Kerygma und Logos. Festschrift für Carl Andresen zum 70. Geburtstag* (cf. 1979/80, 132) 173–182

845 FEUILLET, A. *Loi de Dieu, loi du Christ et loi d'Esprit d'après les Épitres pauliniennes. Les rapports de ces trois lois avec la Loi mosaïque* – NovTest 22 (1980) 29–65

846 FLASCH, K. *Augustin, Einführung in sein Denken* (Universal-Bibl. Nr. 9962). Stuttgart: Reclam 1980. 487 pp.

[1859] FLOREZ, R.: Isidorus Hispalensis

847 FOLGADO FLOREZ, S. *Función salvífica de la Virgen en la predicación de San Agustín (Sermo Denis, 25)* – EphMariol 30 (1980) 167–197

[2550] FOLGADO FLOREZ, S.: Mariologia

848 FORTIN, E. L. *Augustine and Roman civil religion. Some critical reflections* – REA 26 (1980) 238–256

849 FREDRIKSEN, P. L. *Augustine's early interpretation of Paul* [Diss.] Princeton: Univ. 1979. 427 pp.

850 FREIRE, J. G. *Guia de história da língua latina, II: A cultura clássica e a linguagem cristã em San Agostinho.* Coimbra: 1978. 136 pp.

851 GADŽIKURBANOV, A. A. *Augustin et le scepticisme académique* [en russe]. In: *Pages d'histoire de la culture ouest-européenne* [en russe]. Moskva: Univ. (1979) 53–66

852 GALVÃO, HENRIQUE DE NORONHA *Concepção ekonomica e theologica do Deus Trinidade nas Confissões de Santo Agostinho* – Didaskalia 10 (1980) 189–205

[456] GARCÍA FERNÁNDEZ, A.: Philosophica

853 GARCÍA MONTAÑO, GONZALO *Doctrina agustiniana de la oración. Palabras y silencios* – Augustinus 24 (1979) 157–203

854 GARCÍA MONTAÑO, GONZALO *Doctrina agustiniana de la oración. Naturaleza de la eficacia* – Augustinus 24 (1979) 289–319

855 GARNCEV, M. A. *Le problème de l'autoconscience chez Descartes et Augustin. Essai de caractéristique comparée* [en russe]. In: *Homme, conscience, conception du monde. Pages d'hist. de la philos. étrangère.* Moskva: Univ. (1979) 11–23

856 GARRIDO SANZ, A. *Realismo y simbolismo eucarístico-agustiniano (Comentario al c. VI de S. Juan: In Johann. Evang. Tractatus 25–27)* – EAg 14 (1979) 521–540

[457] GAVILANES, J. V.: Philosophica

[474] GEERLINGS, W.: Philologia patristica
[475] GEERLINGS, W.: Philologia patristica
857 GEGENSCHATZ, E. *Ein Collegium logicum in Augustins Schrift De quantitate animae.* In: *Erbe, das nicht veraltet* (cf. 1979/80, 107) 62–96
858 GENOVES, A.; VICARIO, C. *La interioridad fuente del método de pensamiento agustiniano* – Mayeútica 5 (1979) 307–314
859 GERSH, S. *Omnipresence in Eriugena. Some reflections on Augustino-Maximinian elements in Peri physeon.* In: *Eriugena. Studien zu seinen Quellen. Vorträge des III. Internationalen Eriugena-Colloquiums Freiburg im Breisgau 27.–30. August 1979* (cf. 1979/80, 108) 55–74
860 GESSEL, WILHELM *Reform von Märtyrerkult und Totengedächtnis. Die Bemühungen des Presbyters Augustinus gegen die «laetitia» und «parentalia» vom Jahre 395.* In: *Reformatio ecclesiae* (cf. 1979/80, 154) 61–76
861 GIJÓN, C. C. *El concepto Augustiniano de la historia y su expresión por los primeros historiadores Hispanos correspondientes a los siglos V, VI y primera metad del VII* [Diss. Univ. of Texas]. Austin: 1979. 278 pp.
862 GIOVANNI, A. DI *Verità, parola, immortalità in sant'Agostino.* Palermo: Palumbo 1979. 268 pp.
863 GLIŚCIŃSKI, JAN *Doctrina de communicatione interpersonali eiusque applicationes in arte catechizandi «rudes» apud Sanctum Augustinum.* Rom: Pontificia Studiorum Universitas Salesiana 1979. 80 pp.
864 GONÇALVES, JOAQUIM CERQUÉIRA *Pedagogia e Linguagem na Obra de Santo Agostinho* – Euphrosyne 9 (1978/79) 187–191
865 GORMAN, M. M. *Chapter headings for Saint Augustine's De genesi ad litteram* – REA 26 (1980) 88–104
866 GORMAN, M. M. *The oldest manuscripts of Saint Augustine's De genesi ad litteram* – RBen 90 (1980) 7–49
867 GROSSI, V. *La crisi antropologica nel monastero di Adrumeto* – Augustinianum 19 (1979) 103–133
868 GROSSI, V. *L'antropologia cristiana negli scritti di Agostino* – StSR 4 (1980) 89–113
869 GROSSI, V. *Il contesto battesimale dell «oratio dominica» nei commenti di Tertulliano, Cipriano, Agostino* – AugR 20 (1980) 205–220
[605] GRYSON, R.: Auctores
[47] GUERRI CONDE, E.: Bibliographica
870 HAAS, ALOIS M. *Streiflichter auf die Struktur der Bekehrung im Geiste Augustins.* In: *Unterwegs zur Einheit* (cf. 1979/80, 176) 225–240

871 HADOT, PIERRE *La présentation du platonisme par Augustin*. In:
      Kerygma und Logos. Festschrift für Carl Andresen zum 70. Ge-
      burtstag (cf. 1979/80, 132) 272–279

872 HÄRING, HERMANN *Die Macht des Bösen: das Erbe Augustins*
      [Ökumenische Theologie 3]. Gütersloh: Gütersloher Verlagshaus
      Mohn 1979. 345 pp.

873 HAMEL, ADOLF *Der junge Luther und Augustin* [Nachdruck der
      Ausgabe 1934/35]. Hildesheim: Olms 1980. 533 pp.

874 HANKEY, W. *The place of the psychological image of the Trinity in*
      the arguments of Augustine's de Trinitate, Anselm's Monologion,
      and Aquinas' Summa Theologiae – Dionysius 3 (1979) 99–110

875 HERRERA, M. T.; OROZ RETA, J. *Presencia de san Agustín en Sala-*
      manca – Augustinus 25 (1980) 373–393

876 HESBERT, RENÉ-JEAN *Saint Augustin, maître de de Bossuet*. Paris:
      Nouvelles Ed. Latines 1980. 207 pp.

877 HILARY, C. R. *The "confessio" tradition from Augustine to Chau-*
      cer [Diss. Univ. of California]. Berkeley: 1979. 354 pp.

878 HORN, H. J. *Lügt die Kunst? Ein kunsttheoretischer Gedankengang*
      des Augustinus – JAC 22 (1979) 50–60

879 KLOSE, TH. *Quaerere deum. Suche nach Gott und Veständnis Got-*
      tes in den Bekenntnissen Augustins – ThPh 54 (1979) 183–218

880 KÖRNER, F. *Das Sein und der Mensch. Die existentielle Seinsent-*
      deckung des jungen Augustin; Grundlagen zur Erhellung seiner
      Ontologie [Symposion 5]. Freiburg: Alber 1979. XXVI, 275 pp.

881 KOTULA, T. *Civitas Dei i civitas terrena w społeczeństwie północ-*
      no-afrykańskim doby św. Augustyna (= La Cité de Dieu et la Cité
      terrestre dans la société nord-africaine du temps de saint Augustin).
      In: *Miscellanea patristica in memoriam Joannis Czuj* (cf. 1979/80,
      143) 137–162

882 KOWALCZYK, B. *Bóg jako Najwyższe Dobro według św. Augustyna*
      (= Dieu et tant que Bien Suprême selon Saint Augustin), In: *Z filo-*
      zofii św. Augustyna i św. Bonawentury [Opera Philosophorum Me-
      dii Aevi. Textus et Studia 3]. Warszawa: Akademia Teologii Kato-
      lickiej (1980) 31–171

883 KOWALCZYK, S. *Koncepcja człowieka u św. Augustyna (La concep-*
      tion de l'homme chez St. Augustin) – Studia Sandomierskie 1
      (1980) 289–301

884 KURZ, R. *Die handschriftliche Überlieferung der Werke des hl.*
      Augustinus, V,II: Bundesrepublik Deutschland und Westberlin.
      Verzeichnis nach Bibliotheken. Unter Mitarbeit von W. JOBST und
      E. ROTH [SAW 150]. Wien: Verlag der österr. Akad. der Wiss.
      1979. 636 pp.

885 LA BONNARDIÈRE, ANNE-MARIE *Recherches sur les grandes « Enar-*
      rationes in Psalmos » dictées d'Augustin – AEHESR 87 (1978/79)
      319–324

886 LA BONNARDIÈRE, A.-M. *La prédication de saint Augustin sur les Psaumes à Carthage* — AEHESR 88 (1979–80) 359–366; 89 (1980–81) 461–467

887 LA CROIX, R. R. *Augustine on the simplicity of God* — NS 51 (1977) 453–469

[460] LANCHAS, J. F.: Philosophica

888 LANGA, PEDRO *San Agustín y la condición sexual escatológica de la mujer* — RC 25 (1979) 9–39

889 LANGA, PEDRO *Equilibrio agustiniano entre matrimonio y virginidad* — RAgEsp 21 (1980) 73–134

890 LANGA, PEDRO *La fórmula agustiniana «Proles, Fides, Sacramentum»* — RC 26 (1980) 357–388

[15] LANGA, P.: Historia patrologiae

891 LANGAN, JOHN P. *Augustine on the Unity and the Interconnection of the Virtues* — HThR 72 (1979) 81–95

892 LAWLESS, G. P. *Interior peace in the Confessions of St. Augustine* — REA 26 (1980) 45–61

893 LEE, BO MIN *Mendacium officiosum. Een beoordeling van de zgn. "Noodleugen", met speciale aandacht voor Augustinus' opvattingen* (With Engl. summary). Groningen: De Vuurbaak 1979. 179 pp.

894 LEITE, CILIA COELHO PEREIRA *Diálogos que não envelhecem* — RaUSPaulo 50 (1979) 75–88

895 LERENA, JESUS *Las Enarrationes in psalmos. Criterios agustinianos de interpretación* — Augustinus 24 (1979) 3–22

[2349] LERENA, J.: Liturgica

896 LINAGE CONDE, ANTONIO *Presencia de san Agustín en los autores españoles de reglas monásticas* — Augustinus 25 (1980) 129–135

897 LOF, L. VAN DER *Die Autorität des Apostels Paulus nach Augustin* — Augustiana 30 (1980) 10–28

898 LOI, V. *Il De civitate Dei e la coscienza storiografica di Sant'Agostino.* In: *La storiografia ecclesiastica nella tarda antichità. Atti del Convegno tenuto in Erice (3–8 XII 1978)* (cf. 1979/80, 160) 483–503

899 LUDOVICI, E. S. *Dio e mondo. Relazione, causa, spazio in S. Agostino.* Roma: Ed. Studium 1979. 361 pp.

900 LUIS VIZCAINO, P. DE *La Sagrada Escritura como «Testamento» de Dios en la obra antidonatista de S. Agustín* — EAg 15 (1980) 3–38

901 LUISELLI, B. *La Laus cerei agostiniana.* In: *Studi di poesia latina in onore di Antonio Traglia* (cf. 1979/80, 161) 951–958

902 MACAJONE, A. *Experiencia contemplativa agustiniana* — Mayéutica 5 (1979) 281–290

903 MACCAGNOLO, E. *Sant'Agostino e la vera religione* — StPat 25 (1978) 505–521

904 MADEC, GOULVEN *Le dossier augustinien du Periphyseon de Jean
     Scot (Livres I–II)* – RechAug 15 (1980) 241–264
905 MADEC, G. *Observations sur le dossier augustinien du Peri phy-
     seon.* In: *Eriugena. Studien zu seinen Quellen Vorträge des III.
     Internationalen Eriugena-Colloquiums Freiburg im Breisgau, 27.–
     30. August 1979* (cf. 1979/80, 108) 75–84
906 MAGASS, W. *Die Kritik der Künste in den Confessiones des Augu-
     stin* – Kairos 22 (1980) 122–128
907 MAGASS, W. *Claritas versus obscuritas. Semiotische Bemerkungen
     zum Wechsel der Zeicheninventare in den Confessiones des Augu-
     stin* – LingBibl 48 (1980) 7–18
908 MALLARD, WILLIAM *The incarnation in Augustine's conversion* –
     RechAug 15 (1980) 80–98
909 MANRIQUE, ANDRES; SALAS, ANTONIO *Evangelio y comunidad.
     Raíces bíblicas de la consagración a Dios en San Agustín.* Madrid:
     Ediciones Biblia y Fe 1978. 254 pp.
910 MARA, M. G. *Agostino di Ippona. Massa peccatorum, massa sanc-
     torum* – StSR 4 (1980) 77–87
911 MARIN, M. *La tabluae matrimoniales in S. Agostino* – SG 29
     (1976) 307–321
912 MARIN, M. *Autocitazioni agostiniane; in merito ad alcune presunte
     allusioni a precedenti predicazioni* – VetChr 17 (1980) 361–369
913 MARIN, M. *Irrisio. Note di lettura agostiniana* – VetChr 17 (1980)
     370–380
[2106] MARIN, M.: Possidius
914 MARINI, ANGELO *La partecipazione dei fedeli alla messa negli
     scritti di S. Agostino* – EL 93 (1979) 3–37
915 MARTÍNEZ CUESTA, ANGEL *San Agustín, monje y padre de mon-
     jes* – Mayeútica 6 (1980) 5–44
916 MASINO, VICTOR *San Agustín y Liciniano de Cartagena* – Augusti-
     nus 25 (1980) 83–87
917 MASTANDREA, P. *Il Dossier Longiniano nell'epistulario di sant'
     Agostino (epist. 233–235)* – StPat 25 (1978) 523–540
918 MATTIOLI, U. *Macrina e Monica. Temi del βίος cristiano in due
     vite di donna del IV secolo.* In: *In verbis verum amare. Miscellanea
     dell'Istituto di Filologia latina e medioevale dell'Università di
     Bologna* (cf. 1979/80, 130) 165–203
919 MAYER, CORNELIUS *Erfahrung und Rechenschaft in Augustins
     Confessiones* – Augustiniana 29 (1979) 125–140
920 MEIJERING, EGINHARD PETER *Augustin über Schöpfung, Ewigkeit
     und Zeit: Das 11. Buch der Bekenntnisse* [PhP 4]. Leiden: Brill
     1979. X, 127 pp.
921 MENOSA, VICTORIANO *San Augustín y Olimpio, obispo de Barce-
     lona* – Augustinus 25 (1980) 17–21

[61] MIELGO, C.: Bibliographica

922 MILES, MARGARET RUTH *Augustine on the body* [American Academy of Religion. Dissertation series 31]. Missoula, Mont.: Scholars Press 1979. VI, 184 pp.

923 MOLINA PRIETO, ANDRÉS *Presencia de San Agustín en el Magisterio del Papa Pablo VI* — RC 25 (1979) 333—361

924 MOLINA PRIETO, ANDRES *Las citas agustinianas en la redacción definitiva del tratado avilista «Audi, filia»* — RC 26 (1980) 763—787

[461] MOREAU, J.: Philosophica

925 MORIONES, FRANCISCO *San Agustín y Consencio. Carta de san Agustín a Consencio sobre la razón y la revelación* — Augustinus 25 (1980) 29—50

926 MORRISON, K. F. *From form into form. Mimesis and personality in Augustine's historical thought* — ProcAmPhS 124 (1980) 276—294

927 MUNDLE, ILSEMARIE *Augustinus und Aristoteles und ihr Einfluß auf die Einschätzung der Frau in Antike und Christentum* — JAC 22 (1979) 61—69

928 MUÑOZ ALONSO, ADOLFO *El hombre en el pensamiento de Agustín y Tomás de Aquino*. In: *Tommaso d'Aquino nel suo settimo centenario. Atti del Congresso Internazionale (Roma—Napoli, 17—24 aprile 1974). Vol. VII: L'uomo 1* (Napoli: Edizioni Domenicane Italiane 1978. 483 pp.) 304—316

929 MUTZENBECHER, A. *Über die Zuschreibung der von den Maurinern so benannten Quaestiones xvii in evangelium secundum Matthaeum an Augustin* — SE 23 (1978/79) 95—122

[2385] NAGEL, E.: Missa, sacramenta, sacramentalia

930 NAVARRO, MILAGROS *Presencia de san Agustín en Zaragoza* — Augustinus 25 (1980) 403—414

931 NOWACKI, K. *Refleksje o moralnym modelu państwa i władzy w nauce Augustyna z Hippony (= Reflexions sur le modèle moral de l'état et du souverain dans l'enseignement d'Augustin de Hippone)* — AUW 485, t. 13 (1980) 133—148

932 O'BRIEN, FRANCES *Sancti Aurelii Augustini sermo «De patientia»*. A critical text and translation with introd. and critical comm. . Ann Arbor, Mich.: Univ. Microfilms Internat. 1980

933 O'CONNELL, R. J. *Art and the Christian Intelligence in the Works of St. Augustine*. Oxford: Blackwell 1979. 200 pp.

933a O'CONNELL R. J. *Pre-existence in the early Augustine* — REA 26 (1980) 176—188

934 O'DONAGHUE, N. D. *Freedom in the City of God* — Prudentia 11 (1979) 27—32

935 O'DONNELL, JAMES J. *Augustine, Confessiones 10.1.1–10.4.6.* –
     Augustiniana 29 (1979) 280–303
936 O'DONNELL, JAMES J. *Augustine's Classical Readings* – RechAug
     15 (1980) 144–175
937 O'DONOVAN, OLIVER *The problem of self-love in St. Augustine.*
     New Haven, London: Yale University Press 1980. VIII, 221 pp.
938 O'MEARA, JOHN JOSEPH *The creation of man in St. Augustine's De
     genesi ad litteram.* Villanova, Pa.: University Press 1980. 91 pp.
939 O'MEARA, JOHN JOSEPH *The young Augustine: an introduction to
     the Confessions of St. Augustine.* London, New York: Longman
     1980. X, 214 pp.
940 O'MEARA, J. J. *Magnorum virorum quendam consensum velimus
     machinari (804 B). Eriugenas use of Augustine's De Genesi ad lit-
     teram in the Peri physeon.* In: *Eriugena. Studien zu seinen Quellen.
     Vorträge des III. Internationalen Eriugena-Colloquiums Freiburg
     im Breisgau, 27.–30. August 1979* (cf. 1979/80, 108) 105–116
[630] OPELT, I.: Auctores
941 OROZ RETA, J. *Presencia agustiniana en España* – Augustinus 25
     (1980) 9–16
942 OROZ RETA, J. *Huellas agustinianas en dos predicadores del siglo
     XVI. Diego de Estella y Francisco Terrones del Caño* – Augustinus
     25 (1980) 261–280
943 OROZ RETA, JOSÉ *Presencia de san Agustín en Suárez. Frecuencia
     de las cita agustinianas* – Augustinus 25 (1980) 289–297
[23] OROZ RETA, J.: Historia patrologiae
[62] OROZ RETA, J.: Bibliographica
[481] OROZ RETA, J.: Philologia patristica
944 PEGUEROLES, JUAN *Participación y conocimiento de Dios, en la pre-
     dicación de San Agustín* – Espíritu 28 (1979) 5–26
945 PEGUEROLES, JUAN *Amor Dei. La doble naturaleza del amor en la
     predicación de San Agustín* – Espíritu 28 (1979) 101–134
946 PEGUEROLES, JUAN *Lineas fundamentales de la filosofía de San
     Agustín* – Pensamiento 35 (1979) 75–84
947 PEGUEROLES, JUAN, *S. Augustín y el ateísmo moderno* – Espíritu 29
     (1980) 5–18
948 PELLEGRINO, M. *Fede e morale nella visione politica di S. Agostino*
     – StPat 25 (1978) 493–503
949 PERLER, OTHMAR *Contremui amore et horrore. Augustinus, Con-
     fessiones VII 10,16.* In: *Unterwegs zur Einheit* (cf. 1979/80, 176)
     241–252
950 PFLIGERSDORFFER, G. *Aus dem politischen Gedankengut der
     Antike.* In: *Festschrift Hans Lechner. Stimmen zur Zeit.* Salzburg:
     Pustet (1978) 179–195

951 PHIPPS, WILLIAM E. *Influential Theologians on Wo/Man* [The Ancient World]. London: University Press of America 1980.

952 PIESZCZOCH, S. *Chrześcijańska wizja dziejów człowieka i świata u św. Augustyna (= Conception chrétienne de l'homme et du monde chez Augustin)* — AtKap 71/93 (1979) 73−82

953 PINCHERLE, ALBERTO *Vita di Sant'Agostino* [Collezione storica]. Bari: Laterza 1980. XII, 460 pp.

[1846] PINCHERLE, A.: Irenaeus

954 PIZZANI, U. *Schema agostiniano e schema varroniano della disciplina grammaticale.* In: *Umanesimo e Rinascimento. Studi offerti a Paul Oskar Kristeller* (cf. 1979/80, 175) 397−411

955 POQUE, S. *Le Christ iurisperitus et la procédure per rescriptum dans la prédication d'Augustin d'Hippone* — RHDFE 57 (1979) 331−344

[66] PRATS, J.: Bibliographica

956 PUŠKARIĆ, D. *La Chiesa e il mistero trinitario nella predicazione di S. Agostino* — AugR 19 (1979) 487−506

957 RATZINGER, J. *Popolo e casa di Dio in sant'Agostino* [Già e non ancora 36]. Milano: Jaca Book 1978. 350 pp.

[234] *Règles monastiques . . .*: Subsidia

958 REMY, G. *Le christ médiateur dans l'œuvre de saint Augustin.* Paris: Champion 1979. 1110 pp.

[702] RIGGI, C.: Ambrosius

959 RIVERA DE VENTOSA, ENRIQUE *Presencia de san Agustín en fray Juan de los Angeles* — Augustinus 25 (1980) 209−225

960 ROBLES, LAUREANO *San Agustín y la cuestión priscilianista sobre el origen del alma. Correspondencia con autores españoles* — Augustinus 25 (1980) 51−69

961 RODRÍGUEZ, ENRIQUE *El recogimiento de «lo exterior» como primer paso de la oración agustiniana* — Mayeútica 5 (1979) 291−298

962 RODRIGUEZ, LEANDRO *Manuscritos de las obras de san Agustín* — EAg 14 (1979) 377−380

963 ROVIRA MARTINEZ, JOSÉ MARIA *Influencia del pensamiento de san Agustín en la filosofía catalana actual* — Augustinus 25 (1980) 415−419

964 SALVATORE, ANTONIO *Il motivo dell'eros nella spiritualità e nel linguaggio di S. Agostino.* Salerno: Palladio 1976. 156 pp.

965 *San Agustín en la predicación española* — Augustinus 25 (1980) 341−351

[395] SAXER, V.: Opera ad historiam

966 SCHINDLER, A. *Die Unterscheidung von Schisma und Häresie in Gesetzgebung und Polemik gegen den Donatismus (mit einer Bemerkung zur Datierung von Augustins Schrift: Contra epistulam*

Parmeniani). In: *Pietas. Festschrift für Bernhard Kötting* (cf. 1979/
80, 149) 228–236

[639] SCHINDLER, A.: Auctores

967 SCHOBINGER, J. P. *La portée historique des théories de la lecture.
Réflexions à la lumière du «De doctrina christiana» de saint
Augustin* – RThPh 112 (1980) 43–56

968 SCHOTTLAENDER, R. *Augustins moraltheologische Katastrophen-
deutung als Geschichtsfaktor* – Klio 60 (1978) 383–388

969 SMITH, WARREN THOMAS *Augustine, his life and thought.* Atlanta:
John Knox Press 1980. XIV, 190 pp.

970 SOBREVILLA, DAVID *La estética agustiniana* – Logos 7 (1979)
7–51

971 SOMMER, M. *Zur Formierung der Autobiographie aus Selbstvertei-
digung und Selbstsuche (Stoa und Augustinus).* In: *Identität* (cf.
1979/80, 128) 699–702

972 STARK, J. C. *A study of the will in the early works of Augustine*
[Diss. New School for Soc. Research]. New York: 1979. 338 pp.

973 STENGERS, JEAN *Saint Augustin et l'inerrance biblique.* In: *Christianisme d'hier . . .* (cf. 1979/80, 98) 27–40

974 STIGLMAYR, EMMERICH *Der Wissenschaftsbegriff in der christlichen Philosophie. 1.: Augustinus. Verpflichtung zur Wahrheit*
[Studia culturalia 4]. Wien: Elisabeth Stiglmayr 1979.

975 STOCK, B. *In search of Eriugena's Augustine.* In: *Eriugena. Studien
zu seinen Quellen. Vorträge des III. Internationalen Eriugena-
Colloquiums Freiburg im Breisgau 27.–30. August 1979* (cf.
1979/80, 108) 85–104

976 STORONI, A. MARINA PIAZZA *El concepto de «ratio» en las obras
de San Agustín* – Augustinus 24 (1979) 231–288

977 STUDER, B. *Zur Christologie Augustins* – AugR 19 (1979) 539–546

978 STUDER, BASIL *Le Christ, notre Justice, selon saint Augustin* –
RechAug 15 (1980) 99–143

979 STUDER, B. *Das Opfer Christi nach Augustinus De civitate Dei x,
5–6.* In: *Lex orandi, lex credendi. Miscellanea in onore di Cipriano
Vagaggini* (cf. 1979/80, 135) 93–107

[1459] TARDIEU, M.: Ephraem Syrus

[243] *Temario de estudios . . .:* Subsidia

980 THRAEDE, K. *Augustin-Texte aus dem Themenkreis Frau, Gesellschaft und Gleichheit, I* – JAC 22 (1979) 70–97

981 THRAEDE, K. *Christliche Romideologie und theologische Romkritik
in Augustins De civitate Dei.* In: *Verpflichtung der Antike* (cf.
1979/80, 178) 117–159

[1519] TIBILETTI, C.: Faustus Reiensis

982 TORTI, G. *La stabilità del vincolo nuziale in Sant'Agostino e in San
Tommaso* [Univ. degli Studi di Parma, Ist. di Lingua e Lett. lat. 4].
Firenze: La Nuova Italia 1979. 104pp.

983 TRAINA, A. *Seneca e Agostino (un problema aperto)* — RCCM 19 (1977) 751—767

984 TRAPÈ, A. *Tradux peccati. A proposito di un libro recente* — AugR 19 (1979) 531—538

985 UGARTE, JUAN IGNACIO *Ascesis y conversión de vida: Cómo entenderlos hoy desde San Agustín* — RTLim 14 (1980) 67—78

[1346] *L'unité de l'Église . . .*: Cyprianus Carthaginiensis

986 VALGIGLIO, E. *L'ansia di verità su sfondo autobiografico, centro unitario delle Confessioni di S. Agostino* — Renovatio 15 (1980) 620—630

987 VERHEIJEN, L. *Nouvelle approche de la Règle de saint Augustin* [Vie monastique 8]. Abbaye de Bellefontaine 1980. 419 pp.

988 VERHEIJEN, LUC *Saint Augustine's monasticism in the light of acts 4. 32—35.* [The Saint Augustine lecture 1975]. Villanova: Univ. Press 1979. 100 pp.

989 VERHEIJEN, L. *Saint Augustine. Monk, priest, bishop.* Villanova (Argentine): Augustinian Hist. Inst. Villanova University 1978. 92 pp.

990 VERHEIJEN, L. M. J. *Éléments d'un commentaire de la Règle de saint Augustin* — Augustiniana 29 (1979) 43—86

991 VERHEIJEN, L. M. J. *Contribution à une édition critique améliorée des Confessions de saint Augustin* — Augustiniana 29 (1979) 87—96

992 VERHEIJEN, L. M. J. *La tradition manuscrite de l'Obiurgatio (Lettre CCXI, 1—4) d'Augustin et de la Regularis Informatio* — Augustiniana 30 (1980) 5—9

[76] VIGNA, G.: Bibliographica

[2734] VILLEGAS MATHIEU, B.: Specialia in Vetus Testamentum

[249] *Vorarbeiten zu einem Augustinus-Lexikon:* Subsidia

[651] WASZINK, J. H.: Auctores

993 WEHR, GERHARD *Aurelius Augustinus. Größe und Tragik des umstrittenen Kirchenvaters.* Gütersloh: Mohn 1979. 102 pp.

994 WEISSENBURGER, F. *Zu Augustins Definition des Staates* — RöHM 22 (1980) 15—36

995 WITTMANN, LEOPOLD *Ascensus: der Aufstieg zur Transzendenz in der Metaphysik Augustins* [Epimeleia 32]. München: Berchmans 1980. XX, 760 pp.

[2108] WRIGHT, D. F.: Possidus

996 ZANGARA, V. *La visione di Ostia. Storia dell'indagine e della controversia* — RSLR 15 (1979) 63—82

Pseudo-Augustinus

997 [Pseudo-Augustinus] *The pseudo-Augustinian Hypomnesticon against the Pelagians and Celestians, II: Text edited from the*

manuscripts. By J. E. CHISHOLM [Paradosis 21]. Fribourg: University Press 1980. X, 249 pp.

998 LAMIRANDE, E. *"The picture of the heavenly Jerusalem" de Stephan A. Hurlbut. A propos d'écrits pseudo-augustiniens* — REA 25 (1979) 150–161

999 LEMARIÉ, J. *Deux fragments d'homéliaires conservés aux archives capitulaires de Vich, témoins de sermons pseudo-augustiniens et du commentaire de Luculentius sur les Évangiles* — REA 25 (1979) 85–105

1000 LEMARIÉ, J. *Un sermon occidental pseudo-augustinien témoin du traité sur la Pâque de Méliton de Sardes* — VetChr 17 (1980) 301–311

1001 OZIMIC, DOLORES *Der pseudo-augustinische Sermo CLX. Hieronymos als sein vermutlicher Verfasser, seine dogmengeschichtliche Einordnung und seine Bedeutung für das österliche Canticum triumphale «Cum rex gloriae»* [Dissertationen der Universität Graz 47]. Graz: dbv — Verlag für die Techn. Univ. Graz 1979. 124 pp.

1002 VALLIN, P. *Prex legitima, Ps. Aug., Sermo 65, 1* — REA 26 (1980) 303–305

1003 VOICU, S. J. *Due sermoni pseudo-agostiniani tradotti dal greco* — AugR 19 (1979) 517–519

1004 WEISMANN, W. *Die pseudo-augustinischen Sermones de natale sancti Genesi* — SE 23 (1978/1979) 123–141

Ausonius

1005 *[Ausonius] Ausonius. Mosella; mit einer Einführung in die Zeit und Welt des Dichters.* Übers. und erkl. von W. JOHN, gekürzter Nachdruck der 1. Auflage 1932, überarbeitet von W. BINSFELD, Literaturang. von W. ABEL. Trier: Spee 1980. 135 pp.

1006 BENEDETTI, F. *La tecnica del vertere negli epigrammi di Ausonio* [Accademia Toscana di Scienze e Lettere. La Colombaria Studi 56]. Firenze: Olschki 1980. 156 pp.

1007 CARLETTI COLAFRANCESCO, P. *Il rene di Galla. Note ad Auson. epigr. 34 P.* — InvLuv 1 (1979) 49–75

1008 FELBER, H. F. *Ausonius.* In: *Catalogus translationum et commentarium. Medieval and Renaissance Latin translations and Commentaries. Annotated lists and guides* 4 (cf. 1979/80, 208) 193–222

[114] FONTAINE, J.: Collectanea et miscellanea

[2124] FONTAINE, J.: Prudentius

1009 GREEN, R. P. H. *The Correspondence of Ausonius* — ACl 49 (1980) 191–211

1010 GUASTELLA, G. *I Parentalia come testo antropologico. L'avunculato nel mondo celtico e nella famiglia di Ausonio* — MD 4 (1980) 97–

1011 HALL, J. B. *Notes on Ausonius Prof. Burd. 16.9ff. (Peiper), Publilius Syrus 341, and Martial XI.50 (49)* – CQ 29 (1979) 227–228

[225] JANSON, T.: Subsidia

1012 LUCIFORA, R. M. *I loci similes del Cupido cruciatus* – AAPel 55 (1979) 261–271

1013 LUCIFORA, R. M. *Il Cupido Cruciatus di Ausonio rivisitato* – AAPel 54 (1978) 305–318

[2257] NAVARRA, L.: Venantius Fortunatus

1014 OPELT, I. *Ausonius und die Laudes Constantinopolitanae* – Phil 124 (1980) 266–273

1015 RE, R. DEL *Decimo Magno Ausonio. Note, discussioni e panorama di studi* – CS 19, 74 (1980) 67–72

1016 REEVE, M. D. *The Tilianus of Ausonius* – RhM 121 (1978) 350–366

1017 SZELEST, H. *Ausonius und Suetonius* – ŽA 26 (1976) 433–442

Bachiarius Monachus

1018 BOUHOT, J. P. *La tradition manuscrite du De fide de Bachiarius* – REA 25 (1979) 73–84

Bardesanes

1019 DIHLE, ALBRECHT *Zur Schicksalslehre des Bardesanes.* In: *Kerygma und Logos. Festschrift für Carl Andresen zum 70. Geburtstag* (cf. 1979/80, 132) 123–135

Barnabae Epistula

1020 *[Barnabae Epistula] Pseudo-Barnabé.* Introd. de CL. MONDÉSERT. Trad. de Soeur SUZANNE-DOMINIQUE. Notes de FRANÇOIS LOUVEL [Foi vivante 191]. Paris: Les Ed. du Cerf 1979. 112 pp.

1021 ANDRY, CARL FRANKLIN *Introduction to the epistle of Barnabas.* Cambridge, Mass.: Harvard University Libr. 1980.

1022 BARNARD, L. W. *The Epistle of Barnabas in its Jewish setting.* In: *Studies in Church history . . .* (cf. 1979/80, 91) 52–106

[627] *Naissance des lettres chrétiennes:* Auctores

Barsanuphius et Iohannes

1023 VOULGARAKIS, ILIAS *Missionsangaben in den Briefen der Asketen Barsanuphius und Johannes.* In: *Philoxenia* (cf. 1979/80, 148) 281–308

Basilides Gnosticus

1024 GRANT, R. M. *Place de Basilide dans la théologie chrétienne ancienne* — REA 25 (1979) 201–216

Basilius Magnus Caesariensis

1025 *[Basilius Caesariensis] S. Basile. Le traité du Saint-Esprit.* Trad. de A. MAIGNAN et notes de P. TH. CAMELOT [Les Pères dans la foi]. Paris: Desclée de Brouwer 1979. 184 pp.

1026 *[Basilius Caesariensis] S. Basilio di Cesarea. Opere ascetiche.* A cura di U. NERI, trad. di M. B. ARTIOLI. Turin: UTET 1980. 694 pp.

1027 *[Basilius Caesariensis] Sf. Vasile cel Mare. Hexaimeronul, Prima omilie, A doua omilie (= Das Sechstagewerk. Reden I und II).* Prez. şi trad. de I. AVRAMESCU — MitrMold 55 (1979) 362–376

1028 *[Basilius Caesariensis] Sf. Vasile cel Mare. Hexaimeronul, A treia omilie, A patra omilie (= Das Sechstagewerk. Reden III und IV).* Prez. şi trad. de I. AVRAMESCU — MitrMold 55 (1979) 543–544

1029 *[Basilius Caesariensis] Din scrisorile Sfîntului Vasilie cel Mare către Sfîntul Atanasie al Alexandriei (= Aus den Briefen des hl. Basilius d. Gr. an den hl. Athanasius v. Alexandrien).* Prez. şi trad. de T. BODOGAE — MitrOlt 31 (1979) 70–78

1030 *[Basilius Caesariensis] Sf. Vasile cel Mare. Cuvînt către bogaţi (= Rede an die Reichen).* Trad. de D. FECIORU — BOR 97 (1979) 351–361

1031 *[Basilius Caesariensis] Sf. Vasile cel Mare. Omilie la Sfinţii Patruzeci de Mucenici (Homilie auf die Hll. 40 Märtyrer).* Trad. de D. FECIORU — MitrMold 55 (1979) 377–381

1032 *[Basilius Caesariensis] Sfîntul Vasile cel Mare. Cuvînt despre mulţumire (= Über die Dankbarkeit).* Trad. de D. FECIORU — MitrOlt 31 (1979) 49–54

1033 *[Basilius Caesariensis] Sfîntul Vasile cel Mare. Către tineri. Cum pot intrebuinţa cu folos literatura scriitorilor eleni (= An die Jungen. Wie sie mit Nutzen die Schriften der heidnischen Schriftsteller lesen können).* Trad. de D. FECIORU — MitrOlt 31 (1979) 332–341

1034 *[Basilius Caesariensis] Sf. Vasile cel Mare. Omilie despre smerenie (= Homilie über die Demut).* Trad. de D. FECIORU — MitrBan 29 (1979) 320–326

1035 *[Basilius Caesariensis] Sf. Vasile cel Mare. Omilie împotriva celor ce se îmbată (= Homilie gegen die Trunksüchtigen).* Trad. de D. FECIORU — MitrBan 29 (1979) 687–693

1036 *[Basilius Caesariensis] Sf. Vasile cel Mare. Două omilii (= Zwei Homilien).* Trad. de D. FECIORU — MitrBan 30 (1980) 83–95

1037 *[Basilius Caesariensis] Sf. Vasile cel Mare. Cuvînt pentru instalarea preoţilor (= Rede zur Einführung der Priester).* Trad. de N. PETRES-CU — MitrBan 29 (1979) 327—328

1038 *[Basilius Caesariensis] Sfîntul Vasile cel Mare. Scrisoarea 233—a: Despre cunoaşterea de Dumnezeu (= Brief 233. Über die Gottes-erkenntnis).* Trad. de N. PETRESCU — MitrOlt 31 (1979) 559—560

1039 *[Basilius Caesariensis] Sf. Vasile cel Mare. Scrisorile 234 si 235 (= Briefe 234 und 235).* Trad. de N. PETRESCU — MitrOlt 32 (1980) 42—45

1040 *[Basilius Caesariensis] Sfîntul Vasile cel Mare. Scrisoarea a 140—a (= Brief 140).* Trad. de N. PETRESCU — MitrOlt 32 (1980) 457—462

1041 *[Basilius Caesariensis] Invăţăturile Sfîntului Vasilie cel Mare către fiul duhovnicesc (= Die Lehren des hl. Basilius d. Gr. an den geist-lichen Sohn).* Prez. şi trad. de I. POPA — MitrOlt 31 (1979) 55—69

1042 ADRIAN *Aspecte ale vieţii sociale oglindite în opera Sfîntului Vasile cel Mare (= Aspekte des sozialen Lebens im Werk des hl. Basilius d. Gr.)* — MitrMold 55 (1979) 88—94

1043 ALEXE, ŞTEFAN *Dumnezeirea Sfîntului Duh la sfintul Vasile cel Mare (= Die Gottheit des Hl. Geistes bei Basilius d. Gr.).* In: *Sfîn-tul Vasile . . .* (cf. 1979/80, 159) 131—157

1044 AMAND DE MENDIETA, EMMANUEL *Basile de Césarée: la tradition ms. directe des neuf homélies sur l'hexaéméron; étude philologique* [TU 123]. Berlin: Akademie—Verlag 1980. 280 pp.

[467] AMIGUES, S.: Philologia patristica

[670] ANDRZEJEWSKI, R.: Ambrosius

[439] ARMSTRONG, A. H.: Philosophica

[2727] ARMSTRONG, G. T.: Specialia in Vetus Testamentum

1045 BASARAB, MIRCEA *Sfinta Scriptură şi interpretarea ei în concepţia Sfîntului Vasile cel Mare (= Die Hl. Schrift und ihre Interpretation nach der Auffassung des hl. Basilius d. Gr.)* — MitrBan 29 (1979) 286—300

1046 BELU, DUMITRU *Activitatea omiletică a sfîntului Vasile cel Mare (= Die Predigertätigkeit des hl. Basilius d. Gr.).* In: *Sfîntul Vasile . . .* (cf. 1979/80, 159) 181—205

1047 BENITO Y DURAN, ANGEL *La oración en san Basilio* — Yermo 18 (1980) 33—61

[1773] BÎZGAN, GH.: Iohannes Chrysostomus

1048 BODOGAE, TEODOR *Corespondenţa sfîntului Vasile cel Mare şi stră-dania sa pentru unitatea Bisericii creştine (= Die Korrespondenz des hl. Basilius d. Gr. und sein Bemühen um die Einheit der christ-lichen Kirche).* In: *Sfîntul Vasile . . .* (cf. 1979/80, 159) 265—283

1049 BODOGAE, TEODOR *O importantă epistolă a Sfîntului Vasile cel Mare. Epistola CCIV. Către locuitorii din Neocezareea (Ein wich-*

tiger Brief des hl. Basilius d. Gr.: Brief 204, An die Bewohner von Neocäsarea) − MitrMold 55 (1979) 118−122

1050 BODOGAE, TEODOR *Tîlcul unei scrisori părinteşti a Sfîntului Vasile cel Mare (= Der Sinn eines Pastoralbriefes des hl. Basilius d. Gr.)* − MitrBan 29 (1979) 314−319

1051 BRANIŞTE, ENE *Sfîntul Vasile cel Mare în cultul creştin (= Der hl. Basilius d. Gr. im christlichen Kult).* In: *Sfîntul Vasile . . .* (cf. 1979/80, 159) 238−264

1052 BRANIŞTE, ENE *Traduceri româneşti din scrierile omiletice ale Sfîntului Vasile cel Mare (= Rumänische Übersetzungen der homiletischen Schriften des hl. Basilius d. Gr.)* − MitrBan 29 (1979) 397−404

1053 BUZESCU, NICOLAE *Aspectul pnevmatic al ecleziologiei ortodoxe şi importanţa Tradiţiei la Sfîntul Vasile cel Mare (= Der pneumatische Aspekt der orthodoxen Ekklesiologie und die Bedeutung der Tradition beim hl. Basilius d. Gr.)* − OrtBuc 31 (1979) 90−107

1054 CARAZA, IOAN *Revelaţia divină în Hexaimeronul Sfîntului Vasile cel Mare (= Die göttliche Offenbarung im Sechstagewerk des hl. Basilius d. Gr.)* − OrtBuc 31 (1979) 116−133

1055 CARRASQUER, M. S. *San Basilio Magno (En el XVI centenario de su muerte)* − Cistercium 21 (1979) 269−280

1056 CAVALCANTI, E. *Theognosia per mezzo dello Spirito e inconoscibilita dello Spirito nel De Spiritu sancto di Basilio di Cesarea* − AugR 19 (1979) 403−414

1057 CAZEAUX, JACQUES *Les échos de la sophistique autour de Libanios. Ou le style «simple» dans un traité de Basile de Césarée* [CEA]. Paris: Les Belles Lettres 1980. 126 pp.

1058 CHANTRAINE, GEORGES *Érasme et saint Basile* − Irénikon 52 (1979) 451−490

1059 CHIŢESCU, NICOLAE *Aspecte ecleziologice în opera sfîntului Vasile cel Mare (= Ekklesiologische Aspekte im Werk des hl. Basilius d. Gr.).* In: *Sfîntul Vasile . . .* (cf. 1979/80, 159) 158−180

1060 ΧΡΗΣΤΟΥ, ΠΑΝΑΓΙΩΤΗΣ Κ. Ὁ Μέγας Βασίλειος. Βίος καὶ πολιτεία, συγγράμματα, θεολογική σκέψις [AnVlat 27]. Θεσσαλονίκη: Πατριαρχικόν Ἵδρυμα Πατερικῶν Μελετῶν 1978. 355 σσ.

1061 CHUBANTSCHEW, ANTONIJ *Vâzgledât za čoveka v bogoslovieto na sveti Vassilij Veliki (= Die Auffassung vom Menschen beim hl. Basilius d. Gr.)* − DuchKult 2 (1980) 23−28

1062 CIGNELLI, L. *Giovanni 14,28 nell'esegesi de S. Basilio Magno* − Ant 54 (1979) 582−595

1063 COMAN, IOAN G. *Personalitatea sfîntului Vasile cel Mare (profil istoric şi spiritual) (= Die Persönlichkeit des Hl. Basilius d. Gr. − historisches und geistliches Profil).* In: *Sfîntul Vasile . . .* (cf. 1979/80, 159) 24−50

1064 CORNIȚESCU, CONSTANTIN *Invățătura despre mîntuire a sfîntului Vasile cel Mare (= Die Lehre vom Heil des hl. Basilius d. Gr.).* In: *Sfîntul Vasile* ... (cf. 1979/80, 159) 94−104

1065 CORNIȚESCU, CONSTANTIN *Invățătura Sfîntului Vasile cel Mare despre Sfîntul Duh (= Die Lehre des hl. Basilius d. Gr. über den Hl. Geist)* − OrtBuc 31 (1979) 108−115

1066 CORNIȚESCU, C. *Sfîntul Vasile cel Mare, interpret al Sfintei Scripturi (= Der hl. Basilius d. Gr., Interpret der Hl. Schrift)* − OrtBuc 32 (1980) 308−320

1067 CORUGĂ, MATEI *Sfîntul Vasile cel Mare. La 1600 de ani de la trecerea sa la cele veşnice (= Der hl. Basilius d. Gr.; 1600 Jahre seit seinem Heimgang)* − MitrMold 55 (1979) 95−98

1068 DAMŞA, TEODOR *Bogăția şi sărăcia în lumina omiliilor Sf. Vasile cel Mare (= Reichtum und Armut im Licht der Homilien des hl. Basilius d. Gr.)* − MitrBan 29 (1979) 301−313

1069 DAMŞA, TEODOR V. *Principiile de bază ale asistenței creştine după omiliile Sfîntului Vasile cel Mare (= Die Grundprinzipien der christlichen Fürsorge nach den Homilien des hl. Basilius d. Gr.)* − MitrBan 29 (1979) 595−610

1070 DAMŞA, TEODOR V. *Iubirea şi mila creştină. Preliminarii la analiza unei concepții creştine despre asistența socială la Sf. Vasile cel Mare (= Liebe und christliches Mitleid. Voraussetzungen einer Analyse der christlichen Auffassung über den sozialen Beistand beim hl. Basilius d. Gr.)* − MitrBan 30 (1980) 440−445

1071 ΔΕΝΤΑΚΗΣ, ΒΑΣΙΛΕΙΟΣ Λ. *Ὁ χαρακτήρ τοῦ Μεγάλου Βασιλείου κατά Γρηγόριον τόν Ναζιανζηνόν καί Γρηγόριον τόν Νύσσης* − EpThAth 24 (1979/80) 481−503

1072 DRĂGULIN, GHEORGHE *Sfîntul Vasilie cel Mare si şcoala alexandrină (= Der hl. Basilius d. Gr. und die alexandrinische Schule)* − MitrOlt 31 (1979) 87−97

[2012] DRĂGULIN, GH.: Origines

1073 DUPLACY, JEAN *Les Regulae Morales de Basile de Césarée et le texte du Nouveau Testament en Asie-Mineure au IVe siècle.* In: *Text, Wort, Glaube* (cf. 1979/80, 171) 69−84

1074 DUȚU, CONSTANTIN *Aspecte socilae în predica Sfîntului Vasile cel Mare (= Soziale Aspekte in der Predigt des hl. Basilius d. Gr.)* − StBuc 31 (1979) 324−337

1075 EFTIMIE *Lumea şi observarea de noi în gîndirea Sfîntului Vasile cel Mare (= Die Welt und die Selbstzucht im Denken des hl. Basilius d. Gr.)* − MitrMold 55 (1979) 82−87

1076 FEDWICK, PAUL JONATHAN *The church and the charisma of leadership in Basil of Caesarea* [Pontifical Institute of Mediaeval Studies. Studies and texts 45]. Toronto: Pontif. Inst. of Mediaeval Studies 1979. XVIII, 224 pp.

84 Auctores

1077 FEDWICK, P. J. *The citations of Basil of Caesarea in the Florilegium of the pseudo-Antony Melissa* − OrChrP 45 (1979) 32−44

1078 FERRARI, G. *La dimensione teologica nella liturgia di S. Basilio* − Nicolaus 8 (1980) 138−144

1079 FLOCA, IOAN *Sfîntul Vasile cel Mare, reorganizator al vieții monastice (Der hl. Basilius, Erneuerer des monastischen Lebens).* In: *Sfîntul Vasile . . .* (cf. 1979/80, 159) 330−354

1080 FORLIN PATRUCCO, M. *Vocazione ascetica e paideia greca (A proposito di Bas. Ep. 1)* − RSLR 15 (1979) 54−62

1081 FOTI, M. B. *I codici Basiliani del fondo del SS. Salvatore [Messina]. Catalogo della mostra.* Messina: Università Centro di studi umanistici 1979. 100 pp.

[1509] FRANK, K. S.: Eustathius Sebastensis

1082 GANEA, IOASAF *Sfîntul Vasilie cel Mare ca liturgist (= Der hl. Basilius d. Gr. als Liturgist)* − MitrOlt 32 (1980) 435−441

1083 GARIJO GUEMBE, MIGUEL M. *La separación matrimonial en los cánones de S. Basilio* − Salmant 27 (1980) 35−47

[493] GIACCHERO, M.: fenus

1084 GIBSON, ARTHUR GERMAN *Saint Basil's liturgical authorship* [Studies in sacred theology ser. 2; 168]. Ann Arbor, Mich.: Univ. Microfilms Internat. 1979.

1085 GIORDANO, N. *L'attività letteraria e lo studio dei classici in S. Basilio (Dalla lettura dell'opusculo Ai giovani sul modo di trarre profitto d'allo studio della letteratura greca)* − Nicolaus 8 (1980) 158−165

1086 GIRARDI, M. *Nozione di eresia, scisma e parasinagoga in Basilio di Cesarea* − VetChr 17 (1980) 49−77

[2375] *Die göttliche Liturgie . . .*: Missa, sacramenta, sacramentalia

1087 GRIBOMONT, J. *S. Basile. Le Protreptique au baptême.* In: *Word and Spirit, I. In honor of Saint Basil the Great* (cf. 1979/80, 180) 71−92

1088 GRIBOMONT, J. *Intransigence and irenicism in Saint Basil's De Spiritu sancto.* In: *Word and Spirit, I. In honor of Saint Basil the Great* (cf. 1979/80, 180) 109−136

1089 GRIBOMONT, J. *Święty Bazyli − ewangeliczny rewolucjonista revolutionary)* − RoczTK 27 (1980) 183−198

1090 GRIBOMONT, J. *Les Règles épistolaires de S. Basile, lettres 173 et 22* − Ant 54 (1979) 255−287

1091 GRIBOMONT, JEAN *Saint Basile et le monachisme enthousiaste* − Irénikon 53 (1980) 123−144

1092 GRIBOMONT, J. *Concepția Sfîntului Vasilie cel Mare despre idealul creștin și asceza evanghelică (= Die Auffassung des hl. Basilius d. Gr. über das christliche Ideal und die evangelische Askese).* Trad. de BENEDICT GHIUȘ − MitrOlt 31 (1979) 79−86

1093 GROSU, N. *Sfîntul Vasile cel Mare, chip plin de har şi de lumină* (= *Der hl. Basilius d. Gr., eine Gestalt voller Gnade und Licht*) — OrtBuc 31 (1979) 160—167

[2518] HRYCUNIAK, S.: Trinitas

1094 HÜBNER, R. M. *Rubor confusionis* (*RB 73,3*). *Die bleibende Herausforderung des Basilius von Caesarea für Mönchtum und Kirche* — EA 55 (1979) 329—343

1095 IONIŢĂ, VIOREL *Viaţa şi activitatea Sfîntului Vasile cel Mare* (= *Leben und Tätigkeit des hl. Basilius d. Gr.*) — OrtBuc 31 (1979) 16—27

1096 IVAN, IORGU *Opera canonică a sfîntului Vasile cel Mare şi importanţa ei pentru unitatea Bisericii creştine* (= *Das kanonische Werk des hl. Basilius d. Gr. und seine Bedeutung für die Einheit der christlichen Kirche*). In: *Sfîntul Vasile . . .* (cf. 1979/80, 159) 355—377

1097 IVAN, I., *Lucrări ale Sfîntului Vasile cel Mare în manuscrise şi tipărituri la Mănăstirea Neamţ* (= *Werke des hl. Basilius d. Gr. in Handschriften und Drucken im Kloster Neamţ*) — MitrMold 55 (1979) 99—113

1098 JANERAS, SEBASTIÀ *San Basilio en la historia de la liturgia* — Phase 20 (1980) 475—492

1099 ΚΑΛΛΙΝΙΚΟΣ, Κ. *Συμβολαί εἰς τό πρόβλημα τῆς ἐρεύνης τοῦ χρόνου συγγραφῆς τῶν ἐπιστολῶν τοῦ Μ. Βασιλείου.* ᾿Αθῆναι 1979. 123 σσ.

1100 KARAM, C. *Saint Basil On the Holy Spirit. Some aspects of his theology.* In: *Word and Spirit, I. In honor of Saint Basil the Great* (cf. 1979/80, 180) 137—164

1101 ΚΑΡΜΙΡΗΣ, ΙΩΑΝΝΗΣ Ν. *῾Ο Μέγας Βασίλειος, οἱ δυτικοί ἐπίσκοποι καί ὁ Ρώμης* — EpThAth 24 (1979/80) 143—157

1102 KELEHER, B. *Some aspects of the anaphora of saint Basil the Great.* In: *Word and Spirit, I. In honor of Saint Basil the Great* (cf. 1979/80, 180) 165—176

1103 KOEV, TOTJU *Učenieto na sveti Vassilij Veliki za Sveti Duch* (= *Die Lehre vom Hl. Geist des hl. Basilius d. Gr.*) — DuchKult 3 (1980) 1—10

1104 KRESTEN, O. *Die Häretikerin Simplikia, Ep. CXV des Basileios von Kaisareia in Wiener griechischen Handschriften* — CodMan 6 (1980) 41—58

1105 LAMBERZ, E. *Zum Verständnis von Basileios' Schrift Ad adolescentes* — ZKG 90 (1979) 221—241

1106 LĂUDAT, I. D. *Manuscrise şi tipărituri ale Sfîntului Vasile cel Mare în limba română* (= *Handschriften und Drucke des hl. Basilius d. Gr. in rumänischer Sprache*) — MitrMold 55 (1979) 114—117

1107 LEDOYEN, HENRI *Saint Basile dans la tradition monastique occidentale* — Irénikon 53 (1980) 30—45

1108 LEROY, JULIEN *L'influence de saint Basile sur la réforme studite d'après les Catéchèses* — Irénikon 52 (1979) 491—506

1109 LIENHARD, JOSEPH T. *St. Basil's «Asceticon Parvum» and the «Regula Benedicti»* — StMon 22 (1980) 231—242

[16] LOMBARDO, G.: Historia patrologiae

1110 LOZZA, G. *Plutarco, S. Basilio e gli usurai* — KoinNapoli 4 (1980) 139—160

1111 MAŁUNOWICZÒWNA, L. *Trójca kapadocka, św. Bazyli, św. Grezgorz z Nyssy, św. Grezgorz z Nazjanzu (Les trois Cappadociens, Basile, Gregoire de Nysse, Gregoire de Nazianze)* — AtKap 71 (1979) T. 92, 409—421

[355] MANNA, S.: Opera ad historiam

1112 MARTORELL, JOSE *Basilio Magno, 379—1979. In memoriam* — TEsp 23 (1979) 93—96

1113 MAZZA, M. *Monachesimo basiliano. Modelli spirituali e tendenze economico-sociali nell'impero del IV secolo* — StudStor 21 (1980) 31—60

[1617] MENINGER, W.: Gregorius Nyssenus

1114 MICLE, VENIAMIN *Sfîntul Vasile cel Mare, predicator al cuvîntului lui Dumnezeu (= Der hl. Basilius d. Gr., Prediger des Wortes Gottes)* — MitrBan 29 (1979) 610—633

1115 MOLDOVAN, ILIE *Natura şi harul în gîndirea teologică a Sfîntului Vasile cel Mare (= Natur und Gnade im theologischen Denken des hl. Basilius d. Gr.)* — OrtBuc 31 (1979) 75—89

1116 MOLDOVEANU, NICU *Sfîntul Vasile cel Mare şi muzica bisericească (= Der hl. Basilius d. Gr. und die Kirchenmusik).* In: *Sfîntul Vasile* ... (cf. 1979/80 159) 411—454

1117 ΜΟΥΤΣΟΥΛΑΣ, ΗΛΙΑΣ Δ. *Ὁ Μέγας Βασίλειος ὡς παιδαγωγός.* Ἀθῆναι 1979. 20 σσ.

1118 MOUTSOULAS, ELIE D. *Remarques sur l'authenticité des lettres de Saint Basile* — EpThAth 24 (1979/80) 505—511

1119 NARDI, C., *Qvaedam Basilii Magni apvd Theodoretvm Cyrensem expressa* — Latinitas 26 (1978) 263—273

1120 NEAGA, NICOLAE *Vechiul Testament în preocupările Sfîntului Vasile cel Mare (= Das Alte Testament in den Schriften des hl. Basilius d. Gr.)* — OrtBuc 31 (1979) 134—145

1121 NESTOR, Mitropolitul Olteniei *Porunca muncii după Sfîntul Vasile cel Mare (= Der Befehl zur Arbeit nach dem hl. Basilius d. Gr.)* — MitrBan 29 (1979) 259—263

1122 NICOLAE, Mitropolitul Banatului *Actualitatea Sfîntului Vasile cel Mare (= Die Aktualität des hl. Basilius d. Gr.)* — MitrBan 29 (1979) 249—251

1123 ORTIZ DE URBINA, I. *Caratteristiche dell'ecumenismo di S. Basilio* — AugR 19 (1979) 389–401

1124 ΠΑΠΑΔΟΠΟΥΛΟΣ, ΣΤΥΛΙΑΝΟΣ *Χρονολογικός Πίναξ τῆς ζωῆς καί δράσεως τοῦ Μεγάλου Βασιλείου* — ThAthen 51 (1980) 77–86

1125 ΠΑΠΑΔΟΠΟΥΛΟΣ, ΣΤΥΛΙΑΝΟΣ Γ. *Θεολογική πορεία τοῦ Μεγάλου Βασιλείου* — EpThAth 24 (1979/80) 171–201

1126 PAVEL, CONSTANTIN C. *Atitudinea sfîntului Vasile cel Mare faţă de cultura şi filozofia antică (= Die Stellung des hl. Basilius d. Gr. zur antiken Kultur und Philosophie).* In: *Sfîntul Vasile* . . . (cf. 1979/80, 159) 312–329

1127 PENNINGTON, B. *Working with saint Basil.* In: *Word and Spirit, I. In honor of Saint Basil the Great* (cf. 1979/80, 180) 86–94

1128 PETRESCU, NICOLAE *Sfîntul Vasile cel Mare, neobosit apărător al unităţii dreptei credinţe (= Der hl. Basilius d. Gr., unermüdlicher Verteidiger der Einheit des rechten Glaubens)* — MitrBan 29 (1979) 634–646

1129 PETRESCU, NIC. *Scrisoarea a 243–a a Sfîntului Vasile cel Mare (= Brief 243 des hl. Basilius d. Gr.)* — BOR 97 (1979) 72–81

1130 PLĂMĂDEALĂ, ANTONIE *Idei sociale oglindite în viaţa şi activitatea sfîntului Vasile cel Mare (= Soziale Ideen im Leben und Werk des hl. Basilius d. Gr.).* In: *Sfîntul Vasile* . . . (cf. 1979/80, 159) 284–311

1131 PRESCURE, VASILE *Viaţa monahală creştină după „Regulile monahale" ale Sf. Vasilie cel Mare (= Das christliche Mönchsleben nach den „Mönchsregeln" des hl. Basilius d. Gr.)* — MitrOlt 31 (1979) 528–534

[2387] QUECKE, H.: Missa, sacramenta, sacramentalia

1132 RĂMUREANU, IOAN *Sfîntul Vasile cel Mare şi creştinii din Scythia Minor şi Dacia nord-dănureană (= Der hl. Basilius d. Gr. und die Christen aus Scythia Minor und dem transdanubischen Dakien).* In: *Sfîntul Vasile* . . . (cf. 1979/80, 159) 378–393

1133 ROMITA, A. *L'atteggiamento di S. Basilio verso gli eretici e i non cristiani* — Nicolaus 8 (1980) 166–172

1134 SALACHAS, D. *Le lettere canoniche di S. Basilio* — Nicolaus 8 (1980) 145–157

1135 SAPELAK, ANDRES *La magnitud universal de San Basilio* — Teologia 17 (1980) 5–13

1136 SESBOÜÉ, BERNARD *L'apologie d'Eunome de Cyzique et le « Contre Eunome » de Basile de Césarée* [Diss.]. Rom: Pontificia Universitas Gregoriana 1980. 94 pp.

[159] *Sfîntul Vasile cel Mare:* Collectanea et miscellanea

1137 SIBIESCU, GH. *Legăturile Sfîntului Vasile cel Mare cu Scythia Minor (Dobrogea) (= Die Beziehungen des hl. Basilius d. Gr. zur Scythia Minor)* — OrtBuc 31 (1979) 146–159

[2455] STAATS, R.: Concilia, acta conciliorum, canones

1138 STĂNILOAE, DUMITRU *Învăţătura despre Sfînta Treime în scrierea sfîntului Vasile «Contra lui Eunomie»* (= *Die Lehre von der Hl. Dreifaltigkeit in der Schrift „Gegen Eunomius" des hl. Basilius*). In: *Sfîntul Vasile* . . . (cf. 1979/80, 159) 51−70

1139 STĂNILOAE, DUMITRU *Fiinţa şi ipostasurile în Sfînta Treime, după Sfîntul Vasile cel Mare* (= *Das Wesen und die Hypostasen in der Hl. Trinität, nach dem hl. Basilius d. Gr.*) − OrtBuc 31 (1979) 53−74

1140 TAMBURRINO, P. *L'influsso di Basilio sul monachesimo benedettino motivo di unità fra Oriente e Occidente* − Nicolaus 7 (1979) 333−358

1141 TEOCTIST, Mitropolitul Moldovei şi Sucevei *Opera sfîntului Vasile cel Mare, în evlavia credincioşilor ortodocşi români* (= *Das Werk des hl. Basilius des Großen in der Frömmigkeit der rumänischen orthodoxen Gläubigen*). In: *Sfîntul Vasile* . . . (cf. 1979/80, 159) 7−23

1142 TEOCTIST, Mitropolitul Moldovei si Sucevei *Sfîntul Vasile cel Mare în evlavia credincioşilor ortodicşi români* (= *Der hl. Basilius d. Gr. in der Frömmigkeit der rumänischen orthodoxen Gläubigen*) − MitrMold 55 (1979) 69−81

1143 THARAKAN, KIZHAKKETHALAKKAL MATHAN *The poetic act. An enquiry into the poetics of St. Basil of Caesarea and St. Gregory of Nyssa of the Universal Church*. Madras: Macmillan Co. of India 1979. XVII, 78 pp.

1144 TIMOTEI, Lugojanul *Spiritualitatea sfîntului Vasile cel Mare* (= *Die Spiritualität Basilius' d. Gr.*). In: *Sfîntul Vasile* . . . (cf. 1979/80, 159) 105−130

1145 TROIANO, M. S. *I Cappadoci e la questione dell'origine dei nomi nella polemica contro Eunomio* − VetChr 17 (1980) 313−346

1146 TSANANAS, GEORGIOS *Humor bei Basilius dem Großen*. In: *Philoxenia* (cf. 1979/80, 148) 259−280

1147 VASILE, Episcopul Oradiei *Sfîntul Vasile cel Mare, păstor de suflete* (= *Der hl. Basilius d. Gr. als Seelenhirt*) − MitrBan 29 (1979) 264−274

1148 VASILIU, CEZAR *1600 de ani de la moartea Sfîntului Vasile cel Mare* (= *1600 Jahre seit dem Tod des hl. Basilius d. Gr.*) − OrtBuc 31 (1979) 12−15

[1804] VASILIU, C.: Iohannes Chrysostomus

1149 VOGÜÉ, A. DE *The greater rules of saint Basil. A survey*. In: *Word and Spirit, I. In honor of Saint Basil the Great* (cf. 1979/80, 180) 49−85

1150 VOGÜÉ, A. DE *Les Grandes règles de saint Basile. Un survol* − ColCist 41 (1979) 201−226

1151 VOICU, CONSTANTIN *Învăţătura despre creaţie la sfîntul Vasile cel Mare* (= *Die Lehre über die Schöpfung bei Basilius d. Gr.*). In: *Sfîntul Vasile* . . . (cf. 1979/80, 159) 71−93

1152 VOICU, CONSTANTIN *Unitatea Bisericii în oikoumene după Sf. Vasile cel Mare (= Die Einheit der Kirche der Oikoumene nach dem hl. Basilius d. Gr.)* – MitrBan 29 (1979) 275–285

1153 VORNICESCU, NESTOR *Despre viaţa şi opera Sfîntului Vasilie cel Mare (= Vom Leben und Werk des Hl. Basilius des Großen).* Craiova: Editura Mitropoliei Olteniei 1979. 162 pp.

1154 VORNICESCU, NESTOR *Opere ale Sfîntului Vasile cel Mare în literatura noastră bisericească (= Werke des hl. Basilius d. Gr. in unserer kirchlichen Literatur)* – OrtBuc 31 (1979) 28–52

1155 VORNICESCU, NESTOR *Invăţătura Sfîntului Vasilie cel Mare despre muncă (= Die Lehre des hl. Basilius d. Gr. über die Arbeit)* – Mitr-Olt 31 (1979) 10–48

1156 WARD M. *St. Basil and the Cappadocians.* In: *Word and Spirit, I. In honor of Saint Basil the Great* (cf. 1979/80, 180) 1–36

[180] *Word and Spirit:* Collectanea et miscellanea

1157 WORTLEY, J. *An unpublished legend of an unworthy priest and saint Basil the Great (BGH 1449 p)* – AB 96 (1979) 363–371

1158 ZĂGREAN, IOAN *Probleme morale în opera sfîntului Vasile cel Mare (= Ethische Probleme im Werk des hl. Basilius d. Gr.).* In: *Sfîntul Vasile . . .* (cf. 1979/80, 159) 206–237

[1805] ΖΗΣΗΣ, Θ.: Iohannes Chrysostomus

1159 ZMEU, IOANA *Sfîntul Vasile cel Mare în bibliografia românească (= Der hl. Basilius d. Gr. in der rumänischen Bibliographie).* In: *Sfîntul Vasile . . .* (cf. 1979/80, 159) 429–454

1160 ZONEWSKI, ILIJA *Život i dejnost na sveti Vassilij Veliki (= Leben und Tätigkeit des hl. Basilius d. Gr.)* – DuchKult 1 (1980) 7–18

Benedictus Nursinus

1161 *[Benedictus Nursinus] Die Benediktsregel: eine Anleitung zu christlichem Leben. Der vollständige Text der Regel.* Übersetzt und erklärt von G. HOLZHERR. Zürich: Benzinger 1980. 370 pp.

1162 *[Benedictus Nursinus] Households of God: the rule of St. Benedict.* With explanations for monks and lay people today. By DAVID PARRY [Cistercian fathers series 59]. London: Darton, Longman and Todd 1980. XXIV, 199 pp.

1163 *[Benedictus Nursinus] S. Benoît. Règle de saint Benoît.* Texte lat., vers. franc. par H. ROCHAIS, introd. et notes par E. MANNING. Rochefort: Les Éd. de la docum. cisterc. 1980. XLVV, 236 pp.

1164 *[Benedictus Nursinus] La Règle de Saint Benoît.* Introduction, traduction et notes par ANTOINE DUMAS [Foi vivante 182; 2ᵉ éd.]. Paris: Éditions du Cerf 1977. 153 pp.

1165 *[Benedictus Nursinus] S. Benedetto, La Regola.* Testo, vers., comm. a cura di A. LENTINI. Montecassino 1980. XCVI, 680 pp.

1166 *[Benedictus Nursinus] Swięty Benedykt z Nursji, Reguła, Żywot. Komentarz przygotowali Benedyktyni Tynieccy (= Die Regula, Vita, mit Kommentar in der Vorbereitung der Benediktiner in Tyniec).* Kommentar von E. HEUFELDER. Tyniec 1979. 227 pp.

1167 *[Benedictus Nursinus] La Regla de San Benito.* Introducción y comentario por G. M. COLOMBÁS. Traducción y notas por I. ARANGUREN [BAC 406]. Madrid: Editorial Católica 1979. XXIV, 510 pp.

1168 ALONSO, PEDRO *Un Centenario. San Benito continúa hablando* – Confer 19 (1980) 193–200

1169 *Année Saint Benoît, 480–1980.* Par J. M. CHATTON. Posieux: Abbaye d'Hauterive 1980. 12 pp.

1170 AYMARD, P. *Un homme nommé Benoît.* Paris: Desclée de Brouwer 1977. 224 pp.

1171 BALLANO, MARIANO *La obediencia en la RB.* In: *Hacia una relectura de la Regla de San Benito* (cf. 1979/80, 123) 105–116

1172 BAMBERG, CORONA *Unter der Führung des Evangeliums: das Gedächtnis Sankt Benedikts 480–1980.* Würzburg: Echter 1980. 190 pp.

1173 BORIAS, A. *Saint Wandrille a-t-il connu saint Benoît?* – RBen 89 (1979) 7–28

[37] BROEKAERT, J. D.: Bibliographica

1174 CASAROLI, A. *San Benito, Padre y Patrono de Europa* – CuadMon 15 (1980) 147–156

1175 *XV Centenario de S. Benito* – OrLab 26 (1980) 5–13

1176 CERRA SUÁREZ, SILVERIO *La escala del conocimiento en san Benito.* In: *Hacia una relectura . . .* (cf. 1979/80, 123) 457–476

1177 COLOMBÁS, GARCIA M. *Addenda a la «Regla de san Benito»* (BAC normal, 406) – ArLeon 33 (1979) 403–405

1178 COLOMBÁS, GARCÍA M. *El Abad, vicario de Cristo. Comentario crítico de RB 2, 2–3.* In: *Hacia una relectura de la Regla de San Benito* (cf. 1979/80, 123) 89–104

1179 COUN, THEO *De oudste Middelnederlandse vertaling van de Regula S. Benedicti* [RBS Supplementa 8; 2. Auflage]. Hildesheim 1980. XXIII, 617 pp.

1180 CRAMER, W. *Mens concordet voci. Zum Fortleben einer stoischen Gebetsmaxime in der Regula Benedicti.* In: *Pietas. Festschrift für Bernhard Kötting* (cf. 1979/80, 149) 447–457

1181 *Le culte et les reliques de saint Benoît et de sainte Scholastique* [StMon 21]. Barcelona: Abadía de Montserrat 1979. 432 pp.

1182 DECABOOTER, A. *Dinamismo espiritual en la Regla de S. Benito* – Cistercium 22 (1980) 101–110

1183 DELATTE, P. *Comentario a la Regla de san Benito* – NetV (1980) 205–227

1184 DESPREZ, V. *San Benito y las reglas monásticas de su tiempo. Oración, relaciones fraternas, trabajo* — NetV (1980) 229–243

1185 DIAS, GERALDO COELHO S. *Bento, Mestre de Vida Cristã. No XV centenario do nascimento* — HumTeol 1 (1980) 327–331

1186 ENOUT, J. E. *Notas sobre a regra de São Bento (cap. 1º). O cenobita entre os gêneros de monges* — LeV 149 (1978) 13–25

1187 ESTRADÉ, MIQUEL *La oración: doctrina de RB y exigencias modernas.* In: *Hacia una relectura* . . . (cf. 1979/80, 123) 135–152

1188 ESTRADÉ, MIGUEL *Notas sobre la oración de San Benito* — Confer 19 (1980) 219–233

1189 FISCHER, B. *Coram Deo = coram Christo. Zur Konzeption der Profess in der Regula S. Benedicti.* In: *Lex orandi lex credendi. Miscellanea in onore di Cipriano Vagaggini* (cf. 1979/80, 135) 331–346

1190 GAIN, B. *Une contribution fondamentale à l'étude du monachisme des six premiers siècles* — REA 25 (1979) 171–183

1191 GARRIDO BONAÑO, MANUEL *San Benito y su obra, una respuesta viva al ateismo* — Burgense 21 (1980) 451–503

1192 GARRIGA, PACIÀ *A partir de les lliçons del capítol 49 de la Regla de Sant Benet* — StMon 22 (1980) 5–13

1193 GERADON, B. DE *L'anthropologie biblique de la Règle de saint Benoît* — ColCist 41 (1979) 121–140

1194 GILOMEN-SCHENKEL, E. *1500 Jahre Benedikt von Nursia* — ZSKG 75 (1980) 239–242

1195 GOBERNA, M. R.; VIÑAS, M. L. *El Padre san Benito.* Zamora: Monte Casino 1980. 127 pp.

1196 GÓMEZ, I. M. *Relecturas de la «Regula Benedicti» con ocasión del XV centenario del nacimiento de san Benito* — Yermo 17 (1979) 139–162

1197 GÓMEZ, ILDEFONSO M. *El código penitencial de la Regula Benedicti. Ambiente en que nace el valor pedagógico actual.* In: *Hacia una relectura* . . . (cf. 1979/80, 123) 231–286

1198 GONZÁLEZ, MARCELO *San Benito, huella de Dios en los caminos de la Iglesia y «verdadero gigante de la historia»* — Cistercium 22 (1980) 7–52

[494] GUERRIN BETTS, P.: opus Dei

[123] *Hacia una relectura* . . .: Collectanea et miscellanea

1199 HERWEGEN, ILDEFONS *Der heilige Benedikt.* Bearbeitet und herausgegeben von EMMANUEL VON SEVERUS. Düsseldorf: Patmos-Verlag 1980. 140 pp.

[495] HEVIA BALLINA, A.: regula sancta

[2085] HOURLIER, J.: Paulus Diaconus

[1094] HÜBNER, R. M.: Basilius Caesariensis

1200 ILARI, A. *L'autografo della Regola e gli altri scritti di S. Benedetto di Norcia. Appunti per una storia della cultura benedettina.* Guarcino: Sez. di Archivo di Stato 1976. 36 pp.

1201 KAY, R. *Benedict, Justinian and donations mortis causa in the Regula Magistri* − RBen 90 (1980) 169−193

1202 LECLERCQ, JEAN *Nuevas llaves para la interpretación de la Regla de San Benito.* In: *Hacia una relectura* ... (cf. 1979/80, 123) 35−56

1203 LELOIR, L. *Les Pères du Désert et saint Benoît* − NRTh 102 (1980) 197−226

1204 LIENHARD, J.T. *Index of reported patristic and classical citations, allusions and parallels in the Regula Benedicti* − RBen 89 (1979) 230−270

[1109] LIENHARD, J.T.: Basilius Caesariensis

1205 LINAGE CONDE, A. *En el centenario de santa Escolástica. Lo eterno femenino en la vida de san Benito* − NetV (1980) 181−204

1206 LINAGE CONDE, ANTONIO *La Regula Benedicti como re-creación cum amore de la Regula Magistri.* In: *Hacia una relectura* ... (cf. 1979/80, 123) 211−229

1207 LONGÈRE, JEAN *Deux sermons inédits sur S. Benoît.* In: «*Sapientiae doctrina*». Leuven (1980) 199−212

1208 LOPEZ MARTIN, JULIAN *Contribución de san Benito a la reciente reforma del oficio divino* − NetV (1980) 161−180

1209 LOUF, D.A. *San Benito, hombre de Dios para todos los tiempos* − Cistercium 22 (1980) 53−64

1210 MACGINTY, GERARD *The rule of Benedict. Themes, texts, thoughts.* Dublin: Dominican Publ. 1980. 166 pp.

1211 MANNING, EUGÈNE *Réflexions sur l'authenticité des chapitres 8−18 de la Regula Benedicti.* In: «*Sapientiae doctrina*». Leuven (1980) 231−238

1212 MARÓTI, E. *Zu Columellas Fortleben im Frühmittelalter* [ungar., mit dt. Zsfssg] − AAA Szeged Suppl. 2 (1979) 33−41

1213 MARQUES MELLO, M. *Presencia y silencio de María en la Regla de San Benito* − CuadMon 15 (1980) 175−184

1214 MATANIC, A.G. *Benito de Nursia y Francisco de Asís, dos educadores de la Europa cristiana* − CFR 13 (1980) 213−221

1215 McCANN, JUSTIN *Saint Benedict.* London: Sheed and Ward 1979. 301 pp.

1216 MIQUEL, PIERRE *La vie monastique selon Saint Benoît.* Paris: Beauchesne 1979. 333 pp.

1217 MIQUEL, PIERRE *La lumière divine dans la Règle de saint Benoît* − Irénikon 53 (1980) 331−340

1218 MOLINA PIÑEDO, R. *San Benito Fundador de Europa* [BAC Popular 23]. Madrid: Editorial Católica 1980. 164 pp.

1219 MOLINA PRIETO, A. *Vigencia carismática de San Benito* − Cistercium 22 (1980) 75−100

1220 MOLINERO, L. M. *Vida y milagros de San Benito Abad.* Buenos Aires: Ediciones Abadía de S. Benito 1979. 134 pp.

1221 MORAL, TOMAS *La estabilidad benedictina: fuentes, doctrina, proyección actual.* In: *Hacia una relectura* ... (cf. 1979/80, 123) 325–358

[2402] NAVARRO, M. P.: Annus liturgicus

1222 NIGG, WALTER *Benedikt von Nursia: der Vater des abendländischen Mönchtums; mit Auszügen aus der Benedikt-Vita in den Dialogen II Gregors d. Großen und aus Benedikts Ordensregel.* Freiburg im Breisgau, Basel, Wien: Herder 1979. 115 pp.

1223 NIGG, WALTER *Benito de Nursia.* Santander: Sal Terrae 1980. 128 pp.

1224 NIGG, W. *Saint Benoît, le père des moines d'Occident. Essai biographique.* Ill. de H. N. LOOSE, trad. par R. MONJARDET. Paris: Éd. du Centurion 1980. 72 pp.

1225 OURY, GUY-MARIE *Saint Benoît, patron de l'Europe.* Chambray: C.L.D. 1979. 125 pp.

[2353] PAPIOL, M. M.: Liturgica

1226 PARYS, MICHEL VAN *La prière brève et pure selon saint Benoît* – Irénikon 52 (1979) 507–512

[490] PASCUAL, A.: conversatio morum

1227 PETRI, EDDA *Eine mittelhochdeutsche Benediktinerregel* [RBS Supplementa 6; 2. Auflage]. Hildesheim: 1978. VIII, 367 pp.

[491] PIFARRÉ, C.: corpus spiritale

1228 PROBST, BENEDIKT *Benedikt von Nursia: früheste Berichte.* St. Ottilien: Eos 1979. 192 pp.

1229 RAGNER, HILARI *Benito de Nursia y su tiempo* – Confer 19 (1980) 201–217

[2420] RAMIS MIQUEL, G.: Cultus

1230 RIBEIRO, ANTONIO *Mensagem de S. Bento à Igreja e ao mundo de hóje* – OrLab 26 (1980) 133–137

1231 RODRIGUEZ COELHO, E.; MAHFOUD, M. *San Benito y el desarrollo y la integración de la personalidad* – CuadMon 15 (1980) 185–200

1232 SANGRINUM, A. *Speculum et exemplar christicolarum. Vita beatissimi patris Benedicti.* Zamora: Monte Casino 1980. 246 pp.

1233 SCHÜTZ, CHR. *«Ad vitam aeternam gradiendi amor» (RB 5, 10). Anmerkungen zum eschatologischen Charakter des Mönchslebens nach der Regula Benedicti.* In: *Gottesherrschaft – Weltherrschaft* (cf. 1979/80, 121) 195–208

1234 *Secundum regulam s. Benedicti: Ausstellung von Handschriften 8/17. Jh. zum Gedenkjahr des hl. Benedikt 480–1980, Stiftsbibliothek Einsiedeln 21. März 1980–21. März 1981.* Einsiedeln: Stiftsbibliothek 1980. 24 pp.

[2138] SELLA BARRACHINA, V.: Regula Magistri

[2139] SELLA BARRACHINA, V.: Regula Magistri

1235 SERNA, CLEMENTE DE LA *Actualidad de la Regla Benedictina.* In: *Hacia una relectura* ... (cf. 1979/80, 123) 9—33

1236 SERNA, CLEMENTE DE LA *En torno al descanso en RB.* In: *Hacia una relectura* ... (cf. 1979/80, 123) 359—393

1237 SILVA, C. H. *A ascese na espiritualidade de S. Bento de Núrcia — Do valor rítmico da vida monástica segundo a «Regula»* — Didaskalia 10 (1980) 243—309

1238 SORGE, BARTOLOMEO *San Benedetto, noi e l'Europa* — CC 131,2 (1980) 12—26

1239 SOUSA, GABRIEL DE *São Bento, Homem de Deus e da Igreja do seu tempo* — OrLab 26 (1980) 77—91

1240 SOUSA, GABRIEL DE *Discreção e Equilíbrio na Regra de São Bento* — OrLab 26 (1980) 195—203

1241 THOMAS, R. *San Benito y la oración* — Cistercium 22 (1980) 65—74

1242 TORRE, JUAN MARIA DE LA *S. Benito —1980, el hombre de Dios para nuestros tiempos* — OrLab 26 (1980) 167—183

[487] TORRE, J. M. DE LA: ausculta

1243 TSCHUDY, J. F.; RENNER, F. *Der heilige Benedikt und das benediktinische Mönchtum.* St. Ottilien: Eos-Verlag 1979. 288 pp.

1244 URIBE ESCOBAR, FERNANDO *Strutture e specificità della vita religiosa secondo la regola di S. Benedetto e gli opuscoli di S. Francesco d'Assisi* [Studia Antoniana 24]. Roma: Pont. Athenaeum Antonianum 1979. 387 pp.

1245 VOGÜÉ, ADALBERT DE *Community and abbot in the rule of St. Benedict.* Transl. by CHARLES PHILIPPI [Cistercian Studies Series 5]. Kalamazoo, Mich.: Cistercian Publ. 1979.

1246 VOGÜÉ, A. DE *Les trois critères de saint Benoît pour l'admission des novices* — ColCist 40 (1978) 128—138

[1471] VOGÜÉ, A. DE: Eugippius

1247 WIDHALM, GLORIA-MARIA *Die rhetorischen Elemente in der Regula Benedicti* [RBS Supplementa 2; 2. Auflage]. Hildesheim: 1977. VIII, 264 pp.

[78] ZARAGOZA PASCUAL, E.: Bibliographica

Boethius

1248 ABRAMOWSKI, L. *Trinitarische und christologische Hypostasen* — ThPh 54 (1979) 38—40

1249 BALTES, M. *Gott, Welt, Mensch in der Consolatio Philosophiae des Boethius. Die Consolatio Philosophiae als ein Dokument platonischer und neuplatonischer Philosophie* — VigChr 34 (1980) 313—340

1250 BERNHARD, M. *Wortkonkordanz zu Anicius Manlius Severinus Boethius, De institutione musica* [Veröffentlichung der Musikhistorischen Komm. 4]. München: Beck 1979. VIII, 813 pp.

1251 DANE, J. A. *Potestas, potentia. Note on Boethius' De consolatione philosophiae* — Vivarium 17 (1979) 81—89

1252 DUCHEZ, M. E. *Jean Scot Érigène premier lecteur du De institutione musica de Boèce?* In: *Eriugena. Studien zu seinen Quellen.* Hrsg. von W. BEIERWALTES (cf. 1979/80, 108) 165—187

1253 GEGENSCHATZ, E. *Zufall, Freiheit und Notwendigkeit; ein philosophiegeschichtlicher Exkurs im Kommentar des Boethius zur Aristotelischen Schrift De interpretatione.* In: *Erbe, das nicht veraltet* (cf. 1979/80, 107) 5—61

1254 LAPIDGE, M. *A Stoic metaphor in late Latin poetry; the binding of the cosmos* — Latomus 39 (1980) 817—837

1255 MATSCHAWARIANI, M. *Boethius' und der Areopagita-Einfluß auf das Mittelalter. (Versuch einer vergleichenden Analyse)* — WZJena 29 (1980) 331—336

1256 MCKEON, R. *The Hellenistic and Roman foundations of the tradition of Aristotle in the West* — ReMet 32 (1979) 677—715

1257 MENESTÒ, E. *Un nuovo codice dell'Expositio in Boecii librum de bonorum ebdomade di Gilberto Porretano.* In: *Theologia crucis, signum crucis. Festschrift für Erich Dinkler* (cf. 1979/80, 172) 165—194

1258 ONOFRIO, G. D' *Giovanni Scoto e Boezio. Tracce degli Opuscula sacra e della Consolatio nell'opera eriugeniana* — StMe 21 (1980) 707—752

1259 ROUSSEAU, P. *The death of Boethius; the charge of maleficium* — StMe 20 (1979) 871—889

1260 *Scientia et virtus: un commentaire anonyme de la Consolation de Boèce.* Introduit et publié par SÁNDOR DURZSA. Budapest: Magyar Tudományos Akadémia Könyvtára 1978. 87 pp.

1261 TRAINA, A. *Per l'esegesi di una lirica boeziana (cons. 1, m. 5)* — Orpheus N.S. 1 (1980) 391—410

Braulio

[1469] PALERMO, G.: Eugenius Toletanus

Caesarius Arelatensis

1262 GRIFFE, É. *L'idéal pastoral selon saint Césaire d'Arles* — BLE 81 (1980) 50—54

1263 VOGÜÉ, A. DE *Un écho de Césaire d'Arles dans la Règle du Maître, le Chrysostome latin et la Passio Iuliani* — RBen 90 (1980) 288—289

Calcidius

1264 WASZINK, J. H. *La théorie du langage des dieux et des démons dans Calcidius*. In: *Opuscula selecta* (cf. 1979/80, 179) 411−419

Cassiodorus

1265 *[Cassiodorus] L'itinerario di un anima*. Introd. e trad., con testo a fronte, del «De anima» di Cassiodoro, a cura di G. PALERMO. Catania: Centro di studi sull'antico cristianesimo 1978. 130 pp.

1266 AGRISANI, M. L. *Iord. Get. 266 e Cassiod. inst. I 28* − RomBarb 4 (1979) 5−11

[279] BURNS, T. S.: Opera ad historiam

1267 CHATILLON, F. *Le manifeste aux habitants d'Arles* − RMAL 23 (1967) 38−43

1268 HALPORN, J. W. *Pandectes, pandecta and the Cassiodorian Commentary on the Psalms* − RBen 90 (1980) 290−300

1269 IANDIORIO, L. *Le lettere siciliane di Cassiodoro* − Orpheus 24−25 (1977/1978) 171−186

[225] JANSON, T.: Subsidia

1270 LORETI, I. *Simbolica dei numeri nella Expositio Psalmorum di Cassiodoro* − VetChr 16 (1979) 41−55

1271 MAIR, JOHN R. S. *A Manual for Monks. Cassiodorus and the ἐγκύκλιος παιδεία* − JThS 31 (1980) 547−553

1272 O'DONNELL, J. J. *Cassiodorus*. Berkeley: University of California Pr. 1979. XVI, 303 pp.

1273 ROMANO, D. *Cassiodoro panegirista* − Pan 6 (1978) 5−35

1274 SCHLIEBEN, R. *Cassiodors Psalmenexegese; eine Analyse ihrer Methoden als Beitrag zur Untersuchung der Geschichte der Bibelauslegung der Kirchenväter und der Verbindung christlicher Theologie mit antiker Schulwissenschaft* [Göppinger akademische Beiträge 110]. Göppingen: Kümmerle 1979. VII, 292 pp.

[2762] STEINHAUSER, K. B.: Specialia in Novum Testamentum

1275 VISCIDO, L. *Note su una delle Variae di Cassiodoro* − VetChr 16 (1979) 105−109

1276 VISCIDO, L. *Sulle cause delle fondazioni monastiche a Vivarium* − RiLSE 12, 1−2 (1980) 55−59

1277 VISCIDO, L. *Cassiod., Var. XII 15,2s* − KoinNapoli 4 (1980) 129−138

Celsus Philosophus

[1490] EHRHARDT, C. T. H. R.: Eusebius Caesariensis

[2032] PICHLER, K.: Origenes

1278 POTAK, T. *Celsus i jego „Prawdziwe słowo"* (= *Celsus und sein „Alēthēs Logos"*) − Studia Filozoficzne (1980) 33−44

Chromatius Aquileiensis

1279 *[Chromatius Aquileiensis] Cromazio. Catechesi al popolo. Sermoni.* Traduzione e note a cura di G. Cuscito [CTP 20]. Roma: Città Nuova 1979. 268 pp.

1280 BEATRICE, P. F. *Due nuovi testimoni della lavanda dei piedi in età patristica, Cromazio di Aquileia e Severiano di Gabala* – Augustinianum 20 (1980) 23–54

1281 CORGNALI, DUILIO *Il mistero pasquale in Cromazio di Aquileia.* Udine: 1979. 219 pp.

1282 CUSCITO, G. *Cromazio di Aquileia (388–408) e l'età sua. Bilancio bibliografico-critico dopo l'edizione dei Sermones e dei Tractatus in Matthaeum* – AN 50 (1979) 497–572

1283 DOIGNON, J. *Chromatiana. A propos de l'édition de l'œuvre de Chromace d'Aquilée* – RSPhTh 63 (1979) 241–250

1284 LEMARIÉ, J. *Le Commentaire de saint Chromace d'Aquilée sur la Transfiguration* – RSLR 16 (1980) 213–222

1285 TRELOAR, A. *Two notes on Chromatius* – Glotta 57 (1979) 292

1286 TRETTEL, G. *Mysterium e sacramentum in san Cromazio* [Trieste, Centro di studi storicio-crist. del Friuli]. Venezia: Giulia 1979. 258 pp.

1287 TRETTEL, GIULIO *La Ricostituzione del «Corpus Chromatianum»* – EL 93 (1979) 234–242

Claudius Claudianus

1288 *[Claudius Claudianus] De bello Gothico.* Introduzione, ed. crit., traduzione e comm. a cura di G. GARUTI [Ed. e Saggi univ. di filol. class. 23]. Bologna: Patron 1979. 113 pp.

1289 ALBERT, G. *Stilicho und der Hunnenfeldzug des Eutropius* – Chiron 9 (1979) 621–645

1290 ALBERTE, A. *Consideraciones en torno al carácter épico de los poemas de Claudiano De bello Gildonico y De bello Gothico* – Durius 6 (1978) 29–49

1291 ANDERSON, G. *Simulator simius* – CQ 30 (1980) 259–260

1292 BARR, W. *Claudian's In Rufinum, an invective?* In: *Vergil and Roman elegy, medieval Latin poetry and prose, Greek lyric and drama* (cf. 1979/80, 177) 179–190

1293 BRADEN G. *Claudian and his influence. The realm of Venus* – Arethusa 12 (1979) 203–231

1294 BURCK, E. *Die Epen Claudians.* In: *Das römische Epos.* (cf. 1979/80, 156) 359–378

1295 DÖPP, S. *Claudian's invective against Eutropius as a contemporary historical document* – WJA 4 (1978) 187–196

1296 Döpp, S. *Zeitgeschichte in Dichtungen Claudians* [HerE 43]. Wiesbaden: Steiner 1980. XII, 281 pp.

1297 Fo, A. *Osservazioni su alcune questioni relative al De raptu Proserpinae di Claudiano* − QC 1 (1979) 385−415

1298 Garuti, G. *Claudiano e la curia dei Visigoti (Bell. Goth. 481−484).* In: *Studi di poesia latina in onore di Antonio Traglia* (cf. 1979/80, 161) 937−949

1299 Luck, G. *Disiecta membra. On the arrangement of Claudian's carmina minora* − ICS 4 (1979) 200−213

1300 Meijer, L. C. *De plundering van Rome door Alaric (410). Enige contemporaine getuigenissen* − Lampas 12 (1979) 193−207

1301 Romano, D. *Struttura della Gigantomachia latina di Claudiano.* In: *Studi di poesia latina in onore di Antonio Traglia* (cf. 1979/80, 161) 925−936

1302 Schwarz, F. F. *Nigra maiestas, Bryaxis, Sarapis, Claudian.* In: *Classica et Provincialia, Festschrift Erna Diez* (cf. 1979/80, 100) 189−201

1303 Sebesta, J. L. *Claudian's credo. The «de salvatore»* − CB 56 (1980) 33−36

1304 Vichesi, M. A. *Servio e la riscoperta di Lucano nel IV−V secolo* − AteRo 24 (1979) 2−40

1305 Wacht, M. *Lemmatisierter Index zu den Carmina maiora Claudians mit statistischen Anhängen zu Sprache und Metrik* [Regensburger Microfiche Mater. 9]. Nürnberg: Microfilm Computer Service 1980. 742 pp.

Clemens Alexandrinus

1306 Amerio, M. L. *Note sulla fortuna di Plato Tim. 41e, 42d (in riferimento a Clem. Alex. prot. 63,1)* − InvLuc 2 (1980) 129−190

1307 Amerio, M. L. *Su due similitudini del Protrettico di Clemente Alessandrino (prot. 9,86,2)* − InvLuc 1 (1979) 7−37

[574] *The Ante-Nicene Fathers:* Auctores

[483] Bartelink, G. J. M.: θίασος

[452] Classen, C. J.: Philosophica

[453] Colpe, C.: Philosophica

[454] Dihle, A.: Philosophica

1308 Drączkowski, F. *Agape w pismach Klemensa Aleksandryjskiego (= Agape in den Schriften des Klemens von Alexandrien).* Pelplin 1980. 149 pp.

1309 Drączkowski, F. *Wychowawcza funkcja prawa Starego Testamentu w koncepcji Klemensa Aleksandryjskiego (= The educational Function of the Old Testament Law in Clement of Alexandria's Conceptio* − RoczTK 26 (1979) 17−30

1310 DRĄCZKOWSKI, F. *Klemens Aleksandryjski — pedagog oświeconych* (= *Clément d'Alexandrie en tant que pédagogue des illuminés*) — AtKap 71/93 (1979) 27—36

1311 DRĄCZKOWSKI, F. *Kerygmat pisemny w teorii i praktyce Klemensa Aleksandryjskiego* (= *Written Kerygma in Clement of Alexandria's Theory and Praxis*) — RoczTK 26 (1979) 21—43

1312 DRĄCZKOWSKI, F. *Miejsce i rola bojaźni (phobos) na drodze dąże- nia do doskonałości chrześcijańskiej według Klemensa Aleksan- dryjskiego* (= *The place and role of the fear of God on the way of straining for christian perfection, as formulated by Clement of Alexandria*) — RoczTK 27 (1980) 21—30

1313 DRĄCZKOWSKI, F. *Agape istotą chrześcijaństwa według Klemensa Aleksandryjskiego (Agape, l'essence du christianisme selon Clé- ment d'Alexandrie)* — StPel 11 (1980) 101—127

1314 DRĄCZKOWSKI, F. *Qua paideia Clemens Alexandrinus imbutus ap- pareat in animadvertenda falsa gnosi.* In: *Miscellanea patristica in memoriam Joannis Czuj* (cf. 1979/80, 143) 37—83

1315 EGAN, J. *Logos and emanation in the writings of Clement of Alexandria.* In: *Trinification of the world* (cf. 1979/80, 174)

[2616] ENGLEZAKIS, B.: Gnostica

1316 FREDRICKSMEYER, E. A. *Divine honors for Philip II* — TPAPA 109 (1979) 39—61

1317 GALLINARI, L. *La problematica educativa di Clemente Alessan- drino.* Cassino: Garigliano 1976. 182 pp.

1318 HOFFMANN, RAINER *Geschichte und Praxis. Ihre prinzipielle Be- gründung durch Klemens von Alexandrien. Ein Beitrag zum spät- antiken Platonismus* [Die Geistesgeschichte und ihre Methoden. Quellen und Forschungen 3]. München: Wilhelm Fink Verlag 1979. 128 pp.

1319 KOVACS, J. L. *Clement of Alexandria and the Valentinian gnostics* [Diss. Columbia University]. New York: 1978. 258 pp.

1320 LADARIA, L. F. *El Espíritu Santo en Clemente Alejandrino. Estudio teológico—antropológico* [Publicaciones de la Universidad Ponti- ficia Comillas I 16]. Madrid: EAPSA 1980. 288 pp.

[21] MCCUE, J. F.: Historia patrologiae

1321 MESSANA, V. *Teologia della speranza nella paideia di Clemente Alessandrino* — Salesianum 40 (1978) 591—600

1322 MOURAVIEV, S. N. *Clément, Protreptique 34, 2 ss. = Héraclite, Fr. B. 15* — REAnc 78—79 (1976/77) 42—49

1323 ΝΙΚΟΛΑΟΥ, ΘΕΟΔΩΡΟΣ ΣΤ. Ἡ χριστιανικὴ ἀλήθεια καὶ ἠθικὴ ἐν σχέσει πρός τὴν ἑλληνικὴν φιλοσοφίαν κατὰ Κλήμεντα τὸν Ἀλεξ- ανδρέα — Kleronomia 11 (1979) 59—92

[462] OSBORN, E.: Philosophica

1324 PARENTE, F. *Qualche appunto sugli Actus beati Sylvestri* — RSI 90 (1978) 878—897

1325 SCHMOELE, K. *Die pneumatische Gnosis und Ansätze zu einer christlichen Geschichtsmetaphysik im Werk des Klemens von Alexandrien.* In: *Pietas. Festschrift für Bernhard Kötting* (cf. 1979/80, 149) 78—92

1326 STORELLI, F. *Itinerario a Dio nel Protrettico di Clemente Alessandrino* — Nicolaus 8 (1980) 3—71

Clemens Romanus

[2058] *Les écrits des pères apostoliques:* Patres Apostolici

1327 ELLINGWORTH, P. *Hebrews and 1 Clement. Literary dependence or common tradition?* — BiZ 23 (1979) 262—269

1328 FAIVRE, A. *Le système normatif dans la Lettre de Clément de Rome aux Corinthiens* — ReSR 54 (1980) 129—152

1329 FISHER, E. W. *Let us look upon the blood* — *of* — *Christ (1 Clement 7,4)* — VigChr 34 (1980) 218—236

1330 FUELLENBACH, JOHN *Ecclesiastical office and the primacy of Rome. An evaluation of recent theological discussion of I Clement* [SCA 20]. Washington: Catholic Univ. of America Pr. 1980. IX, 278 pp.

1331 PIZZANI, U. *Consistenza e limiti degli influssi locali su alcuni aspetti del pensiero teologico di Lattanzio* — AugR 19 (1979) 87—102

[2735] PROULX, P.; O'CALLAGHAN, J.: Specialia in Vetus Testamentum

Pseudo-Clemens Romanus

1332 CIRILLO, L. *Dottrine gnostiche nelle pseudo-Clementine* — Prometheus 5 (1979) 164—188

Columbanus Abbas Bobiensis

1333 CHATILLON, F. *Réminiscences des Astronomica de Manilius chez saint Colomban* — RMAL 24 (1968) 5—8

1334 CHATILLON, F. *Réminiscences de Paulin de Nole chez Colomban?* — RMAL 25—34 (1969—1978) 23—26

1335 CHATILLON, F. *Colomban s'est-il souvenu de Rutilius Namatianus?* — RMAL 35 (1979) 5—8

1336 LAPIDGE, M. *The autorship of the adonic verses Ad Fidolium attributed to Columbanus* — StMe 18 (1977) 249—314, 815—880

1337 NUVOLONE, FLAVIO *Le Commentaire de S. Colomban sur les Psaumes rentre-t-il définitivement dans l'ombre?* — FZPT 26 (1979) 211—219

1338 SMOLAK, K. *Auri sacra fames in dem Columbanus-Gedicht an Fido-lius* – SCO 30 (1980) 125–137
1339 WELKENHUYSEN, A. *Note à verser au dossier Colomban; Rutilius à Bobbio* – RMAL 35 (1979) 119

Commodianus

[575] *The Ante-Nicene Fathers:* Auctores
1340 LÖFSTEDT, B. *Zum Thesaurus-Artikel inter* – Habis 8 (1977) 89–90
[640] SCHRECKENBERG, H.: Auctores

Constitutiones apostolorum

[576] *The Ante-Nicene Fathers:* Auctores
1341 KARLSSON, G. H.; MAEHLER, H. *Ein griechisches Morgengebet aus Ägypten* – VigChr 33 (1979) 76–80

Corippus

1342 BURCK, E. *Die Johannis des Corippus.* In: *Das römische Epos* (cf. 1979/80, 156) 379–399

Cosmas Indicopleustes

[1772] AUBINEAU, M.: Iohannes Chrysostomus
1343 JACOBS, ANGELIKA *Kosmas Indicopleustes, Die Christliche Topographie, in slavischer Übersetzung* – Byslav 40 (1979) 183–198

Cosmas Melodus

1344 ΔΕΤΟΡΑΚΗΣ, ΘΕΟΧΑΡΗΣ *Κοσμᾶς ὁ Μελωδός. Βίος καί ἔργο* [An Vlat 28]. Θεσσαλονίκη: Πατριαρχικόν Ἵδρυμα Πατερικῶν Μελετῶν 1979. 259 σσ.
1345 THEODORIDIS, C. *Die Abfassungszeit der Epimerismen zu Homer* – ByZ 72 (1979) 1–5

Cyprianus Carthaginiensis

1346 *[Cyprianus Carthaginiensis] Cyprien, L'unité de l'Église catholique. Augustin, Sermons sur l'Église unie.* Textes introd., trad. et annotes par V. SAXER [Coll. Les Pères dans la foi]. Paris: Desclée de Brouwer 1979. 116 pp.

1347 *[Cyprianus Carthaginiensis] Opere di san Cipriano.* A cura di G. Toso [Class. delle rel. 36]. Turin: UTET 1980. 800 pp.

1348 *[Cyprianus Carthaginiensis] S. Cipriano di Cartagine. Le Lettere.* Introd., versione e note a cura di Nerino Marinangeli [Collana patristica e del pensiero cristiano]. Alba: Ed. Paoline 1979. 570 pp.

1349 Amusin, I. D. *Magister unitatis chez Pseudo–Cyprien et le more hayyahad qumranique.* In: *Problèmes d'histoire et de culture antique. Actes de la XIVe Conférence internationale Eirene des spécialistes de l'antiquité dans les pays socialistes 1.* (cf. 1979/80, 152) 25–31

1350 Andrzejewski, R. *Święty Cyprian z Kartaginy – między karnościa a łagodnością w oparciu o zasadę jedności Kościoła (=Cyprien de Carthage – entre la discipline et la douceur sur la base du principe de l'unité de l'Eglise)* – AtKap 71/92 (1979) 372–379

1351 Ashworth, H. *The influence of Saint Cyprian on the composition of two prayers of the Gelasian Sacramentary.* In: *Eulogia* (cf. 1979/80, 113) 21–30

1352 Beatrice, P. F. *Il sermone De centesima, sexagesima, tricesima dello Ps. Cipriano e la teologia del martirio* – AugR 19 (1979) 215–243

1353 Bévenot, M. *The Oldest Surviving Manuscript of St. Cyrpian now in the British Library* – JThS 31 (1980) 368–377

1354 Bévenot, Maurice *"Sacerdos" as understood by Cyprian* – JThS 30 (1979) 413–429

1355 Buchheit, V. *Cyprian-Seneca und die laudes agricolarum Vergils* – RhM 122 (1979) 348–359

1356 Campenhausen, H. von *Zu Cyprian, ep. 74,2.* In: *Urchristliches und Altkirchliches* (cf. 1979/80, 96) 331–333

[664] *Le chrétien devant la mort:* Ambrosius Mediolanensis

[289] Clarke, G. W.: Opera ad historiam

1357 Deléani, Simone *Christum sequi. Étude d'un thème dans l'oeuvre de Saint Cyprien.* Paris: Études Augustiniennes 1979. 188 pp.

1358 Duquenne, L. *Une approche nouvelle de la figure de saint Cyprien* – AB 97 (1979) 160–164

1359 Fenger, A. L. *Zur Beurteilung der Ketzertaufe durch Cyprian von Carthago und Ambrosius von Mailand.* In: *Pietas. Festschrift für Bernhard Kötting* (cf. (1979/80, 149) 179–197

1360 Freudenberger, R. *Romanas caerimonias recognoscere.* In: *Donum gentilicium. New Testament studies in honour of David Daube* (cf. (1979/80, 105) 238–254

1361 Gasco La Calle, Fernando *«Decadencia» y percepción de la realidad en San Cipriano* – Habis 9 (1978) 311–322

1362 Gnilka, Christian *Ultima verba* – JAC 22 (1979) 5–21

[869] Grossi, V.: Augustinus

1363 HEVIA-BALLINA, A. *Praecipuae martyrii ad salutem connotationes, quae ex divi Caecilii Thascii Cypriani, Carthaginiensis episcopi, doctrina eruantur.* In: *Africa et Roma. Acta omnium gentium ac nationum Conventus Latinis litteris linguaeque fovendis, Leopold Sedar Senghor dicatum* (cf. (1979/80, 80) 281−293

1364 HORNUS, J. M. *A propos de Cyprien, évêque de Carthage* − EtThR 55 (1980) 307−312

[2378] JILEK, A.: Missa, sacramenta, sacramentalia

1365 LANGA, PEDRO *San Cipriano y la controversia bautismal del siglo III* − RC 26 (1980) 731−754

1366 LORETI, L. *La pneumatologia di S. Cipriano* − QILL 1 (1979) 45−63

1367 MARA, M. G. *Note sulla cristologia Ciprianea, l'interpretazione di Prov. 9, 1−6* − AugR 20 (1980) 243−256

1368 MAZZUCCO, C. *Due visioni cristiane del mondo e due stili. Cipriano «Ad Demetrianum» 3−5 e Ambrogio Epistula xviii 23−29* − CCC 1 (1980) 219−241

[1874] MUNZI, L.: Iulianus Toletanus

[2385] NAGEL, E.: Missa, sacramenta, sacramentalia

1369 ROMEO, J. M. *El uso del ablativo en los tratados De lapsis y De catholicae Ecclesiae unitate de San Cipriano* − Faventia 1 (1979) 195−205

[1681] SAVON, H.: Hieronymus

[395] SAXER, V.: Opera ad historiam

1370 SERGEJENKO, M. JE. *The Decian persecution [in russian]* − VDI 151 (1980) 171−176

1371 TIBILETTI, C. *Ascetismo e storia della salvezza nel De habitu virginum di Cipriano* − AugR 18 (1979) 431−442

1372 URBAN, W. *Rękopisy dzieł św. Cypriana z XV wieku w Bibliotece Kapitulnej we Wrocławiu* (= *Manuscriptum operum S. Cypriani ex XV saeculo in Capitulari Bibliotheca Wratislaviensis*) − Archiwa, Biblioteki i Muzea Kościelne, Lublin 35 (1977) 247−250

1373 VOGÜÉ, A. DE *Une citation de Cyprien dans le Chrysostome latin et chez le Maître* − RBen 89 (1979) 176−178

1374 YOUNGE, R. G. *Cyprian of Carthage. Conversation and influence* [Diss. Graduate Theol. Union]. Berkeley: 1979. 113 pp.

Pseudo-Cyprianus Carthaginiensis

1375 BEATRICE, P. F. *Martirio ed ascesi nel sermone pseudo-ciprianeo De centesima, sexagesima, tricesima.* In: *Paradoxos politeia. Studi patristici in onore di Giuseppe Lazzati* (cf. (1979/80, 145) 3−24

1376 MYSZOR, W. *Najstarsza łacińska homilia* (= *Die älteste lateinische Homilie. Adversus Judaeos. Pseudo-Cypriani*) − STV 17 (1979) 245−255

1377 SEIDEL MENCHI, S. *Un'opera misconosciuta di Erasmo? Il trattato pseudociprianico De duplici martyrio* – RSI 90 (1978) 709–743

Cyrillus Alexandrinus

1378 *[Cyrillus Alexandrinus] Qerellos, IV, 1: Homilien und Briefe zum Konzil von Ephesos.* Ed. B. M. WEISCHER [Äthiopische Forsch. 4]. Wiesbaden: Steiner 1979. 195 pp.

1379 *[Cyrillus Alexandrinus] Św. Cyryl Aleksandryjski. Wyklad prawdziwej wiary. W obronie tytułu Bogoradzica, Homilie efeskie (= De recta fide, Adversus nolentes confiteri sanctam Virginem esse Deiparam, Homiliae 1–7 Ephesi habitae).* Ins Polnische übersetzt von W. KANIA, eingeleitet von E. STANULA, herausgegeben von ST. KALINKOWSKI und E. STANULA [PSP 18]. Warszawa: Akademia Teologii Katolickiej 1980. 270 pp.

[503] ESBROECK, M. VAN: Palaeographica atque manuscripta

[1782] FEE, G. D.: Iohannes Chrysostomus

1380 GERO, S. *Cyril of Alexandria, image worship and the Vita of Rabban Hormizd* – OrChr 57 (1978) 77–97

[2514] GHEORGHESCU, CH.: Creatio, providentia

1381 HALLEUX, A. DE *Cyrille, Théodoret et le Filioque* – RHE 74 (1979) 597–625

1382 HOUDEK, F. J. *Contemplation in the life and works of Saint Cyril of Alexandria* [Diss. Univ. of California]. Los Angeles: 1979. 342 pp.

1383 LABELLE, J. M. *Saint Cyrille d'Alexandrie témoin de la langue et de la pensée philosophiques au Ve siècle* – ReSR 52 (1978) 135–158; 53 (1979) 23–42

[2383] MACOMBER, W. F.: Missa, sacramenta, sacramentalia

1384 MARGERIE, B. DE *L'exégèse christologique de saint Cyrille d'Alexandrie* – NRTh 102 (1980) 400–425

1385 McINERNEY, JOSEPH LEE *Soteriological Commonplaces in Cyril of Alexandria's Commentary on John.* In: *Disciplina nostra* (cf. (1979/80, 104) 179–187

Cyrillus Hierosolymitanus

1386 *[Cyrillus Hierosolymitanus] Cirillo di Gerusalemme: Omelie Copte. Sulla Passione, sulla Croce e sulla Vergine.* Ed. con introd. e trad. di ANTONELLA CAMPAGNANO [Testi e documenti per lo studio dell'antichità 65]. Milano: Cisalpino-Goliardica 1980. 214 pp.

1387 *[Cyrillus Hierosolymitanus] Sant Ciril de Jerusalem. Les cinc catequesis mistagogiques.* Traducció de VICENÇ ESMARATS [Testimonis Liturgics 4]. Barcelona: Facultat de Teologia, Secció Sant Pacià 1980. 48 pp.

[2727] ARMSTRONG, G. T.: Specialia in Vetus Testamentum
 [579] *L'initiation chrétienne:* Auctores
 1388 LUCCHESI, E. *L'homélie copte de Cyrille de Jérusalem en l'hon-
neur de la Sainte Croix. Nouveaux apports* − AB 98 (1980) 83−84

Cyrillus Scythopolitanus

1389 DEVOS, P. *Cyrille de Scythopolis. Influences littéraires. Vêtement
de l'évêque de Jérusalem. Passarion et Pierre l'Ibère* − AB 98
(1980) 25−38

Dadišo qaṭraya

1390 GUILLAUMONT, A. *L'œuvre de Dadisho Qatraya, supérieur du
monastère du Mt Izla, II* − AEHESR 87 (1978/79) 327−328

Damasus papa

1391 BASEVI, C. *La Humanidad y la Divinidad de Cristo: las contro-
versias cristológicas del s. IV y las cartas sinodales del Papa S.
Dámaso (366−377)* − ScTh 11 (1979) 366−377; 953−1004
1392 ROCCA, S. *Memoria incipitaria negli epigrammi di papa Damaso*
− VetChr 17 (1980) 79−84
1393 SCALIA, G. *Gli «archiva» di papa Damaso e le biblioteche di papa
Ilaro* − StMe 18 (1977) 39−63.

Diadochus Photicensis

1394 MESSANA, V. *Diadoco di Fotica e cultura cristiana in Epiro nel V
secolo* − AugR 19 (1979) 151−166

Didache

1395 *[Didache] La Didachè. Dottrina dei dodici apostoli.* Saggio introd.,
trad. e note a cura di U. MATTIOLI. Rom: Ed. Paoline 1976. 171 pp.
1396 *[Didache] La Didakhé.* Traducció de VICENÇ ESMARATS i Espau-
lella, i introducció i notes de MIQUEL S. GROS i Pujol [Testimonis
Liturgics 2]. Barcelona: Edic. Facultat de Teologia, Secció Sant
Pacià 1979. 43 pp.
1397 DIEZ MACHO, ALEJANDRO *Quaddis y Padre nuestro* − Oliv 4
(1980) 23−46
[2058] *Les écrits des pères apostoliques:* Patres Apostolici
 1398 HALLEUX, ANDRÉ DE *Les ministères dans la Didaché* − Irénikon
53 (1980) 5−29

1399 KLOPPENBORG, J. S. *Didache 16,6—8 and special Matthean tradition* — ZNW 70 (1979) 54—67
1400 NIEDERWIMMER, KURT *Doctrina apostolorum (Cod. Mellic.).* In:
Theologia scientia . . . (cf. 1979/80, 173) 266—272
1400a PINES, SH. *The oath of Asaph the Physician and Yohanan ben
Zabda. Its relation to the Hippocratic oath and the Doctrina
duarum viarum of the Didache* — Proceedings of the Israel Academy of Sciences (Jerusalem) 5 (1971—1976) 223—264
1401 STEMPEL, H. A. *Der Lehrer in der Lehre der zwölf Apostel* — Vig
Chr 34 (1980) 209—217

Didascalia apostolorum

1402 *[Didascalia apostolorum] The Didascalia apostolorum in syriac.*
Ed. and transl. by ARTHUR VÖÖBUS [CSCO 401/402; Scriptores
Syri 175/176]. Louvain: Sécrétariat du CSCO 1979. 72*, 126;
68*, 118 pp.
[576] *The Ante-Nicene Fathers:* Auctores

Didymus Alexandrinus

1403 *[Didymus Alexandrinus] Didymos der Blinde. Kommentar zum
Ecclesiastes (Tura-Papyrus), V: Kommentar zu Eccl. Kap. 9,8—
10,20.* Unter Mitwirkung von G. BINDER herausgegeben und übersetzt von M. GRONEWALD [PTA 24]. Bonn: Habelt 1979. 172 pp.
1404 *[Didymus Alexandrinus] Didymos der Blinde. Kommentar zum
Ecclesiastes (Tura-Papyrus), I: Kommentar zu Eccl. Kap. 1,1—2,
14,1.* Herausgegeben und übersetzt von G. BINDER und L. LIESEN-
BORGHS [PTA 25]. Bonn: Habelt 1979. XXXI, 254 pp.
1405 BINDER, G. *Heidnische Autoritäten im Ecclesiastes-Kommentar des
Didymos von Alexandrien* — RBPh 57 (1979) 51—56
[2019] HERON, A.: Origenes

Diodorus Tarsensis

1406 *[Diodorus Tarsensis] Diodori Tarsensis Commentarii in psalmos,
1: Commentarii in psalmos 1—50.* Quorum editionem principem
curavit JEAN-MARIE OLIVIER [CChr Ser. Graeca 6]. Turnhout:
Brepols 1980. CXXV, 328 pp.
1407 SCHÄUBLIN, C. *Zu Diodors von Tarsos Schrift gegen die Astrologie
(Phot. Bibl. Cod. 223)* — RhM 123 (1980) 51—67

Ad Diognetum

1408 *[Ad Diognetum] A Diognète.* Introd. et notes de FRANÇOIS LOU-
VEL, trad. de H.-I. MARROU [Foi vivante 191]. Paris: Les Ed. du
Cerf 1979. 112 pp.

1409 *[Ad Diognetum] Discurs a Diognet.* Traducció i notes de JOSEP RU-
AIX i Vimzet [Testimonis Liturgics 3]. Barcelona: Edic. Facultat de
Teologia, Secció Sant Pacià 1979. 39 pp.

1410 DIRKZWAGER, A. *Eine bekannte crux in Ad Diognetum 2,3* − AC
48 (1979) 647−655

1411 LINDEMANN, ANDREAS *Paulinische Theologie im Brief an Diognet.*
In: *Kerygma und Logos. Festschrift für Carl Andresen zum 70.
Geburtstag* (cf. (1979/80, 132) 337−350

1412 RIGGI, C. *Testimonianza missionaria dell'avvento di Cristo.* In:
Rillegendo l'Epistola a Diogneto, cod. F − Salesianum 34 (1972)
410−488

1413 WENGST, K. *Paulinismus und Gnosis in der Schrift an Diognet* −
ZKG 90 (1979) 41−62

Dionysius Alexandrinus

[1478] ANDRESEN, C.: Eusebius Caesariensis
[576] *The Ante-Nicene Fathers:* Auctores
1414 SORDI, M. *Dionisio di Alessandria e le vicende della persecuzione
di Valeriano in Egitto.* In: *Paradoxos politeia. Studi patristici in
onore di Giuseppe Lazzati* (cf. (1979/80, 145) 288−295

Pseudo-Dionysius Areopagita

1415 *[Pseudo-Dionysius Areopagita] Pseudo-Dionysius Areopagite. The
divine names and mystical theology.* Translation from the Greek
with an introd. study by JOHN D. JONES [Mediaeval philosophical
texts in translation 21]. Milwaukee, Wis.: Marquette University
Press 1980. 266 pp.

1416 BALL, H. *Byzantinisches Christentum. Drei Heiligenleben.* Frankfurt: Insel-Verlag 1979. 323 pp.

1417 BELLINI, E. *Teologia e teurgia in Dionigi Areopagita* − VetChr 17
(1980) 199−216

1418 BERNARD, CH. A. *Les formes de la théologie chez Denys l'Aréopagite* − Greg 59 (1978) 39−69

1419 DRĂGULIN, GHEORGHE *Eclesiologia tratatelor areopagitice şi importanţa ei pentru ecumenismul contemporan (= Die Ekklesiologie
der areopagitischen Schriften und ihre Bedeutung für den heutigen
Ökumenismus)* [Diss.] − StBuc 31 (1979) 54−300

1420 CASTALDELLI, F. *La traduzione del De divinis nominibus dello Pseudo-Dionigi nel commento inedito di Guglielmo la Lucca (†1178)* − Salesianum 39 (1977) 56−76, 221−254

1421 GOLTZ, HERMANN *Studien und Texte zur slavischen Kirchenvätertradition. Zur Tradition des Corpus areopagiticum slavicum; 1−3.* Halle: Universität, Fakultät für Theologie, Dissertation. 1979.

1422 GOLTZ, HERMANN *Ivan der Schreckliche zitiert Dionysios Areopagites. Ein Baustein zur Theorie der Autokratie.* In: *Kerygma und Logos. Festschrift für Carl Andresen zum 70. Geburtstag* (cf. (1979/80, 132) 214−225

1423 HERRÁN, C. M. *El silencio místico. Las tranformaciones de su interpretación hasta Dionisio Ps.-Areopagita* − CFilos 17 (1977) 139−150

1424 JEAUNEAU, E. *Jean Scot Érigène et le grec* − ALMA 41 (1977/78) 5−50

1425 KEIPERT, H. *Velikyj Dionisie sice napisa: Die Übersetzung von Areopagita-Zitaten bei Euthymius von Tărnovo.* In: *Tărnovska knižovna škola, t. II* (Sofia 1980) 326−350

1426 LILLA, S. *Osservazioni sul testo del De diuinis nominibus dello Ps.-Dionigi l'Areopagita* − ASNSP 10 (1980) 125−202

1427 LILLA, SALVATORE *The Notion of Infinitude in Ps.-Dionysius Areopagita* − JThS 31 (1980) 93−103

1428 MAKHARADZE, M. *L'idée du bien dans le Corpus Areopagiticum* [en russe]. In: *Očerki po istor. gruzinskoj filos. mysli 6.* Tbilisi: Mecniereba (1979) 60−86

[1255] MATSCHAWARIANI, M.: Boethius

1429 RITTER, ADOLF MARTIN *Stemmatisierungsversuche zum Corpus Dionysiacum Areopagiticum im Lichte des EDV-Verfahrens.* Göttingen: Vandenhoeck und Ruprecht 1980. 42 pp.

1430 ROREM, P. E. *Biblical and liturgical symbols in Pseudo-Dionysius* [Diss. Princeton Theological Seminary]. Princeton: N. J. 1980. 198 pp.

1431 SAFFREY, H. D. *Nouveaux liens objectifs entre le Pseudo-Denys et Proclus* − RSPhTh 63 (1979) 3−16

1432 ŠOŠIAŠVILI, D. V. *La XIe lettre de Denys l'Aréopagite à Titus.* In: *Dževanmard 2.* Tbilisi: Mecniereba (1979) 52−59

1433 STEIN, A. *Wege der Gotteserkenntnis. Dionysius der Areopagit und seine symbolische Theologie.* München: Kaffke 1979. 77 pp.

1434 SUCHLA, BEATE REGINA *Die sogenannten Maximus-Scholien des Corpus Dionysiacum Areopagiticum* − NAG (1980) 33−66

1435 THAKO-GODI, A. A. *La tradition antique sur le nom et la dénomination dans les Aréopagitiques* [en russe]. In: *Études balkaniques antiques, 3* (cf. 1979/80, 111) 44−46

Dionysius Corinthius

1436 KÜHNERT, WILHELM *Dionysius von Korinth – eine Bischofsgestalt des zweiten Jahrhunderts.* In: *Theologia scientia* . . . (cf. (1979/80, 173) 273–289

Dionysius Minor

[593] COMAN, I. G.: Auctores

Dioscorus Alexandrinus

1437 *[Dioscorus Alexandrinus] Panegyric on Macarius, Bishop of Tków. Attributed to Dioscorus of Alexandria.* Ed. by D. W. JOHNSON [CSCO. Scriptores coptici 415]. Louvain: Secrétariat du CSCO 1980. 15,146 pp.
1438 *[Dioscorus Alexandrinus] A Panegyric on Macarius, Bishop of Tków. Attributed to Dioscorus of Alexandria.* Translated by D. W. JOHNSON [CSCO. Scriptores coptici 416]. Louvain: Secrétariat de CSCO 1980. 13,107 pp.

Dorotheus Gazensis

1439 *[Dorotheus Gazensis] Doroteo di Gaza. Insegnamenti spirituali.* Traduzione, introduzione e note a cura di MAURIZIO PAPAROZZI [CTP 21]. Roma: Città Nuova 1979. 260 pp.
1440 *[Dorotheus Gazensis] Św. Dorotheusz z Gazy. Nauki ascetyczne (= Die asketischen Belehrungen).* Ins Polnische übersetzt von M. BORKOWSKA, eingeleitet und überarbeitet von M. BORKOWSKA und E. STANULA [PSP 27]. Warszawa: Akademia Teologii Katolickiej 1980. 171 pp.
[1809] *Scara sfîntului Ioan* . . .: Iohannes Climacus

Dracontius

1441 BROŻEK, M. *Drakoncjusz – poeta w więzieniu (= De Dracontio poeta in vincula coniecto) –* Meander 35 (1980) 553–562
1442 DIAZ DE BUSTAMANTE, J. M. *Draconcio y sus «Carmina profana». Estudio biográfico, introducción y edición crítica.* Santiago de Compostela: Universidad 1978. 458 pp.

Eligius Noviomensis

[305] FOURACRE, P.: Opera ad historiam

Endelechius

1443 LEIJENHORST, C. G. VAN *Endelechius' «De mortibus boum»* —
Hermeneus 51 (1979) 140—147

Ennodius

1444 CHATILLON, F. *Les mérites de Théodoric* — RMAL 23 (1967) 34—
38
[225] JANSON, T.: Subsidia
[2257] NAVARRA, L.: Venantius Fortunatus
1445 TRILLI, L. *Brevi note sull'epitalamio di Papinio Stazio ad Arrunzio
Stella e su quello di Ennodio di Pavia a Massimo.* In: *Studi di poesia latina in onore di Antonio Traglia* (cf. 1979/80, 161) 871—877

Ephraem Syrus

1446 *[Ephraem Syrus] Ephraem Syrus. Sermones in Hebdomadam Sanctam.* Übersetzt von EDMUND BECK [CSCO 413; Scriptores Syri
182]. Louvain: CSCO 1979. 154 pp.
1447 BECK, EDMUND *Ephräms des Syrers Psychologie und Erkenntnis-
lehre* [CSCO 419]. Louvain: CSCO 1980. 184 pp.
1448 BECK, E. *Ephräms Polemik gegen Mani und die Manichäer im
Rahmen der zeitgenössischen griechischen Polemik und der des
Augustinus* [CSCO 391 Subsidia 55]. Louvain: 1978. VII, 179 pp.
1449 BECK, E. *Das Bild vom Sauerteig bei Ephräm* — OrChr 63 (1979)
1—19
[503] ESBROECK, M. VAN: Palaeographica atque manuscripta
1450 FÉGHALI, P. *Note sur l'influence de s. Paul sur les Carmina Nisi-
bena de s. Ephrem* — ParOr 9 (1979/80) 5—25
1451 FÉGHALI, P. *Protologie et eschatologie dans l'œuvre de St Ephrem*
— ParOr 9 (1979/80) 307—312
1452 FRACCALVIERI, IGNAZIO S. *Efrem e il monachesimo siriano in
Puglia* [Diss.]. Bari: Pontificia Studiorum Universitas 1975. XIX,
69 pp.
1453 FRĂCEA, ILIE *Idei teologice in «Imnele paradisului» ale Sfintului
Efrem Sirul (= Theologische Ideen in den Paradieseshymnen des
hl. Ephräm des Syrers)* — StBuc 31 (1979) 603—615
1454 KANIA, W. *Echo lutni syryjskich ojców -święty Efrem (= Ephrem-
écho des Pères syriens)* — AtKap 71 (1979) T. 92, 399—408
[2304] NORET, J.: Maria Aegyptiaca
1455 NOUJAIM, G. *Anthropologie et économie de salut chez Saint
Ephrem* — ParOr 9 (1979/80) 313—315
1456 NOUJAIM, G. *Essai sur quelques aspects de la pilosophie d'Ephrem
de Nisibe* — ParOr 9 (1979/80) 27—50

[2551] ORTIZ DE URBINA, I.: Mariologia

1458 POIRIER, P. H. *L'Évangile de vérité, Éphrem le Syrien et le comput digital* − REA 25 (1979) 27−34

1459 TARDIEU, M. *Éphrem et Augustin contre Mani* − REA 25 (1979) 245−248

1460 YOUSIF, P. *Le repas fraternel ou l'agapé dans les memre sur la table attribuée à Saint Ephrem* − ParOr 9 (1979/80) 51−66

Epiphanius Episcopus Salaminae

1461 *[Epiphanius Episcopus; Proclus Cyzicensus Patriarcha] Traktate des Epiphanius von Zypern und des Proklos von Kyzikos.* Hrsg. BERND MANUEL WEISCHER [Äthiopische Forschungen 6]. Wiesbaden: Steiner 1979. 141 pp.

1462 CALLU, J. P. *Dénombrement et pesée. Le sou théodosien* − BSFN 34 (1979) 611−612

1463 HÜBNER, R. M. *Die Hauptquelle des Epiphanius (Panarion, haer. 65) über Paulus von Samosata, Ps.-Athanasius, contra Sabellianos* − ZKG 90 (1979) 201−220

1464 NAUTIN, P. *Le Panarion d'Epiphane de Salamine* − AEHESR 87 (1978/79) 317

1465 SCHULTZE, BERNHARD *Epiphanius über Petrus* − AHP 17 (1979) 7−68

[2533] *Su Cristo:* Christologia

1466 WEISCHER, B. M. *Ein arabisches und äthiopisches Fragment der Schrift De XII gemmis des Epiphanios von Salamis* − OrChr 63 (1979) 103−107

Epiphanius Scholasticus

[2099] *Philonis Carpasii Commentarium . . .:* Philo Carpasianus

Eucherius Lugdunensis

1467 CURTI, CARMELO «*Spiritalis intelligentia*». *Nota sulla dottrina esegetica di Eucherio di Lione.* In: *Kerygma und Logos. Festschrift für Carl Andresen zum 70. Geburtstag* (cf. (1979/80, 132) 108−122

Eugenius Toletanus

1468 DIESNER, H. J. *Eugenius II. von Toledo im Konflikt zwischen Demut und Gewissen.* In: *Pietas. Festschrift für Bernhard Koetting* (cf. 1979/80, 149) 472−480

1469 PALERMO, G. *La Passio SS. martyrum innumerabilium Caesar-augustanorum* — Orpheus 24–25 (1977/78) 67–101

Eugippius

[513] KALB, H.: Palaeographica atque manuscripta
1470 VOGÜÉ, A. DE *Quelques observations nouvelles sur la Règle d'Eugippe* — Benedictina 22 (1975) 31–41
1471 VOGÜÉ, A. DE *La Règle d'Eugippe et la fin du Prologue de S. Benoît* — ColCist 41 (1979) 265–273
1472 WIRTH, G. *Anmerkungen zur Vita des Severin von Noricum* — QC 1 (1979) 217–266

Eusebius Alexandrinus

1473 GRONEWALD, M. *Kein durchtriebener Räuber (P. Lit. Lond. 245 = Ps. Eusebius, Sermo 17)* — ZPE 34 (1979) 22–25
1474 SAUGET, J. M. *La version syriaque de l'homélie Sur l'ascension de Notre-Seigneur d'Eusèbe d'Alexandrie* — AugR 20 (1980) 299–317

Eusebius Caesariensis

1475 *[Eusebius Caesariensis] Eusèbe de Césarée. La préparation évangélique. Livre IV–V, 1–17.* Introd., trad. et annotation par O. ZINK, texte grec révisé par E. DES PLACES [SC 262]. Paris: Cerf 1979. 356 pp.
1476 *[Eusebius Caesariensis] Eusèbe de Césarée. La préparation évangélique. Livre V, 18–36 – VI.* Introd., texte grec, trad. et annotation par E. DES PLACES [SC 266]. Paris: Cerf 1980. 292 pp.
1477 *[Eusebius Caesariensis] Eusebio di Cesarea. Storia ecclesiastica.* Traduzione libro I: FRANCESCO MASPERO, traduzione libri II–X: MARISTELLA CEVA. Introduzione, note, bibliographia, appendici, indici di MARISTELLA CEVA [I classici di storia 11]. Milano: Rusconi 1979. 599 pp.
[254] ALONSO NUÑEZ, J. M.: Opera ad historiam
1478 ANDRESEN, C. *Siegreiche Kirche im Aufstieg des Christentums. Untersuchungen zu Eusebius von Caesarea und Dionysios von Alexandrien* — ANRW 2,23.1 (1979) 387–459
1479 BARNARD, L. W. *Bede and Eusebius as Church Historians.* In: *Studies in Church history* . . . (cf. 1979/80, 91) 354–372
[1968] BARNES, T. D.: Methodius
1480 BARNES, T. D. *The editions of Eusebius' Ecclesiastical history* — GrRoBySt 21 (1980) 191–201
[272] BLANCHETIÈRE, F.: Opera ad historiam

1481 BOZONIS, G. *A criticism of two of Atticus' arguments against Aristotle* — Diotima 4 (1976) 53—57

1482 CAMPENHAUSEN, H. VON *Das Bekenntnis Eusebs von Caesarea (Nicaea 325).* In: *Urchristliches und Altkirchliches* (cf. 1979/80, 96) 278—299

[1834] CAMPENHAUSEN, H. VON: Irenaeus

1484 CORSI, P. *Gli Ebrei nella Historia Ecclesiastica di Eusebio da Caesarea* — AAP 29 (1980) 197—212

[293] CROUZEL, H.: Opera ad historiam

[1627] CROUZEL, H.: Gregorius Thaumaturgus

1485 CURTI, C. *L'interpretazione di Ps. 67,14 in Eusebio di Cesarea. La sua fortuna presso gli esegeti greci e latini del Salterio.* In: *Paradoxos politeia. Studi patristici in onore di Giuseppe Lazzati* (cf. 1979/80, 145) 195—207

[1988] CURTI, C.: Novatianus

1486 DECKER, D. DE *Sur le destinataire de la lettre au roi des Perses (Eusèbe de Césarée, Vit. Const. IV, 9—13) et la conversion de l'Arménie à la religion chrétienne* — Persica (Jaarboek voor het genootschap Nederland-Iran) 8 (1979) 99—116

[296] DECKER, D. DE; DUPIUS-MASAY, G.: Opera ad historiam

1487 DENIS, A. M. *L'Historien Anonyme d'Eusèbe (Praep. ev. 9,17—18) et la crise des Macchabées* — JStJ 8 (1977) 42—49

[1695] DOIGNON, J.: Hilarius Pictaviensis

1489 DUMMER, J. *Zwei neue Bände der Eusebius-Ausgabe in den Griechischen Christlichen Schriftstellern* — Klio 62 (1980) 597—601

1490 EHRHARDT, C. T. H. R. *Eusebius und Celsus* — JAC 22 (1979) 40—49

1491 GIRARDET, KLAUS M. *Das christliche Priestertum Konstantins d. Gr. — Ein Aspekt der Herrscheridee des Eusebius von Caesarea* — Chiron 10 (1980) 569—592

1492 GRANT, ROBERT M. *Civilization as a Preparation for Christianity in the Thought of Eusebius.* In: *Continuity and discontinuity* (cf. 1979/80, 102) 62—70

1493 GRANT, ROBERT McQUEEN *Eusebius as church historian.* Oxford: Clarendon Press 1980. VIII, 184 pp.

1494 KERTSCH, M. *Traditionelle Rhetorik und Philosophie in Eusebius' Antirrhetikos gegen Hierokles* — VigChr 34 (1980) 145—171

1495 KÖRTNER, U. H. J. *Markus der Mitarbeiter des Petrus* — ZNW 71 (1980) 160—173

[2056] KUERZINGER, J.: Papias Hierapolitanus

1497 LUIBHEID, COLM *Eusebius of Caesarea and the Arian crisis.* Dublin: Irish Academic Press 1978. 128 pp.

1498 MANSFELD, J. *The chronology of Anaxagoras' Athenian period and the date of his trial, I* — Mn 32 (1979) 39—69

1499 MOSSHAMMER, A. A. *The Chronicle of Eusebius and Greek chronographic tradition.* Lewisburg: Pa. Bucknell Univ. Press 1979. 366 pp.

1500 REY-COQUAIS, J. P. *Le calendrier employé par Eusèbe de Césarée dans les Martyrs de Palestine* − AB 96 (1978) 55−64

1501 RIDLEY, R. T. *Anonymity in the Vita Constantini* − Byzan 50 (1980) 241−258

1502 STRAUB, J. *Des christlichen Kaisers secunda maiestas (Tertullian und die Konstantinische Wende)* − ZKG 90 (1979) 293−303

1503 TOYOTA, K. *On the edict of toleration of the emperor Gallienus* [in japan.] − JCS 28 (1980) 88−98

1504 VIGNA, G. *The influence of epideictic rhetoric on Eusebius of Caesarea's political theology* [Diss.]. Evanston: Northwestern Univ. (3) 1980. 258 pp.

1505 WÓJTOWICZ, H. *Euzebiusz z Cezarei − ojciec historii Kościoła (Eusèbe de Césarée − père de l'histoire de l'Église)* − AtKap 71 (1979) T. 93, 56−63

Eusebius Emesenus

1506 NARDI, C. *A proposito degli Atti del martirio de Bernice, Prosdoce e Domnina* − CCC 1 (1980) 243−257

1507 PIACENTE, L. *Fontificare* − VetChr 17 (1980) 381−386

Eustathius Antiochenus

1508 LORENZ, R. *Die Eustathius von Antiochien zugeschriebene Schrift gegen Photin* − ZNW 71 (1980) 109−128

Eustathius Sebastensis

1509 FRANK, K. SUSO *Monastische Reform im Altertum. Eustathius von Sebaste und Basilius von Caesarea.* In: *Reformatio ecclesiae* (cf. 1979/80, 154) 35−50

Eutyches Grammaticus

1510 JEUDY, C. *Un manuscrit glosé d'Eutychès à Reims à l'époque de Rémi d'Auxerre (Ms. Milano, Bibliotheca Ambrosiana B 71 Sup.).* In: *Varron, grammaire antique et stylistique latine* (cf. 1979/80, 101) 235−243

Evagrius Ponticus

1511 BEYSCHLAG, K. *Was heißt mystische Erfahrung?* In: *Evangelium als Schicksal* (cf. 1979/80, 94) 113−134
1512 GÉHIN, PAUL *Un nouvel inédit d'Évagre le Pontique: son commentaire de l'Ecclésiaste* − Byzan 49 (1979) 188−198
1513 GUILLAUMONT, A. *Le corpus des 62 lettres d'Evagre le pontique* − AEHESR 89 (1980−81) 471−472
1514 PARAMELLE, J. *Les Chapitres des Disciples d'Evagre* − AEHESR 88 (1979−80) 348−385

Evagrius Scholasticus

[2263] ALLEN, P.: Zacharias Scholasticus

Facundus Hermianensis

1515 SIMONETTI, M. *Haereticum non facit ignorantia. Una nota su Facundo di Ermiane e la sua difesa dei Tre capitoli* − Orpheus 1 (1980) 76−105
1516 SPEIGL, JAKOB *Das Ringen des Facundus von Hermiane mit Kaiser Justinian um die Entscheidungsfreiheit der Kirche in Glaubenssachen.* In: *Reformatio ecclesiae* (cf. 1979/80, 154) 51−60

Faustus Reiensis

1517 SIMONETTI, M. *Le fonti del «De spiritu sancto» di Fausto di Riez* − SG 24 (1976) 413−425
1518 TIBILETTI, C. *Libero arbitrio e grazia in Fausto di Riez* − AugR 14 (1979) 259−285
1519 TIBILETTI, C. *La salvezza umana in Fausto di Riez* − Orpheus 1 (1980) 371−390

Firmicus Maternus

1520 FILIPPIS, C. DE *Firmico Materno nella traduzione di J. Rhys Bram* − QUCC 35 (1980) 151−154
1521 VERMANDER, J. M. *Un arien d'Occident méconnu, Firmicus Maternus* − BLE 81 (1980) 3−16

Fructuosus

1522 MAYA SÁNCHEZ, ANTONIO *La versión primitiva de la «Vita Fructuosi»* − Habis 9 (1978) 169−196

Fructuosus Braccarensis

[2322] VOGÜÉ, A. DE: Pachomius Monachus

Fulgentius Ruspensis

1523 BIANCO, M. G. *Abecedarium Fulgentii episcopi ecclesiae Ruspensis* — Orpheus 1 (1980) 152—171

1524 BIANCO, M. G. *Il Psalmus abecedarius contra Vandalos Arianos di Fulgenzio di Ruspe*. In: *Studi di poesia latina in onore di Antonio Traglia* (cf. 1979/80, 161) 959—972

1525 CAL PARDO, ENRIQUE *Sacramentología de San Fulgencio de Ruspe* — Compostellanum 24 (1979) 191—291

1526 CAU, E. *Fulgenzio e la cultura scritta in Sardegna agli inizi del VI secolo* — Sandalion 2 (1979) 221—229

Gaudentius Brixiensis

1527 BOBER, A. *Św. Gaudenty z Brescji, Zapomniany kaznodzieja.* (= *Saint Gaudence de Brescia* — *prédicateur oubli)* — AtKap 94 (1980) 85—94

Gelasius Cyzicenus

1528 EHRHARDT, C. T. H. R. *Constantinian documents in Gelasius of Cyzicus, Ecclesiastical History* — JAC 23 (1980) 48—57

Gelasius Papa

1529 ANGELA, C. D' *Frammenti musivi paleocristiani con iscrizioni votive da Lucera* — VetChr 16 (1979) 273—281

Gennadius Massiliensis

[1018] BOUHOT, J. P.: Bachiarius Monachus

1530 PRICOCO, S. *Storia ecclesiastica e storia letteraria. Il De viris illustribus di Gennadio di Marsiglia.* In: *La storiografia ecclesiastica nella tarda antichità. Atti del Convegno tenuto in Erice (3—8 XII 1978).* Pref. di S. CALDERONE (cf. 1979/80, 160) 241—273

[1678] PRICOCO, S.: Hieronymus

1531 VOGÜÉ, A. DE *La Règle de Vigile signalée par Gennade. Essai d'identification* — RBen 84 (1979) 217—229

Georgius Syncellus

1532 WOLSKI, J. *L'origine de la relation d'Arrien sur la paire des frères Arsacides, Arsace et Tiridate* — AArchHung 24 (1976) 63—70

Germanus Constantinopolitanus

1533 *[Germanus] Germanus. On predestined terms of life.* Greek text and English translation by CHARLES GARTON and LEENDERT G. WESTERINK [Arethusa monographs 7]. Buffalo: Dept. of Classics, State University of N. Y. at Buffalo 1979. XXIX, 82 pp.

Gerontius

1534 *[Gerontius] Gerontius, Sanctae Melaniae junioris vita (The life of Saint Melania the younger).* A translation with introduction, notes and commentary by THEODORE CONSTANTINE PAPALOIZOS. Ann Arbor, Mich.: Univ. Microfilms Internat. 1979. IV, 315 pp.
[2310] MOINI, N.: Melania Iunior

Gregorius Agrigentinus

1535 MERENDINO, E. *Gli inediti nella tradizione agiografica di S. Gregorio di Agrigento* — OrChrP 45 (1979) 359—372

Gregorius Illiberitanus

1536 BARCALA MUÑOZ, A. *Sobre las citas biblicas de los Tractatus Origenis* — RET 37 (1977) 147—151
1537 ROMERO POSE, EUGENIO *Gregorio de Elvira en el «Comentario al Apocalipsis» de S. Beato de Liébana* — Burgense 20 (1979) 289—305

Gregorius Magnus

1538 *[Gregorius Magnus] Gregorius Magnus, Moralia in Iob, Libri I—X.* Cura, studio M. ADRIAEN [CChr Series latina 143]. Turnhout: Brepols 1979. XXXI, 577 pp.
1539 *[Gregorius Magnus.] Gregorius Magnus. Moralia in Iob, Libri XI—XXII.* Cura, studio M. ADRIAEN [CChr Series latina 143]. Turnhout: Brepols 1979. 585—1135
1540 *[Gregorius Magnus] Grégoire le Grand. Dialogues. T. II (Livres I—III).* Texte critique et notes par ADALBERT DE VOGÜÉ. Traduction par PAUL ANTIN [SC 260]. Paris: Ed. du Cerf 1979. 454 pp.

1541 [*Gregorius Magnus*] *Grégoire le Grand. Dialogues. T. III (Livre IV).*
Texte critique et notes par A. DE VOGÜE, trad. par P. ANTIN [SC
265]. Paris: Cerf 1980. 370 pp.

1542 [*Gregorius Magnus*] *Grégoire le Grand. Dialogues.* Trad. A. J.
FESTUGIÈRE [Coll. Livre d'or des écrits mystiques]. Paris: Tequy
1978. 539 pp.

1543 [*Gregorius Magnus*] *S. Grégoire le Grand. Vie de saint Benoît.*
Texte intégral du 2ᵉ livre des Dialogues trad. par J. MALLET. Abbaye Saint-Maurice de Clervaux 1979. 120 pp.

1544 [*Gregorius Magnus*] *Gregorio Magno Omelie de Ezechiele.* Trad.,
Introd. e note di E. GANDOLFO [CTP 17]. Roma: Città Nuova
1979. 300 pp.

1545 [*Gregorius Magnus*] *Gregorio Magno. Omelie su Ezechiele, II.*
Ed. E. GANDOLFO [CTP 18]. Rom: Città Nuova 1980. 266 pp.

1546 [*Gregorius Magnus*] *S. Gregor de Grote. Het leven van Benedictus.*
Uit het lat. vertaald en ingel. door F. VAN DER MEER, G. BARTELINK,
met een nawoord door A. ZEGVELD. Nijmegen: Gottmer 1980.
144 pp.

1547 BARTELINK, G. J. M. *En middeleeuwse Trajanuslegende* – Kleio
10 (1980) 36–46

1548 BIRKFELLNER, GERHARD *Das römische Paterikon: Studien zur ser-
bischen, bulgarischen und russischen Überlieferung der Dialoge
Gregors des Großen mit einer Textedition* [Schriften der Balkan-
kommission, Linguistische Abteilung 27]. Wien: Verlag der Österreichischen Akademie der Wissenschaften 1979. 240, 89 pp.

1549 BOESCH GAJANO, S. *La proposta agiografica dei Dialogi di Gregorio Magno* – StMe 21 (1980) 623–664

1550 BOESCH GAJANO, SOFIA *«Narratio» e «expositio» nei Dialoghi di
Gregorio Magno* – BISIAM 88 (1979) 1–33

1551 BOESCH GAJANO, S. *Per una storia degli Ebrei in Occidente tra
antichita e medioevo. La testimonianza di Gregorio Magno* –
QM 8 (1979) 12–43

[277] BURGARELIA, F.: Opera ad historiam

1552 CALATI, B. *Saggio per una lettura dei dialoghi di S. Gregorio Magno
secondo la metodologica del senso spirituale della scrittura inteso
dai padri medievali.* In: *Lex orandi lex credendi. Miscellanea in
onore di Cipriano Vagaggini* (cf. 1979/80, 135) 109–130

1553 CHATILLON, F. *Le plus bel éloge de saint Grégoire, deifluus
Gregorius* – RMAL 35 (1979) 138–140

1554 CHATILLON, J. *De la claudication de Jacob selon Grégoire le
Grand* – RMAL 24 (1968) 23–30

1555 CREMASCOLI, G. *«Novissima hominis» nei «Dialogi» di Gregorio
Magno* [«Il mondo medievale», Studi di Storia e Storiografia, Se-
zione di Storia delle istruzioni della spiritualità e delle idee 6]
Bologna: Pàtron 1979. 147 pp.

1556 DAVRIL, A. *Le lectionnaire de l'office à Fleury. Essai de reconstitution* — RBen 89 (1979) 110–164

1557 DESALLES, G. *Sur l'antiphonaire de saint Grégoire* — RMAL 23 (1967) 69–82

1558 DOUCET, M. *Vera philosophia. L'existence selon saint Grégoire le Grand* — ColCist 41 (1979) 227–253

1559 GARRISON, E. B. *On locating the Monastery of the Balneum Ciceronis mentioned by St. Gregory the Great* — RAAN 53 (1978) 143–197

1560 GÓRSKI, T. *La terminologie de la messe chez Saint Grégoire le Grand.* In: *Miscellanea patristica in memoriam Joannis Czuj* (cf. 1979/80, 143) 110–127

1561 IMHOLTZ, A. A. *Goethe's "Erlkönig" and a Passage from Gregory the Great* — ZRGG 32 (1980) 65–66

1562 LIMONE, O. *La vita di Gregorio Magno dell'anonimo di Whitby* — StMe 19 (1978) 37–67

1563 LO MENZO RAPISARDA, G. *L'empatia di Gregorio Magno attraverso il suo epistolario* — Orpheus 24–25 (1977/78) 15–65

1564 LUKMAN, FRANC KSAVER *Gregorij Veliki in njegova doba* (= *Papst Gregor der Große in seiner Zeit)* [Zbirka studenci žive vode N. S. 16]. Celje 1980. 283 pp.

1565 MARGETIĆ, L. *Gregorio I, papa politico* — ŽA 29 (1979) 269–274

1566 McKEON, P. R. *A note on Gregory I and the Pseudo-Isidore* — RBen 89 (1979) 305–308

1567 MEYVAERT, P. *The date of Gregory the Great's Commentaries on the Canticle of Canticles and on I Kings (= I Samuel)* — SE 23 (1978/79) 191–216

[1222] NIGG, W.: Benedictus Nursinus

1568 NOGARA, A. *Il cod. 252 della Biblioteca di Fozio* — Aevum 54 (1980) 280–282

1569 NORBERG, D. *Qui a composé les lettres de saint Grégoire le Grand?* — StMe 21 (1980) 1–17

1570 NUNES, I. J. M. *Itinerário Espiritual de S. Bento no Livro II dos Dialogos de S. Gregorio* — OrLab 26 (1980) 184–194

1571 PARONETTO, V. *Note Gregoriane. A proposito di alcune recenti pubblicazioni su Gregorio Magno* — RSCI 34 (1980) 174–187

1572 RECCHIA, VINCENZO *Gregorio Magno e la società agricola* [VSen 8]. Roma: Studium 1978. X, 190 pp.

1573 RECCHIA, V. *Il praedicator nel pensiero e nell'azione di Gregorio Magno (Immagini e moduli espressivi)* — Salesianum 41 (1979) 333–374

1574 REINHART, J. M. *Methodisches zu den lexikalischen Bohemismen im Tschechisch-Kirchenslavischen am Beispiel der Homilien Gregors des Großen* — WSlJb 26 (1980) 46–102

1575 RICHARDS, J. *Consul of God. The life and times of Gregory the Great*. London: Routledge and Kegan Paul 1980. X, 24 pp.

1576 ROSIK, S. *Finalizm życia chrześcijańskiego w świetle twórczości papieża Grzegorza Wieliego (= Der Finalismus des christlichen Lebens im Lichte der Werke des Papstes Gregorius des Großen)*. Lublin: Wydawnictwo Katolickiego Uniwersytetu Lubelskiego 1980. 253 pp.

1577 SERENTHÀ, LUIGI *La dottrina di S. Gregorio Magno sull'episcopato* [Diss.]. Roma: Pontificia Universitas Gregoriana 1980. 128 pp.

[1166] *Swiety Benedykt z Nursji . . .: Benedictus Nursinus*

1578 VERBRAKEN, PIERRE-PATRICK *Grégoire le Grand, premier témoin de l'usage d'onctions rituelles aux ordinations?* In: «Sapientiae doctrina». Leuven (1980) 375–386

[2291] *Vida e Milagros de São Bento . . .: Benedictus Nursinus*

1578a YERKES, D. *The chapter titles for book I of Gregory's Dialogues* – RBen 89 (1979) 178–182

[78] ZARAGOZA PASCUAL, E.: Bibliographica

Gregorius Nazianzenus

1579 *[Gregorius Nazianzenus] Γρηγόριος ὁ Θεολόγος. Ἔργα*. Ἐπιμέλεια τόμου ΚΙΜΩΝ Γ. ΠΑΠΑΧΡΙΣΤΟΠΟΥΛΟΣ [Βιβλιοθήκη Ἑλλήνων Πατέρων καί ἐκκλησιαστικῶν συγγραφέων 59]. Ἀθῆναι: Ἀποστολική Διακονία 1979.

1580 *[Gregorius Nazianzenus] Grégoire de Nazianze. Discours 20–23*. Introduction, texte critique. traduction et notes par JUSTIN MOSSAY avec la collaboration de GUY LAFONTAINE [SC 270]. Paris: Ed. du Cerf 1980. 323 pp.

1581 *[Gregorius Nazianzenus] Grégoire de Nazianze. Textes roumains dans des archives étrangères. Nicétas d'Héraclée, Commentaire des seize discours de Grégoire de Nazianze (fragments)*. Éd., trad., comm. [en roum.] par R. CONSTANTINESCU. Bucarest: Dir. des Archives nat. 1977. XVI, 238 pp.

[439] ARMSTRONG, A. H.: Philosophica

[2727] ARMSTRONG, G. T.: Specialia in Vetus Testamentum

[1773] BÎZGAN, GH.: Iohannes Chrysostomus

[589] CATAUDELLA, Q.: Auctores

1582 CRIMI, C. U. *Due citazioni di Gregorio di Nazianzo nel Lex. Suda* – SG 31 (1978) 521–523

[1980] DECLERCK, J.: Nonnus Panopolitanus

[1071] ΔΕΝΤΑΚΗΣ, Β. Λ.: Basilius Caesariensis

[2012] DRĂGULIN, GH.: Origenes

1583 FANTUZZI, M. *Note a Gregorio Nazianzeno* – MusCrit 13–14 (1978–1979) 413–414

1584 GAMILLSCHEG, E. *Zur Geschichte einer Gregor-von-Nazianz-Handschrift (Basil. A. VII. 1 = Gr. 34)* − CodMan 5 (1979) 104−114

[493] GIACCHERO, M.: fenus

[602] GRIGORAŞ, C.: Auctores

1585 GRUSZKA, P. *Grzegorz z Nazjanzos wobec palących problemów swojej epoki (= Gregorius von Nazianz gegenüber den dringenden Problemen seiner Epoche)* − AUW 449, Antiquitas 8 (1979) 275−297

[2518] HRYCUNIAK, S.: Trinitas

1586 KERTSCH, M. *Bildersprache bei Gregor von Nazianz.* 2. korrig. Abdr. mit Addenda. [GrTS 2]. Graz: Inst. für Ökumen. Theol. und Patr. 1980. XIV, 311 pp.

1587 KERTSCH, M. *Zum Motiv des Blitzes in der griechischen Literatur der Kaiserzeit* − WSt 13 (1979) 166−174

1588 KERTSCH, M. *Philologische Notizen zu Gregor von Nazianz* − JOBG 29 (1980) 1−7

1589 KERTSCH, MANFRED *Metereología clásica en imágenes de la última época de la antigüedad, ilustrada con ejemplos sacados de Gregorio Nacianceno* − Emerita 48 (1980) 105−121

1590 LIÉBART, J. *L'oeuvre de saint Grégoire de Nazianze. Publications recentes dans la collection Sources chretiennes* − MSR 36 (1979) 91−96

1591 LORENZ, B. *Zur Seefahrt des Lebens in den Gedichten des Gregor von Nazianz* − VigChr 33 (1979) 234−241

[1111] MAŁUNOWICZÓWNA, L.: Basilius Caesariensis

1592 MORESCHINI, C. *Influenze di Origene su Gregorio di Nazianzo* − AMATosc 44 (1979) 33−57

1593 NORET, J. *Un fragment de Grégoire de Nazianze à Odessa* − AB 97 (1979) 372

1594 NORET, J. *Un fragment de Grégoire de Nazianze à Wolfenbüttel* − AB 98 (1980) 24

1595 REGALI, M. *Intenti programmatici e datazione delle Invectivae in Iulianum di Gregorio di Nazianzo* − CrSt 1 (1980) 401−410

[398] SCICOLONE, S.: Opera ad historiam

1596 SICHERL, M.; MOSSAY, J.; LAFONTAINE, G. *Travaux préparatoires pour une édition critique de Grégoire de Nazianze* − RHE 74 (1979) 626−640

[2533] *Su Cristo*: Christologia

1597 SYKES, D. A. *The Poemata Arcana of St. Gregory Nazianzen. Some literary questions* − ByZ 72 (1979) 6−15

1598 ΘΕΟΔΩΡΟΥ, ΑΝΔΡΕΑΣ *Ἡ γενική στάσις τοῦ ἁγίου Γρηγορίου τοῦ Ναζιανζηνοῦ ἔναντι τῶν ἀρχαίων ἑλληνικῶν γραμμάτων καί τῆς ἀρχαίας ἑλληνικῆς φιλοσοφίας* − EpThAth 22 (1975) 83−119

[1145] TROIANO, M. S.: Basilius Caesariensis

[1804] VASILIU, C.: Iohannes Chrysostomus

[1156] WARD, M.: Basilius Caesariensis

1599 WEIJENBORG, R. *Prova dell'inautenticità del Discorso XXV attribuito a San Gregorio di Nazianzo* — Ant 54 (1979) 288—337

1600 ZĂVOIANU, CORNEL *Chipul preotului după opera Sfîntului Grigorie de Nazianz (= Die Gestalt des Priesters nach dem Werk des Hl. Gregor v. Nazianz)* — OrtBuc 31 (1979) 333—348

[1805] ΖΗΣΗΣ, Θ.: Iohannes Chrysostomus

Pseudo-Gregorius Nazianzenus

1601 *[Pseudo-Gregorius Nazianzenus] Gregorio Nazianzeno. La passione di Cristo.* Trad. introd. e note a cura di FRANCESCO TRISOGLIO [CTP 16]. Roma: Città Nuova Ed. 1979. 172 pp.

1602 TTRISOGLIO, F. *I deuteragonisti del Christus patiens* — Dioniso 49 (1978) 117—187

1603 TRISOGLIO, F. *La Vergine ed il coro nel Christus patiens* — RSC 27 (1979) 338—373

1604 TRISOGLIO, F. *Forme e sviluppi del monologo nella tragedia classica greca e nel Christus patiens* — CCC 1 (1980) 7—48

Gregorius Nyssenus

1605 *[Gregorius Nyssenus] Γρηγορίου Νύσσης Ἡ Χριστιανικὴ Τελειότητα. Κείμενο — Εἰσαγωγὴ — Μετάφραση — Σχόλια:* ἱερομ. ΠΑΓΚΡΑΤΙΟΣ ΜΠΡΟΥΣΑΛΗΣ. Ἀθῆναι 1980. 120 σσ.

1606 *[Gregorius Nyssenus] From Glory to Glory. Texts from Gregory of Nyssa's mystical writings.* Sel. and with an introd. by J. DANIÉLOU, transl. and ed. by H. MUSURILLO. Crestwood, N. Y.: St. Vladimir's Semin. Pr. 1979. 298 pp.

1607 *[Gregorius Nyssenus] Grégoire de Nysse. Grégoire de Nysse commente Les béatitudes.* Trad. de JEAN-YVES GUILLAUMIN et de GABRIELLE PARENT. Introd., notes, plan de travail, trad. des Béatitudes 1,2,3 de ADALBERT G. HAMMAN [Les Pères dans la foi 10]. Paris: Desclée de Brouwer 1979. 125 pp.

1608 *[Gregorius Nyssenus] Gregorio di Nissa. Fine professione e perfezione del cristiano.* Trad., introd. e note a cura di SALVATORE LILLA [CTP 15]. Roma: Città Nuova 1979. 123 pp.

[467] AMIGUES, S.: Philologia patristica

[439] ARMSTRONG, A. H.: Philosophica

[2727] ARMSTRONG, G. T.: Specialia in Vetus Testamentum

1609 BALAS, DAVID *Plenitudo Humanitatis: The Unity of Human Nature in the Theology of Gregory of Nyssa.* In: *Disciplina nostra* (cf. 1979/80, 104) 115—133

[1071] ΔΕΝΤΑΚΗΣ, Β. Λ.: Basilius Caesariensis

1610 CAIMI DANELLI, ANNA *Sul genere letterario delle orazioni funebri di Gregorio di Nissa* — Aevum 53 (1979) 140—161

1611 DROBNER, HUBERTUS *Gregor von Nyssa. Die Osterpredigt „De tridui spatio".* Mainz: 1980. 301 pp.

1612 ESPER, MARTIA NIKOLAUS *Allegorie und Analogie bei Gregor von Nyssa.* Bonn: Habel 1979. 206 pp.

1613 HARL, M. *La croissance de l'âme selon le « De infantibus » de Grégoire de Nysse* — VigChr 34 (1980) 237—259

[2518] HRYCUNIAK, S.: Trinitas

1614 JEAUNEAU, E. *La division des sexes chez Grégoire de Nysse et chez Jean Scot Érigène.* In: *Eriugena* (cf. 1979/80, 108) 33—54

1615 JUNOD, E. *Moïse, exemple de la perfection, selon Grégoire de Nysse.* In: *La figure de Moïse* (cf. 1979/80, 2728) 81—89

1616 LYNCH, J. J. *Prosōpon in Gregory of Nyssa. A theological word in transition* — ThSt 40 (1979) 728—738

[1111] MAŁUNOWICZÓWNA, L.: Basilius Caesariensis

1617 MENINGER, W. *Basil's brother, Gregory of Nyssa.* In: *Word and Spirit. A monastic review, I* (cf. 1979/80, 180) 37—48

1618 MOUTSOULAS, ELIE D. *Les sermons pascaux de Grégoire de Nysse.* Athènes 1979. 19 pp.

1619 NALDINI, M. *Gregorio Nisseno e Giovanni Scoto Eriugena. Note sull'idea di creazione e sull'antropologia* — StMe 20 (1979) 501—533

1620 PLASS, P. *Transcendent time and eternity in Gregory of Nyssa* — VigChr 34 (1980) 180—192

1621 RITACO, G. *San Gregorio de Nyssa y la inserción del individuo en la humanitas* — CA 1 (1977/78) 42—48

1622 SALMONA, B. *Ragione e libertà in Gregorio di Nissa* — VetChr 16 (1979) 251—258

[2733] SMELIK, K. A. D.: Specialia in Vetus Testamentum

[2533] *Su Cristo:* Christologia

[1143] THARAKAN, K. M.: Basilius Caesariensis

1623 VERBEKE, G. *La dignité de l'homme dans le traité De hominis opificio de Grégoire de Nysse* — RoczFil 27 (1979) 139—155

1624 VERHEES, J. J. *Die ἐνέργειαι des Pneuma als Beweis für seine Transzendenz in der Argumentation des Gregor von Nyssa* — OrChrP 45 (1979) 5—31

[1156] WARD, M.: Basilius Caesariensis

1625 WINDEN, J. C. M. VAN *A textual problem in Gregory of Nyssa's In sanctum Pascha (GNO IX, 254, 8)* — VigChr 34 (1980) 260—262

1626 WINDEN, J. C. M. VAN *A textual problem in Gregory of Nyssa, Apologia in Hexaemeron, ch. 69* — VigChr 33 (1979) 179

Gregorius Thaumaturgus

1627 CROUZEL, HENRI *Faut-il voir trois personnages en Grégoire le Thaumaturge? A propos du «Remerciement à Origène» et de la «Lettre à Grégoire»* — Greg 60 (1979) 287—320

1628 CROUZEL, H. *La cristologia in Gregorio Taumaturgo* — Greg 61 (1980) 745—755

Gregorius Turonensis

1629 ANGOMONT, TH. D' *Cum infirmaretur in femore (à propos d'un scandale à Poitiers)* — RMAL 23 (1967) 50—55

1630 CHATILLON, F. *L'illusoire Mimésis et les aléas d'une translation* — RMAL 24 (1968) 91—97

1631 FISCHER, K. D. Ἀρχιητρός *in non-Ionic contexts* — Phil 124 (1980) 310—312

[317] GILLIARD, F. D.: Opera ad historiam

1632 ROBERTS, J. T. *Gregory of Tours and the Monk of St. Gall; the paratactic style of medieval Latin* — Latomus 39 (1980) 173—190

1633 SIMONETTI, M. *Qualche osservazione sul rapporto fra politica e religione in Gregorio di Tours.* In: *La storiografia ecclesiastica nella tarda antichità.* Ed. S. CALDERONE (cf. 1979/80, 160) 27—43

1634 SPRANDEL, R. *Vorwissenschaftliches Naturverstehen und Entstehung von Naturwissenschaften* — ZWG 63 (1979) 313—325

1635 VETERE, B. *Strutture e modelli culturali nella società merovingia. Gregorio di Tours; una testimonianza* [Università di Lecce Fac. di Letteratura e Filosofia. Istituto di storia medievale Saggi e ricerche 3]. Galatina: Congedo 1979. 318 pp.

1636 WAGNER, N. *Alboins sächsische amici vetuli* — BN 15 (1980) 237—245

Hermae Pastor

[574] *The Ante-Nicene Fathers:* Auctores

1637 FOLGADO FLOREZ, S. *Teoría eclesial en el Pastor de Hermas* [Biblioteca «La Ciudad de Dios» I,30]. San Lorenzo del Escorial: Real Monasterio 1979. XI, 141 pp.

1638 GRONEWALD, M. *Ein verkannter Hermas-Papyrus (P. Iand. I 4 = Hermae Pastor, Mand. XI 19—21; XII 1,2—3)* — ZPE 40 (1980) 53—56

1639 HELLHOLM, DAVID *Das Visionenbuch des Hermas als Apokalypse: formgeschichtliche und texttheoretische Studien zu einer literarischen Gattung, I: Methodologische Vorüberlegungen und makrostrukturelle Textanalyse* [CBNT 13/1]. Lund: Gleerup 1980. 211 pp.

1640 LENAERTS, J. *Un papyrus du Pasteur d'Hermas: P. Iand. 1,4* – CE 54 (1979) 356–358

1641 MAZZINI, I. *Il codice Urbinate 486 e la versione palatina del Pastore di Erma* – Prometheus 6 (1980) 181–188

1642 MOLINA, MARIO ALBERTO *La penitencia en el Pastor de Hermas* – Mayeútica 6 (1980) 63–70

[631] PAULSEN, H.: Auctores

1643 SMITH, M. M. *Feminine images in the shepherd of Hermas.* Durham, N. C.: Duke University 1980. 235 pp.

Hermias

1644 KINDSTRAND, J. F. *The date and character of Hermias' Irrisio* – VigChr 34 (1980) 341–357

Hesychius Hierosolymitanus

1645 *[Hesychius Hierosolymitanus] Hésychius de Jerusalem. Les Homélies festales, II: Les homélies xvi–xxi et tables des 2 vol.* [SHG 59]. Brüssel: Soc. des Bollandistes 1980. 412 pp.

1646 GŁADYSZEWSKI, L. *Maryjne homilie Hezychiusza z Jerozolimy (= De Hesychii Hierosolymitani Homiliis Marianis)* – StGnes 4 (1978) 175–207

1547 GŁADYSZEWSKI, L. *Chrystologiczna czy maryjna homilia Hezychiusza? (= De mysterio Christi Incarnati aut de Maria Hesychii Homilia. In appendice: Textus homiliae in polonorum lingua translatus)* – StGnes 5 (1979/80) 245–267

1648 RENOUX, CHARLES *Un document nouveau sur la liturgie de Jérusalem. Les homélies festales d'Hésychius de Jérusalem* – Maison-Dieu 139 (1979) 139–164

1649 REUSS, J. *Studien zur Lukas-Erklärung des Prebyters Hesychius von Jerusalem* – Bibl 59 (1978) 562–571

1650 SAVON, H. *Les Homélies festales d'Hésychius de Jérusalem* – RHR 197 (1980) 429–450

Hieronymus

1651 *[Hieronymus] Jérôme. Commentaire sur Matthieu.* Éd. E. BONNARD [SC 259]. Paris: Éd. du Cerf 1979. 358 pp.

1652 *[Hieronymus] Hieronymus. Liber de optimo genere interpretandi (Epistula 57).* Ein Kommentar von G. J. M. BARTELINK [Mn Suppl. 61]. Leiden: Brill 1980. X, 133 pp.

1653 ABBOTT, K. M. *Satira and satiricus in late Latin* – IClSt 4 (1979) 192–199

1654 ARTEAGA FELGUERA, CRISTINA DE LA CRUZ *La «lectio divina»* – Yermo 18 (1980) 93–114

1655 AUERBACH, I. *Ein Fragment des Daniel-Kommentars von Hieronymus im Staatsarchiv Marburg.* In: *Aus Geschichte und ihren Hilfswissenschaften, Festschrift für Walter Heinemeyer zum 65. Geburtstag* (cf. 1979/80, 88) 55–103

1656 BARTELINK, G. J. M. *Les observations de Jérôme sur des termes de la langue courante et parlée* – Latomus 38 (1979) 193–222

[2473] BERSCHIN, W.: Doctrina auctorum

1657 BOOTH, A. D. *The date of Jerome's birth* – Phoenix 33 (1979) 346–352

1658 BRAVERMAN, J. *Jerome's Commentary on Daniel. A study of comparative Jewish and Christian interpretations of the Hebrew Bible* [CBQ Monographs 7]. Washington: The cathol. Bibl. Assoc. 1978. XVI, 162 pp.

1659 CAEIRO, O. *San Jerónimo y la literatura cristiana* – Criterio 51 (1979) 10–16

1660 CAPPONI, F. *Nota ad Hieron., Ep. 1, 8* – KoinNapoli 4 (1980) 101–114

1661 CLARK, ELIZABETH A. *Jerome, Chrysostom and friends. Essays and translations* [Studies in women and religion 2]. New York, Toronto: Mellen 1979. XI, 254 pp.

[594] COURCELLE, P.: Auctores

[2009] CROUZEL, H.: Origenes

1662 ECKMANN, A. *Hieronim ze Strydonunauka w służbie interpretacji Pisma świętego (= Jérome de Stridon – la science au service de l'interpretation de l'Ecriture Sainte)* – AtKap 71/92 (1979) 422–429

1663 GARCÍA MORENO, A. *San Jerónimo, traductor paradigmático* – ScTh 11 (1979) 889–928

[493] GIACCHERO, M.: fenus

1664 GÓRNY, J. J. *La preghiera e l'eucaristia nelle communità monastiche alla luce degli scritti di San Girolamo.* In: *Miscellanea patristica in memoriam Joannis Czuj* (cf. 1979/80, 143) 89–109

1665 GÓRNY, J. J. *Modlitwa i eucharystia w życiu wspólnot monastycznych z przełomu IV–V wieku w świetle pism św. Hieronima (= La preghiere e l'eucaristia nelle comunità monastiche alla luce degli scritti di San Girolamo)* – StudWarm 16 (1979) 463–475

1666 GRECO, L. *Betlemme, dolce patria mia* – BiblOr 22 (1980) 63–83

1667 GUTTILLA, G. *S. Girolamo, Seneca e la novitas dell'Ad Heliodorum epitaphium Nepotiani* – ALGP 14–16 (1977–1979) 217–244

1668 JAY, P. *Saint Jérôme et le triple sens de l'Écriture* – REA 26 (1980) 214–227

1669 MASSIE, M. *Vigilance de Calagurris face à la polémique hiéro-nymienne. Les fondements et la signification du conflit* — BLE 81 (1980) 81—108

1670 MCDERMOTT, W. C. *Saint Jerome and Domitius Afer* — VigChr 34 (1980) 19—23

[538] METZGER, B. M.: Novum Testamentum

1671 MICAELI, C. *L'influsso di Tertulliano su Girolamo; le opere sul matrimonio e le seconde nozze* — AugR 14 (1979) 415—429

1672 MILLER, J. M. *Geba/Gibeah of Benjamin* — VT 25 (1975) 145—166

1673 NAUTIN, P. *La date des Commentaires de Jérôme sur les épîtres pauliniennes* — RHE 74 (1979) 5—12

1674 NUVOLONE, F. *Notulae manuscriptae, II* — FZPT 26 (1979) 243—256

1675 NUVOLONE, F. *Notulae manuscriptae, III et IV: encore des Hieronymiana Bernensia* — FZPT 26 (1979) 525—572

1676 OPELT, I. *Des Hieronymus Heiligenbiographien als Quellen der historischen Topographie des östlichen Mittelmeerraumes* — RQ 74 (1979) 145—177

1677 OPELT, I. *Hieronymus' Leistung als Literaturhistoriker in der Schrift De viris illustribus* — Orpheus 1 (1980) 52—75

[1001] OZIMIC, D.: Pseudo-Augustinus

[951] PHIPPS, W. E.: Augustinus

1678 PRICOCO, S. *Storia letteraria e storia ecclesiastica dal « De viris illustribus» di Girolamo a Gennadio* [Quad. del SG 6]. Catania: Fac. di Lett. 1979. 78 pp.

1679 PRICOCO, S. *Motivi polemici e prospetive classicistiche nel De viris illustribus de Girolamo* — SG 32 (1979) 69—99

1680 RONCORONI, A. *Origini della retorica cristiana dell'applauso*. In: *Studi in onore di Ferrante Rittatore Vonwiller*, II (cf. 1979/80, 162) 411—423

1681 SAVON, HERVÉ *Une consolation imitée de Séneque et de saint Cyprien (Pseudo-Jérôme, Epistula 5, ad amicum aegrotum)* — Rech-Aug 14 (1979) 153—190

1682 SCHWARTZ, J. *A propos d'une notice de la chronologie de Jérôme.* In: *Historia Augusta-Colloquium* (cf. 1979/80, 95) 225—232

[2762] STEINHAUSER, K. B.: Specialia in Novum Testamentum

[2734] VILLEGAS MATHIEU, B.: Specialia in Vetus Testamentum

1683 VISCIDO, L. *Atteggiamenti ironici nell'Epistolario geronimiano.* Salerno: Palladio 1978. 24 pp.

1684 VISCIDO, L. *Appunti sull'invettiva in Girolamo* — VigChr 34 (1980) 386—394

1685 WYTZES, J. *De H. Hieronymus en zijn geestelijke vriendinnen. Afscheidscollege gegeven op 28 september 1979 in de Theologi-*

sche Hogeschool van de Gereformeerde Kerken in Nederland te Kampen [Kamper Cahiers no. 41]. Kampen: Uitgeversmaatschappij J. H. Kok 1979. 27 pp.

Hilarius Arelatensis

1686 MATHISEN, R. W. *Hilarius, Germanus and Lupus. The aristocratic background of the Chelidonius affair* – Phoenix 33 (1979) 160–169

Hilarius Pictaviensis

1687 *[Hilarius Pictaviensis] Sancti Hilarii Pictaviensis episcopi. Opera 2. De trinitate. 1. Praefatio. Libri 1–7* [CChr Series Latina 62]. Cura et Studio PIERRE SMULDERS. Turnholti: Brepols 1979. IX, 78*, 310 pp.

1688 *[Hilarius Pictaviensis] Hilaire de Poitiers. Sur Matthieu.* Tome II. Texte critique, traduction, notes, index et appendices par J. DOIGNON. Ouvrage publié avec le Concours du Centre Nationale des Lettres [SC 258]. Paris: Les éditions du Cerf 1979. 298 pp.

1689 BARONE, F. *Quintilianus et Hilarius* [lat.] – VL 78 (1980) 10–15

1690 DOIGNON, J. *Le libellé singulier de II Corinthiens 3. 18 chez Hilaire de Poitiers. Essai d'explication* – NTS 26 (1979) 118–126

1691 DOIGNON, J. *Les implications théologiques d'une variante du texte latin de 1 Corinthiens 15, 25 chez Hilaire de Poitiers* – AugR 14 (1979) 245–258

1692 DOIGNON, J. *Y a-t-il, pour Hilaire de Poitiers, une inintelligentia de Dieu? Étude critique et philologique* – VigChr 33 (1979) 226–233

1693 DOIGNON, JEAN «*Ipsius enim genus sumus*» (Actes 17, 28^b) chez Hilaire de Poitiers. *De saint Paul à Virgile* – JAC 23 (1980) 58–64

1694 DOIGNON, J. *Versets additionnels du Nouveau Testament perçus ou reçus par Hilaire de Poitiers* – VetChr 17 (1980) 29–47

1695 DOIGNON, J. *Hilaire de Poitiers devant le verset 17, 28a des Actes des Apôtres. Les limites d'un panthéisme chrétien* – Orpheus 1 (1980) 334–347

1696 DOIGNON, J. *Le texte de Ps. LXIV, 9 et son application à la prière chez Hilaire de Poitiers. A propos d'une étude récente* – RSLR 16 (1980) 418–428

1697 DOIGNON, J. *Tradition classique et tradition chrétienne dans l'historiographie d'Hilaire de Poitiers au carrefour des IVe–Ve siècles* – Caesarodunum 15 (1980) 215–226

[300] DOIGNON, J.: Opera ad historiam
[1751] DOIGNON, J.: Iohannes Cassianus

[623] McDonough, C. J.: Auctores

1698 Pelland, G. *Le thème biblique du règne chez saint Hilaire de Poitiers* — Greg 60 (1979) 639—674

1699 Pellegrino, M. *Martiri e martirio nel pensiero di S. Ilario di Poitiers* — StSR 4 (1980) 45—58

1700 Peñamaria de Llano, A. *La salvación por la fe. La noción de «Fides» en Hilario de Poitiers.* Burgos: Ediciones Aldecoa 1980. 287 pp.

1701 Peñamaria de Llano, Antonio *En las fuentes de la «teología» del Espíritu* — REA 26 (1980) 170—175

[1678] Pricoco, S.: Hieronymus

1702 Simonetti, M. *Su una recente edizione del Commento a Matteo di Ilario di Poitiers* — AugR 14 (1979) 527—530

1703 Vezin, J. *Hincmar de Reims et Saint-Denis. A propos de deux manuscrits du De Trinitate de saint Hilaire* — RHT 9 (1979) 289—298

[2734] Villegas Mathieu, B.: Specialia in Vetus Testamentum

Himerius

1704 Guida, A. *Frammenti inediti di Eupoli, Teleclide, Teognide, Giuliano e Imerio da un nuovo codice del Lexicon Vindobonese* — Prometheus 5 (1979) 193—216

Hippolytus Romanus

1705 *[Hippolytus] La Tradició Apostòlica.* Traducció i notes d'Anton-Roman Sastre [Testimonis Liturgics 1]. Barcelona: Edic. Facultat de Teologia, Secció Sant Pacià 1977. 46 pp.

1706 Brakmann, Heinzgerd *Alexandreia und die Kanones des Hippolyt* — JAC 22 (1979) 139—149

1707 Burchard, Chr. *Die Essener bei Hippolyt* — JStJ 8 (1977) 1—41

1708 Dunbar, D. G. *The eschatology of Hippolytus of Rome* [Diss. Drew University]. Madison, N. J.: 1979. 192 pp.

1709 Gogolin, W. *Untersuchungen zu den griechischen Quellen der Naassenerpredigt (Hipp. ref. V 7,3—9,8)* [Dissertation]. Berlin: Humboldt-Universität 1978. 168 pp.

[2378] Jilek, A.: Missa, sacramenta, sacramentalia

1710 Lebedev, A. V. *On the original formulation of Thales' traditional thesis τὴν ἀϱχὴν ὕλην εἶναι* [russian, res. in engl.]. In: *Balcanica* (cf. 1979/80, 90) 167—176

1711 Minn, H. R. *Hippolytus and Callistus* — Prudentia 11 (1979) 99—104

1712 NAUTIN, P. *La Tradition apostolique II* – AEHESR 87 (1978/79) 317

1713 PATERNOSTER, MAURO *Il ministero nella Traditio Apostolica di Ippolito e nelle Costituzioni ecclesiastiche della Chiesa antica*. In: *Teología del Sacerdocio 11* (cf. 1979/80, 167) 87–125

1714 PRINZIVALLI, E. *Due passi escatologici del Περὶ παντός di Ippolito* – VetChr 16 (1979) 63–75

1715 PRINZIVALLI, E. *Note sull'escatologia di Ippolito* – Orpheus 1 (1980) 305–333

1716 REUTTERER, R. *Die spätantike Bildersprache der Hippolytlegenden*. Bolzano: Presel 1976. 72 pp.

1717 VISONÀ, G. *Pseudo-Ippolito, In sanctum Pascha. Il ruolo della communità greco-veneta del sec. XVI nella storia della trasmissione del testo* – Aevum 54 (1980) 456–472

1718 WOODHALL, J. A. *The socio-religious role of women according to Hippolytus in the light of the early Christian fathers*. New York: Diss. Fordham University 1980. 161 pp.

Iacobus Edessenus

1719 *[Iacobus Episcopus Edessenus; Iohannes Stylita] A letter from Jacob of Edessa to John the Stylite of Litarao concerning ecclesiastical canons*. Ed. from MS.BR.MUS.ADD. 14, 493 with introd., transl. and comm. by KARL-ERIK RIGNELL. Lund: Gleerup 1979. 118 pp.

Iacobus Sarugensis

1720 *[Iacobus Sarugensis] Jakob von Sarug. Die Forschung und das Heiligtum der Kirche*. Aus dem Syrischen übersetzt von SEVERIN MATTHIAS GRILL [Heiligenkreuzer Studien 13]. Horn, Niederösterr.: Berger (o. J.). 59 pp.

1721 CRAMER, WINFRIED *Irrtum und Lüge. Zum Urteil des Jakob von Sarug über Reste paganer Religion und Kultur* – JAC 23 (1980) 96–107

1722 GUILLAUMONT, A. *La diffusion des opinions relatives à l'apocatastase chez Jacques de Saroug †521 et Philoxène de Mabboug †523* – AEHESR 88 (1979–80) 369–371

1723 SONY, B. M. B. *La méthode exégétique de Jacques de Saroug* – ParOr 9 (1979–80) 67–103

Ignatius Antiochenus

[2103] BRIND'AMOUR, P.: Polycarpi Martyrium

1724 DAVIDS, A. *Frühkatholizismus op de helling. Rond de brieven van Ignatius* – TTh 20 (1980) 188–191

1725 GRYSON, R. *Les lettres attribuées à Ignace d'Antioche et l'apparition de l'épiscopat monarchique* – RThL 10 (1979) 446–453

1726 JOLY, ROBERT *Le dossier d'Ignace d'Antioche* [Université Libre de Bruxelles. Faculté de Philosophie et Lettres 69]. Bruxelles: Éd. de l'Univ. 1979. 144 pp.

1727 JOLY, R. *A propos d'Ignace d'Antioche*. In: *Problèmes d'histoire du christianisme, IX: Hommages à Jean Hadot* ed. G. Cambier (cf. 1979/80, 151) 31–44

1728 MEINHOLD, PETER *Episkope – Pneumatiker – Märtyrer. Zur Deutung der Selbstaussagen des Ignatius von Antiochien*. In: *Studien zu Ignatius* ... (cf. 1979/80, 137) 1–18

1729 MEINHOLD, PETER *Schweigende Bischöfe. Die Gegensätze in den kleinasiatischen Gemeinden nach den Ignatianen*. In: *Studien zu Ignatius* ... (cf. 1979/80, 137) 19–36

1730 MEINHOLD, PETER *Die geschichtstheologischen Konzeptionen des Ignatius von Antiochien*. In: *Studien zu Ignatius* ... (cf. 1979/80, 137) 37–47

1731 MEINHOLD, PETER *Christologie und Jungfrauengeburt bei Ignatius von Antiochien*. In: *Studien zu Ignatius* ... (cf. 1979/80, 137) 48–56

1732 MEINHOLD, PETER *Die Anschauung des Ignatius von Antiochien von der Kirche*. In: *Studien zu Ignatius* ... (cf. 1979/80, 137) 57–66

1733 MEINHOLD, PETER *Die Ethik des Ignatius von Antiochien*. In: *Studien zu Ignatius* ... (cf. 1979/80, 137) 67–77

[137] MEINHOLD, P.: Collectanea et miscellanea

1734 MUNIER, C. *A propos d'Ignace d'Antioche* – ReSR 54 (1980) 55–73

1735 RIUS-CAMPS, J. *The four authentic letters of Ignatius, the martyr. A critical study based on the anomalies contained in the textus receptus* [Χριστιανισμός 2]. Rom: Pontif. Inst. Orient. Stud. 1979. 413 pp.

1736 SCHOEDEL, W. R. *Ignatius and the archives* – HThR 71 (1978) 97–106

1737 SERRA ZANETTI, P. *La dedizione del martire. Ignazio Sm. 4,2.* In: *In verbis verum amare. Miscellanea dell'Istituto di Filologia latina e medioevale dell'Università di Bologna a cura di P. Serra Zanetti* (cf. 1979/80, 130) 279–326

1738 STORY, C. I. K. *The text of Ignatius' Letter to the Trallians 12,3* – VigChr 33 (1979) 319–323

1739 WINLING, R. *A propos de la datation des Lettres d'Ignace d'Antioche; notes de lecture à l'occasion d'une recherche thématique* – ReSR 54 (1980) 259–265

1740 ZAÑARTU, S. *Les concepts de vie et de mort chez Ignace d'Antioche* − VigChr 33 (1979) 324−341

1741 ZAÑARTU, SERGIO *Aproximaciones a la Cristología de Ignacio de Antioquía* − TyV 21 (1980) 115−127

Ildefonsus Toletanus

1742 CASCANTE, JUAN *Ejemplaridad de la vivencia mariana en San Ildefonso de Toledo* − ScrMar 2 (1979) 97−108

1743 FAULHABER, CHARLES B. *San Ildefonso de Toledo y Juan Gil de Zamora. Un caso aleccionador de crítica textual* − RET 39/40 (1979/80) 311−315

Iohannes Antiochenus

1744 DIMAIO, M. *The Antiochene connection. Zonaras, Ammianus Marcellinus and John of Antioch on the reigns of the emperors Constantius II and Julian* − Byzan 50 (1980) 158−185

1745 ZUSI, L. *Roma arcaica nella tradizione bizantina (Ioann. Ant. fragg. 37, 43, 45, 46, 48 Müller)* − CS 15 (1978) 505−547

1746 ZUSI, L. *L'età post-romulea in Giovanni Antiocheno* − AtVen 138 (1979/80) 433−452

1747 ZUSI, L. *Romolo in Giovanni Antiocheno* − AtVen 137 (1978/79) 285−310

Iohannes Biclarensis

1748 GRABOWSKI, S. *Jan Biclar i jego kronika (Ioannis Biclarensis et chronica sua)* − Meander 35 (1980) 63−73

1749 VOGÜÉ, A. DE *Trithème, la Règle de Macaire et l'héritage littéraire de Jean de Biclar* − SE 23 (1978/79) 217−224

Iohannes Cassianus

1750 *[Iohannes Cassianus] Johannes Cassianus. De Institutis Coenobiorum et de octo principalium vitiorum remediis libri XII.* SIMON ÁRKÁD forditása. KÁKOSY LÁSZLO elöszavával. Budapest: 1980. 215 pp.

[593] COMAN, I. G.: Auctores

1751 DOIGNON, J. *Hilarius ecclesiarum magister (Cassien, Contra Nestorium 7,24)* − BSAO 15 (1979) 251−262

1752 LEONARDT, C. *Alle origini della christianità medievale. Giovanni Cassiano e Salviano di Marsiglia* − StMe 18 (1977) 1057−1174

1753 PASTORINO, A. *I temi spirituali della vita monastica in Giovanni Cassiano* − CCC 1,1 (1980) 123−172

Iohannes Chrysostomus

1754 *[Iohannes Chrysostomus] Saint Chrysostom. On the priesthood. Ascetic treatises. Select homilies and letters. Homilies on the statues* [NPNF 9; repr.]. Grand Rapids, Mich.: Eerdman 1978. VI, 514 pp.

1755 *[Iohannes Chrysostomus] Saint Chrysostom. Homilies on the gospel of Saint Matthew* [NPNF 10; repr.]. Grand Rapids, Mich.: Eerdman 1978. XXII, 551 pp.

1756 *[Iohannes Chrysostomus] Saint Chrysostom. Homilies on the acts of the Apostles and the epistle to the Romans.* Rev., with notes by GEORGE B. STEVENS [NPNF 11; repr.]. Grand Rapids, Mich.: Eerdman 1979. XVI, 574 pp.

1757 *[Iohannes Chrysostomus] Saint Chrysostom. Homilies on the epistles of Paul to the Corinthians.* The Oxford translation rev. with add. notes by TALBOT W. CHAMBERS [NPNF 12; repr.]. Grand Rapids, Mich.: Eerdman 1979. XIV, 438 pp.

1758 *[Iohannes Chrysostomus] Saint Chrysostom. Homilies on Galatians, Ephesians, Philippians, Colossians, Thessalonians, Timothy, Titus and Philemon.* The Oxford transl. rev. with add. notes by GROSS ALEXANDER, JOHN ALBERT BROADUS, PHILIP SCHAFF [NPNF 13, repr.]. Grand Rapids, Mich.: Eerdman 1979. XII, 592 pp.

1759 *[Iohannes Chrysostomus] Saint Chrysostom. Homilies on the gospel of St. John and the epistle to the Hebrews* [NPNF 14; repr.]. Grand Rapids, Mich.: Eerdman 1978. XVI, 555 pp.

1760 *[Iohannes Chrysostomus] Saint John Chrysostom. Discourses against Judaizing Christians.* Translation by PAUL WILLIAM HARKINS [FaCh 68]. Washington, D.C.: Catholic University of America Pr. 1979. LXII, 286 pp.

1761 *[Iohannes Chrysostomus] Jean Chrysostome. Sur le sacerdoce. Dialogue et homélie.* Introd., texte critique, traduction et notes par A. M. MALINGREY [SC 272]. Paris: Cerf 1980. 448 pp.

1762 *[Iohannes Chrysostomus] Jean Chrysostome. La conversion.* Trad. des homélies par H. STÉBÉ, notes et plan de travail par A. G. HAMMAN [Coll. Les Pères dans la foi]. Paris: Desclée de Brouwer 1979. 164 pp.

1763 *[Iohannes Chrysostomus] Jean Chrysostome. Homélies sur Saint Paul.* Introd. de MAURICE JOURJON. Trad. par PATRICE SOLER. Appendices, index par P. SOLER. Notes de MAURICE JOURJON et de PATRICE SOLER [Les Pères dans la foi 6]. Paris: Desclée de Brouwer 1980. 132 pp.

1764 *[Iohannes Chrysostomus] Giovanni Crisostomo. La vera conversione.* Trad., introd. e note a cura di CALOGERO RIGGI [CTP 22]. Roma: Città Nuova Ed. 1980. 179 pp.

1765 *[Iohannes Chrysostomus] Giovanni Crisostomo. Il sacerdozio.* A cura di A. QUACQUARELLI [CTP 24]. Rom: Città Nuova ed. 1980. 184 pp.

1766 *[Iohannes Chrysostomus] San Giovanni Crisostomo. Dialogo sul sacerdozio.* A cura di GIOVANNI FALBO. Milano: Jaca Book 1978.

1767 *[Iohannes Chrysostomus] Sfîntul Ioan Gură de Aur. Cuvînt la „femeia este legată de lege cîtă vreme trăieşte bărbatul ei"* (= Homilie über I Kor 7, 39). Trad. de D. FECIORU — MitrMold 55 (1979) 555–560

1768 *[Iohannes Chrysostomus] Sf. Ioan Gură de Aur. La cuvîntul profetului Ieremia: „Doamne, ni nu-i în puterea omului calea lui, nici nu-i este dat omului care merge să-şi isprăvească călătoria sa"* (Homilie zu Jer. 10, 23). Trad. de D. FECIORU — OrtBuc 32 (1980) 321–330

1769 *[Iohannes Chrysostomus] S. João Crisóstomo. O Sacerdócio* [Os Padres da Igreja 1]. Petropolis: Ed. Vozes 1979. 142 pp.

[1924] ALLEN, P.; DATEMA, C.: Leontius Constantinopolitanus

[254] ALONSO-NUNEZ, J. M.: Opera ad historiam

1770 ALVES DE SOUSA, PIO G. *La Ley Natural en la Hom. XII sobre las estatuas de San Juan Crisóstomo.* In: *Etica y Teología ante la crisis contemporánea.* (cf. 1979/80, 110) 349–358

1771 ANDERSON, G. *The mystic pomegranate and the vine of Sodom. Achilles Tatius 3.6* — AJPh 100 (1979) 516–518

1772 AUBINEAU, MICHEL *Un extrait retrouvé, chez Cosmas Indicopleustès d'un « Discours sur l'aumône » de Jean Chrysostome (PG 49, 293)* — BLE 80 (1979) 213–218

[713] BICKERSTETH, J. E.: Andreas Cretensis

1773 BÎZGAN, GH. *Principii omiletice în predica Sfinţilor Trei Ierarhi* (= Homiletische Prinzipien in der Predigt der Hl. Drei Hierarchen) — MitrMold 55 (1979) 292–302

1774 BOUHOT, J. P. *Une ancienne homélie catéchétique pour la tradition de l'oraison dominicale* — AugR 20 (1980) 69–78

1775 BRÄNDLE, R. *Synergismus als Phänomen der Frömmigkeitsgeschichte, dargestellt an den Predigten des Johannes Chrysostomus.* In: *Gnadenwahl und Entscheidungsfreiheit.* (cf. 1979/80, 120) 69–89, 113–121

1776 BRÄNDLE, RUDOLF *Chrysostomus — ein exemplarischer Fall* — KRS 136 (1980) 130–132; 148–150.

[2752] BRÄNDLE, R.: Specialia in Novum Testamentum

[2753] BRÄNDLE, R.: Specialia in Novum Testamentum

1777 CIOFFI, A. *Il De inani gloria et de educandis liberis di Giovanni Crisostomo. Famiglia e società* — Nicolaus 7 (1979) 137–144

[1661] CLARK, E. A.: Hieronymus

[594] COURCELLE, P.: Auctores

1778 DAMIAN, TEODOR *Virtutea dragostei la Sfîntul Ioan Gură de Aur* *(= Die Tugend der Liebe beim hl. Johannes Chrysostomus) –* BOR 97 (1979) 675–685

1779 DEKKERS, E. *Limites sociales et linguistiques de la pastorale liturgique de saint Jean Chrysostome* – AugR 20 (1980) 119–129

1780 DEVOS, P. *L'apparition du ressuscité à sa mère. Un nouveau témoin copte* – AB 96 (1978) 388

1781 DEVOS, P. *De Jean Chrysostome à Jean de Lycopolis. Chrysostome et Chalkèdôn. Addendum. Deux autres textes. Appendice: Les apparitions des apôtres Pierre et Jean à Jean Chrysostome* – AB 96 (1978) 389–403

[503] ESBROECK, M. VAN: Palaeographica atque manuscripta

1782 FEE, G. D. *The text of John and Mark in the writings of Chrysostom* – NTS 26 (1980) 525–547

1783 FOTI, M. B. *Frammenti di un codice di S. Giovanni Crisostomo nel cod. Rep. II 27 della Universitätsbibliothek di Lipsia* – Orpheus 1 (1980) 482–487

1784 FOTI, M. B. *Un codice di San Giovanni Crisostomo ricostruito* – Sc 33 (1979) 244–249

[2375] *Die göttliche Liturgie . . .:* Missa, sacramenta, sacramentalia

1785 GONZÁLEZ BLANCO, A. *La condición de los solones en la trama de la sociedad bajo-imperial. Según S. Juan Crisóstomo y la Historia Augusta* – MHA 2 (1978) 81–91

1786 GONZÁLEZ BLANCO, ANTONINO *Los judíos en la predicación de San Juan Crisóstomo* – Oliv 2 (1978) 59–72

1787 GONZÁLEZ BLANCO, A. *Cristo, rebelde político en el pensamiento de San Juan Crisóstomo* – EE 54 (1979) 539–560

1788 GONZÁLEZ BLANCO, A. *El concepto de* Πολιτεία *en la obra de San Juan Crisóstomo. Prolegómenos a su teología sobre la Ciudad de Dios* – Sandalion 3 (1980) 251–272

1789 GOODALL, B. *The Homilies of St. John Chrysostom on the letters of St. Paul to Titus and Philemon. Prolegomena to an edition* [UCalifClass 20]. Berkeley: University of California Press 1979. IX, 102 pp.

1790 Archimandrit GORAZD *Sveti Ioan Zlatoust* – *podvizi i veličie, stradanija i vekovna prosslava (= Der hl. Johannes Chrysostomus – Großtaten und Erhabenheit, Leiden und ewige Verherrlichung) –* CarkV 28 (1979) 5–8

1791 GRISSON, F. A. *Chrysostom and the Jews. Studies in Jewish-Christian relations in fourth–century Antioch* [Dissertation The Southern Baptist Theol. Seminary]. Louisville, Ky. 1978. 272 pp.

1792 GUIDA, A. *Sul «De inani gloria et de liberis educandis» attribuito a Giovanni Crisostomo* – SIF 50 (1978) 241–244

[579] *L'initiation chrétienne*: Auctores

1793 MARKOWICZ, WALTER A. *The text tradition of St. John Chrysostom's Homilies on Genesis and mss. Michiganenses 139, 78, and Holkhamicus 61.* Ann Arbor, Mich.: Univ. Microfilms Internat. 1979.

1794 MASTROGHIANOPOULOS, ILIAS *Sf. Ioan Gură de Aur, o prestigioasă autoritate morală (= Der hl. Johannes Chrysostomus, eine bedeutende moralische Autorität).* Trad. de OLIMP CĂCIULĂ — MitrOlt 32 (1980) 427—429

1795 MICLE, VENIAMIN *Citirea şi interpretarea Sfintei Scripturi după Omiliile Sfintului Ioan Gură de Aur (= Lesen und Interpretieren der Hl. Schrift nach dem Hl. Johannes Chrysostomus)* — OrtBuc 32 (1980) 275—298

1796 MILITELLO, CONCETTA M. *La concezione teologica del femminile secondo Giovanni Crisostomo.* Roma: Pontificia Universitas Gregoriana 1980. 63 pp.

1797 NARDI, C. *Quid de margaritarum origine Iohannes Chrysostomus senserit* — Latinitas 27 (1979) 95—99

1798 NARDI, C. *Quibus de fontibus Iohannes Chrysostomus praestigiatorum exemplum sumpserit* — Latinitas 27 (1979) 261

1799 NORMANN, F. *Zur Laienfrömmigkeit bei Johannes Chrysostomus.* In: *Pietas. Festschrift für Bernhard Kötting* (cf. 1979/80, 149) 399—410

1800 OMMESLAEGHE, F. VAN *Jean Chrysostome en conflit avec l'impératrice Eudoxie. Le dossier et les origines d'une légende* — AB 97 (1979) 131—159

1801 OMMESLAEGHE, F. VAN *La fête de S. Jean Chrysostome dans l'Église grecque* — AB 97 (1979) 337

1802 PITSIOUNIS, GREGORIOS *Johannes Chrysostomus über den Vorrang des Bischofs von Rom.* In: *Philoxenia* (cf. 1979/80, 148) 247—258

1803 SHORE, S. A. *St. John Chrysostom's De virginitate and De non iterando coniugio. Translation and commentary* [Diss. Catholic Univ. of America]. Washington: 1980. 280 pp.

1804 VASILIU, CEZAR *Atitudinea Sfinţilor Trei Ierarhi faţă de societatea vremii lor (= Die Haltung der Hll. Drei Hierarchen zur Gesellschaft ihrer Zeit)* — StBuc 32 (1980) 50—65

[1263] VOGÜÉ, A. DE: Caesarius Arelatensis

[1373] VOGÜÉ, A. DE: Cyprianus Carthaginiensis

[2512] YOUNG, F. M.: Doctrina auctorum

1805 ΖΗΣΗΣ, ΘΕΟΔΩΡΟΣ *Ἰδιοκτησία καί πλοῦτος κατά τούς Τρεῖς Ἱεράρχας* — GregPalThes 62 (1979) 109—123

Pseudo-Iohannes Chrysostomus

1806 ΨΕΥΤΟΓΚΑΣ, ΒΑΣΙΛΕΙΟΣ *Ἡ ψευδοχρυσοστόμεια ὁμιλία στόν Τίμιο καί Ζωοποιό Σταυρό (BHG 3, 415m καί 415n) εἶναι τοῦ*

Σεβεριανοῦ Γαβάλων; — GregPalThes 62 (1979) 299—315, 674—675

1807 RILLIET, F. *Une homélie pseudo-chrysostomienne sur le dernier samedi de carême* — RSO 54 (1980) 15—28

1808 SAMIR, K.; SCHARPÉ, J. L. *Les sermons sur Job du Pseudo-Chrysostome (CPG 4564 = BHG 939d—g) dans la version paléo-russe* — OLP 9 (1978) 167—173

Iohannes Climacus

1809 *[Iohannes Climacus] Scara sfîntului Ioan Scărarul şi Invăţăturile lui Ava Dorotei.* Trad., introd. şi note de DUMITRU STĂNILOAE [Filocalia 9]. Bucureşti: Ed. Inst. Biblic şi de Misiune ortodoxă 1980. 645 pp.

1810 PARTENIJ, Bischof von Levkija *Prepodobni Ioan Lestvičnik (= Der Ehrw. Johannes Klimakus)* — CarkV 8 (1980) 1—2

Iohannes Damascenus

1811 *[Iohannes Damascenus] Die Schriften des Johannes von Damaskos. Band 3. Liber de Haeresibus. Opera polemica.* Besorgt v. BONI-FATIUS KOTTER OSB [PTS 22]. Berlin: de Gruyter 1980. 380 pp.

1812 *[Iohannes Damascenus] Giovanni Damasceno. Omelie cristologiche e mariane.* Trad., introd. e note a cura di MARIO SPINELLI [CTP 25]. Roma: Città Nuova Ed. 1980. 220 pp.

1813 *[Iohannes Damascenus] Ioane Damaskeli. Dialekhtika.* Kharthuli thargmanebis tekhsti gamosca gamokwlewa da lekhsikoni daurtho MAIA RAPHAWAM. Thbilisi: Micniereba 1976. 300 pp.

1814 *[Iohannes Damascenus] Sfîntul Ioan Damaschin. Cuvînt la naşterea Prea Sfintei Stapînei noastre Născătoarei de Dumnezeu şi pururea Fecioarei Maria (= Homilie zur Geburt der Gottesgebärerin).* Trad. de NICOLAE BUZESCU — MitrOlt 32 (1980) 616—623

[2546] DUŢU, C.: Mariologia

1815 IONIŢĂ, VIOREL *Sfîntul Ioan Damaschinul, apărător al cultului sfintelor icoane (= Der hl. Johannes v. Damaskus, Verteidiger der Ikonenverehrung)* — StBuc 32 (1980) 581—590

1816 ΚΑΛΟΚΥΡΗΣ, ΚΩΝΣΤΑΝΤΙΝΟΣ Δ. *Παρατηρήσεις στόν Κανόνα τῆς 'Αναστάσεως τοῦ 'Ιωάννου Δαμασκηνοῦ* — Kleronomia 11 (1979) 1—18

1817 PINTEA, DUMITRU *Invăţătura Sfîntului Ioan Damaschin despre Maica Domnului (= Die Lehre des hl. Johannes v. Damaskus über die Gottesmutter)* — OrtBuc 32 (1980) 501—520

1818 SICLARI, ALBERTO *Giovanni di Damasco. La funzione della Dialectica.* Perugia: Benucci 1978. 278 pp.

[2142] *Three Byzantine sacred poets . . .:* Romanus Melodus

Iohannes Lycopolitanus

[1781] DEVOS, P.: Iohannes Chrysostomus

Iohannes Malalas

1819 BALLAIRA, G. *Su Tzetzes Hist. 118 (Chil. VII 163–176 Leone)* – GiorFil 31 (1979) 116–118

1820 FESTUGIÈRE, A. J. *Notabilia dans Malalas, II* – RPh 53 (1979) 227–237

1821 HÖRLING, ELSA *Mythos und Pistis. Zur Deutung heidnischer Mythen in der christlichen Weltchronik des Johannes Malalas* [Diss.]. Lund: Univ. 1980. 158 pp.

1822 SELEM, A. *La diversione dell'esercito di Procopio e Sebastiano secondo Ammiano XXIII, 3, 4–5. L'uso delle fonti in Ammiano a proposito della spedizione di Giuliano in Mesopotamia* – Vichiana 8 (1979) 25–69

Iohannes Philoponus

1823 LUCCHETTA, G. A. *Una fisica senza matematica. Democrito, Aristotele, Filopono* [Pubbl. di Verifiche 4]. Trento: Verifiche 1978. 188 pp.

1824 LUCCHETTA, G. A. *Aristotelismo e cristianesimo in Giovanni Filopono* – StPad 25 (1978) 573–593

[464] SHARPLES, R. W.: Philosophica

Iohannes Scythopolitanus

[1434] SUCHLA, B. R.: Pseudo-Dionysius Areopagita

Iohannes Solitarius

1825 BROCK, SEBASTIAN *John the Solitary, "On Prayer"* – JThS 30 (1979) 84–101

Iohannes Stylita

[1719] *A letter from Jacob:* Iacobus Edessenus

Irenaeus Lugdunensis

1826 *[Irenaeus Lugdunensis] Irénée de Lyon. Contre les Hérésies, Livre I.* Éd. critique par A. ROUSSEAU et L. DOUTRELEAU. T. I: Introd., notes justificatives, tables [SC 263]. Paris: Cerf 1979. 409 pp.

1827 *[Irenaeus Lugdunensis] Irénée de Lyon — Contre les Hérésies, Livre I*. Éd. critique par A. ROUSSEAU et L. DOUTRELEAU. T. II: Texte et traduction [SC 264] Paris: Cerf 1979. 394 pp.

1828 ALAND, BARBARA *Fides und Subiectio. Zur Anthropologie des Irenäus*. In: *Kerygma und Logos. Festschrift für Carl Andresen zum 70. Geburtstag* (cf. 1979/80, 132) 9—28

[573] *The Ante-Nicene Fathers:* Auctores

1829 ARDUINI, M. L. *Alla ricerca di un Ireneo medievale* — StMe 21 (1980) 269—299

1830 BACQ, PHILIPPE *De l'ancienne à la nouvelle Alliance selon S. Irénée: unité du livre IV de l'adversus haereses* Préf. de A. ROUSSEAU [Bibliothèque de la Faculté de philosophie et lettres des Facultés universitaires Notre-Dame de la Paix 58]. Paris: Lethielleux 1978. 421 pp.

1831 BENOÎT, A. *Irénée et l'hérésie. Les conceptions hérésiologiques de l'évêque de Lyon* — AugR 20 (1980) 55—67

1832 BERTHOUZOZ, ROGER *Liberté et grâce suivant la théologie d'Irénée de Lyon: le débat avec la gnose aux origines de la théologie chrétienne* [Etudes d'éthique chrétienne 8]. Fribourg: Editions universitaires 1980. 285 pp.

1833 BRÄUNING, P. M. *Die principalitas der römischen Gemeinde nach Irenäus* [Diss.]. Halle: 1975. V, 273 pp.

1834 CAMPENHAUSEN, H. VON *Ostertermin oder Osterfasten? Zum Verständnis des Irenäusbriefs an Viktor (Euseb. Hist. Eccl. 5, 24, 12—17)*. In: *Urchristliches und Altkirchliches* (cf. 1979/80, 96) 300—330

[2760] CANTALAMESSA, R.: Specialia in Novum Testamentum

1835 CZĘSZ, B. *Ireneusz z Lyonu — wyraziciel Tradycji chrześcijańskiej Wschodu i Zachodu (= Irénée de Lyon — représentant de la tradition chrétienne d'Orient et d'Occident)* — AtKap 71/92 (1979) 355—360

1836 CZĘSZ, B. *De notione civitatis Dei apud Sanctum Irenaeum (Adv. haer. 5, 35, 2)*. In: *Miscellanea patristica in memoriam Joannis Czuj* (cf. 1979/80, 143) 9—36

[2742] DASSMANN, E.: Specialia in Novum Testamentum

1837 DONOVAN, MARY ANN *Irenaeus' teaching on the unity of God and his immediacy to the material world in relation to Valentinian Gnosticism*. Ann Arbor, Mich. (London): Univ. Microfilms Internat. 1979. VII, 306 pp.

1838 EBNETER, ALBERT *Die „Glaubensregel" des Irenäus als ökumenisches Regulativ*. In: *Unterwegs zur Einheit* (cf. 1979/80, 176) 588—608

1839 FERRARESE, GIANFRANCO *Il Concilio di Gerusalemme in Ireneo di Lione; ricerche sulla storia dell'esegesi di Atti 15, 1—29 (e*

Galati 2, 1—10) nel II secolo [Testi e ricerche di scienze religiose 17]. Brescia: Paideia 1979. 190 pp.

1840 GAMBA, G. G. *La testimonianza di S. Ireneo in Adversus haereses III, 1, 1 e la data di composizione dei quattro Vangeli canonici* — Salesianum 39 (1977) 545—585

1841 GAMBER, K. *Das Eucharistiegebet als Epiklese und ein Zitat bei Irenäus* — OstkiSt 29 (1980) 301—305

1842 LANNE, E. *La règle de verité. Aux sources d'une expression de S. Irénée.* In: *Lex orandi, lex credendi* (cf. 1979/80, 135) 57—70

[695] MAZIÈRES, J. P.: Ambrosius

[2205] MUNIER, C.: Tertullianus

1843 NORRIS, RICHARD *The Transcendence and Freedom of God: Irenaeus, the Greek Tradition and Gnosticism.* In: *Early Christian literature . . .* (cf. 1979/80, 106) 87—100

1844 ORBE, ANTONIO *Errores de los ebionitas (Análisis de Ireneo, Adversus haereses, V, 1, 3)* — Marianum 41 (1979) 171—198

1845 ORBE, ANTONIO *San Ireneo y la doctrina de la reconciliación* — Greg 61 (1980) 5—50

[2653] ORBE, A.: Gnostica

1846 PINCHERLE, A. *Tre noterelle.* In: *Paradoxos politeia. Studi patristici in onore di Giuseppe Lazzati* (cf. 1979/80, 145) 501—506

1847 REICKE, B. *The inauguration of catholic martyrdom according to St. John the Divine* — AugR 20 (1980) 275—283

1848 RORDORF, WILLY *Was heißt: Petrus und Paulus haben die Kirche in Rom „gegründet"? Zu Irenäus Adv. haer. III, 1, 1; 3, 2. 3.* In: *Unterwegs zur Einheit* (cf. 1979/80, 176) 609—616

[1945] SCHWAIGER, R.: Marcion

1849 SINGLES, DONNA *Le salut de l'homme chez Saint Irénée. Essai d'interprétation symbolique.* Lyon: Facultés Catholiques de Lyon 1978. 423 pp.

1850 TREMBLAY, R. *Irénée de Lyon. L'empreinte des doigts de Dieu* [Coll. Eirenaios 1]. Roma: Ed. Acad. Alfonsianae 1979. 126 pp.

1851 TREMBLAY, R. *La liberté selon saint Irénée de Lyon* — StMor 15 (1977) 421—444

1852 TREMBLAY, R. *Le martyre selon saint Irénée de Lyon* — StMor 16 (1978) 167—189

[646] UNNIK, W. C. VAN: Auctores

1853 VOGT, H. J. *Die Geltung des Alten Testaments bei Irenäus von Lyon* — ThQ 160 (1980) 17—28

Isidorus Hispalensis

1854 ANDRÉ, J. *Un mot fântome,* *pomelida.* — RPh 53 (1979) 241−243

1855 BALOIRA BÉRTOLO, M. ADOLFO *Composición y fuentes de las Etimologías de Isidoro de Sevilla. Estudio particular del libro XX* − ArLeon 33 (1979) 174−195

1856 BATELY, J. M. *World history in the Anglo-Saxon Chronicle. Its sources and separateness from the Old English Orosius* − ASE 8 (1979) 177−194

1857 CHAPARRO GÓMEZ, CÉSAR *Una aportación a la tradición manuscrita del «De ortu et obitu Patrum» de Isidoro de Sevilla* − AnFilE 3 (1980) 51−56

1858 CHURRUCA, JUAN *La definición isidoriana de ius naturale* − EDeusto 28 (1980) 9−41

1859 FLOREZ, RAMIRO *La antropología agustiniana en san Isidoro* − Augustinus 25 (1980) 89−106

[2343] FONTAINE, J.: Liturgica

1860 MARÓTI, E. *Eine antike Definition bei Johannes Saresberiensis* − AcAl 14 (1978) 75−77

1861 MARTÍN HERNÁNDEZ, FRANCISCO *La potestad de orden en San Isidoro de Sevilla.* In: *Teología del Sacerdocio* 11 (cf. 1979/80, 167) 219−246

1862 MAXWELL-STUART, P. G. *Oceloe, a note on Isidore of Seville* − Latomus 38 (1979) 533

1863 MESSINA, N. *Le citazioni classiche nelle Etymologiae di Isidoro di Siviglia* − ArLeon 34 (1980) 205−265

1864 MUNDÓ, A. M. *Un codex de Pere Miquel Carbonell a Pamplona* − Faventia 1 (1979) 119−120

1865 RECAREDO GARCÍA, BERNARDO *Espiritualidad y «Lectio divina» en las «Sentencias» de San Isidoro de Sevilla* [Espiritualidad monástica 8]. Zamora: Ediciones Monte Casino 1980. 198 pp.

1866 ROCCA SERRA, G. *Le symbolisme du dieu Pan chez Isidore de Séville* − RMAL 25−34 (1969−1978) 5−9

1867 SAMSÓ, J. *Astronómica isidoriana* − Faventia 1 (1979) 167−174

1868 SILVESTER, H. *La prison de l'âme (Phédon, 62 b). Nouveaux témoignages du Moyen âge latin* − Latomus 38 (1979) 982−986

1869 SOTO POSADA, GONZALO *La función de la semejanza en las Etimologías de San Isidoro de Sevilla* − CTM 7 (1980) 1−103

1870 SPILLING, H. *Ein Handschriften-Fragment aus Fulda* − CodMan 2 (1976) 69−73

1871 SUÁREZ, S. C. *Africa antiqua in Isidori Hispalensis Etymologiarum libris.* In: *Africa et Roma. Acta omnium gentium ac nationum Conventus Latinis litteris linguaeque fovendis, Leopold Sedar Senghor dicatum* (cf. 1979/80, 80) 259−265

Iulianus Aeclanensis

1872 DUVAL, Y. M. *Iulianus Aeclanensis restitutus. La première édition – incomplète – de l'œuvre de Julian d'Éclane* – REA 25 (1979) 162–170

Iulianus Toletanus

1873 CAMPOS, JULIO *San Agustín y la escatología de san Julián de Toledo* – Augustinus 25 (1980) 107–115

1874 MUNZI, L. *Cipriano in Giuliano Toletano Ars gramm. 197, 52–54 M. Y.* – RFC 108 (1980) 320–321

1875 MUNZI, L. *Note testuali all'Ars grammatica di Giuliano de Toledo* – AIONF 1 (1979) 171–173

Iustinianus Imperator

[1201] KAY, R.: Benedictus Nursinus

Iustinus Martyr

1876 *[Iustinus Martyr] Apologeţi de limbă greacă (= Griechischsprachige Apologeten).* Trad., introd., note şi indice de T. BODOGAE, OLIMP CĂCIULĂ şi D. FECIORU [PărSB 2]. Bucureşti: Ed. Institutului biblic şi de misiune ortodoxă 1980. 390 pp.

1877 ALFONSI, L. *La struttura della I Apologia di Giustino.* In: *Paradoxos Politeia* (cf. 1979/80, 145) 57–76

[573] *The Ante-Nicene Fathers:* Auctores

1878 BAGATTI, B. *San Giustino nella sua patria* – AugR 19 (1979) 319–331

1879 BARNARD, L. W. *Justin Martyr's Knowledge of Judaism.* In: *Studies in Church history . . .* (cf. 1979/80, 91) 107–118

1880 BARNARD, L. W. *Justin Martyr's Eschatology.* In: *Studies in Church history . . .* (cf. 1979/80, 91) 119–130

1881 CACCIARI, A. *In margine a Giustino, dial. VII,3, le porte della luce.* In: *In verbis verum amare* (cf. 1979/80, 130) 101–134

1882 CUMING, G. J. *Δι' εὐχῆς λόγου (Justin, Apology, i. 66.2)* – JThS 31 (1980) 80–82

1883 FIGUEIREDO, FERNANDO A. *Teologia da Igreja Primitiva. Ensaio de antropologia justiniana.* Petropolis: Editora Vozes 1978. 81 pp.

1884 GŁADYSZEWSKI, L. *Sw. Justyn – chrześcijański filozof i męczennik (= Justin – philosophe et martyr chrétien)* – AtKap 71/93 (1979) 16–26

1885 JOLY, ROBERT *Notes pour le moyen platonisme.* In: *Kerygma und Logos. Festschrift für Carl Andresen zum 70. Geburtstag* (cf.1979/ 80, 132) 311−321

1886 LÜDEMANN, G. *Zur Geschichte des ältesten Christentums in Rom, I: Valentin und Marcion; II: Ptolemäus und Justin* − ZNW 70 (1979) 86−114

1887 MERINO, MARCELO *La Conversión cristiana. El concepto de ἐπι-στρέφειν y μετανοεῖν en San Justino* − StLeg 20 (1979) 89−126

1888 NOCE, C. *Giustino; il nome di Dio* − Divinitas 23 (1979) 220−238

1889 OTRANTO, GIORGIO *Esegesi biblica e storia in Giustino (Dial. 63− 84)* [QVChr 14]. Bari: Istituto di letteratura cristiana antica, Università 1979. 281 pp.

1890 RODRIGUEZ, A. EDUARDO *La Dynamis de Dios en San Justino* − AnSan 31 (1980) 223−316

1891 RORDORF, W. *La Trinité dans les écrits de Justin Martyr* − AugR 20 (1980) 285−297

1892 RORDORF, WILLY *Christus als Logos und Nomos. Das Kerygma Petrou in seinem Verhältnis zu Justin.* In: *Kerygma und Logos. Festschrift für Carl Andresen zum 70. Geburtstag* (cf. 1979/80, 132) 424−434

1893 SHOTWELL, WILLIS ALLEN *The exegesis of Justin Martyr.* Chicago, Ill.: University 1979.

1894 SINISCALCO, P. *Caratteri espressivi ed estetici della profezia vetero-testamentaria secondo la Cohortatio ad Graecos attribuita a Gius-tino* − StSR 4 (1980) 29−44

1895 STUDER, BASIL *Der apologetische Ansatz zur Logos-Christologie Justins des Märtyrers.* In: *Kerygma und Logos. Festschrift für Carl Andresen zum 70. Geburtstag* (cf. 1979/80, 132) 435−448

1896 UNNIK, W. C. VAN *Der Fluch der Gekreuzigten. Deuteronomium 21, 23 in der Deutung Justinus des Märtyrers.* In: *Theologia crucis, signum crucis. Festschrift für Erich Dinkler zum 70. Geburtstag* (cf. 1979/80, 172) 483−499

1897 WASZINK, J. H. *Zu Justins Lehre vom Logos Spermatikos.* In: *Opuscula selecta* (cf. 1979/80, 179) 317−328

Iuvencus

1898 POINSOTTE, JEAN-MICHEL *Juvencus et Israel. La représentation des Juifs dans le premier poème latin chrétien* [Publications de l'Université de Rouen 53]. Paris: Presses Univ. 1979. 248 pp.

Lactantius

[576] *The Ante-Nicene Fathers:* Auctores
[204] *Apocalyptic spirituality . . .:* Subsidia

1899 BUCHHEIT, V. *Goldene Zeit und Paradies auf Erden. (Laktanz, inst. 5,5–8)* – WJA 4 (1978) 161–185; 5 (1979) 219–235

1900 BUCHHEIT, V. *Die Definition der Gerechtigkeit bei Laktanz und seinen Vorgängern* – VigChr 33 (1979) 356–374

1901 BUCHHEIT, V. *Scientia boni et mali bei Laktanz* – GB 8 (1979) 243–258

1902 BUCHHEIT, V. *Der Zeitbezug in der Weltalterlehre des Laktanz (Inst. 5, 5–6)* – Historia 28 (1979) 472–486

1903 CANFORA, L. *Il proemio del De rerum natura* – SG 33 (1980) 507–525

1904 CASEY, STEPHEN C. *The Christian Magisterium of Lactantius.* Montreal: National Libr. of Canada 1979 [microfilm]

1905 CASEY, S. *Lactantius' reaction to pagan philosophy* – CM 32 (1971–1980) 203–219

1906 GAUDEMET, J. *Constantino e Lattanzio* [en franç.] – Labeo 26 (1980) 401–405

1907 GIANCOTTI, F. *Il preludio di Lucrezio, il trasposizionismo e Lattanzio* – Orpheus 1 (1980) 221–250

1908 GIGON, OLOF *Lactantius und die Philosophie.* In: *Kerygma und Logos. Festschrift für Carl Andresen zum 70. Geburtstag* (cf. 1979/80, 132) 196–213

1909 ISETTA, S. *Il De ave Phoenice attribuito a Lattanzio* – CCC 1 (1980) 379–409

1910 LUEHR, F. F. *Zur Darstellung und Bewertung von Massenreaktionen in der lateinischen Literatur* – Her 107 (1979) 92–114

1911 PERRIN, MICHEL *Homo christianus. Christianisme et tradition antique dans l'anthropologie de Lactance. 1,2.* Paris: Univ. IV Diss. 1977/1979.

1912 PIETRUSIŃSKI, D. *Laktancjusz – chrzecijański Cicero* (= *Lactance – Cicéro chrétien*) – AtKap 71/93 (1979) 46–55

[1331] PIZZANI, U.: Clemens Romanus

1913 ROUGÉ, J. *Fausta, femme de Constantin, criminelle ou victime* – CaHist 25 (1980) 3–15

1914 SØBY CHRISTENSEN, ARNE *Lactantius the historian. An analysis of the "De mortibus persecutorum"* [Opuscula graecolatina 21]. Copenhagen: Museum Tusculanum Pr. 1980. 119 pp.

1915 TEJA, R. *Cristianos y paganos en el De mortibus persecutorum de Lactantio.* In: *Studien zur antiken Sozialgeschichte* (cf. 1979/80, 165) 465–476

1916 WOJTCZAK, J. *Pojęcie Boga w Divinae Institutiones Firmianusa Laktancjusza* (= *Der Gottesbegriff in den Divinae Institutiones des Firmianus Lactantius*) – STV 18 (1980) 307–312

1917 ZETZEL, J. E. G. *The earliest transposition in Propertius* – AJPH 101 (1980) 314–315

Leander Hispalensis

1918 *[Leander Hispalensis] Leander Hispalensis. De institutione virgi-num.* Introd., texto lat. y trad. por J. PALACIOS ROYAN — Perficit 9 (1978) N° 115–117: 93–132; N° 118: 133–164

1919 *[Leander Hispalensis] Leandro Hispalense. De la instrucción de las virgenes y desprecio del mundo.* Trad., estud. y notas de J. VELÁZQUEZ. Madrid: Fund. univ. españ. 1979. 250 pp.

1920 NAVARRA, L. *Interventi di Leandro di Siviglia negli sviluppi storici e religiosi della Spagna visigotica; aspetti positivi e limiti* — StSR 4 (1980) 123–134

Leo Magnus

1921 BARTNIK, C. *Ku integralnej chrystologii — Leon Wielki (= Léon le Grand — vers une christologie intégrale)* — AtKap 71/92 (1979) 439–451

[598] FELLERMAYR, J.: Auctores

1922 LANG, A. P. *Anklänge an eine Heilig-Geist-Oration in einem Sermo Leos des Großen auf die Fastenzeit* — SE 23 (1978/1979) 143–170

[362] MCSHANE, PH. A.: Opera ad historiam

1923 STUDER, BASIL *Leo der Große und der Primat des römischen Bi-schofs.* In: *Unterwegs zur Einheit* (cf. 1979/80, 176) 617–630

Leontius Constantinopolitanus

1924 ALLEN, P.; DATEMA, C. *Leontius, presbyter of Constantinople — a compiler?* — JOBG 29 (1980) 9–20

1925 PERRONE, L. *Il Dialogo contro gli aftartodoceti di Leonzio di Bisanzio e Severo di Antiochia* — CrSt 1 (1980) 411–443

1926 STICKELBERGER, HANS *Substanz und Akzidens bei Leontius von Byzanz. Die Veränderung eines philosophischen Denkmodells durch die Christologie* — ThZ 36 (1980) 153–161

Lucifer Calaritanus

1927 *[Lucifer Calaritanus] Lucifer Calaritanus. De regibus apostaticis et Moriundum esse pro Dei filio.* Ed., ital. vertit, testimoniis indici-busque auxit V. UGENTI [ST lat. e greci 1 Quaderni dell'Istituto di Filologia class. Univ. di Lecce]. Lecce: Milella 1980. XXXV, 214 pp.

1928 *[Lucifer Calaritanus] El tradato De regibus apostaticis de Lucifer de Cagliari.* Estudio crit. y ed. por J. AVILÉS [Studia Lat. Barcino-nensia 4]. Barcelona: Dept. de Filol. lat de l'Univ. 1979. 93 pp.

1929 Avilés, Jorge *El tratado «De Regibus Apostaticis» de Lucifer de Cagliari. Estudio crítico y edición* – AST 49/50 (1976/77) 345–437

1930 Diercks, G. F. *Les contaminations syntactiques et les anacoluthes dans les œuvres de Lucifer di Cagliari* – VigChr 39 (1980) 130–144

1931 Ugenti, V. *Note critiche al testo di Lucifero di Cagliari* – AFLL 8–10 (1977–1980) 241–248

Luculentius

[999] Lemarié, J.: Pseudo-Augustinus

Macarius Aegyptius

1932 Berthold, H. *Makarios und seine Hörer. Methodische Beobachtungen an antignostischer/antimanichäischer Literatur.* In: *Studien zum Menschenbild in Gnosis und Manichäismus* (cf. 1979/80, 166) 229–239

1933 Κορναρακησ, Ιωαννησ *Νοῦς „ἐν τάφῳ". Ψυχολογική θεώρησις τῆς Α' παραγράφου τοῦ λόγου Μακαρίου τοῦ Αἰγυπτίου „περὶ ἐλευθερίας τοῦ νοός"* – EpThAth 24 (1979/80) 347–372

1934 Stoellger, W. *Gnade und Willensfreiheit nach Makarios/Symeon.* In: *Gnadenwahl und Entscheidungsfreiheit in der Theologie der Alten Kirche* (cf. 1979/80, 120) 63–68, 106–112

[1749] Vogüé, A. de: Iohannes Biclarensis

[2322] Vogüé, A. de: Pachomius Monachus

Pseudo-Macarius

1935 *[Pseudo-Macarius] Pseudo-Macaire. Œuvres spirituelles 1: Homélies propres à la Collection 3.* Introduction, traduction et notes (avec le texte grec) par Vincent Desprez [SC 275]. Paris: Ed. du Cerf 1980. 399 pp.

Macrobius

1936 Caesarini Martinelli, L. *Sesto Empirico e una dispersa enciclopedia delle arti e delle scienze di Angelo Poliziano* – Rinascimento 20 (1980) 327–358

1937 Heussler, F. *Evocatio* – MH 36 (1979) 168–169

1938 Kaster, R. *Macrobius and Servius. Verecundia and the grammarian's function* – HarvClassPhil 84 (1980) 219–262

1939 REGALI, M. *La quadripartizione delle virtù nei Commentarii di Macrobio* — AteRo 25 (1980) 166—172
1940 SCHILLING, R. *Le carmen de l'evocatio* [Macrobe, Sat III,9,7—8]. In: *Varron, grammaire antique et stylistique latine* (cf. 1979/80, 101) 181—183
1941 TOHILL, K. *Excerpts from Macrobius in codex Vaticanus Palatinus Latinus 886* — Manuscripta 22 (1978) 104—108
1942 VIETTI, M. *Patos virgiliano e retorica in Macrobio* — AtTor 113 (1979) 219—243

Marcellus Ancyranus

1943 BARNARD, L. W. *Pope Julius, Marcellus of Ancyra, and the Council of Sardica.* In: *Studies in Church history* ... (cf. 1979/80, 91) 341—353

Marcion

[1886] LÜDEMANN, G.: Iustinus Martyr
1944 MÜHLENBERG, EKKEHARD *Marcion's Jealous God.* In: *Disciplina nostra* (cf. 1979/80, 104) 93—115
1945 SCHWAIGER, R. *Der Gott des Alten Testaments und der Gott des Gekreuzigten. Eine Untersuchung zur Erlösungslehre bei Markion und Irenäus* — ZKTh 102 (1980) 289—313

Marcus Eremita

1946 GRILLMEIER, A. *Marco Eremita e l'origenismo* — CrSt 1 (1980) 9—58

Marius Victorinus

[576] *The Ante-Nicene Fathers:* Auctores
[532] BRUCE, F. F.: Novum Testamentum
1947 ERDT, WERNER *Marius Victorinus Afer, der erste lateinische Pauluskommentator: Studien zu seinen Pauluskommentaren im Zusammenhang der Wiederentdeckung des Paulus in der abendländischen Theologie des 4. Jahrhunderts* [Europäische Hochschulschriften 23; Theologie 135]. Frankfurt am Main: Lang 1980. 318 pp.
1948 LOHSE, BERNHARD *Beobachtungen zum Paulus-Kommentar des Marius Victorinus und zur Wiederentdeckung des Paulus in der lateinischen Theologie des vierten Jahrhunderts.* In: *Kerygma und*

Logos. Festschrift für Carl Andresen zum 70. Geburtstag (cf.
1979/80, 132) 351–366
1949 OPELT, I. *Vergil bei Marius Victorinus* – Phil 122 (1978) 224–236

Martinus Braccarensis

1950 FERREIRA DE SOUSA, MANUEL P. *A filosofia moral de S. Martinho
de Dume, em antologias senequistas* – RaPortFilos 36 (1980) 20–
49
1951 FERREIRO, ALBERTO *The Westward Journey of St. Martin of Braga*
– StMon 22 (1980) 243–251
1952 FONTÁN, ANTONIO *Martín de Braga, un testigo de la tradición
clásica y cristiana* – AEM 9 (1974–1979) 329–341

Martyrius Antiochenus

1953 OMMESLAEGHE, F. VAN *La source de l'hymne sur S. Jean Chrysostome attribuée à Romain le Mélode* – AB 98 (1980) 387–398

Maximinus Episcopus Gothorum

1954 HAMMOND BAMMEL, C. P. *From the School of Maximinus. The
Arian Material in Paris MS. Lat. 8907* – JThS 31 (1980) 391–402

Maximus Confessor

1955 *[Maximus Confessor] Maximus Confessor. Quaestiones ad Tha-
lassium, 1: Quaestiones 1–55 una cum latina interpretatione Ioannis Scotti Eriguenae iuxta posita.* Ed. CARL LAGA et CARLOS
STEEL [CChr. Ser. Graeca 7]. Turnhout: Brepols; Leuven: Univ. Pr.
1980.
1956 *[Maximus Confessor] Massimo il Confessore, « Umanità e divinità
di Cristo ».* Traduzione, introduzione e note a cura di A. CERESA-
GASTALDO [CTP 19]. Roma: Città Nuova 1979. 172 pp.
1957 BORONKAI, I. *Die Maximos-Übersetzung des Cerbanus. Lehren aus
einer Münchener Handschrift* – AArchHung 24 (1976) 307–333
1958 BRACKE, R. B. *Ad Sancti Maximi Vitam. Studie van de biografische
documenten en de levenbeschrijvingen betreffende Maximus Confessor (ca. 580–662)* [Proefschr. Kathol. Univ]. Leuven: 1980.
XXI, 439 pp.
1959 DALSGAARD LARSEN, B. *Les traités de l'âme de saint Maxime et de
Michel Psellos dans le Parisinus Graecus 1868* – CIMA (1979)
No. 30, 1–32

1960 DOUCET, MARCEL *La dispute de Maxime le Confesseur avec Pyrrhus*. Introd., texte critique, trad. et notes. Montréal: Bibliothèque de l'Univ. 1980

[2514] GHEORGHESCU, CH.: Creatio, providentia

1961 HEINZER, FELIX *Gottes Sohn als Mensch. Die Struktur des Menschseins Christi bei Maximus Confessor* [Paradosis 26]. Fribourg: Universitätsverlag 1980. 214 pp.

1962 LÉTHEL, FRANÇOIS-MARIE *Théologie de l'agonie du Christ. La liberté humaine du Fils de Dieu et son importance sotériologique mises en lumière par Saint Maxime le Confesseur*. Préf. de M. J. LE GUILLOU [ThH 52]. Paris: Éd. Beauchesne 1979. 129 pp.

[1434] SUCHLA, B. R.: Pseudo-Dionysius Areopagita

1963 TARTAGLIA, L. *Sentenze e aneddoti di sapienti antichi nel codice Ambr. Gr. 409 (G 69 sup.)* – AFLN 21 (1978/79) 49–71

Melito Sardensis

1964 *[Melito Sardensis] Melito of Sardis. On Pascha and fragments.* Texts and translations edited by STUART GEORGE HALL. Oxford: Clarendon Press 1979. XLIX, 99 pp.

[1000] LEMARIÉ, J.: Pseudo-Augustinus

1965 RAMIREZ, A. *La homilía de Melitón de Sardes sobre la Pascua* – CTM 13 (1978) 3–38

1966 WAAL, C. VAN DER *Het Pascha van onze verlossing. De schriftverklaring in de paaspreek van Melito van Sardes als weerspiegeling van de confrontatie tussen kerk en synagoge in de 2. eeuw* [Raad vir Geesteswetenskaplike Navorsing. Piblikasiereeks 64]. Johannesburg: de Jong; Franeker: Wever 1979. 240 pp.

Methodius Episcopus

1967 *[Methodius] Sw. Metody z Olimpu, Uczta (= Symposion)*. Ins Polnische übersetzt von STANISŁAW KALINKOWSKI, eingeleitet von EMIL STANULA [PSP 24]. Warszawa: Akademia Teologii Katolickiej 1980. 5–108

1968 BARNES, T. D. *Methodius, Maximus, and Valentinus* – JThS 30 (1979) 47–55

1969 BOYLE, J. A. *Alexander and the Mongols* – JRAS 2 (1979) 123–136

1970 PAVERD, F. VAN DE *Confession (exagoreusis) and penance (exomologesis) in De lepra of Methodius of Olympus, II* – OrChrP 45 (1979) 45–74

1971 RIGGI, C. *Vita cristiana e dialogo liturgico nel Simposio di Metodio (6, 5)* – Salesianum 37 (1975) 503–545

Minucius Felix

[575] *The Ante-Nicene Fathers:* Auctores
1972 MAGASS, W. *Römische Kriterien in der Alten Kirche. Bemerkungen zu Minucius Felix* – LingBibl 46 (1979) 62–74
[2496] MINN, H. R.: Doctrina auctorum

Narses

1973 SPINKS, BRYAN D. *A Note on the Anaphora Outlined in Narsai's Homily XXXII* – JThS 31 (1980) 82–93

Nemesius Emesenus

1974 MORANI, M. *Note critiche al testo di Nemesio* – WSt 13 (1979) 203–213
1975 VERBEKE, G. *Foi et culture chez Némésius d'Émèse. Physionomie d'une synthèse.* In: *Paradoxos politeia* (cf. 1979/80, 145) 507–531

Nestorius

1976 JOUASSARD, G. *Le cas de Nestorius* – RHE 74 (1979) 346–348

Nicetas Remesianus

[593] COMAN, I. G.: Auctores

Nilus Ancyranus

1977 LUCÀ, S. *L'esegesi di Nilo di Ancira sul libro dell'Ecclesiaste* – Sileno 3 (1977) 13–39
1978 LUCÀ, S. *Nilo d'Ancira sull'Ecclesiaste. Dieci scolii sconosciuti* – Bibl 60 (1979) 237–246

Nonnus Panopolitanus

1979 AVERINCEV, S. S. *La poésie de Nonnos de Panopolis en tant que phase ultime de l'évolution de l'épopée antique* [en russe] [Monuments de l'épopée livresque. Styles et particularités typologiques]. Moskva: Nauka (1978) 212–229
1980 DECLERCK, J. *Contribution à l'étude de la tradition grecque des Histoires mythologiques du Ps. Nonnus* – SE 23 (1978/79) 177–190

1981 GIGLI, D. *Tradizione e novità in una ricorrente espressione non-niana* — GiorFil 32 (1980) 107—117

1982 GONZÁLEZ I SEMMARTÍ, A. *En torno al problema de la cronologia de Nono. Su posible datación a partir de testimonios directos e indirectos* — Univ. Tarraconensis Fac. de Filos. i Lletres Div. de Filol. (Tarragona) 2 (1977—1980) 25—160

1983 PONTANI, F. M. *Esperimenti di traduzione da Nonno* — Koin-Napoli 3 (1979) 145—148

1984 ROCCHI, M. *I neura di Zeus* — SMEA 21 (1980) 353—375

1985 SCHULZE, J. F. *Textkritisches zu Nonnos* — ŽA 24 (1974) 121—123

1986 SCHULZE, J. F. *Zu einigen literarischen Inschriften bei Nonnos* — ŽA 24 (1974) 124—131

1987 WÓJTOWICZ, H. *Studia nad Nonnosem (Quaestiones Nonnianae).* Lublin: Katolicki Uniwersytetu Lubelski 1980. 316 pp.

Novatianus

1988 CURTI, C. *Lo scisma di Novaziano nell'interpretazione dello storico Socrate.* In: *La storiografia ecclesiastica nella tarda antichità. Atti del Convegno tenuto in Erice* (3—8 XII 1978) pref. di S. CAL-DERONE (cf. 1979/80, 160) 313—333

Numenius Apamensis

1989 LISI, F. L. *Los tres niveles de la divinidad en Numenio de Apamea* — CFilos 17 (1977) 111—130

Origenes

1990 *[Origenes] Origenes. Contra Celsum.* Translated from the Latin with an introduction and notes by HENRY CHADWICK. Cambridge: Cambridge University Press 1980. XI, 531 pp.

1991 *[Origenes] Origene. Commento alla Lettera ai Romani. Annuncio pasquale. Polemica antieretica.* A cura di F. COCCHINI. L'Aquila: Japadre 1979. 200 pp.

1993 *[Origenes] Orygenes. Homilie o pieśni nad Pieśniami, Zachęta do męczeństwa (= Homiliae in Canticum Canticorum, Ermunterung zum Martyrium).* Ins Polnische übersetzt von STANISŁAW KALIN-KOWSKI, eingeleitet von E. STANULA [PSP 24]. Warszawa: Akademia Teologii Katolickiej 1980. 109—173

1994 *[Origenes] Orygenes. O zasadach (= De principiis).* Ins Polnische übersetzt von S. KALINKOWSKI, Einleitung und Kommentar von S. KALINKOWSKI, W. MYSZOR, E. STANULA [PSP 23]. Warszawa: Akademia Teologii Katolickiej 1979. 368 pp.

1995 *[Origenes] Origenes. De principiis.* Trad. japonaise par T. ODAKA, rev. et préf. par P. NEMESHEGYI. Tokyo: Sobun-Sya 1978. XVII, 386 pp.

1996 *[Origenes] Origène. Sur la Pâque.* Traité inéd. publ. d'après un papyrus de Toura par OCTAVE GUÉRAUD et PIERRE NAUTIN [Christianisme antique 2]. Paris: Beauchesne 1979. 272 pp.

1997 *[Origenes] Origen: An exhortation to martyrdom; Prayer; First principles, book IV; Prologue to the commentary on "The song of songs"; Homily XXVII on "Numbers".* Translation and introduction by ROWAN A. GREER; preface by HANS URS VON BALTHASAR [The classics of Western spirituality]. London: S.P.C.K. 1979. XVI, 293 pp.

1998 *[Origenes] Origenes. Aanmoediging tot het martelaarschap.* Uit het Grieks vertaald en ingeleid door de Benedictinessen van Bonheiden [Kerkvaderteksten met commentaar 1]. Bonheiden: Abdij Bethlehem 1980. 212 pp.

1999 *[Origenes] Origène. Traité des principes, III.* Introd., texte crit. de la Philocalie et de la version latine de Rufin et trad. par H. CROUZEL et M. SIMONETTI [SC 268]. Paris: Éd. du Cerf 1980. 429 pp.

2000 *[Origenes] Origène. Traité des principes, IV.* Commentaires et fragments, par H. CROUZEL et M. SIMONETTI [SC 269]. Paris: Éd. du Cerf 1980. 276 pp.

2001 *[Origenes] Origenes. Die griechisch erhaltenen Jeremiahomilien.* Eingeleitet, übersetzt und mit Erklärungen versehen von E. SCHADEL [BGL 10 Abt. Patristik]. Stuttgart: Hiersemann 1980. X, 384 pp.

2002 *[Origenes] Orygenes. Homilie (= Origène. Deux homélies sur le Cantique des Cantiques).* Fragm. traduit en polonais par K. JASMAN − Znak 32 (1980) 311−312, 770−776

2003 *[Origenes] Orygenes. Filokalia.* Ins Polnische übersetzt und bearbeitet von K. AUGUSTYNIAK. Warszawa: Pax 1979. 279 pp.

[2161] ANDEL, K. G. VAN: Sulpicius Severus

[1536] BARCALA MUÑOZ, A.: Gregorius Illiberitanus

[492] BECKER, K. J.: dogma

2004 BERGMANN, J. *Zum Zwei-Wege-Motiv, religionsgeschichtliche und exegetische Bemerkungen* − SEA 41−42 (1976−1977) 27−56

[2753] BRÄNDLE, R.: Specialia in Novum Testamentum

2005 BROX, W. *Spiritualität und Orthodoxie. Zum Konflikt des Origenes mit der Geschichte des Dogmas.* In: *Pietas* (cf. 1979/80, 149) 140−154

2006 CERESA GASTALDO, A. *La dimensione dell'amore nell'interpretazione origeniana del Cantico dei Cantici.* In: *Paradoxos Politeia* (cf. 1979/80, 145) 187−194

[452] CLASSEN, C. J.: Philosophica

2007 COCCHINI, F. *Interpretazione origeniana della parabola del fariseo e del pubblicano nel commento alla lettera ai Romani* — StSR 4 (1980) 305—312

2008 CROUZEL, HENRI *Origène est-il la source du catharisme?* — BLE 80 (1979) 3—28

2009 CROUZEL, H. *Les doxologies finales des homélies d'Origène selon le texte grec et les versions latines* — AugR 20 (1980) 95—107

2010 CROUZEL, H. *La doctrine origénienne du corps ressuscité* — BLE 81 (1980) 175—200; 241—266

2011 CROUZEL, HENRI *Actualité d'Origène. Rapports de la foi et des cultures. Une théologie en recherche* — NRTh 102 (1980) 386—399

[293] CROUZEL, H.: Opera ad historiam

[41] CROUZEL, H.; JUNOD, E.: Bibliographica

2012 DRĂGULIN, GHEORGHE *Filocalia: de la Sfîntul Vasile cel Mare pînă în zilele noastre (= Die Philokalie: vom hl. Basilius d. Gr. bis in unsere Tage)* — StBuc 32 (1980) 66—80

2013 EDWARDS, ANIBAL *Vida y muerte. La unidad del lenguaje total según Orígenes* — Stromata 35 (1979) 147—166

2014 FAYE, EUGÈNE DE *Origen and his work.* Authorised translation by FRED ROTHWELL [Reprint of the 1929 ed.]. Folcroft, Pa.: Folcroft Library Editions 1978. 192 pp.

2015 FISCHER, J. A. *Die alexandrinischen Synoden gegen Origenes* — OstkiSt 28 (1979) 3—16

2016 FISCHER, J. A. *Synoden mit Origenes* — OstkiSt 29 (1980) 97—117

2017 GAMBLE, H. Y. *Euhemerism and christology in Origen, Contra Celsum III, 22—43* — VigChr 33 (1979) 12—29

2018 GASPARY, GERARD F. *Politics and exegesis: Origen and the two swords.* Berkeley: University of California Press 1979. XV, 215 pp.

[2460] GAUDEMET, J.: Ius canonicum

[2144] HAMMOND BAMMEL, C. P.: Rufinus Aquileiensis

2019 HERON, ALASDAIR *The Holy Spirit in Origen and Didymus the Blind: a shift in perspective from the third to the fourth century.* In: *Kerygma und Logos. Festschrift für Carl Andresen zum 70. Geburtstag* (cf. 1979/80, 132) 298—310

2020 JASMAN, K. *Orygenes o doskonałości chrześcijaństwa (= Origène — autour de la perfection du christianisme)* — AtKap 71/92 (1979) 380—389

2021 JUNOD, E. *Die Stellung der Lehre von der Freiheit in den homiletischen Schriften des Origenes und ihre Bedeutung für die Ethik.* In: *Gnadenwahl und Entscheidungsfreiheit in der Theologie der Alten Kirche* (cf. 1979/80, 120) 32—44; 95—102

2022 KARPP, H. *Versuch über eine Textverderbnis in der Schrift des Origenes „De Principiis" (VI 3,8)* — RhM 123 (1980) 323—329

2023 KETTLER, FRANZ HEINRICH *Origenes, Ammonius Sakkas und Porphyrius.* In: *Kerygma und Logos. Festschrift für Carl Andresen zum 70. Geburtstag* (cf. 1979/80, 132) 322−328

2024 KIMELMAN, REUVEN *Rabbi Yoḥanan and Origen on the Song of Songs: A Third-Century Jewish-Christian Disputation* − HThR 73 (1980) 567−595

2025 LIES, L. *Zum Stand heutiger Origenesforschung* − ZKTh 102 (1980) 61−75; 190−205

2026 ŁOMNICKI, E. *Próba syntezy chrześcijańskiej myśli i filozofii pogańskiej* − *Orygenes (= Origène − synthèse de la pensée chrétienne et de la philosophie païenne)* − AtKap 71/93 (1979) 37−45

2027 LUBAC, HENRI DE *Recherches dans la foi. Trois études sur Origène, Saint Anselme et la philosophie chrétienne* [Bibliothèque des archives de philosophie. N. S. 27]. Paris: Beauchesne 1979. 152 pp.

[1592] MORESCHINI, C.: Gregorius Nazianzenus

2028 NALDINI, M. *Ancora sui nuovi frammenti origeniani (PSI Inv. 2101)* − Prometheus 6 (1980) 80−82

[697] PALLA, R.: Ambrosius

2029 ΠΑΠΑΔΟΠΟΥΛΟΣ, ΣΤΥΛΙΑΝΟΣ Γ. Ἡ θέση τοῦ Ὠριγένη στήν Ἐκκλησία − EpThAth 23 (1976) 327−334

2030 PERI, V. *Omelie Origeniane sui Salmi. Contributi all'identificazione del testo latino* [ST 289]. Città del Vaticano: Bibl. Apost. 1980. 197 pp.

2031 PERI, V. *Coram hominibus apud Deum. Accenti d'anticlericalismo evangelico in Origene.* In: *Paradoxos Politeia* (cf. 1979/80, 145) 233−246

2032 PICHLER, KARL *Streit um das Christentum. Der Angriff des Kelsos und die Antwort des Origenes* [Regensburger Studien zur Theologie 23]. Bern−Frankfurt a. M.: P. Lang 1980. 361 pp.

2033 PUYO, JEAN *Orígenes, un investigador apasionado de la verdad.* In: *2000 años de Cristianismo.* Madrid: Sedmay (1979) T. I, 138−141

2034 REJMER, J. *„Hexapla" w twórczości Orygenesa (= Hexapla Origenis fata)* − Meander 35 (1980) 237−242

2035 SCHÄR, MAX *Das Nachleben des Origenes im Zeitalter des Humanismus.* Basel, Stuttgart: Helbing und Lichtenhahn 1979. XVI, 317 pp.

2036 SCHÄUBLIN, CHRISTOPH *Origenes und stoische Logik* − MH 36 (1979) 166−167

2037 SIMONETTI, M. *Origen. Princip. I, 2, 6* − MusCrit 13−14 (1978−1979) 411−412

2038 STRITZKY, M. B. VON *Der Begriff der Eusebia und seine Voraussetzungen in der Interpretation des Origenes.* In: *Pietas* (cf. 1979/80, 149) 155−164

2039 TREU, K.; WORP, K. A. *Origenes De principiis III 1.6−8 in einem Amsterdamer Papyrus* − ZPE 35 (1979) 43−47

2040 TREVIJANO ETCHEVERRÍA, RAMON *El recurso a la Escritura en el « Peri Euches »*. In: *Origeniana Secunda*. Second colloque international des études origéniennes (Bari, 20−23 septembre 1977). Textes rassemblés par H. CROUZEL − A. QUAQUARELLI [QVChr 15] (Roma: Edizioni dell'Ateneo 1980. 430 pp.) 105−118

2041 TRIPOLITIS, ANTONIA *The Return to the Divine: Salvation in the Thought of Plotinus and Origen*. In: *Disciplina nostra* (cf. 1979/80, 104) 171−179

2042 VOGT, H. J. *Falsche Ergänzungen oder Korrekturen im Matthäus − Kommentar des Origenes* − ThQ 160 (1980) 207−212

2043 VOGT, H. J. *Eucharistielehre des Origenes?* − FZPT 25 (1978) 428−442

2044 VRETTOS, T. *Origen*. New Rochelle, N. Y.: Caratzas 1978. 299 pp.

Orosius

2045 *[Orosius] Orosio. Le storie contro i pagani*. Introd., testo e comm. a cura di A. LIPPOLD, trad. di A. BARTALUCCI et G. CIARINI. Milano: Fond. Lorenzo Valla Mondadori 1976. LI, 536 pp. (2 vol.)

[1856] BATELY, J. M.: Isidorus Hispalensis

2046 FABBRINI, F. *Paolo Orosio uno storico* [Storia e Lett. Opere varie]. Roma: Ed. di Storia e Lett. 1979. XXIII, 493 pp.

2047 GOETZ, HANS-WERNER *Die Geschichtstheologie des Orosius* [Impulse der Forschung 32]. Darmstadt: Wissenschaftliche Buchgesellschaft 1980. VIII, 180 pp.

2048 GOETZ, H. W. *Orosius und die Barbaren. Zu den umstrittenen Vorstellungen eines spätantiken Geschichtstheologen* − Historia 29 (1980) 356−376

2049 MIR, J. M. *Orosius extrema imperii Romani tempora narrat* − Latinitas 24 (1976) 128−138

2050 PASCHOUD, F. *La polemica provvidenzialistica di Orosio*. In: *La storiografia ecclesiastica . . .* pref. di S. CALDERONE (1979/80, 160) 113−133

2051 PAVAN, M. *Cristiani, ebrei e imperatori romani nella storia provvidenzialistica di Orosio*. In: *Chiesa e società dal secolo IV ai nostri giorni. Studi storici in onore del P. Ilarino da Milano* (cf. 1979/80, 97) 23−82

2052 SALGADO, JOSÉ FERREIRA *Paulo Orosio. Um escritor Bracarense do século V* − BracAug 33 (1979) 127−144

Pacianus

2053 ANGLADA, ANGEL *Unas notas críticas al texto de Paciano de Barcelona* — Emerita 47 (1979) 11—34
2054 ANGLADA, ANGEL *La expresión «intemerata dei virgo» como metáfora del período gramatical en Paciano de Barcelona* — Emerita 48 (1980) 271—294

Palladius Helenopolitanus

[2309] BLÁZQUEZ MARTÍNEZ, J. M.: Melania Iunior
[2310] MOINE, N.: Melania Iunior

Papias Hierapolitanus

2055 DE JONGE, H. J. BOTPYC BOHCEI. *The Age of Kronos and the Millennium in Papias of Hierapolis.* In: *Studies in Hellenistic Religions* (cf. 1979/80, 164) 37—49
2056 KUERZINGER, J. *Papias von Hierapolis. Zu Titel und Art seines Werkes* — BiZ 23 (1979) 172—186

Patres Apostolici

2057 *[Patres Apostolici] The Apostolic Fathers.* Edited by JACK N. SPARKS. Nashville: T. Nelson 1978. XI, 319 pp.
2058 *[Patres Apostolici] Les écrits des pères apostoliques, 1.: La Didachè, doctrine des douze apôtres. Clément de Rome, Épitre.* Introd. de F. LOUVEL [Foi vivante 190]. Paris: Cerf 1979. 112 pp.
2059 *[Patres Apostolici] Scrierile Părinţilor apostolici.* Traducere, note şi indici de D. FECIORU [PărSB 1]. Bucureşti: Ed. Institutului biblic şi de misiune ortodoxă 1979. 350 pp.
2060 *[Patres Apostolici] Les Pères apostoliques. Écrits de la primitive Église.* Trad. et introd. de FRANCE QUÉRÉ [Collection Points. Série Sagasses 22]. Paris: Éd. du Seuil 1980. 253 pp.
2061 *[Patres Apostolici] Padres Apostólicos.* Edición bilingüe completa. Versión, introducción y notas de DANIEL RUIZ BUENO. 4ª edición [BAC 65]. Madrid: Editorial Católica 1979. 1130 pp.
2062 ALVES DE SOUSA, PIO G. *La familia cristiana en los escritos de los Padres Apostólicos.* In: *Cuestiones fundamentales sobre matrimonio y familia.* II Simposio Internacional de Teología. Pamplona, abril de 1980 (Pamplona: Ediciones Universidad de Navarra 1980) 557—566
[573] *The Ante-Nicene Fathers:* Auctores

2063 AONO, TASHIO *Die Entwicklung des paulinischen Gerichtsgedankens bei den apostolischen Vätern* [Europäische Hochschulschriften 23; Theologie 137]. Bern, Frankfurt am Main, LasVegas: Lang 1979. 445 pp.

2064 CZĘSZ, B. *Entuzjazm eschatologiczny jako świadectwo wiary u Ojców Apostolskich (L'enthousiasme eschatologique comme témoignage de la foi chez les Pères Apostoliques)* – AtKap 71/92 (1979) 264–271

2065 FERNÁNDEZ, AURELIO *La escatología en los escritos de los Padres Apostólicos* – Burgense 20 (1979) 9–55

2066 GUERRA, MANUEL *Ministerios de los directores locales y supralocales de las comunidades cristianas según el Nuevo Testamento y los Padres Apostólicos.* In: *Teología del Sacerdocio* 11 (cf. 1979/80, 167) 7–86

2067 KNOCH, OTTO *Die Stellung der Apostolischen Väter zu Israel und zum Judentum.* In: *Begegnung mit dem Wort* (cf. 1979/80, 92) 347–378

2068 MATHIESON, ROBERT; ALLEN, ROBERT F. *An Early Church Slavonic Translation of the Martyrdom of St. Polycarp* – HThR 72 (1979) 161–163

2069 OSBORN, E. *Ethics in the Apostolic fathers* – Prudentia 12 (1980) 87–91

2070 SACHOT, M. *Pour une étude de la notion de salut chez les Pères apostoliques* – ReSR 51 (1977) 54–70

Patricius Hibernorum

2071 *[Patricius] St. Patrick.* Ed. and transl. by M. WINTERBOTTOM [Arthurian Period Sources 9]. Chichester Phillimore 1978. 102 pp.

2072 HANSON, R. P. C. *The Date of St. Patrick* – BJRL 61 (1978/79) 60–77

2073 MALASPINA, E. *Patricio e i dominicati rethorici* – RomBarb 4 (1979) 131–160

2074 *The Patrician texts in the Book of Armagh.* Ed. with introd., transl. and comm. by L. BIELER, with a contrib. of F. KELLY [SLH 10]. Dublin: The Dublin Inst. for advanced stud. 1979. VI, 288 pp.

2075 THOMPSON, E. A. *St. Patrick and Coroticus* – JThS 31 (1980) 12–27

Paulinus Nolanus

[1334] CHATILLON, F.: Columbanus Abbas
[2120] COSTANZA, S.: Prudentius

2076 HOLFORD-STREVENS, L. A. *Nola, Vergil, and Paulinus* — CQ 29 (1979) 391—393

2077 JUNOD, H. *Le thème du printemps dans les Natalicia de saint Paulin de Nole* — REL 57 (1979) 13—14

2078 KOHLWES, K. *Christliche Dichtung und stilistische Form bei Paulinus von Nola* [Klassische Philologie 29]. Bonn: Habelt 1979. 279 pp.

2079 MÜLLER, WOLFGANG G. *Der Brief als Spiegel der Seele. Zur Geschichte eines Topos der Epistolartheorie von der Antike bis zu Samuel Richardson* — AntAb 26 (1980) 138—157

2080 QUATTORDIO MORESCHINI, A. *Osservazioni sul lessico di Paolino di Nola. I termini relativi alla lode.* In: *Studi di poesia latina in onore di Antonio Traglia* (cf. 1979/80, 161) 915—923

2081 SBRANCIA, A. *L'epitalamio di St. Paolino di Nola (carme 25)* — AFLM 11 (1978) 83—129

Paulinus Petrocoriensis

2082 CHATILLON, F. *Paulin de Périgueux, auteur de la Vita Martini, et Sidoine Apollinaire, panégyriste des empereurs* — RMAL 23 (1967) 5—12

Paulus Diaconus

2083 *[Paulus Diaconus] Quellen zur Geschichte der Alamannen, III: Von Marius von Avenches bis Paulus Diaconus.* Übersetzt von C. DIRLMEIER, durchgesehen und mit Anmerkungen versehen von K. SPRIGADE [Schrift. der Komm. für Alamann. Altertumsk. 5]. Sigmaringen: Thorbecke 1979. 90 pp.

2084 ALFONSI, L. *Aspetti del pensiero storiografico di Paolo Diacono.* In: *La storiografia ecclesiastica nella tarda antichità* (cf. 1979/80, 160) 11—25

2085 HOURLIER, J. *Le témoignage de Paul Diacre (sur la translation des reliques de saint Benoît du mont Cassin à Fleury-sur-Loire)* — StMon 21 (1979) 205—211

2086 MOSCADI, A. *Verrio, Festo e Paolo* — GiorFil 31 (1979) 17—36

2087 PITKÄRANTA, R. *Zur Sprache des Andreas von Bergamo* — AAPh 13 (1979) 129—149

2088 QUADRI, R. *Paolo Diacono e Lupo di Ferrières. A proposito di Parigi, B. N., Lat. 9604* — StMe 16 (1975) 737—746

2089 *Quellenbuch zur Geschichte der Heruler.* Von P. LAKATOS, mit einem Vorwort von S. SZADECZKY-KARDOSS [AAASzeged 21; Opusc. Byz. 6]. Szeged: 1978. 118 pp.

Paulus Samosatensis

[1463] HÜBNER, R. M.: Epiphanius Episcopus

2090 NAUTIN, P. *Le procès de Paul d'Antioche, dit de Samosate* — AEHESR 88 (1979—80) 355—357

2091 SAMPLE, ROBERT LYNN *The Messiah as prophet. The christology of Paul of Samosata.* Ann Arbor, Mich.: Univ. Microfilms Internat. 1979. 276 pp.

Paulus Silentiarius

2092 GUIDORIZZI, G. *Un topos rovesciato (A. P. V, 250)* — RILSL 112 (1978) 280—285

Pelagius

2093 NUVOLONE-NOBILE, F. G. *Problèmes d'une nouvelle édition du De induratione cordis Pharaonis attribué à Pélage* — REA 26 (1980) 105—117

2094 PIESZCZOCH, S. *Nad genezą teologii Pelagiusza (= Sur la génèse de la théologie de Pelage)* — StGnes 5 (1979—80) 227—244

2095 VALERO, J. B. *Las bases antropológicas de Pelagio en su tratado de las Expositiones* [Publicaciones de la Universidad Pontificia Comillas, Madrid Serie I: Estudios 18] Madrid 1980. 398 pp.

2096 WERMELINGER, OTTO *Das Pelagiusdossier in der Tractoria des Zosimus* — FZPT 26 (1979) 336—368

Petrus Chrysologus

2097 BENELLI, A. *Note sulla vita e l'episcopato di Pietro Crisologo.* In: *In verbis verum amare* (cf. 1979/80, 130) 63—79

2098 SPINELLI, M. *L'eco delle invasioni barbariche nelle omelie di Pier Crisologo* — VetChr 16 (1979) 87—93

Philo Carpasianus

2099 *[Philo Carpasianus] Philonis Carpasii Commentarium in Canticum Canticorum. Ex antiqua versione Latina Epiphanii Scholastici.* Ed. crit. cum prolegomenis, italica interpretatione, notis et indicibus curavit ALDO CERESA-GASTALDO [Corona Patrum 6]. Torino: Soc. Ed. Intern. 1979. 298 pp.

Philoxenus Mabbugensis

2100 *[Philoxenus Mabbugensis] The "Matthew-Luke Commentary" of Philoxenus.* Text, Translations and Critical Analysis by D. J. Fox [SBLDS 43]. Missoula, Montana: Scholars Press 1979. 319 pp.

2101 GRAFFIN, F. *Note sur l'exégèse de Philoxène de Mabboug à l'occasion du discours de S. Paul aux Athéniens (Act. 17, 31)* − ParOr 9 (1979−80) 105−111

[1722] GUILLAUMONT, A.: Iacobus Sarugensis

Polycarpi Martyrium

2102 BARNARD, L. W. *In Defence of Pseudo-Pionius' Account of Polycarp's Martyrdom.* In: *Studies in Church history . . .* (cf. 1979/80, 91) 224−241

2103 BRIND'AMOUR, P. *La date du martyre de saint Polycarpe (le 23 févier 167)* − AB 93 (1980) 456−462

2104 DEHANDSCHUTTER, BOUDEWIJN *Martyrium Polycarpi. Een literairkritische studie* [BEThL 52]. Leuven: Universit. Pers 1979. 296 pp.

2105 RORDORF, W. *Zum Problem des „großen Sabbats" im Polykarp- und Pioniusmartyrium.* In: *Pietas* (cf. 1979/80, 149) 245−249

Possidius

2106 MARIN, M. *La citazione non identificata in Poss. Vita Aug. 19, 2 e la prassi di Agostino giudice* − VetChr 17 (1980) 119−124

2107 WRIGHT, D. F. *Piscina Siloa or piscina Salomonis? (Possidius Indiculum X⁶. 57)* − REA 25 (1979) 47−60

2108 WRIGHT, D. F. *Augustine's Sermons in Vlimmerius's editio princeps of Possidius's Indiculum* − REA 25 (1979) 61−72

Priscillianus

2109 ARIAS, LUIS *El priscilianismo en san Agustín* −Augustinus 25 (1980) 71−82

2110 CHADWICK, H. *Prisciliano de Avila.* Traducción de J. L. LÓPEZ MUÑOZ. Madrid: Espasa Calpe 1978. 321 pp.

[960] ROBLES, L.: Augustinus

2111 ROMERO POSE, EUGENIO *Estado actual de investigación sobre Priscilián* − Encrucillada 3 (1979) 150−162

[394] SANTOS YANGUAS, N.: Opera ad historiam

Proba

2112 CATALDO, A. *Il centone di Proba e la tradizione manoscritta virgiliana nel IV secolo* — MCM 2 (1979) 95—118

2113 CATALDO, A. *Maro mutatos in melius (Espedienti compositivi nel centone virgiliano di Proba)* — QILCL 1 (1980) 19—60

Proclus Constantinopolitanus

2114 JANERAS, SEBASTIÀ, *La predicació pascual i baptismal de Procle de Constantinople* — RCatT 5 (1980) 131—151

Proclus Cyzicensus Patriarcha

[1461] *Traktate des Epiphanius . . .:* Epiphanius Episcopus

Prudentius

2115 *[Prudentius] Prudentius. Praefatio, Cathemerinon.* Ed. M. P. CUNNINGHAM, trad. N. REBULL. Barcelona: Empòrium 1979. 138 pp.

2116 *[Prudentius] Prudentius. Apotheosis, Hamartigenia, Psychomachia.* Text rev. per M. P. CUNNINGHAM, trad. en catal. de N. REBULL, amb. la coll. de M. DOLÇ. Barcelona: Empòrium 1980. 173 pp.

2117 BROŻEK, M. *De Prudentio Hexaëmeri auctore* — Eos 67 (1979) 117—118

2118 CATAUDELLA, Q. *Prudenzio e il seme di grano (Prudent. Cathem. X, 120 sq.).* In: *Paradoxos Politeia* (cf. 1979/80, 145) 311—317

2119 CHARLET, J. L. *L'apport de la poésie latine chrétienne à la mutation de l'épopée antique: Prudence précurseur de l'épopée médiévale* — BulBudé (1980) 207—217

2120 COSTANZA, S. *Le concezioni poetiche di Prudenzio e il carme XVIII di Paolino di Nola* — SG 29 (1976) 123—149

2121 DÖPP, SIEGMAR *Prudentius' Gedicht gegen Symmachus. Anlaß und Struktur* — JAC 23 (1980) 65—81

2122 EVENEPOEL, W. *Studies in the Liber cathemerinon of Aurelius Prudentius Clemens* — (in dutch) [BAB 91]. Brüssel: Palais der Acad. 1979. 168 pp.

2123 FLORES SANTAMARÍA, P. *Valores de maiestas en la Apotheosis de Prudencio* — ECl 24 (1980) 127—134

2124 FONTAINE, J. *Le poète latin chrétien nouveau psalmiste.* In: FONTAINE, J. *Études sur la poésie latine tardive d'Ausone à Prudence . . .* (cf. 1979/80, 114) 131—144

[114]   FONTAINE, J.: Collectanea et miscellanea
[2343] FONTAINE, J.: Liturgica
2125   GNILKA, C. *Interpretation frühchristlicher Literatur. Dargestellt am Beispiel des Prudentius* − Impulse für die lateinische Lektüre (Frankfurt, Hirschgraben-Verlag 1979) 138−180
2126   GNILKA, C. *Die Natursymbolik in den Tagesliedern des Prudentius.* In: *Pietas* (cf. 1979/80, 149) 411−446
2127   HARWORTH, K. R. *Deified virtues, demonic vices and descriptive allegory in Prudentius' Psychomachia* [Diss.]. Michigan: State University Lansing 1979. 155 pp.
2128   MORESCHINI, C. *Note di lettura da Manilio e Prudenzio.* In: *Studi di poesia latina in onore di Antonio Traglia* (cf. 1979/80, 161) 645−656
2129   NUGENT, S. G. *Vice and virtue in allegory. Reading Prudentius' Psychomachia* [Diss.]. Cornell Univ. Ithaca, N. Y.: 1980. 219 pp.
2130   PADOVESE, LUIGI *La cristologia di Aurelio Clemente Prudenzio* [AG 220]. Roma: Pont. Univ. Gregoriana 1980. 283 pp.
2131   PERELMUTER, I. A. *Les écoles philosophiques de l'époque hellénistiques.* In: *Histoire des doctrine linguistiques* (cf. 1979/80, 125) 180−214
2132   PILLINGER, R. *Die Tituli historiarum oder das sogenannte Dittochaeon des Prudentius. Versuch eines philologisch-archaeologischen Kommentars* [Denkschrift der Österr. Akademie der Wiss. Phil.-Hist. Klasse 142]. Wien: 1980. 142 pp.
2133   RIPOSATI, B. *La struttura degli Inni alle tre vergini martiri del Peristephanon di Prudenzio (III−IV, 109−144 − XIV).* In: *Paradoxos Politeia* (cf. 1979/80, 145) 25−41
2134   WALLNER, G. *De carnium abstinentia* − Latinitas 26 (1978) 254−262
2135   ZAMBON, F. *Vipereus liquor. Prudenzio e l'impuro concepimento della vipera* − CultNeolat 40 (1980) 1−15

Regula Magistri

2136   FRANK, K. S. *Zum Arbeitsethos der Regula Magistri* − ThPh 54 (1979) 360−378
2137   FRANK, K. S. *Die Vaterunser-Erklärung der Regula Magistri.* In: *Pietas* (cf. 1979/80, 149) 458−471
[1201] KAY, R.: Benedictus Nursinus
[1206] LINAGE CONDE, A.: Benedictus Nursinus
[2420] RAMIS MIQUEL, G.: Cultus
2138   SELLA BARRACHINA, VENTURA *Historia de la controversia Regula Magistri − Regula Sancti Benedicti* − Yermo 17 (1979) 163−169

2139 SELLA BARRACHINA, VENTURA *Aproximación a la historia de la controversia Regula Magistri — Regula Sancti Benedicti* — NetV (1980) 245–265

[1263] VOGÜÉ, A. DE: Caesarius Arelatensis

[1373] VOGÜÉ, A. DE: Cyprianus Carthaginiensis

Remigius Autissiodorensis

[1510] JEUDY, C.: Eutyches Grammaticus

Romanus Melodus

2140 ARCO MAGRI, M. *Il canticum 55 M.-Tr. di Romano Melode in alcuni codici messinesi* — KoinNapoli 3 (1979) 113–141

2141 OMMESLAEGHE, F. VAN *Le dernier mot sur Romanos le Mélode ?* — AB 97 (1979) 417–421

[1953] OMMESLAEGHE, F. VAN: Martyrius Antiochenus

2142 *Three Byzantine sacred poets. Studies of Saint Romanos Melodos, Saint John of Damascus, Saint Symeon the New Theologian.* Ed. by NOMIKOS MICHAEL VAPORIS (The Byzantine Fellowship lectures 4). Brookline, Mass.: Hellenic College Press 1979. 74 pp.

Rufinus Aquileiensis

2143 *[Rufinus Aquileiensis] Rufino di Aquileia. Spiegazione del Credo.* Trad., introd. et note a cura di M. SIMONETTI [CTP 11]. Roma: Città Nuova 1978. 127 pp.

[2156] BOUFFARTIGUE, J.: Sexti Sententiae

2144 HAMMOND BAMMEL, C. P. *Products of Fifth-Century Scriptoria preserving Conventions used by Rufinus of Aquileia* — JThS 30 (1979) 430–462

[1212] MARÓTI, E.: Benedictus Nursinus

2145 THELAMON, F.; BUDISCHOVSKY, M. CHR. *L'histoire de l'Église comme histoire sainte* — REA 25 (1979) 184–191

2146 TRELOAR, A. *Rufinus, de bened. patriarch. II 27* — Glotta 58 (1980) 280–281

Salvianus Massiliensis

2147 *[Salvianus] Salviano. Contro l'avrizia.* Trad., introd. e note a cura di E. MAROTTA [CTP 10]. Roma: Città Nuova 1977. 157 pp.

2148 HENSS, W. *Die Integrität der Bibelübersetzung im religiösen Denken des 5. Jahrhunderts. Zum geistigen Umfeld von Salvian gub. V, 2, par. 5ff.* In: *The Bible and Medieval Culture.* Leuven: University Press (1979) 35–57

2149 MARTELLI, F. *Morale e potere nel mondo tardoantico* — Antiqua 4, 13 (1979) 24–32

2150 OPELT, I. *Briefe des Salvian von Marseille. Zwischen Christen und Barbaren* — RomBarb 4 (1979) 161–182

Sedatus Episcopus

2151 VERBRAKEN, P. P. *Traces d'un De consolatione peccatoris attribuable à Sedatus de Béziers* — RBen 90 (1980) 135–139

Sedulius

2152 DONNINI, M. *Alcune osservazioni sul programma poetico di Sedulio* — RSC 26 (1978) 426–436

Severianus Gabalensis

[1280] BEATRICE, P. F.: Chromatius Aquileiensis

2153 LUCCHESI, E. *Un sermon copte de Sévérien de Gabala. Sur la nativité du Christ* — AB 97 (1979) 111–127

[1806] ΨΕΥΤΟΓΚΑΣ, Β.: Pseudo-Iohannes Chrysostomus

Severus Antiochenus

2154 LUCCHESI, E. *Un fragment copte inédit de l'Homélie CIII sur l'Épiphanie de Sévère d'Antioche* — JThS 30 (1979) 197–201

2155 LUCCHESI, E. *Notice touchant l'homélie XIV de Sévère d'Antioche* — VigChr 33 (1979) 291–293

[1925] PERRONE, L.: Leontius Constantinopolitanus

Sexti Sententiae

2156 BOUFFARTIGUE, J. *Du grec au latin. La traduction latine des Sentences de Sextus.* In: *Études de littérature ancienne* (cf. 1979/80, 112) 81–95

Sidonius Apollinarius

[2082] CHATILLON, F.: Paulinus Petrocoriensis

Socrates Scholasticus

[254] ALONSO-NUNEZ, J. M.: Opera ad historiam
[1988] CURTI, C.: Novatianus

2157 SCHÄFERDIEK, K. *Zeit und Umstände des westgotischen Übergangs zum Christentum* — Historia 28 (1979) 90—97

Sophronius Hierosolymitanus

2158 *[Sophronius Hierosolymitanus] Sf. Sofronie, Patriarhul Ierusalimului. Despre mărturisirea păcatelor (= Über das Sündenbekenntnis).* Trad. de N. PETRESCU — MitrBan 30 (1980) 96—99

Sozomenus

2159 *[Sozomenus] Hermiasz Sozomen. Historia Kosciola (= Kirchengeschichte).* Ins Polnische übersetzt von ST. KAZIKOWSKI, eingeleitet von Z. ZIELINSKI. Warszawa: Pax 1980. 652 pp.

2160 MAZZA, M. *Sulla teoria della storiografia cristiana. Osservazioni sui proemi degli storici ecclesiastici.* In: *La storiografia ecclesiastica nella tarda antichità* (cf. 1979/80, 160) 335—389

Sulpicius Severus

2161 ANDEL, K. G. VAN *Sulpicius Severus and Origenism* — VigChr 39 (1980) 278—287

2162 COSTANZA, S. *I Chronica di Sulpicio Severo e le Historiae di Trogo-Giustino.* In: *La storiografia ecclesiastica nella tarda antichità* (cf. 1979/80, 160) 275—312

2163 MURRU, F. *La concezione della storia nei Chronica di Sulpicio Severo; alcune idee di studio* — Latomus 38 (1979) 961—981

Symmachus Orator

2164 CHICCA, F. DEL *Nota a Symm. Or. 1,1* — AFLC 1 (1976/77) 117—123

[225] JANSON, T.: Subsidia

2165 MAZZOLI, G. *Prima fortuna medievale di Simmaco* — Sandalion 2 (1979) 235—246

2166 RODA, S. *Alcune ipotesi sulla prima edizione dell'epistolario di Simmaco* — Par 34 (1979) 31—54

2167 RODA, S. *Supplementi e correzioni alla PLRE, Vol. I* — Historia 29 (1980) 96—105

2168 VERA, D. *Lo scandalo edilizio di Cyriades e Auxentius e i titolari della praefectura urbis dal 383 al 387. Opere pubbliche e corruzione in Roma alla fine del IV secolo d. C.* — SDHI 44 (1978) 45—94

Symmachus Papa

2169 CARLINI, A. *L'epigrafe musiva di Elia nella Basilica di Sant'Eufemia a Grado* – CCC 1 (1980) 259–269
2170 ZECCHINI, G. *I Gesta de Xysti purgatione e le fazioni aristocratiche a Roma alla metà del V secolo* – RSCI 24 (1980) 60–74

Synesius Cyrenensis

2171 *[Synesius Cyrenensis] Synesius Cyrenensis. Epistulae.* ANTONIUS GARZYA recensuit [Scriptores graeci et latini Consilio Academiae Lynceorum editi]. Romae: Ist. Poligrafico 1979. LXIX, 331 pp.
2172 PAVANETTO, CLETUS *Synesius Cyrenensis Episcopus* – Latinitas 27 (1979) 183–186
2173 RUNIA, D. T. *Another wandering poet* – Historia 28 (1979) 254–256
2174 SILLITTI, F. *Prospettive culturali nel De regno di Sinesio di Cirene* – VetChr 16 (1979) 259–271

Taio Caesaraugustanus

2175 PALACIOS MARTÍN, ANGELA *Tajón de Zaragoza y la «Explicatio in Cantica Canticorum»* – AnFilE 3 (1980) 115–127

Tatianus Syrus

[574] *The Ante-Nicene Fathers:* Auctores
2176 BARNARD, L. W. *The Heresy of Tatian.* In: *Studies in Church history . . .* (cf. 1979/80, 91) 181–193
2177 COULSON, W. D. E. *Menestratos* – CJ 75 (1980) 200–203

Tertullianus

2178 *[Tertullianus] Tertullianus. Werke, 1: Über die Seele. Das Zeugnis der Seele. Vom Ursprung der Seele.* Eingeleitet, übersetzt und erl. von JAN H. WASZINK [Die Bibliothek der Alten Welt. Reihe Antike und Christentum]. Zürich: Artemis Verlag 1980.
2179 *[Tertullianus] Tertulliano. La corona.* A cura di P. A. GRAMAGLIA. Roma: Ed. Paoline 1980. 241 pp.
2180 *[Tertullianus] Tertulliano. Il battesimo.* A cura di P. A. GRAMAGLIA. Roma: Ed. Paoline 1980. 167 pp.
2181 *[Tertullianus] Tertullien. Contre les Valentiniens, 1.* Introd., texte critique, trad. par JEAN-CLAUDE FREDOUILLE [SC 280]. Paris: Ed. du Cerf 1980. 155 pp.

2182 *[Tertullianus] Tertullien. La résurrection des morts.* Trad. par
      MADELEINE MOREAU, introd., analyse et notes J. P. MAHÉ [Les
      Pères dans la foi]. Paris: Desclée de Brouwer 1980. 164 pp.
2183 *[Tertullianus] Tertullien. A son épouse.* Introduction, texte critique,
      traduction et notes de CHARLES MUNIER [SC 273]. Paris: Ed. du
      Cerf 1980. 210 pp.
[575] *The Ante-Nicene Fathers:* Auctores
2184 AYERS, ROBERT H. *Language, logic and reason in the church
      fathers: a study of Tertullian, Augustine and Aquinas* [Altertums-
      wissenschaftliche Texte und Studien 6]. Hildesheim, New York:
      Olms 1979. 145 pp.
2185 AZIZA, C. *La figure de Moïse chez Tertullien* — AFLNice 35
      (1979) 275—295
2186 AZZALI, G. *Problemi e proposte per l'edizione critica di Scorpiace.*
      In: *In verbis verum amare* (cf. 1979/80, 130) 11—52
2187 BAIESI, P. *Note critiche su Tertulliano De spectaculis.* In: *In verbis
      verum amare* (cf. 1979/80, 130) 53—62
2188 BARCALA MUÑOZ, ANDRES *Filósofo, hereje, cristiano* — RET 39/40
      (1979/80) 127—144
2189 BAUMEISTER, THEOFRIED *Martyrium — Mönchtum — Reform.
      Tertullian und die Vorgeschichte des Mönchtums.* In: *Reformatio
      ecclesiae* (cf. 1979/80, 154) 23—34
2190 BRAUN, R. *Tertullien et les séditions contre les empereurs (Apolo-
      geticum 35, 8—9)* — REA 26 (1980) 18—28
2191 BRAUN, R.; FREDOUILLE, J. C.; PETITMENGIN, P. *Chronica Tertul-
      lianea 1978* — REA 25 (1979) 291—305
2192 BRAUN, R.; FREDOUILLE, J. C.; PETITMENGIN, P. *Chronica Tertul-
      lianea 1979* — REA 26 (1980) 313—332
2193 BRAY, GERALD LEWIS *Holiness and the will of God. Perspectives
      on the theology of Tertullian.* London: Marshall, Morgan and
      Scott 1979. XII, 179 pp.
2194 BUONSANTI, G. *La rivolte sotto l'impero nell'interpretazione di
      Tertulliano* — Maia 31 (1979) 107—115
[594] COURCELLE, P.: Auctores
2195 DAMME, DIRCK VAN *Gott und die Märtyrer. Überlegungen zu Ter-
      tullian, Scorpiace* — FZPT 27 (1980) 107—119
2196 FAZZO, V. *L'arte figurativa nel De idolatria di Tertulliano ed
      un interessante caso di acculturazione* — RiLSE 11 (1979) 3—33
2197 FOLGADO FLOREZ, S. *Puntos de eclesiología en Tertuliano* — CD
      192 (1979) 3—33; 127—163
2198 FREDOUILLE, J. C. *Actualité et culture dans deux sententiae de
      Tertullien.* In: *Mélanges de littérature et d'épigraphie latines ...*
      (cf. 1979/80, 138) 129—132
[869] GROSSI, V.: Augustinus

2199 HOLLEMAN, A. W. J. *Illustrations to Tertullian, Apology 15* – LCM 5 (1980) 101–104; 155

[2378] JILEK, A.: Missa, sacramenta, sacramentalia

2200 LO CICERO, C. *L'epilogo del De Spectaculis di Tertulliano* – Pan 4 (1978) 65–84

2201 MARTINEZ, I. M. *Acatamiento al poder constituido y libertad religiosa en el pensamiento de Tertulliano.* In: *Studi in onore di Pietro Agostino d'Avack 3* (cf. 1979/80, 163) 35–51

2202 MEIS, ANNELIESE *El problema de Dios en Tertuliano* – TyV 21 (1980) 271–285

[1671] MICAELI, C.: Hieronymus

2203 MORESCHINI, CLAUDIO *Tertulliano tra stoicismo e platonismo.* In: *Kerygma und Logos. Festschrift für Carl Andresen zum 70. Geburtstag* (cf. 1979/80, 132) 367–379

2204 MUNIER, C. *Tertullien face aux morales des trois premiers siècles* – ReSR 54 (1980) 173–183

2205 MUNIER, C. *Les conceptions hérésiologiques de Tertullien* – AugR 20 (1980) 257–266

[2385] NAGEL, E.: Missa, sacramenta, sacramentalia

2206 NASKRĘT, S. *Tertulian – u źródeł procesu latynizacij chrześcijaństwa (= Tertullien – Les origines de la latinisation du christianisme)* – AtKap 71/92 (1979) 361–371

2207 NELSON, M. E. *Nuwe woorde en nuwe betekenisse in die Apologeticum van Tertullianus in Afrikaans* – Akroterion 24,4 (1979) 26–28

2208 NOLLAND, J. *Do Romans observe Jewish customs? (Tertullian, Ad. nat. 1,13; Apol. 16)* – VigChr 33 (1979) 1–11

[630] OPELT, I.: Auctores

2209 PIZZOLATO, L. F. *Tertulliano e la dialettica.* In: *Paradoxos politeia* (cf. 1979/80, 145) 145–177

2210 PUENTE SANTIDRIAN, PABLO *Tertuliano y el latín cristiano. Revisión de las diversas posiciones* – Durius 6 (1978) 93–115

2211 PUENTE SANTIDRIAN, PABLO *El campo semántico de la resurrección en Tertuliano* – Helmántica 31 (1980) 383–404

2212 RAMBAUX, CLAUDE *Tertullien face aux morales des trois premiers siècles.* Paris: Soc. d'Éd. «Les Belles Lettres» 1979. 518 pp.

2213 RAMBAUX, C. *La composition du De patientia de Tertullien* – RPh 53 (1979) 80–91

2214 RORDORF, W.; BRAUN, R. *Dossier sur l'Ad martyras de Tertullien* – REA 26 (1980) 3–17

[395] SAXER, V.: Opera ad historiam

2215 SIDER, R. D. *Credo quia absurdum?* – CW 73 (1980) 417–419

2216 SPEIGL, J. *Herkommen und Fortschritt im Christentum nach Tertullian.* In: *Pietas* (cf. 1979/80, 149) 165–178

2217 SPEIGL, J. *Tertullian Adversus Marcionem. Historische Notizen über die Erfassung des Göttlichen unter dem ausschließlichen Aspekt der barmherzigen Liebe.* In: *Gottesherrschaft — Weltherrschaft* (cf. 1979/80, 121) 243—250

2218 STEGMAN, C. A. B. *The development of Tertullian's doctrine of spiritus sanctus* [Dissertation Southern Methodist University]. Dallas: 1978. 250 pp.

[1502] STRAUB, J.: Eusebius Caesariensis

2219 TRINGALLI, D. *O «De pallio» de Tertuliano.* [Universidade de São Paulo, Faculdade de filosofia, letras e ciencias humanas, Boletim n°. 29, Departamento de letras classicas e vernaculas n°. 8.]. São Paulo 1980. 233 pp.

2220 UGLIONE, R. *Tertullianus in secundas nuptias* — Latinitas 27 (1979) 94—100

2221 UGLIONE, RENATUS *Interpretationes Tertullianeae* — Latinitas 27 (1979) 259—264

2222 UGLIONE, RENATO *Il matrimonio in Tertulliano: tra esaltazione e disprezzo* — EL 93 (1979) 479—494

2223 UGLIONE, R. *Tert., De monog. 2,4. De pricipali regula ⟨agnitus⟩* — VetChr 17 (1980) 99—106

2224 UGLIONE, R. *A proposito dell'edizione geleniana del De monogamia di Tertulliano* — GiorFil 32 (1980) 83—94

2225 VERMANDER, J. M. *La polémique de Tertullien contre les dieux du paganisme* — ReSR 53 (1979) 111—123

2226 VICASTILLO, SALVADOR *La «Caro corruptiva» en la antropología de Tertuliano* — Espiritu 28 (1979) 59—66

2227 VICASTILLO, SALVADOR *El sepulcro según Tertuliano* — RiAC 55 (1979) 343—348

2228 VICASTILLO, SALVADOR *Definición de la muerte humana en Tertuliano* — SVict 27 (1980) 93—101

2229 VICASTILLO, SALVADOR *Tertuliano y la muerte del hombre.* Madrid: Fundación Universitaria Española 1980. 339 pp.

2230 WASZINK, J. H. *Tertullian's Principles and Methods of Exegesis.* In: *Early Christian literature* . . . (cf. 1979/80, 106) 17—32

2231 WASZINK, J. H. *Osservazioni sul De testimonio animae di Tertulliano.* In: *Paradoxos politeia* (cf. 1979/80, 145) 178—184

2232 WASZINK, J. H. *Review of:* E. EVANS, *Tertullian, Adversus Praxean.* In: *Opuscula selecta* (cf. 1979/80, 179) 341—344

2233 WASZINK, J. H. *Traces of Aristotle's Lost Dialogues in Tertullian.* In: *Opuscula selecta* (cf. 1979/80, 179) 328—341

[2558] WASZINK, J. H.: Angeli et daemones

Thalassius

2234 PARYS, MICHEL VAN *Un maître spirituel oublié: Thalassios de Libye, I* — Irénikon 52 (1979) 214—240

Theodoretus Cyrensis

2235 *[Theodoretus Cyrensis] Théodoret de Cyr. Commentaire sur Isaie, 1.* Introduction, texte critique, traduction et notes par JEAN-NOEL GUINOT [SC 276]. Paris: Éd. du Cerf 1980. 334 pp.

2236 *[Theodoretus Cyrensis] Théodoret de Cyr. Histoire des moines de Syrie, II: Histoire Philothée XIV—XXX. Traité sur la charité (XXXI).* Texte crit., trad., notes et index par P. CANIVET et A. LEROY-MOLINGHEN [SC 257]. Paris: Éd. du Cerf 1979. 480 pp.

2237 *[Theodoretus Cyrensis]* FERNANDEZ MARCOS, NATALIO; SAENZ BADILLOS, ANGEL *Theodoreti Cyrensis Quaestiones in Octateuchum.* Editio Critica [Textos y Estudios «Cardenal Cisneros» 17]. Madrid: Consejo Superior de Investigaciones Científicas 1979. LXII, 345 pp.

2238 DEVOS, P. *Où et quand est mort Abraamès de Carrhes?* — AB 97 (1979) 386

2239 DEVOS, P. *La structure de l'Histoire Philothée de Théodoret de Cyr. Le nombre de chapitres* — AB 97 (1979) 319—336

[1381] HALLEUX, A. DE: Cyrillus Alexandrinus

2240 LEROY-MOLINGHEN, A. *Notule théodorétienne* — Byzan 50 (1980) 340—341

2241 MAŁUNOWICZÓWNA, L. *Listy konsolacyjne Teodoreta z Cyru (= Lettres de consolation de Théodoret de Cyr).* In: *Miscellanea patristica in memoriam Joannis Czuj* (cf. 1979/80, 143) 213—235

2242 MORANI, M. *La tradizione manoscritta della Graecarum affectionum curatio di Teodoreto di Ciro* — RSC 27 (1979) 255—246

[1119] NARDI, C.: Basilius Caesariensis

Theodorus Mopsuestenus

2243 ROMPAY, L. VAN *Fragments syriaques du Commentaire de Théodore de Mopsueste sur les Psaumes* — OLP 9 (1978) 83—93

2244 SCHÄUBLIN, C. *Kenntnis des artikellosen Prädikatsnomens in der Antike* — WJA 4 (1978) 69—74

2245 VAGGIONE, RICHARD PAUL *Some neglected Fragments of Theodor of Mopsuestia's "Contra Eunomium"* — JThS 31 (1980) 403—470

Theodorus Syncellus

2246 SZADECZKY-KARDOSS, S. *Eine unkollationierte Handschrift der Homilie über die persisch-awarische Belagerung von Konstanti-*

nopel, codex Athous Batopedi 84, fol. 63r–68r — AcAnt 26 (1978) 87–95

Theophilus Antiochenus

[574] *The Ante-Nicene Fathers:* Auctores
[1876] *Apologeți de limbă greacă:* Iustinus Martyr
2247 BOLGIANI, F. *Sullo scritto perduto di Teofilo d'Antiochia Contro Ermogene.* In: *Paradoxos politeia* . . . (cf. 1979/80, 145) 77–118
2248 MARCOVICH, M. *Theophilus of Antioch. Fifty-five emendations* — IClSt 4 (1979) 76–93

Theophylactus Symocatta

2249 *[Theophylactus Simocatta] Theophylactus Simocates. On predestined terms of life.* Greek text and English translation by CHARLES GARTON and LEENDERT G. WESTERINK [Arethusa monographs 6]. Buffalo: Dept. of Classics, State University N.Y. at Buffalo. 1979. XV, 42 pp.

Theotimus Tomitanus

[593] COMAN, I. G.: Auctores

Tyconius

2250 ROMERO POSE, EUGENIO *Et caelum ecclesia et terra ecclesia. Exégesis ticoniana de Apocalipsis 4, 1* — AugR 19 (1979) 469–486
2251 ROMERO POSE, EUGENIO *Ticonio y el sermón «in natali sanctorum innocentium» (Exégesis de Mt 2)* — Greg 60 (1979) 513–544
[2763] ROMERO POSE, E.: Specialia in Novum Testamentum

Valentius Gnosticus

2252 WHITTAKER, J. *Valentius Fr. 2.* In: *Kerygma und Logos. Festschrift für Carl Andresen zum 70. Geburtstag* (cf. 1979/80, 132) 455–460

Venantius Fortunatus

2253 ANGOMONT, TH. D' *Les viandes en sauce au miel chez Fortunat (Carm. XI, 10)?* — RMAL 23 (1967) 55–63
2254 ANGOMONT, TH. D' *Faucibus in stupidis (Appendix Fortunat., carm. 9, 17)* — RMAL 23 (1967) 63–69

[576] *The Ante-Nicene Fathers:* Auctores

2255 BLOMGREN, S. *De voce a Venantio Fortunato adhibita* – Eranos 77 (1979) 77–78

2256 CAMPANALE, M. I. *Il De virginitate di Venazio Fortunato (carm. 8,3 Leo), un epitalamio mistico* – InvLuc 2 (1980) 75–128

2257 NAVARRA, L. *A proposito del «De navigio suo» di Venanzio Fortunato in rapporto alla Mosella di Ausonio e agli Itinerari di Ennodio* – StSR 3 (1979) 79–131

Victor Vitensis

2258 ALFONSI, L. *L'Historia persecutionis Africanae provinciae di Vittore Vitense, ovvero il rifiuto di un ippocrita rinunciatarismo velleitario: Romani e Barbari* – SG 29 (1976) 1–18

2259 COSTANZA, S. *Vittore di Vita e la Historia persecutionis Africanae provinciae* – VetChr 17 (1980) 229–268

2260 PASTORINO, A. *Osservazioni sulla Historia persecutionis Africanae provinciae di Vittore di Vita.* In: *La storiografia ecclesiastica nella tarda antichità* (cf. 1979/80, 160) 45–112

2261 RONCORONI, A. *Vittore Vitense, Historia persecutionis Africanae provinciae, III, 55–60* – SG 29 (1976) 387–395

Zacharias Scholasticus

2262 *[Zacharias Scholasticus] The Syriac chronicle known as that of Zachariah of Mitylene.* Translation into Engl. by FREDERICK JOHN HAMILTON and ERNEST W. BROOKS [Reprint of the ed. London 1899]. New York: AMS Press 1979. 344 pp.

2263 ALLEN, P. *Zachariah Scholasticus and the "Historia Ecclesiastica" of Evagrius Scholasticus* – JThS 31 (1980) 471–488

[659] GALLICET, E.: Aeneas Gazaeus

Zeno Veronensis

2264 FREDE, H. J. *Zum Bibeltext Zenos von Verona.* In: *Vetus Latina XXV, 5* (cf. 1977/78, 627) 384–386

[2394] TRUZZI, C.: Missa, sacramenta, sacramentalia

Zosimus Historicus

2265 *[Zosimus Historicus] Zosimus Historicus. Histoire nouvelle, II: Livres III et IV.* Texte établi et trad. par F. PASCHOUD. Paris: Les belles Lettres 1979. XXVIII, 505 pp.

Zosimus Papa

[2096] WERMELINGER, O.: Pelagius

3. Hagiographica

a) Generalia

2266 *Coptic texts on St. Theodore the General, on St. Theodore the Eastern and on Chamoul and Justus.* Ed. from various manuscripts, transl. and ann. by ERIC OTTO WEINSTEDT [Reprint from the ed. London 1910]. Amsterdam: Apa-Philo Pr. 1979. XXX, 259 pp.

2267 *Les martyrs de la grande persécution (304−311).* Trad., introd., notes et plan de travail par A. G. HAMMAN [Les Pères dans la foi]. Paris: Desclée de Brouwer 1979. 168 pp.

2268 *Les premiers martyrs de l'Église.* Trad., introd., notes et plan de travail par ADALBERT G. HAMMAN [Les Pères dans la foi; nouvelle serie 2]. Paris: Desclée de Brouwer 1979. 170 pp.

2269 *Saints anciens d'Afrique du Nord.* Textes les concernant trad., prés. et annotés par V. SAXER. Città del Vaticano: Tip. poligl. Vat. 1979. 214 pp.

2270 BORKOWSKA, M. *Nauczyciele kształtującej się Europy (= Maîtres de la nouvelle Europe)* − AtKap 71/93 (1979) 83−94

2271 CUSCITO, G. *Questioni agiografiche di Aquileia e dell'Istria. Contributo alla conoscenza del Cristianesimo precostantiniano.* In: *Atti del IX Congresso ...* (cf. 1979/80, 87) 167−198

[501] DOLBEAU, F.: Palaeographica atque manuscripta

2272 DUBOIS, J. *Hagiographie et histoire monastique* − AEHESR 110 (1977/78) 791−794

2273 FROS, H. *Aspects hagiographiques dans quelques publications polonaises* − AB 98 (1980) 405−408

2274 GAIFFIER, B. DE *Les doublets en hagiographie latine* − AB 96 (1978) 261−269

[506] HALKIN, F.: Palaeographica atque manuscripta

[507] HALKIN, F.: Palaeographica atque manuscripta

2275 *Heilige in Geschichte, Legende und Kult: Beitr. zur Erforschung volkstümlicher Heiligenverehrung und zur Hagiographie; Prof. Dr. Dr. Wolfgang Müller mit e. Bibliographie seiner Veröffentlichungen aus den Jahren 1940−1978 zugeeignet.* Hrsg. von KLAUS WELKER. Karlsruhe: Badenia-Verlag 1979. XXVII, 148 pp.

2276 HUXLEY, G. L. *Hagiography and the first Byzantine iconoclasm* − ProcIrAc 80 (1980) 187−196

2277 HUXLEY, G. L. *On the Greek Martyrium of the Negranites* − ProcIrAc 80 (1980) 41−55

2278 JIMÉNEZ-PREDAJAS, R. *Los mártires de Córdoba de las persecuciones romanas* — RET 37 (1977) 3—32

2279 LOTTER, F. *Methodisches zur Gewinnung historischer Erkenntnisse aus hagiographischen Quellen* — HZ 229 (1979) 298—356

2280 MCCULLOH, J. M. *Martyrologium Hieronymianum Cambrense. A new textual witness* — AB 96 (1978) 121—124

2281 PRETE, S. *Il motivo onirico della scala. Note su alcuni Atti dei martiri africani* — AugR 19 (1979) 521—526

[1500] REY-COQUAIS, J. P.: Eusebius Caesariensis

2282 SALOMONSON, J. W. *Voluptatem spectandi non perdat sed mutet. Observations sur l'Iconographie du martyre en Afrique romaine.* Amsterdam/Oxford/New York: North-Holland Publishing Company 1979. 100 pp.

2283 SORDI, M. *Un martire romano della persecuzione di Valeriano, il prefetto Domizio Cn. Filippo* — RSCI 33 (1979) 4—11

2284 WALZER, P. O. *Vie des saints du Jura* [Réclère Éd.]. P. O. Walzer: 1979. 535 pp.

[1157] WORTLEY, J.: Basilius Caesariensis

b) Sancti singuli (in ordine alphabetico sanctorum)

Aecaterina

2285 GIAMBERARDINI, G. *S. Caterina de Alessandria* [Quad. de la Terra Santa]. Jerusalem: Franciscan Pr. 1978. 45 pp.

Alexius

2286 HALKIN, F. *Une légende grecque de saint Alexis, BHG 56d* — AB 98 (1980) 5—16

Ambrosius Mediolanensis

2287 PASINI, C. *La Vita premetafrastica di S. Ambrogio di Milano. Alcune precisazioni sulle edizioni del Migne* — AB 47 (1979) 373—380

Antonius Eremita

2288 DIHLE, ALBRECHT *Das Gewand des Einsiedlers Antonius* — JAC 22 (1979) 22—29

Austremonius Episcopus

2289 FOURNIER, P. F. *Saint Austremoine, premier évêque de Clermont, son épiscopat, ses reliques, ses légendes* — Bull. hist. et scientif. de l'Auvergne 89 (1979) 417—471

Barbara

2290 FRUTAZ, P. *Paternò in onore di santa Barbara*. Roma 1977. 53 pp.

Benedictus Nursinus

[1570] NUNES, I. J. M.: Gregorius Magnus
2291 *Vida e Milagros de São Bento*. Desenhos a bico de pena de MONICA BARBOSA segundo a narrativa de São Gregorio Magno. Rio de Janeiro: Ediçoes Lumen Christi 1980. 50 pp.

Bernica et Prosdoca cum Matre Domnina

[1506] NARDI, C.: Eusebius Emesenus

Apa Camul

[2266] *Coptic texts . . .:* Hagiographica

Cosmas et Damianus

2292 *Kosmas und Damian*. Texte und Einleitung von LUDWIG AUGUST DEUBNER. Neudruck der Ausgabe 1907. Aalen: Scientia 1980. VII, 240 pp.

Eudoxia

2293 *Eudoxia and the Holy Sepulchre. A Constantinian legend in Coptic.*, Ed. by TITO ORLANDI. Introd. and translation by BIRGER A. PEARSON. Historical study by HAROLD ALLEN DRAKE [Testi e documenti per lo studio dell'antichita 67]. Milano: Cisalpino-Goliardica 1980. 191 pp.

Euphemia

2294 ACCONICA LONGO, A. *Il concilio Calcedonese in un antico contacio per S. Eufemia* — AB 96 (1978) 305—337
2295 BOESE, H. *Eine lateinische Fassung des Miraculum sanctae Eufemiae vom Konzil zu Chalcedon* — AB 97 (1979) 355—362
2296 DOLBEAU, F. *Christian de Stavelot et Ste Euphémie de Chalcédoine* — AB 98 (1980) 48

Fronto

2297 IGNACE, J. C. *Réflexions sur la légende et le culte de saint Front* — Bull. Soc. hist. et archéol. du Périgord 106 (1979) 3—23

Fructuosus

[248] *Vita Sancti Fructuosi:* Subsidia

Georgius

2298 FREND, W. H. C. *Greek liturgical documents from Q'Asr Ibrim in Nubia. A Nubian Acta Sancti Georgii.* In: *Atti del IX Congresso internationale di archeologia* . . . (cf. 1979/80, 87) 295—306

Hilarion

2299 NORET, J. *Vie grecque de saint Hilarion, source majeure d'un petit écrit pseudo-athanasien* — SE 23 (1978—1979) 171—176

Iacobus Apostolus Frater Domini

[715] *Un éloge de Jacques . . .:* Pseudo-Andreas Cretensis

Sancti Innocentes

2300 LEMARIÉ, J. *Sermon africain inédit pour la fête des Innocents* — AB 96 (1978) 108—116

Iohannes Chrysostomus

2301 OMMESLAEGHE, F. VAN *Note d'hagiographie chrysostomienne; le Fragment d'une vie perdue (BHG 873e)* — AB 96 (1978) 366
[1953] OMMESLAEGHE, F. VAN: Martyrius Antiochenus

Ioseph Sponsus

2302 BOBER, A. *Opinie Ojców Kościoła o ojcostwie św. Józefa; mała antologia patrystyczna o św. Józefie (= Die Kirchenväter über die Vaterschaft des hl. Josef; kleine patristische Anthologie über den hl. Josef),* In: FILIAS, F. *Święty Józef, człowiek Jezusowi najbliższy.* Krakow: Wydawnictow Apostolstwa Modlitwy (1979) 80—99; 393—429

Iulianus et Basilissa

2303 HALKIN, F. *La Passion ancienne des saints Julien et Basilisse (BHG 970−971)* − AB 98 (1980) 241−296

Iustus

[2266] *Coptic texts . . .:* Hagiographica

Maria Aegyptiaca

2304 NORET, J. *La Vie de Marie L'Égyptienne (BHG 1042) source partielle d'une prière pseudo-éphrémienne* − AB 96 (1978) 385−387

Martinus Turonensis

2305 NIGG, WALTER *Die Antwort der Heiligen; Wiederbegegnung mit Franz von Assisi, Martin von Tours, Thomas Morus.* Freiburg: Herder 1980. 176 pp.

Maruthas

2306 SANSPEUR, C. L. *La préhistoire de la plus ancienne Vie grecque de s. Marouthas* − OLP 9 (1978) 159−165

Mauritius et socii

2307 DUNIN-WASOWICZ, T. *Santi romani nella Polonia altomedievale. Il culto di San Maurizio e della legione tebana* − QM 7 (1979) 43−56
2308 PARVEX, M. *Le Martyre de saint Maurice et de ses compagnons. Considérations historiques et militaires* − [Docum. d'hist. 2]. Sion: Office de docum. et d'inform. 1980. 27 pp.

Melania Iunior

2309 BLÁZQUEZ MARTÍNEZ, J. M. *Problemas económicos y sociales en la Vida de Melania, la joven, y en la Historia Lausiaca de Palladio* − MHA 2 (1978) 103−123
2310 MOINE, NICOLE *Melaniana* − RechAug 15 (1980) 3−79
[1534] *Sanctae Melaniae . . .:* Gerontius

Menas

2311 GOŁGOWSKI, T. *Sanktuarium św. Menasa w Abu Mena/ Egipt-archeologia a tradycja literacka (= The Sanctuary of St. Menas in Abu Mena/ Egypt- Archeology and literary Tradition)* — RoczTK 26 (1979) 119–127

Nazarius, Gervasius, Protasius et Celsus

2312 ZANETTI, U. *Les Passions des SS. Nazaire, Gervais, Protais et Celse* — AB 97 (1979) 69–88

Nicolaus Episcopus

2313 CORSI, P. *La Vita di san Nicola e un codice della versione di Giovanni diacono* — Nicolaus 7 (1979) 359–380

2314 HEISER, L. *Nikolaus von Myra, Heiliger der ungeteilten Christenheit* [Sophia 18]. Trier: Paulinus-Verlag 1978. 141 pp.

2315 JONES, CHARLES WILLIAMS *Saint Nicholas of Myra, Bari and Manhattan. Biography of a legend.* Chicago: University of Chicago Press 1978. IX, 558 pp.

Onesimus

2316 HANSON, C. L. *From Roman slave to Christian saint. The life and hagiographical traditions of Onesimus of Colossae* [Diss. Univ. of Washington]. Seattle: 1980.

Pachomius Monachus

2317 HALKIN, F. *Une vie inédite de saint Pachôme BGH 1401a* — AB 97 (1979) 5–55; 241–287

2318 HEDRICK, CH. W. *Gnostic proclivities in the Greek Life of Pachomius and the Sitz im Leben of the Nag Hammadi library* — NovTest 22 (1980) 78–94

2319 *Het leven van Sint Pachomius en van zijn eerste opvolgers.* [Monastieke cahiers 9]. Vertaling van het Bohairisch leven vervolledigd met aanvullende teksten uit de verwante levensverhalten door J. HESSING en ingeleid door H. VAN CRANENBURGH. Bonheiden: Priorij Bethlehem 1979. 335 pp.

2320 *The life of Pachomius (Vita prima Graeca).* Transl. by A. N. ATHANASSAKIS, introd. by B. A. PEARSON [Soc. of Bibl. Lit., Texts and Translations 7 Early Christian Lit. Ser. 2]. Missoula, Mont. Scholars Press 1978. XI, 201 pp.

2321 *The life of Saint Pachomius and his disciples.* Translation, with an introduction by ARMAND VEILLEUX. Forew. by ADALBERT DE VOGÜÉ [Pachomian Koinonia 1; Cistercian studies series 45]. Kalamazoo, Mich.: Cistercian Publ. 1980. XXX, 493 pp.

2322 VOGÜÉ, A. DE *La Vita Pachomii Iunioris (B.H.L. 6411). Ses rapports avec la Règle de Macaire, Benoît d'Aniane et Fructueux de Braga* — StMe 20 (1979) 535—553

Pelagia

2323 PETITMENGIN, PIERRE *Les Vies latines de sainte Pélagie II. Compléments à l'inventaire et classement des manuscrits du texte B* — RechAug 15 (1980) 265—304

Perpetua

2324 BRAUN, R. *Nouvelles observations linguistiques sur le rédacteur de la Passio Perpetuae* — VigChr 33 (1979) 105—117

2325 PETRAGLIO, R. *Des influences de l'Apocalypse dans la Passio Perpetuae 11—13.* In: *L'Apocalypse de Jean* (cf. 1979/80, 83) 15—29

2326 PIZZOLATO, L. F. *Note alla Passio Perpetuae et Felicitatis* — VigChr 34 (1980) 105—119

Philemon

2327 BAUMEISTER, T. *Der Märtyrer Philemon.* In: *Pietas. Festschrift für Bernhard Kötting* (cf. 1979/80, 149) 267—279

Sabbas Gothus

2328 STRZELCZYK, J. *La société visiogothique au IVe s. à la lumière du Martyre de Saint Sabas le Goth* — Eos 68 (1980) 229—250

Scholastica

[1181] *Le culte et les reliques . . .:* Benedictus Nursinus
[1205] LINAGE CONDE, A.: Benedictus Nursinus

Severinus

2328a BRATOŽ, R. *Études récentes sur Saint Séverin. 1975—1977* [en slovène] — AArchSlov 30 (1979) 577—587
[1472] WIRTH, G.: Eugippius

Stephanus

2329 HOUÉDARD, S. *The finding of saint Stephen's body at Caphar Gamal in 415 A.D.* Prinknash Abbey 1978. 12 pp.

Symeon Salus

2330 ROCHCAU, VSEVOLOD *Que savons nous des Fous-pour-le-Christ?* — Irénikon 53 (1980) 341—353

Symeon Stylita

2331 HALKIN, F. *Nouvelle Vie prémétaphrastique de saint Syméon Stylite* — AB 97 (1979) 288
[431] WIPSZYCKA-BRAVO, E.: Opera ad historiam

Theodorus Euchaitensis

[2266] *Coptic texts . . .:* Hagiographica

Theodorus Stratelates

[2266] *Coptic texts . . .:* Hagiographica

Vitus

2332 *Translatio Sancti Viti martyris. Übertragung des hl. Märtyrers Vitus.* Bearb. und übers. von I. SCHMALE-OTT [Veröff. der Hist. Komm. Westfalens 41, Fontes minores 1]. Münster: Aschendorff 1979. 76 pp.

IV. LITURGICA

1. Generalia

[497] AMIET, R.: Paleographica atque manuscripta

2333 ARRANZ, M. *La liturgie des heures selon l'ancien Euchologe byzantin*. In: *Eulogia* (cf. 1979/80, 113) 1−20

[1351] ASHWORTH, H.: Cyprianus Carthaginiensis

2334 CANALS CASAS, J. M. *Las Colectas de Salmos de la Serie «Visita nos»*, Introducción, edición crítica e índices [Bibliotheca Salmanticensis. Estudios 26]. Salamanca: Universidad Pontificia 1978. 283 pp.

2335 CHAVASSE, A. *Un homiliare liturgique romain du VIe siècle. L'homiliaire «augustinien» du Parisinus 3798* − RBen 90 (1980) 194−233

2336 *Corpus praefationum. Textus (A−P)*. Cura et studio EDMOND (EUGÈNE) MOELLER OSB. [CChr Ser. Latina 161/2]. Turnhout: Brepols 1980. 229 pp.

2337 *Corpus praefationum. Apparatus (A−P)*. Cura et studio EDMOND (EUGÈNE) MOELLER OSB. [CChr Ser. Latina 161/3]. Turnhout: Brepols 1980. 367 pp.

2338 *Corpus praefationum. Textus (Q−V)*. Cura et studio EDMOND (EUGÈNE) MOELLER OSB [CChr Ser. Latina 161/4]. Turnhout: Brepols 1980. 505 pp.

2339 *Corpus praefationum. Apparatus (Q−V)*. Cura et studio EDMOND (EUGÈNE) MOELLER OSB [CChr Ser. Latina 161/5]. Turnhout: Brepols 1980. 830 pp.

[1556] DAVRIL, A.: Gregorius Magnus

2340 DESHUSSES, J. *Encore les sacramentaires de Saint-Amand* − RBen 89 (1979) 310−312

2341 DESHUSSES, J. *Les anciens sacramentaires de Tours* − RBen 89 (1979) 281−302

[557] ΔΡΙΤΣΑΣ, Δ. Λ.: Apocrypha

2342 ÉTAIX, R. *Les homiliaires liturgiques de Saint-Thierry*. In: *Saint-Thierry* (cf. 1979/80, 157) 147−158

[2618] FENDT, L.: Gnostica

[221] FERREIRA, P.: Subsidia

2343 FONTAINE, J. *Poésie et liturgie. Sur la symbolique christique des luminaires, de Prudence à Isidore de Séville.* In: *Paradoxos politeia* (cf. 1979/80, 145) 318—346

[1084] GIBSON, A. G.: Basilius Caesariensis

2344 GREGO, I. *Eredità giudeo-cristiane nella liturgia e nell'arte cristiana* — BibbOr 22 (1980) 265—281

2345 GREGO, I. *Influxos Judeu-Cristãos na liturgia e na arte cristã* — RCBi 2 (1978) 175—191

[49] GY, R. M.: Bibliographica

2346 HAMMAN, A. *La prière chrétienne et la prière païenne, formes et différences* — ANRW 2, 23.2 (1980) 1190—1247

2347 IÑIGUEZ HERRERO, J. A. *El altar cristiano. De los orígenes a Carlomagno (s. II-año 800).* Pamplona: Eunsa 1978. 370 pp.

[1098] JANERAS, S.: Basilius Caesariensis

[511] JANINI, J.; GONZALVEZ, R.: Palaeographica atque manuscripta

2348 KORPUSIŃSKI, T. *Liturgia w życin pierwotnego Kościoła (La Liturgie dans la vie de l'Eglise primaire)* — AtKap 71/92 (1979) 213—227

2349 LERENA, JESUS *San Agustín y la antigua liturgia hispánica. Fuente de inspiración en las colectas sobre los salmos matutinales* — Augustinus 24 (1979) 321—378

[478] LIVER, R.: Philologia patristica

2350 MARTIN PINDADO, V. *La Encarnación en la oración oriental antigua* — RaComm 1 (1979) 90—96

[567] MILLER, R.: Apocrypha

2351 OLIVAR, A. *Iacebat in praesepio et fulgebat in caelo. Un estudio sobre fuentes patrísticas de textos litúrgicos.* In: *Eulogia* (cf. 1979/80, 113) 267—276

2352 OÑATIBIA, IGNACIO *La catequesis litúrgica de los Padres* — Phase 20 (1980) 281—294

2353 PAPIOL, MARIA MONTSERRAT *La liturgia en la Regla Benedictina: su influencia en la renovación litúrgica.* In: *Hacia una relectura . . .* (cf. 1979/80, 123) 159—169

2354 PINELL, J. *El canto de los «Threni» en las Misas cuaresmales de la antigua liturgia hispánica.* In: *Eulogia* (cf. 1979/80, 113) 317—366

[231] *La prière des liturgies . . .: Subsidia*

2355 *Printemps de la liturgie: textes liturgiques des 4 premiers siècles.* Présentés par LUCIEN DEISS. Paris: Levain 1979. 292 pp.

[195] QUECKE, H.: Methodologica

2356 ROCHA, P. *Pour l'histoire de l'office divin. Le Corpus antiphonalium* — Greg 60 (1979) 147—155

[2544] SARTORE, D.: Ecclesiologia

[2739] SAVON, H.: Specialia in Vetus Testamentum

[397] SCHENK, W.: Opera ad historiam

2357 *Springtime of the liturgy: liturgical texts of the first four centuries.* Edited by LUCIEN DEISS; translated by MATTHEW J. O'CONNELL. Collegeville, Minn.: Liturgical Press 1979. IX, 307 pp.

2358 WAGNER, G. *Spuren einer frühchristlichen Agape-Feier in byzantinischen Vesper-Gebeten.* In: *Eulogia* (cf. 1979/80, 113) 627–632

2359 WEGMAN, HERMANN A. J. *Geschichte der Liturgie im Osten und im Westen* [Ins Deutsche übersetzt von MICHAEL GRÜTERING]. Regensburg: Pustet 1979. 300 pp.

2. Missa, Sacramenta, Sacramentalia

2360 *Addai and Mari. The anaphora of the Apostles. A text for students.* With introd., transl. and comm. by BRIAN D. SPINKS [Grove liturgical study 24]. Bramcote, Notts.: Grove Books 1980. 33 pp.

2361 AGRELO, SANTIAGO *Leche y miel. Notas de teología bautismal* – Ant 55 (1980) 352–367

2362 ALDAMA, J. A. DE *Eucaristía y Maternidad divina, dos temas conexos en la literatura eclesiástica* – ScrMar 2 (1979) 37–58

2363 *L'antic ordre romà del baptisme OR XI.* Traducció de FRANCESC XAVIER ALTÉS I AGUILÓ [Testimonis Liturgics 5] Barcelona: Facultat de Teología, Secció de St Pacià 1980. 48 pp.

2364 BAGATTI, B. *L'origine gerosolimitana della preghiera Supra quae del canone romano* – BibbOr 21 (1979) 101–108

2365 BALDANZA, GIUSEPPE *Il rito del matrimonio nell'Eucologio Barberini 336. Analisi della sua visione teologica* – EL 93 (1979) 316–351

2366 BETZ, JOHANNES *Eucharistie in der Schrift und Patristik* [Handbuch der Dogmengeschichte 4]. Freiburg: Herder 1979. VI, 159 pp.

2367 BOROBIO, DIONISIO *La penitencia en la Iglesia hispánica del siglo IV al VII. Lecciones de ayer para la renovación de hoy* [Nueva Biblioteca de Teología 40]. Bilbao: Desclée de Brouwer 1978. 291 pp.

2368 BROCK, SEBASTIAN *Syrische Taufriten* – Concilium 15 (1979) 132–135

[1525] CAL PARDO, E.: Fulgentius Ruspensis

2369 CELADA, GREGORIO *Experiencia de la comunión en la iglesia antigua* – CT 107 (1980) 519–556

[219] *Enchiridion euchologicum . . .:* Subsidia

2370 FERGUSON, E. *Inscriptions and the origin of infant baptism* – JThS 30 (1979) 37–46

2371 FERNÁNDEZ RODRÍGUEZ, SEGISMUNDO *Soteriología Eucarística de la Liturgia Hispana* – StLeg 21 (1980) 49–98

[1078] FERRARI, G.: Basilius Caesariensis

2372 FINKENZELLER, J. *Die Lehre von den Sakramenten im allgemeinen, von der Schrift bis zur Scholastik* [Handbuch der Dogmengeschichte 4, 1 a]. Freiburg: Herder 1980. VIII, 225 pp.

2373 GAMBER, KLAUS *Sacrificium missae: zum Opferverständnis und zur Liturgie der Frühkirche* [SPLi 9]. Regensburg: Pustet 1980. 115 pp.

[1841] GAMBER, K.: Irenaeus Lugdunensis

2374 GARIJO GUEMBE, MIGUEL M. *La sacramentalidad del matrimonio. Perspectivas históricas y sistemáticas* — Salmant 27 (1980) 293–323

[1083] GARIJO GUEMBE, M. M.: Basilius Caesariensis

[856] GARRIDO SANZ, A.: Augustinus

2375 *Die göttliche Liturgie des hl. Johannes Chrysostomus mit den besonderen Gebeten der Basilius-Liturgie im Anhang* [griech. und dt.]. Hrsg. von F. VON LILIENFELD [Oikonomia 2 A]. Erlangen: Aku-Fotodruck 1979. 274 pp.

[1560] GÓRSKI, T.: Gregorius Magnus

2376 HANSON, RICHARD PATRICK CROSLAND *Eucharistic offering in the early church* [Grove liturgical study 19]. Bramcote: Grove Books 1979. 28 pp.

[2401] HEVIA BALLINA, A.: Annus liturgicus

2377 *L'histoire complexe du sacrément de la réconciliation dans l'Eglise d'Occident* — CUC 4 (1980) 23–27

2378 JILEK, AUGUST *Initiationsfeier und Amt: ein Beitrag zur Struktur und Theologie der Ämter und des Taufgottesdienstes in der frühen Kirche (Traditio Apostolica, Tertullian, Cyprian)* [Europäische Hochschulschriften Reihe 23; Theologie 130]. Frankfurt am Main: Lang 1979. XXV, 288 pp.

[890] LANGA, P.: Augustinus

[1365] LANGA, P.: Cyprianus

2379 LARRABE, J. L. *El servicio de la Penitencia en la primitiva Iglesia* — Manresa 52 (1980) 155–168

2380 LECUYER, JOSEPH *Der Bischof und das Volk im Ritus der Bischofsweihe* — Concilium 16 (1980) 492–495

2381 LIETZMANN, H. *Mass and Lord's supper. A study in the history of the liturgy.* Translation with appendix by D. H. G. REEVE, with introd. and further inquiry by R. D. RICHARDSON. Leiden: Brill 1979; VII, 753 pp.

2382 LOZANO, SEBASTIÁN, F. J. *La penitencia canónica en la España Romano-Visigótica* [Publicaciones de la Facultad de Teología del Norte de España, Sede de Burgos 45]. Burgos: Ediciones Aldecoa 1980. 230 pp.

2383 MACOMBER, W. F. *The anaphora of Saint Mark according to the Kacmarcik Codex* — OrChrP 45 (1979) 75–98

[914] MARINI, A.: Augustinus

[1642] MOLINA, M. A.: Hermae Pastor

2384 MORAL, T. El rito de bendición abacial en la liturgia hispánica – NetV 2 (1979) 45–60

2385 NAGEL, E. Kindertaufe und Taufaufschub. Die Praxis vom 3.–5. Jh. in Nordafrika und ihre theologische Einordnung bei Tertullian, Cyprian und Augustinus [Europäische Hochschulschriften 144]. Frankfurt: Lang 1980. 252 pp.

2386 NAUTIN, P. Le fonds ancien du « Liber sacramentorum » – AEHESR 88 (1979/80) 357

2387 QUECKE, H. Zum „Gebet der Lossprechung des Vaters" in der ägyptischen Basilius-Liturgie. Ein bisher unbeachteter Textzeuge: Brit. Libr., Ms. Or. 4718 (1) 3 – Orientalia 48 (1979) 68–81

2388 RAMIS MIQUEL, G. Los misterios de Pasión como objeto de la Anamnesis en los textos de la Misa del rito hispánico. Estudio bíblico-histórico [Publicaciones del Instituto Español de Historia Eclesiástica. Monografías, 27]. Roma: Iglesia Nacional Española 1978. 453 pp.

[1648] RENOUX, CH.: Hesychius Hierosolymitanus

2389 ROCA PUIG, RAMON La « Creació » a l'Anáfora de Barcelona, papir de Barcelona. Inv. n°. 154ᵇ. Barcelona 1979. 16 pp.

[2451] SALACHAS, D.: Concilia, acta conciliorum, canones

2390 SANTANTONI, A. L'ordinazione episcopale. Storia e teologia dei riti dell'ordinazione nelle antiche liturgie dell'Occidente [StAns 69; Anal. liturg. 2]. Roma: Ed. Anselmiana 1976. 306 pp.

[641] SCHULTZE, B.: Auctores

2391 SCHULZ, H.-J. Das frühchristlich altkirchliche Eucharistiegebet: Ueberlieferungskontinuität und Glaubenszeugnis – IKZ 70 (1980) 139–153

2392 SICARD, D. La liturgie de la mort dans l'Église latine des origines à la réforme carolingienne [Liturgiewissenschaftliche Quellen und Forschungen 63]. Münster: Aschendorff 1978. XXIX, 439 pp.

2393 SIENCZAK, BRONISLAW Partecipazione dei fideli al sacramento della penitenza. Il contributo della Chiesa del periodo dei Padri nel contesto dell'attuale riforma penitenziale. Rom: Pontificia Universitas Gregoriana, Diss. 1979. 77 pp.

[1973] SPINKS, B. D.: Narses

[1286] TRETTEL, G.: Chromatius Aquileiensis

2394 TRUZZI, CARLO La liturgia di Verona al tempo di San Zeno (ca. 360–380) – Riti, usanze, teologia – StPad 27 (1980) 539–564

[1578] VERBRAKEN, P.-P.: Gregorius Magnus

2395 VERHEUL, A. Les pratiques baptismales dans la primitive Église source d'inspiration pour l'Église d'aujourd'hui? In: Eulogia (cf. 1979/80, 113) 591–626

2396 VOGEL, C. *Anaphores eucharistiques préconstantiniennes. Formes non traditionelles* – AugR 20 (1980) 401–410
2397 VORGRIMLER, H. *Buße und Krankensalbung* [Handbuch der Dogmengeschichte 4,3]. Freiburg: Herder 1978. 234 pp.

3. *Annus liturgicus*

2398 BESSA, COELHO DE *Origem histórica do Advento* – OrLab 25 (1979) 230–237
2399 CANTALAMESSA, RANIERO *La Pâque dans l'église ancienne.* Version franç. par F. MORARD [TC 4]. Bern: Lang 1980. XLII, 234 pp.
2400 CANTALAMESSA, RANIERO *La Pasqua nella chiesa antica.* Torino: S.E.I. 1978. XL, 231 pp.
[676] CANTALAMESSA, R.: Ambrosius
2401 HEVIA BALLINA, AGUSTIN *Pascua, fiesta bautismal y fiesta de salvación* – Helmántica 30 (1979) 127–157
[512] JANINI, J.: Palaeographica atque manuscripta
2402 NAVARRO, MARIA PAZ *La cuaresma benedictina, ayer y hoy.* In: *Hacia una relectura . . .* (cf. 1979/80, 123) 287–307
[1500] REY-COQUAIS, J. P.: Eusebius Caesariensis
2403 RORDORF, W. *Sabato e domenica nella Chiesa antica* [TC 2]. Torino: Soc. ed. internaz. 1979. 232 pp.
2404 STRAND, KENNETH *The early Christian sabbath. Selected essays and a source coll.*. Ann Arbor, Mich.: Ann Arbor Publ. 1979. 80 pp.

4. *Hymni*

2405 CAMERON, AVERIL *A nativity poem of the sixth century A.D.* – ClPh 79 (1979) 222–232
2406 *Es preise alle Schöpfung den Herrn. Hymnen aus dem Wochenlob der byzantinischen Kirche (Oktoichos).* Aus dem Nachlaß von K. KIRCHHOFF OFM (Übersetzer) hrsg. von JOHANNES MADEY. Münster: Regensberg 1979. 566 pp.
2407 GIL, J. *Notas e interpretaciones* – Habis 9 (1978) 117–167
[48] *A guide to Byzantine hymnography . . .*: Bibliographica
2408 GROSDIDIER DE MATONS, J. *Kontakion et canon. Piété populaire et liturgie officielle à Byzance* – AugR 20 (1980) 191–203
2409 KLUM-BÖHMER, EDITH *Das Trishagion als Versöhnungsformel im V. und VI. Jahrhundert.* München, Wien: Oldenbourg 1979. 83 pp.

2410 LAUSBERG, H. *Der Hymnus Veni Creator Spiritus* [Abhandlung der Rheinisch-Westfälischen Akademie der Wissenschaften 64]. Opladen: Westdeutscher Verlag 1979. 212 pp.

2411 NORBERG, D. *Notes critiques sur l'Hymnarius Severianus.* Stockholm: Almqvist och Wiksell 1977. 65 pp.

2412 NORBERG, D. *Une hymne de type irlandais en Italie.* In: *Paradoxos politeia. Studi patristici in onore di Giuseppe Lazzati* (cf. 1979/80, 145) 347—357

2413 O'CALLAGHAN, J. *Oda 8,57.59 (PMatr. bibl. 2)* — StPap 58 (1979) 13—26

2414 SIJPESTEIJN, P. J. *Remarks on three gymnasiarchs* — ZPE 39 (1980) 159—161

5. Cultus (hyper-)duliae, Veneratio iconum reliquiarumque

[668] ANDRZEJEWSKI, R.: Ambrosius

2415 BONNET, GÉRARD *Le mystère de la Croix dans le carême orthodoxe* — Irénikon 52 (1979) 34—53; 200—213

2416 BUDZIAREK, M. *Kult relikwii w starożytnym chrześcijańswie (= De cultu reliquiarum in antiquitate christiana)* — Ruch Biblijny i Liturgiczny 32 (1979) 276—280

2417 CAMERON, AVERIL *The Virgin's Robe: an Episode in the History of Early seventh-Century Constantinople* — Byzan 49 (1979) 42—56

[1181] *Le culte et les reliques . . .:* Benedictus Nursinus

2418 DUDZIAK, J. *Praktyka kanonizowania świętych przed ogłoszeniem dekretałów Grzegorza IX (= Die Praxis der Heiligsprechung vor der Proklamation der Dekrete des Papstes Gregor IX.)* — Tarnowskie Studia teologiczne 7 (1979) 105—127

[860] GESSEL, W.: Augustinus

[1815] IONIȚĂ, V.: Iohannes Damascenus

2419 MICLE, VENIAMIN *Cultul sfinților oglindit în predicile patristice (= Die Heiligenverehrung anhand der patristischen Predigten)* — OrtBuc 32 (1980) 95—119

2420 RAMIS MIQUEL, GABRIEL *La ordenación del oficio divino de la Regula Benedicti como relectura de la Regula Magistri.* In: *Hacia una relectura . . .* (1980, 123) 171—210

2421 RYDÉN, LENNART *The role of the icon in Byzantine piety.* In: *Humanitas religiosa* (cf. 1979/80, 127) 41—52

[2532] STĂNILOAE, D.: Christologia

[408] STEIN, D.: Opera ad historiam

V. IURIDICA, SYMBOLA

1. Generalia

2422 ANDRESEN, CARL *Die Bibel im konziliaren, kanonischen und syn-odalen Kirchenrecht.* In: *Text, Wort, Glaube* (cf. 1979/80, 171) 169–209

2423 GARRIDO BONAÑO, MANUEL *El Ministerio en el monacato desde sus orígenes a la época carolingia.* In: *Teología del Sacerdocio 11* (cf. 1979/80, 167) 127–155

2424 GAUDEMET, JEAN *La formation du Droit séculier et du Droit d'Église aux IVe et Ve siècle* [Inst. de Droit romain de l'Univ. de Paris XV]. Paris: Sirey 1979. 247 pp. (2e édition)

[321] GONZÁLEZ NOVALÍN, J. L.: Opera ad historiam

[2066] GUERRA, M.: Patres Apostolici

2425 LÓPEZ MARTÍNEZ, NICOLAS *Limitaciones ministeriales.* In: *Teología del Sacerdocio 11* (cf. 1979/80, 167) 247–263

2426 MANTSOUNEAS, EVANGELOS Ἡ Δικαστική Ἐξουσία τῆς Ἐκκλησίας καί αἱ Θεμελιώδεις αὐτῆς Ἀρχαί. In: *Philoxenia* (cf. 1979/80, 148) 201–222

2427 MIKAT, PAUL *Zu Bedingungen des frühchristlichen Kirchenrechts* – ZSavK 95 (1978) 309–320

2427a MUNIER, CHARLES *Église et cité* [Histoire du droit et des institutions de l'Église en Occident II: L'Église dans l'empire romain, 3]. Paris: Cujas 1979. 307 pp.

[966] SCHINDLER, A.: Augustinus

2. Concilia, Acta conciliorum, Canones

[2294] ACCONCIA LONGO, A.: Euphemia

2428 AGUIRRE, P. *San Agustín y el Concilio XI de Toledo* – Augustinus 25 (1980) 117–121

[1943] BARNARD, L. W.: Marcellus Ancyranus

2429 BRANDMÜLLER, W. *Zum Plan einer neuen Konziliengeschichte* – AHC 4 (1972) 1–6

2430 BRENNECKE, H. C. *Synodum congregavit contra Euphratam ne-fandissimum episcopum. Zur angeblichen Kölner Synode gegen Euphrates* – ZKG 90 (1979) 176–200

2431 BRODMAN, J. W. *Sixth council of Toledo* – CFH 33 (1979) 5–18

2432 CARRIÈRE, J.-M. *Le mystère de Jésus-Christ transmis par Chalcé-doine* – NRTh 101 (1979) 338–358

2433 CHAFFIN, C. *The application of Nicaea canon 6 and the date of the synod of Turin* – RSLR 16 (1980) 257–272

2434 CRABBE, A. *Cologne and Serdica* – JThS 30 (1979) 178–185

2435 CUSCITO, G. *La fede calcedonese e i concili di Grado (579) e di Marano (591)* – AnAl 17 (1980) 207–230

2436 DÍAZ, A. *Las relaciones de dependencia no-esclavistas y el Con-cilio de Elvira* – MHA 2 (1978) 199–203

2437 DUMEIGE, G. *Nicée II (787)* [Histoire des conciles oecum. 4]. Paris: Ed. de L'ORANTE 1978. 302 pp.

2438 DUMEIGE, G. *Nicée II (787)* – Greg 60 (1979) 625–627

2439 FASSIO, F. R. *Constantinopla ¿final o comienzo? La tarea de una Cristología Pneumática* – Communio 12 (1979) 233–252

2440 FISCHER, J. A. *Die ersten Konzilien im römischen Nordwest-Afrika.* In: *Pietas. Festschrift für Bernhard Koetting* (cf. 1979/80, 149) 217–227

[2015] FISCHER, J. A.: Origenes

[2016] FISCHER, J. A.: Origenes

2441 GONZÁLEZ DE CARDEDAL, O. *Calcedonia y los problemas funda-mentales de la Cristología actual* – RaComm 1 (1979) 29–44

2442 GRAY, PATRICK T. R. *The defense of Chalcedon in the East [451–553].* [Studies in the history of Christian thought 20]. Leiden: Brill 1979. VIII, 189 pp.

[605] GRYSON, R.: Auctores

[2409] KLUM-BÖHMER, E.: Hymni

2443 MONACHINO, VINCENZINO *Il Canone 28 di Calcedonia. Genesi storica* [Collana di Testi Storici 10]. L'Aquila: L.U. Japadre 1979. 127 pp.

2444 ORLANDIS, JOSÉ *Los laicos en los Concilios visigodos* – AHDE 50 (1980) 177–187

2445 PARLATO, V. *La conferma ponteficia alle deliberazione del concilio di Calcedonia.* In: *Studi in onore di Pietro Agostino d'Avack 3* (cf. 1979/80, 163) 499–524

2446 PERRONE, L. *I vescovi palestini ai concili cristologici della prima metà del V secolo* – AHC 10 (1978) 16–52

2447 RAMOS-LISSON, DOMINGO *En torno a la autenticidad de algunos cánones del Concilio de Elvira* – ScTh 11 (1979) 181–186

2448 RIEDINGER, RUDOLF *Die Präsenz- und Subkriptionslisten des VI. Oekumenischen Konzils (680/81) und der Papyrus Vind. G. 3.* München: Beck 1979. 27 pp.

2449 RIEDINGER, R. *Zwei Briefe aus den Akten der Lateransynode von 649* —JOBG 29 (1980) 37—59

2450 RITTER, ADOLF MARTIN *Zum homousios von Nizäa und Konstantinopel. Kritische Nachlese zu einigen neueren Diskussionen*. In: *Kerygma und Logos. Festschrift für Carl Andresen zum 70. Geburtstag* (cf. 1979/80, 132) 395—403

2451 SALACHAS, D. *La regolamentazione canonica della iniziazione cristiana* — Nicolaus 8 (1980) 73—85

2452 SAMPLE, R. L. *The Christology of the Council of Antioch (268 C.E.) reconsidered* — ChH 48 (1979) 18—26

2453 SIEBEN, H. J. *Die Konzilsidee der alten Kirche* [Konziliengeschichte R.B. Untersuch.]. Paderborn: Schöningh 1979. XXV, 540 pp.

2454 SLAATTE, HOWARD ALEXANDER *The seven ecumenical councils*. Langham, MD: University Press of America 1980. V, 49 pp.

2455 STAATS, REINHART *Die Basilianische Verherrlichung des Heiligen Geistes auf dem Konzil zu Konstantinopel 381* — KuD 25 (1979) 232—253

2456 SUMNER, G. V. *Council of Toledo XVII* — CFH 33 (1979) 19—32

2457 SUMNER, G. V. *Council of Huesca* — CFH 33 (1979) 33

2458 VRIES, W. DE *Die Struktur der Kirche gemäß dem Konzil von Ephesos (431)* — AHC 2 (1970) 22—55

3. Ius canonicum, Hierarchia, Disciplina ecclesiastica

[286] CHADWICK, H.: Opera ad historiam

2459 DASSMANN, ERNST *Diakonat und Zölibat*. In: *Der Diakon. Wiederentdeckung und Erneuerung seines Dienstes*. Hrsg. v. JOSEF G. PLÖGER und HERMANN JOH. WEBER. Freiburg : Herder (1980) 57—67

[1076] FEDWICK, P. J.: Basilius Caesariensis

[311] GARCÍA IGLESIAS, L.: Opera ad historiam

2460 GAUDEMET, J. *L'interprétation du principe d'indissolubilité du mariage chrétien au cours du premier millénaire* — BIDR 81 (1978) 11—70

2461 GUSSONE, N. *Thron und Inthronisation des Papstes von den Anfängen bis zum 12. Jahrhundert. Zur Beziehung zwischen Herrschaftszeichen und bildhaften Begriffen, Recht und Liturgie im christlichen Verständnis von Wort und Wirklichkeit* [Bonner historische Forschung 42]. Bonn: Röhrscheid 1978. 319 pp.

2462 LOHSE, E. *Die Entstehung des Bischofsamtes in der frühen Christenheit* — ZNW 71 (1980) 58—73

2463 NAUTIN, P. *L'origine des structures ecclésiastiques* – AEHESR 89
        (1980–81) 458–459
[1713] PATERNOSTER, M.: Hippolytus Romanus
[1802] PITSIOUNIS, G.: Iohannes Chrysostomus
2463a SCIPIONI, L. I. *Vescovo e popolo. L'esercizio dell'autorita nella
        Chiesa primitiva (III secolo)*. Milano: Vita e pensiero 1977. 224pp.
[2393] SIENCZAK, B.: Missa, sacramenta, sacramentalia
 [410] STOCKMEIER, P.: Opera ad historiam
[1923] STUDER, B.: Leo Magnus

4. Symbola

2464 *Bekenntnisse des Glaubens: 3000 Jahre Bekenntnis von der Bibel
        bis zur Gegenwart.* Herausgeber KURT ROMMEL. Stuttgart: Quell-
        Verlag 1980. 152 pp.
 [269] BIENERT, W. A.: Opera ad historiam
2465 HALLEUX, A. DE *La profession de l'Esprit saint dans le symbole de
        Constantinople* – RThL 10 (1979) 5–39
[2529] HAYSTRUP, H.: Christologia
2466 MACGREGOR, GEDDES *The Nicene creed, illumined by modern
        thought.* Grand Rapids: Eerdmans 1980. XV, 149 pp.
2467 MEIS, ANNELIESE *La fórmula de fe «Creo en el Espíritu Santo» en
        el siglo II. Su formación y significado.* Santiago de Chile: Universi-
        dad Católica de Chile 1980. 335 pp. = AnSan 29/2 (1978) 183–
        511
2468 MEIS, ANNELIESE *El Espíritu Santo en la confesión de fe del siglo
        II* – TyV 20 (1979) 221–233
2469 MEIS, ANNELIESE *La confesión de fe en el Espíritu Santo en el siglo
        II* – ETrin 14 (1980) 421–449
[2522] RITSCHL, D.: Trinitas

VI. DOCTRINA AUCTORUM ET HISTORIA DOGMATUM

1. Generalia

2470 ALTISSIMO, COSTANTE *La contemplazione nell'Oriente cristiano* [Esperienze dello spirito 4]. Vicenza, L.I.E.F. 1979. 133 pp.

2471 ARNOLD-DOEBEN, V. *Die Symbolik des Baumes im Manichäismus* — Symbolon 5 (1980) 9—30

2472 BARTELINK, G. J. M. *Patria en genus in oudchristelijke encomia en biografieen* — Kleio 9 (1979) 49—64

2473 BERSCHIN, W. *Griechisch-lateinisches Mittelalter. Von Hieronymus zu Nikolaus von Kues.* Bern: Francke 1980. 363 pp.

2474 BEYSCHLAG, K. *Das Problem des Leidens in der frühen Christenheit.* In: *Evangelium als Schicksal* (cf. 1979/80, 94) 93—112

2475 BISCONTI, F. *Aspetti e significati del simbolo della fenice nella letteratura e nell'arte del cristianesimo primitivo* — VetChr 16 (1979) 21—40

2476 BREDENKAMP, F. *Die pligte van die Keisersfiguur binne 'n vroeg-Christelike politieke teorie* — AClass 21 (1978) 129—146

2477 CARMINATI, ALFREDO *È venuto nell'acqua e nel sangue. Riflessione biblico-patristica.* Bologna: Ed. Dehoniane 1979. 223 pp.

2478 CONTE, P. *Note sulla terminologia dell'apostolicità nel sec VII* — RSCI 33 (1979) 483—489

2479 CRAMER, WINFRID *Der Geist Gottes und des Menschen in früh-syrischer Theologie* [MBTh 46]. Münster: Aschendorff 1980. VIII, 95 pp.

2480 FRICKEL, J. *Die Zöllner, Vorbild der Demut und wahrer Gottesverehrung.* In: *Pietas. Festschrift für Bernhard Kötting* (cf. 1979/80, 149) 369—380

2481 GARRETT, JAMES LEO, Jr. *The Pre-Cyprianic Doctrine of the Priesthood of All Christians.* In: *Continuity and discontinuity* (cf. 1979/80, 102) 45—61

2482 GEOGHEGAN, ARTHUR TURBITT *The attitude towards labor in early Christianity and ancient culture.* Ann Arbor, Mich.; London: Univ. Microfilms Internat. 1979. XXVIII, 250 pp.

2483 GIURICEO, MARIE ANN *The Church Fathers and the kingly office.* Ann Arbor, Mich.: 1979. UM

2484 GNILKA, CHRISTIAN Καλόγηρος. Die Idee des „guten Alters" bei den Christen — JAC 23 (1980) 5—21

2485 HRYNIEWICZ, W. „Zstąpienie do piekieł" w tradycji wschodniej (= Christ's Descent among the Dead in Eastern Tradition) — RoczTK 26 (1979) 43—52

2486 HÜBNER, REINHARD M. Der Gott der Kirchenväter und der Gott der Bibel: zur Frage der Hellenisierung des Christentums [Eichstätter Hochschulreden 16]. München: Minerva 1979. 32 pp.

2487 KALLIS, ANASTASIOS Philanthropia. Das Prinzip der Liebe in der orthodoxen Kirche und Theologie. In: Philoxenia (cf. 1979/80, 148) 143—158

2488 KALOKYRIS, CONSTANTIN Le contenu de l'Iconographie orientale — Concilium T 152 (1980) 21—30

2489 KAMIENIK, R. Zagadnienie pracy w literaturze chrześcijańskiej w II—V w. (= Das Problem der Arbeit in der christlichen Literatur vom 2. bis 5. Jahrhundert). In: Pamietnik 12 Powszechnego Zjazdu Historykow Polskich 17—20 wrzesnia 1979 roku, czesc 2, Sympozja 1—8. Katowice: Uniwersytetu Śląski (1979) 40—47

2490 KYTZLER, B. De Romae aeternae apud scriptores Africanos laudibus. In: Africa et Roma. Acta omnium gentium ac nationum Conventus Latinis litteris linguaeque fovendis, Leopold Sedar Senghor dicatum (cf. 1979/80, 80) 141—146

2491 LÉGASSE, S. Les premiers disciples de Jésus ont-ils été baptisés? Regards sur une ancienne problématique — BLE 79 (1978) 3—18

2492 MACIEJEWSKI, A. Ideał kapłaństwa u Ojców Kościoła (L'ideal du sacerdoce chez les Pères de l'Église) — AtKap 71/92 (1979) 239—251

2493 MAŁUNOWICZÓWNA, L. Ideał świętości w Kościele pierwotnym (L'ideal de la sainteté dans l'Église primaire) — AtKap 71/92 (1979) T. 92, 228—238

2494 MEIJERING, E. P. Calvin wider die Neugierde. Ein Beitrag zum Vergleich zwischen reformatorischem und patristischem Denken [Biblioteca Humanistica et Reformatorica 29]. Nieuwkoop: B. De Graaf 1980. 122 pp.

[2202] MEIS, A.: Tertullianus

2495 MEYENDORFF, JOHN The Christian Gospel and Social Responsibility: the Eastern Orthodox Tradition in History. In: Continuity and discontinuity (cf. 1979/80, 102) 118—132

2496 MINN, H. R. Early Christian and patristic appreciation of nature — Prudentia 10 (1978) 31—36

2497 MŁOTEK, A. U źródeł chrześcijańskiego rygoryzmu moralnego (= Aux sources du rigorisme moral chrétien) In: Miscellanea patristica in memoriam Joannis Czuj (cf. 1979/80, 143) 244—260

2498 MÜHLENBERG, EKKEHARD Das Vermächtnis der Kirchenväter an den modernen Protestantismus. In: Kerygma und Logos. Festschrift *für Carl Andresen zum 70. Geburtstag* (cf. 1979/80, 132) 381 – 394

2499 NAUERTH, CLAUDIA *Von Tod zum Leben: die christlichen Totenerweckungen in der spätantiken Kunst* [Göttinger Orientforschungen Reihe 2; Studien zur spätantiken und frühchristlichen Kunst 1]. Wiesbaden: Harrassowitz 1980. XII, 145, XLIV pp.

2500 OLIVAR, A. *Über das Schweigen und die Rücksichtnahme auf die schwache Stimme des Redners in der altchristlichen Predigt* – AugR 20 (1980) 267–274

2501 OPELT, I. *Das Bild Solons in der christlichen Spätantike* – VigChr 34 (1980) 24–35

2502 SAXER, V. *Il étendit les mains à l'heure de sa Passion. Le thème de l'orant/-te dans la littérature chrétienne des IIᵉ et IIIᵉ siècles* – AugR 20 (1980) 335–365

2503 SIEGER, J. D., *Pictor Ignotus. The early christian pictorial theme of Christ and the church and its roots in patristic exegesis of scripture* [Diss. University of Pittsburgh]. Pittsburgh, Pa.: 1980. 266 pp.

2504 STOCKMEIER, PETER *„Alt" und „Neu" als Prinzipien der frühchristlichen Theologie.* In: *Reformatio ecclesiae* (cf. 1979/80, 154) 15–22

2505 SWIFT, L. J. *War and the Christian conscience, I: The early years* – ANRW 2, 23.1 (1979) 835–868

2506 THOMSON, R. W. *Architectural Symbolism in Classical Armenian Literature* – JThS 30 (1979) 102–114

2507 TSIRPANLIS, C. N. *Greek patristic theology. Basic doctrines in eastern Church Fathers, I* [Monogr. Ser. in Orthodox Theol. and Civ. 3]. Ulster Park, N.Y.: Eo Press 1979. IX, 170 pp.

2508 TURBESSI, GIUSEPPE *Cercare Dio. Nell'ebraismo, nel mondo greco, nella patristica* [Verba seniorum N.S. 9]. Roma: Ed. Studium 1980, VI, 208 pp.

2509 VOGEL, CYRILLE *Symboles cultuels chrétiens: aliments et boissons* – ConciliumT 152 (1980) 83–89

[465] VOGEL, C. J. DE: Philosophica

2510 WOSCHITZ, KARL MATTHÄUS *Elpis, Hoffnung: Geschichte, Philosophie, Exegese, Theologie eines Schlüsselbegriffs.* Wien: Herder 1979. XVI, 773 pp.

2511 WRONIKOWSKA, B. *Poglądy Ojców Kościoła na sztukę w ciągu pierwszych dwu stuleci istnienia Kóscioła* (= *Die Kirchenväter der ersten zwei Jahrhunderte über die Kunst)* – RoczH 26 (1978) 5–12

2512 YOUNG, FRANCES MARGARET *The use of sacrificial ideas in Greek Christian writers from the New Testament to John Chrysostom* [Patristic monograph series 5]. Philadelphia: Patristic Foundation 1979. IV, 317 pp.

2. Singula capita historiae dogmatum

a) Religio, revelatio

2513 MIETH, DIETMAR *Gottesschau und Gottesgeburt. Zwei Typen christlicher Gotteserfahrung in der Tradition* — FZPT 27 (1980) 204—223

[925] MORIONES, F.: Augustinus

b) Creatio, providentia

[783] ALAND, B.: Augustinus

[2193] BRAY, G. L.: Tertullianus

2514 GHEORGHESCU, CHESARIE *Invățătura ortodoxă despre iconomia dumnezeiască şi iconomia bisericească* (— Die orthodoxe Lehre über die göttliche und die kirchliche Oikonomia) [Diss.] — StBuc 32 (1980) 297—516

[1843] NORRIS, R.: Irenaeus

[938] O'MEARA, J. J.: Augustinus

[2389] ROCA PUIG, R.: Missa, sacramenta, sacramentalia

[1890] RODRIGUEZ, A. E.: Iustinus

[1945] SCHWAIGER, R.: Marcion

2515 ZAHLTEN, JOHANNES *Creatio mundi: Darstellung der sechs Schöpfungstage und naturwissenschaftliches Weltbild im Mittelalter* [Stuttgarter Beiträge zur Geschichte und Politik 13]. Stuttgart: Klett-Cotta 1979. 347 pp.

[750] ZAPHIRIS, G.: Athanasius Alexandrinus

c) Trinitas

2516 BROCK, SEBASTIAN (P.) *The Holy Spirit in the Syrian baptismal tradition* [The Syrian churches series 9]. Poona: 1979. 139 pp.

[832] DOULL, J. A.: Augustinus

2517 FAHEY, MICHAEL *Sohn und Geist: Theologische Differenzen zwischen Konstantinopel und dem Westen* — Concilium 15 (1979) 505—509

[852] GALVÃO, H. DE N.: Augustinus

[685] GRANADO BELLIDO, C.: Ambrosius

[1381] HALLEUX, A. DE: Cyrillus Alexandrinus

[2019] HERON, A.: Origenes

2518 HRYCUNIAK, S. *System trynitarny św. Bazylego Wielkiego i Kapadocejczyków* (= *The Trinitarian System of St. Basil the Great and the Cappadocians*) — Rocznik Teologiczny 22 (1980) 37—48

[2409] KLUM-BÖHMER, E.: Hymni

[1320] LADARIA, L. F.: Clemens Alexandrinus

2519 LONGOSZ, S. *Argument patrystyczny w okresie sporów ariańskich (318–362) (= A Patristic Argument in the Arian Controversy).* In: *Miscellanea patristica in memoriam Joannis Czuj* (cf. 1979/80, 143) 196–212

[2467] MEIS, A.: Symbola

[2468] MEIS, A.: Symbola

[2469] MEIS, A.: Symbola

2520 MÜHLEN, HERIBERT *Der Heilige Geist als Person. In der Trinität, bei der Inkarnation und im Gnadenbund: Ich-Du-Wir* [MBTh 26; 4. Aufl.]. Münster: Aschendorff 1980. XVIII, 344 pp.

2521 NAUTIN, P. *Histoire du dogme de la Trinité au IVᵉ s.* – AEHESR 87 (1978/79) 317

[1700] PEÑAMARIA DE LLANO, A.: Hilarius Pictaviensis

2522 RITSCHL, DIETRICH *Geschichte der Kontroverse um das Filioque* – Concilium 15 (1979) 499–504

[1891] RORDORF, W.: Iustinus Martyr

2523 SCHOEDEL, WILLIAM R. *A Neglected Motive for Second-Century Trinitarianism* – JThS 31 (1980) 356–367

2524 SCHOEDEL, WILLIAM R. *Enclosing, not Enclosed: The Early Christian Doctrine of God.* In: *Early Christian literature . . .* (cf. 1979/80, 106) 75–86

[2455] STAATS, R.: Concilia, acta conciliorum, canones

[1624] VERHEES, J. J.: Gregorius Nyssenus

[657] WOLFSON, H. A.: Auctores

d) Christologia

[550] BAGATTI, B.; GARCIA, F.: Apocrypha

[1921] BARTNIK, C.: Leo Magnus

2525 BASEVI, CLAUDIO *Cristo como centro de la Historia humana (Una reflexión a partir del «Sermo 24. Denis» de S. Agustín).* In: *Etica y Teología ante la crisis contemporánea* (cf. 1979/80, 110) 529–544

[1391] BASEVI, C.: Damasus

[793] BENGOA, J. M.: Augustinus

[2432] CARRIÈRE, J.-M.: Concilia, acta conciliorum, canones

[1628] CROUZEL, H.: Gregorius Thaumaturgus

[2439] FASSIO, F. R.: Concilia, acta conciliorum, canones

2526 FISCHER, KARL MARTIN *Adam und Christus.* In: *Altes Testament, Judentum, Gnosis . . .* (cf. 1979/80, 81) 283–299

2527 FREIRE, JOSÉ GERALDES *Verus Salomon* – HumanitasCoim 29/30 (1977/78) 224–234

[2441] GONZÁLEZ DE CARDEDAL, O.: Concilia, acta conciliorum, canones

2528 GRILLMEIER, ALOIS *Jesus der Christus im Glauben der Kirche, 1: Von der Apostolischen Zeit bis zum Konzil von Chalcedon.* Freiburg etc.: Herder 1979. XXIV, 832 pp.

2529 HAYSTRUP, HELGE *Kristusbekendelsen i Oldkirken.* Kóbenhavn: Reitzel 1979. 163 pp.

[1961] HEINZER, F.: Maximus Confessor

2530 LADARIA, L. F. *La fe en Cristo, desde los apóstoles hasta Calcedonia* − MCom 38 (1980) 179−182

[1367] MARA, M. G.: Cyprianus Carthaginiensis

[1384] MARGERIE, B. DE: Cyrillus Alexandrinus

[2350] MARTIN PINDADO, V.: Liturgica

2531 MARTORELL, JOSÉ *Dogma y Anuncio (Apuntes para una interpretación kerygmática del dogma cristológico)* − EscrVedat 9 (1979) 67−174

[1731] MEINHOLD, P.: Ignatius Antiochenus

[2130] PADOVESE, L.: Prudentius

[2674] ROSE, E.: Gnostica

[2091] SAMPLE, R. L.: Paulus Samosatensis

[2452] SAMPLE, R. L.: Concilia, acta conciliorum, canones

2532 STĂNILOAE, DUMITRU *Hristologie şi iconologie în disputa din secolele VIII−IX (= Christologie und Ikonologie im Disput des VIII.−IX. Jhs.)* − StBuc 31 (1979) 15−53

[1926] STICKELBERGER, H.: Leontius Constantinopolitanus

[977] STUDER, B.: Augustinus

[978] STUDER, B.: Augustinus

[979] STUDER, B.: Augustinus

[1895] STUDER, B.: Iustinus Martyr

2533 *Su Cristo. Il grande dibattito nel quarto secolo. Apollinare, Epifanio, Gregorio di Nazianzo, Gregorio di Nissa e altri.* Testi originali, introd., note e trad. a cura di E. BELLINI [Di fronte e attraverso 35.] Milano: Jaca Book 1978. VII, 567 pp.

[748] TETZ, M: Athanasius Alexandrinus

2534 WICKERT, ULRICH *Christus kommt zur Welt. Zur Wechselbeziehung von Christologie, Kosmologie und Eschatologie in der Alten Kirche.* In: Kerygma und Logos. Festschrift für Carl Andresen zum 70. Geburtstag (cf. 1979/80, 132) 482−495

[1741] ZAÑARTU, S.: Ignatius Antiochenus

e) Soteriologia

[2371] FERNÁNDEZ RODRÍGUEZ, S.: Missa, sacramenta, sacramentalia

2535 HRYNIEWICZ, W. *Znaczenie patrystycznej idei przebóstwienie dla soteriologii chrześcijańskiej (= Importance of the patristic idea of Theosis for christian soteriology)* − RoczTK 27 (1980) 19−34

2536 LAEUCHLI, SAMUEL *Prologomenon to a Structural Analysis of Ancient Christian Views of Salvation.* In: *Disciplina nostra* (cf. 1979/80, 104) 133—171

[1962] LÉTHEL, F.-M.: Maximus Confessor

[1385] MCINERNEY, J. L.: Cyrillus Alexandrinus

[1455] NOUJAIM, G.: Ephraem Syrus

[2388] RAMIS MIQUEL, G.: Missa, sacramenta, sacramentalia

2537 STUDER, B. *La sotériologie des Pères de l'Église* — AEHESR 87 (1978—1979) 483—485

2538 SZULC, F. *Obraz świata a zbawienie w teologii judeochrześcijańskiej (= Das Weltbild und die Erlösung in der judenchristlichen Tradition).* In: *Teologiczne rozumienie zbawienia (= Das theologische Verständnis von der Erlösung).* Gesammelte Aufsätze unter der Redaktion von C. S. BARTNIK. Lublin: Towarzystwo Naukowe Katolickiego Uniwersytetu Lubelskiego (1979) 47—67

[657] WOLFSON, H. A.: Auctores

f) Ecclesiologia

[814] CAPÁNAGA, V.: Augustinus

2539 DIAS, P. V.; CAMELOT, P.-TH. *Eclesiología, Escritura y Patrística hasta San Agustín* [Historia de los Dogmas dirigida por M. Schmaus — A. Grillmeier — L. Scheffczyk]. Tomo III, cuadernos 3 a—b. Traducción de M. Pozo. Madrid: BAC 1978. X, 238 pp.

[1419] DRĂGULIN, GH.: Pseudo-Dionysius Areopagita

2540 ERNI, RAYMUND *Pneumatologische und triadologische Ekklesiologie in ihrer Bedeutung für Struktur und Leben der Kirche. Ein Beitrag aus der Sicht der orthodoxen Theologie.* In: *Unterwegs zur Einheit* (cf. 1979/80, 176) 803—820

[838] ESCOBAR, N.: Augustinus

[1076] FEDWICK, P. J.: Basilius Caesariensis

2541 FERNÁNDEZ, AURELIO *Munera Christi y Munera Ecclesiae.* In: *Teología del Sacerdocio 11* (cf. 1979/80, 167) 265—305

[1637] FOLGADO FLOREZ, S.: Hermae Pastor

[2197] FOLGADO FLOREZ, S.: Tertullianus

[1330] FUELLENBACH, J.: Clemens Romanus

[1732] MEINHOLD, P.: Ignatius Antiochenus

2542 ΠΑΝΑΓΟΠΟΥΛΟΣ, ΙΩΑΝΝΗΣ ῾Η ᾿Εκκλησία τῶν Προφητῶν. Τό προφητικόν χάρισμα ἐν τῇ ᾿Εκκλησίᾳ τῶν δύο πρώτων αἰώνων. ᾿Αθῆναι: Βασιλόπουλος 1979. 454 σσ.

2543 PAPANDREOU, DAMASKINOS *Die orthodoxe Ekklesiologie und die Eine Kirche Christi.* In: *Unterwegs zur Einheit* (cf. 1979/80, 176) 821—835

[956] PUŠKARIĆ, D.: Augustinus

[2763] ROMERO POSE, E.: Specialia in Novum Testamentum

2544 SARTORE, D. *Ecclesiae mirabile sacramentum. Annotazioni patris-
tico-liturgiche in riferimento alla concezione sacramentale della
Chiesa.* In: *Eulogia* (cf. 1979/80, 113) 393—412

g) Mariologia

[2362] ALDAMA, J. A. DE: Missa, sacramenta, sacramentalia

[549] ARANDA, G.: Apocrypha

[6] ARTAMENDI, P.: Historia patrologiae

2545 CARRASQUER, M. S. *Santa María Virgen, Madre de Dios* — Cistercium 31 (1979) 9—27

[1742] CASCANTE, J.: Ildefonsus Toletanus

2546 DUŢU, CONSTANTIN *Sfînta Fecioară Maria in opera omiletică a
Cuviosului Andrei Criteanul şi a Sfîntului Ioan Damaschinul (= Die
Hl. Jungfrau Maria im homiletischen Werk des hl. Andreas von
Kreta und des hl. Johannes von Damaskus)* — StBuc 32 (1980) 15—
36

2547 FERNANDEZ, DOMICIANO *Los comienzos de la espiritualidad mariana* — EphMariol 28 (1978) 9—29

2548 FERNANDEZ, DOMICIANO *La espiritualidad mariana en los SS.
Padres* — EphMariol 29 (1979) 395—416

2549 FERNANDEZ, DOMICIANO *Actualidad y valores de la mariología de
los Santos Padres* — Marianum 41 (1979) 125—146

2550 FOLGADO FLOREZ, S. *La Virgen María en el esquema agustiniano
de la mediación* — ScrMar 2 (1979) 59—96

[847] FOLGADO FLOREZ, S.: Augustinus

[1646] GŁADYSZEWSKI, L.: Hesychius Hierosolymitanus

[1213] MARQUES, MELLO, M.: Benedictus Nursinus

2551 ORTIZ DE URBINA, IGNAZIO *Mariólogos sirios en la estela de S.
Efrén* — Marianum 41 (1979) 171—198

2552 PIESZCZOCH, S. *Macierzyństwo duchowe Maryji w J 19,25—27
według teologii patrystycznej i popatrystycznej (= Quid theologia
patristica et postpatristica de maternitate Mariae spirituali secundum Joannem 19,25—27 docuerit)* — StGnes 4 (1978) 162—174

[1817] PINTEA, D.: Iohannes Damascenus

2553 RAHNER, H. *Mariologia w patrystyce łacińskiej (= Die Mariologie
in der lateinischen Patristik).* Ins Polnische übersetzt von K. OBRY-
CKI. Die neue Bibliographie von M. STAROWIEYSKI — Często-
chowskie Studia Teologiczne 7 (1979) 131—187

[570] SALAS, A.: Apocrypha

h) Anthropologia

[1828] ALAND, B.: Irenaeus Lugdunensis

[1609] BALAS, D.: Gregorius Nyssenus

[1883] FIGUEIREDO, F. A.: Iustinus

[1859] FLOREZ, R.: Isidorus Hispalensis

2554 HORHOIANU, PETRE *Prolegomene pentru o antropologie patristică (= Prolegomena zu einer patristischen Anthropologie)* − MitrBan 29 (1979) 647−653

[1455] NOUJAIM, G.: Ephraem Syrus

[928] MUÑOZ ALONSO, A.: Augustinus

[883] KOWALCZYK, S.: Augustinus

2555 PARAMELLE, J. *L'homme à l'image de Dieu à l'époque pré-byzantine* − AEHESR 88 (1979−80) 379−384

[952] PIESZCZOCH, S.: Augustinus

2556 PINTO DE OLIVEIRA, CARLOS-JOSAPHAT *Image de Dieu et dignité humaine* − FZPT 27 (1980) 403−438

[960] ROBLES, L.: Augustinus

[1231] RODRIGUEZ COELHO, E.; MAHFOUD, M.: Benedictus Nursinus

[1576] ROSIK, S.: Gregorius Magnus

2557 SINISCALCO, P. *Człowiek wobec świata. Aspekty religijne, etyczne i społeczne u pisarzy chrześcijánskich IV wieku (= L'uomo al fronte di mondo: aspetti religiosi, etici e sociali in scrittori cristiani del IV secolo)* − RoczTK 27 (1980) 167−178

[2095] VALERO, J. B.: Pelagius

[2226] VICASTILLO, S.: Tertullianus

[2228] VICASTILLO, S.: Tertullianus

[2229] VICASTILLO, S.: Tertullianus

2558 WASZINK, J. H. *Pompa diaboli.* In: *Opuscula selecta* (cf. 1979/80, 179) 288−317

i) Vita christiana, monastica

2559 ALVAREZ, JESUS *La clausura como valor permanente* − Yermo 18 (1980) 115−155

[2062] ALVES DE SOUSA, P. G.: Patres Apostolici

[788] ARMAS, G.: Augustinus

[789] ARTAMENDI, P.: Augustinus

2560 BAUMEISTER, THEOFRIED *Die Anfänge der Theologie des Martyriums* [MBTh 45]. Münster: Aschendorff 1980. X, 356 pp.

[2189] BAUMEISTER, TH.: Tertullianus

2561 BOBER, A. *Zróz˙ nicowanie dróg świętości według Ojców Kościoła (= Verschiedene Wege zur Heiligkeit nach den Kirchenvätern. Einleitung und Auswahl der Texte).* In: SŁOMKA, W. *Drogi świę-*

tości (= Wege zur Heiligkeit). Lublin: Katolicki Uniwersytet Lubelski (1980) 29–66

2562 BORIAS, A. *Le moine et sa famille* – CollCist 40 (1978) 81–110; 195–217

2563 BÜCHLER, BERNWARD *Die Armut der Armen. Eine Untersuchung zum ursprünglichen Sinn der mönchischen Armut.* München: Kösel 1980. 166 pp.

2564 BUTTURINI, E. *La nonviolenza del cristianesimo dei primi secoli.* Torino: Paravia 1977. 232 pp.

2565 CANCIK, H. *Zur Entstehung der christlichen Sexualmoral.* In: *Religion und Moral.* Hrsg. von B. GLADIGOW. Düsseldorf: Patmos Verlag (1976) 48–68

2566 CHITTY, DERWAS JAMES *Et le désert devint une cité . . . Une introd. à l'étude du monachisme égyptien et palestinien dans l'empire chrétien.* Trad. de l'anglais par les Moines de Quévy [Spiritualité orientale 31]. Bégerolles-en-Mauges: Abbaye de Bellefontaine 1980. 424 pp.

2567 CILLERUELO, LOPE *Evolución del monacato agustiniano* – EAg 15 (1980) 171–198

[825] CILLERUELO, L.: Augustinus

2568 DANIEL, IRMA MARIA *O acolhimento, apostolado especifico do Monge* – OrLab 26 (1980) 261–271

[1357] DELÉANI, S.: Cyprianus Carthaginiensis

[1184] DESPREZ, V.: Benedictus Nursinus

[1186] ENOUT, J. E.: Benedictus Nursinus

2569 FERNANDEZ, AURELIO *Las nociones de «bien» y «mal» en los primeros escritos cristianos.* In: *Etica y Teología ante la crisis contemporánea* (cf. 1979/80, 110) 199–214

[2423] GARRIDO BONAÑO, M.: Iuridica, symbola

[188] GÓMEZ, I. M.: Methodologica

[1665] GÓRNY, J. J.: Hieronymus

2570 GUILLAUMONT, A. *Aux origines du monachisme chrétien. Pour une phénoménologie du monachisme* [Spiritualité orientale 30]. Abbaye de Bellefontaine: (Maine-et-Loire) 1979. 243 pp.

2571 HALLINGER, K. *Überlieferung und Steigerung im Mönchtum des 8. bis 12. Jahrhunderts.* In: *Eulogia* (cf. 1979/80, 113) 125–188

2572 HAUSHERR, IRÉNÉE *Solitude et vie contemplative d'après l'hésychasme. (Reprod., allégée de quelques notations d'érudition, d'un article paru dans «Orientalia christiana periodica» t. 22, 1956 sous le titre «L'hésychasme, étude de spiritualité».)* [Spiritualité orientale et vie monastique. Spiritualité orientale 3]. Bégrolles: Abbaye de Bellefontaine 1980. 91 pp.

2573 KLAWITER, F. C. *The role of martyrdom and persecution in developing the priestly authority of women in early Christianity* – ChH 49 (1980) 251–261

2574 KÖTTING, BERNHARD *Martyrium und Provokation.* In: *Kerygma und Logos. Festschrift für Carl Andresen zum 70. Geburtstag* (cf. 1979/80, 132) 329−336

2575 LABOURDETTE, M.-M. *Spiritualités d'Orient et d'Occident* − RThom 80 (1980) 95−110

[889] LANGA, P.: Augustinus

[1203] LELOIR, L.: Benedictus Nursinus

2576 LINAGE CONDE, A. *Obreros de Dios (Opus manuum)* − Confer 19 (1980) 235−251

[896] LINAGE CONDE, A.: Augustinus

2577 LÖBMANN, B. *Zweite Ehe und Ehescheidung bei den Griechen und Lateinern bis zum Ende des 5. Jahrhunderts.* Leipzig: St.-Benno-Verl. 1980. 239 pp.

2578 ŁOMNICKI, E. *Męczeństow jako znak prawdziwości religii chrześcijańskiej w ujęciu apologetów starochrześcijańskich* (= *Das Martyrium als Zeichen der Authentizität der christlichen Religion in der Auffassung der altchristlichen Apologeten)* − Tarnowskie Studia Teologiczne 7 (1979) 74−81

2579 LONGOSZ, S. *Niektóre aspekty teologii mecénstwa w literaturze wczesnochrześcijańskiej* (= *Quelli aspetti dell'antica teologia martiriologica)* − Tarnowskie Studia Teologiczne 7 (1979) 49−73

2580 LONGOSZ, S. *Damnati ad bestias* (Polish with Summary) − Tarnowskie Studia Teologiczne 7 (1979) 82−104

[915] MARTÍNEZ CUESTA, A: Augustinus

[1216] MIQUEL, P.: Benedictus Nursinus

2581 MONTEIRO, CRISOSTOMO *Dimensão Pastoral da Interioridade Monástica* − OrLab 26 (1980) 248−260

[1221] MORAL, T.: Benedictus Nursinus

[374] PENCO, G.: Opera ad historiam

[1911] PERRIN, M.: Lactantius

[1865] RECAREDO GARCÍA, B.: Isidorus Hispalensis

2582 *Ricchezza e povertà nel cristianesimo primitivo.* A cura di MARIA GRAZIA MARA [Studi patristici 1]. Roma: Città nuova 1980. 298 pp.

[199] SERNA, C. DE LA: Methodologica

[1237] SILVA, C. H.: Benedictus Nursinus

2583 TRUZZI, C. *Proprietà, richezza e povertà nei Padri della chiesa.* In: *In memoria di Leone Tondelli* (cf. 1979/80, 129) 437−467

2584 VALDEL, MARIA CAROLINA *Hombre de la Biblia (Lectio divina)* − Confer 19 (1980) 253−268

2585 VERHEIJEN, M. L. *Aux origines du monachisme occidental, II* − AEHESR 87 (1978/79) 325−326; 88 (1979/80) 367−368

[1149] VOGÜÉ, A. DE: Basilius Caesariensis

[1150] VOGÜÉ, A. DE: Basilius Caesariensis

[1245] VOGÜÉ, A. DE: Benedictus Nursinus
[1246] VOGÜÉ, A. DE: Benedictus Nursinus
[1470] VOGÜÉ, A. DE: Eugippius
[1471] VOGÜÉ, A. DE: Eugippius
[1531] VOGÜÉ, A. DE: Gennadius Massiliensis
[1749] VOGÜÉ, A. DE: Iohannes Biclarensis

k) Angeli et daemones

 [482] BARTELINK, G. J. M.: ἀλλότριος
2586 GRÜN, ANSELM *Der Umgang mit dem Bösen: der Dämonenkampf
        im alten Mönchtum* [Münsterschwarzacher Kleinschriften 6].
        Münsterschwarzach: Vier-Türme-Verlag 1980. 81 pp.
 [743] SCHNEEMELCHER, W.: Athanasius Alexandrinus
[2696] SZABÓ, A.: Gnostica

l) Novissima

[1880] BARNARD, L. W.: Iustinus Martyr
2587 BECK, HANS-GEORG *Die Byzantiner und ihr Jenseits: Zur Ent-
        stehungsgeschichte einer Mentalität.* München: Verlag der Bayeri-
        schen Akademie der Wissenschaften; Beck 1979. 71 pp.
[1873] CAMPOS, J.: Iulianus Toletanus
[1708] DUNBAR, D. G.: Hippolytus
[2013] EDWARDS, A.: Origenes
[1451] FÉGHALI, P.: Ephraem Syrus
2588 FERNANDEZ, AURELIO *La escatología en el siglo II* [Publicaciones
        de la Facultad de Teología del Norte de España 42]. Burgos:
        Ediciones Aldecoa 1979. 484 pp.
[2065] FERNÁNDEZ, A.: Patres Apostolici
 [888] LANGA, P.: Augustinus
[1714] PRINZIVALLI, E.: Hippolytus Romanus
[1715] PRINZIVALLI, E.: Hippolytus Romanus
[2534] WICKERT, U.: Christologia

VII. GNOSTICA

2589 *The Cologne Mani codex (P. Colon. inv. Nr. 4780) concerning the origin of his body*. Transl. by R. CAMERON and A. J. DEWEY [Soc. of Bibl. Lit. Texts and transl. Early christ. lit. Ser. 3]. Missoula: Montana Scholars Press 1979. VII, 79 pp.

2590 *Die dreigestaltige Protennoia (Nag-Hammadi-Codex 8)*. Herausgegeben und kommentiert von G. SCHENKE [Dissertation]. Rostock: 1977. XXVII, 84 pp.

2591 *The Facsimile Edition of the Nag Hammadi Codices, XIV*. Edit. Board: SHARIK FARID, G. GARITTE a.o. Leiden: Brill 1979. XXIII, 72 pp.

2592 *The gnostic treatise on resurrection from Nag Hammadi*. Ed. with transl. and comm. by BENTLEY LAYTON [Harvard dissertation in religion 12]. Missoula, Mont.: Scholars Press 1979. X, 220 pp.

2593 *Nag Hammadi Codices V, 2—5 and VI with Papyrus Berolinensis 8502, 1 and 4*. Ed. D. M. PARROTT [Nag Hammadi Studies 11]. Leiden: Brill 1979. XXII, 353 pp.

2594 *Teksty z Nag Hammadi (Epistula Jacobi Apocrypha, Evangelium veritatis, De resurrectione, Evangelium Thomae, Evangelium Philippi)*. Ins Polnische übersetzt von A. DEMBSKA und W. MYSZOR; eingeleitet und bearbeitet von W. MYSZOR [PSP 20]. Warszawa: Akademia Theologii Katolickiej 1979. 332 pp.

2595 AALDERS, G. J. D. *Einige zusätzliche Bemerkungen zum Kölner Mani-Kodex* — ZPE 34 (1979) 27—30

[445] ARMSTRONG, A. H.: Philosophica

2596 ARTHUR, R. H. *Feminine motifs in eight Nag Hammadi documents* [Graduate Theol. Union]. Berkeley: California 1979. 298 pp.

2597 ATTRIDGE, H. W. *The original text of Gos. Thom., saying 30* — BASP 16 (1979) 153—157

2598 BAIRD, WILLIAM *The Problem of the Gnostic Redeemer and Bultmann's Program of Demythologizing*. In: *Theologia crucis, signum crucis* (cf. 1979/80. 172) 39—56

2599 BELTZ, W. *Zur Rolle der Arbeit in gnostischen Lehrsystemen*. In: *Studien zum Menschenbild in Gnosis und Manichäismus*. Ed. P. NAGEL (cf. 1979/80, 166) 107—110

[1832] BERTHOUZOZ, R.: Irenaeus

2600 BETHGE, H. G. *Anthropologie und Soteriologie im zweiten Logos des Großen Seth (NHC VII, 2)*. In: *Studien zum Menschenbild in Gnosis und Manichäismus*. Ed. P. NAGEL (cf. 1979/80, 166) 161–171

2601 BETHGE, HANS-GERHARD *Die Ambivalenz alttestamentlicher Geschichtstraditionen in der Gnosis*. In: *Altes Testament, Judentum, Gnosis* . . . (cf. 1979/80, 81) 89–111

2602 BÖHLIG, ALEXANDER *Zum Gottesbegriff des Tractatus tripartitus (Nag Hammadi C. 1,5)*. In: *Kerygma und Logos. Festschrift für Carl Andresen zum 70. Geburtstag* (cf. 1979/80, 132) 49–67

2603 BREMMER, J. *Marginalia Manichaica* – ZPE 30 (1980) 29–34

2604 BROEKER, G. *Lachen als religiöses Motiv in gnostischen Texten*. In: *Studien zum Menschenbild in Gnosis und Manichäismus*. Ed. P. NAGEL (cf. 1979/80, 166) 111–125

2605 CHURCH, F. F.; STROUMSA, G. G. *Mani's disciple Thomas and the Psalms of Thomas* – VigChr 34 (1980) 47–55

[1332] CIRILLO, L.: Pseudo-Clemens Romanus

2606 COLPE, C. *Heidnische, jüdische und christliche Überlieferung in den Schriften aus Nag Hammadi, VIII* – JAC 22 (1979) 98–122

2607 COLPE, C. *Heidnische, jüdische und christliche Überlieferung in den Schriften aus Nag Hammadi, IX* – JAC 23 (1980) 108–127

2608 COLPE, C. *Die gnostische Anthropologie zwischen Intellektualismus und Volkstümlichkeit*. In: *Studien zum Menschenbild in Gnosis und Manichäismus*. Ed. P. NAGEL (cf. 1979/80, 166) 31–44

2609 COLPE, CARSTEN *Irans Anteil an Entstehung und Ausgang des antiken Synkretismus*. In: *Altes Testament, Judentum, Gnosis* . . . (cf. 1979/80, 81) 327–364

2610 CORBIN, HENRY *L'élément dramatique commun aux cosmogonies gnostiques des religions du Livre*. In: *Les yeux de chair* . . . (cf. 1979/80, 181) 141–174

2611 CULIANU, I. P. *Erzählung und Mythos im Lied von der Perle* – Kairos 21 (1979) 60–71

2612 DASSMANN, ERNST *Paulus in der Gnosis* – JAC 22 (1979) 123–138

2613 DEHANDSCHUTTER, B. *La parabole de la perle (Mt 13, 45–46) et l'Évangile selon Thomas* – EThL 55 (1979) 243–265

[1837] DONOVAN, M. A.: Irenaeus Lugdunensis

2614 DUMMER, J. *Die Gnostiker im Bilde ihrer Gegner*. In: *Studien zum Menschenbild in Gnosis und Manichäismus*. Ed. P. NAGEL (cf. 1979/80, 166) 241–251

2615 EMMEL, S. *A fragment of Nag Hammadi Codex III in the Beinecke library. Yale Inv. 1784* – BASR 17 (1980) 53–60

2616 ENGLEZAKIS, B. *Thomas, logion 30* – NTS 25 (1979) 262–272

2617 FALLON, F. T. *The Gnostics; the undominated race* – NovTest 21 (1979) 271–288

2618 FENDT, LEONHARD *Gnostische Mysterien: ein Beitrag zur Geschichte des christlichen Gottesdienstes* [Nachdruck der Ausgabe München 1922]. München: Arbeitsgemeinschaft für Religions- und Weltanschauungsfragen 1980. 89 pp.

2619 FREDOUILLE, J. C. *Points de vue gnostiques sur la religion et la philosophie païennes* — REA 26 (1980) 207—213

2620 FREDRIKSEN, P. *Hysteria and the gnostic myths of creation* — VigChr 33 (1979) 287—290

2621 GARCÍA BAZÁN, F. *San Pablo y el problema de la gnosis* — RaBi 41 (1979) 109—128

2622 GARCÍA BAZÁN, FRANCISCO *Plotino y la Gnosis. Un nuevo capítulo en la historia de las relaciones entre el helenismo y el judeo-cristianismo* [Estudios gnósticos y neoplatónicos]. Buenos Aires: FECYC 1980. 368 pp.

2623 GARCÍA BAZÁN, FRANCISCO *Temas pregnósticos en el Evangelio de San Juan* — RaBi 42 (1980)

2624 GARCÍA BAZÁN, FRANCISCO *Resurrección, persecución y martirio según los gnósticos* — RaBi 42 (1980) 31—41

2625 GARCÍA BAZÁN, F. *Sobre la noción de epinoiai en Eneada II, 9 (33), 2, 1* — CFilos 17 (1977) 83—94

2626 GERLEMAN, G. *Bemerkungen zum Brautlied der Thomasakten* — ASTI 9 (1973) 14—22

2627 *Gnosticisme et monde hellénistique. Les objectifs du Colloque de Louvain-la-Neuve* ⟨11—14 mars 1980⟩. Travaux préparatoires prés. par JULIEN RIES et JEAN-MARIE SEVRIN. Louvain-la-Neuve: Inst. Orientaliste 1980. 149 pp.

[1024] GRANT, R. M.: Basilides Gnosticus

2628 GRESE, WILLIAM C. *Corpus Hermeticum XIII and early Christian literature* [Studia ad Corpus Hellenisticum Novi Testamenti 5]. Leiden: Brill 1979. XIII, 228 pp.

2629 HAARDT, ROBERT *Schöpfer und Schöpfung in der Gnosis.* In: *Altes Testament, Judentum, Gnosis* . . . (cf. 1979/80, 81) 37—49

[2318] HEDRICK, CH. W.: Pachomius

2630 HENRICHS, A. *Thou shalt not kill a tree. Greek, Manichaean and Indian tales* — BASP 16 (1979) 85—108

2631 HENRICHS, A.; KOENEN, L. *Berichtigungen (zu Der Kölner Mani-Kodex, ZPE 32, 1978, 78ff.)* — ZPE 34 (1979) 26

2632 HORMAN, J. *The source of the version of the parable of the sower in the Gospel of Thomas* — NovTest 21 (1979) 326—343

2633 JANSSENS, Y. *Apocalypses de Nag Hammadi.* In: *L'Apocalypse johannique* . . . (cf. 1979/80, 84) 69—75

2634 JONAS, H. *La religion gnostique* [Idées et Rech.]. Paris: Flammarion 1978. 506 pp.

[562] KAESTLI, J. D.: Apocrypha

2635 KALINKOWSKI, ST.; MYSZOR, W. *Herakleon, Fragmenty (= Fragmente, Einleitung, Übersetzung und Kommentar)* – STV 18 (1980) 265–298

2636 KIRCHNER, D. *Zum Menschenbild in der Epistula Jacobi apokrypha.* In: *Studien zum Menschenbild in Gnosis und Manichäismus.* Ed. P. NAGEL (cf. 1979/80, 166) 139–145

2637 KOSCHORKE, K. *Eine gnostische Paraphase des johanneischen Prologs. Zur Interpretation von Epistula Petri ad Philippum (NHC 7,2) 136,16–137,4* – VigChr 33 (1979) 383–392

2638 KOSCHORKE, KLAUS *Eine neugefundene gnostische Gemeindeordnung. Zum Thema Geist und Amt im frühen Christentum* – ZThK 76 (1979) 30–60

2639 LINDEMANN, A. *Zur Gleichnisinterpretation im Thomas-Evangelium* – ZNW 71 (1980) 214–243

[2758] MACDONALD, D. R.: Specialia in Novum Testamentum

2640 MAGNE, J. *Ouverture des yeux, connaissance et nudité dans les récits gnostiques du paradis* – VigChr 34 (1980) 288–301

2641 MAIER, JOHANN *Jüdische Faktoren bei der Entstehung der Gnosis?* In: *Altes Testament, Judentum, Gnosis* ... (cf. 1979/80, 81) 230–261

[20] MANTOVANI, G.: Historia patrologiae

[360] MATERN, G.: Opera ad historiam

2642 MÉNARD, J. E. *Trente ans après Nag Hammadi. Une première tentative de synthèse sur la gnose et le gnosticisme* – ReSR 54 (1980) 74–77

2643 MÉNARD, J. E. *La fonction sotériologique de la mémoire chez les gnostiques* – ReSR 54 (1980) 298–310

2644 MÉNARD, JACQUES E. *Beziehungen des Philippus- und des Thomas-Evangeliums zur syrischen Welt.* In: *Altes Testament, Judentum, Gnosis* ... (cf. 1979/80, 81) 317–327

2645 MONTSERRAT TORRENS, JOSÉ *El universo masculino de los Naasenos* – Faventia 2 (1980) 7–13

2646 MYSZOR, W. *Corpus Hermeticum XIII* – STV 17 (1979) 245–256

2647 MYSZOR, W. *Le paradis perdu et retrouvé dans le Tractatus Tripartitus de Nag Hammadi* – Folia Orientalia 21 (1980) 149–160

2648 MYSZOR, W. *Jedność i rozłam (Unité et division)* – AtKap 71/ T. 92 (1979) 252–263

2649 NAGEL, P. *Anatomie des Menschen in gnostischer und manichäischer Sicht.* In: *Studien zum Menschenbild in Gnosis und Manichäismus.* Ed. P. NAGEL (cf. 1979/80, 166) 67–94

2650 NAGEL, PETER *Die Auslegung der Paradieserzählung in der Gnosis.* In: *Altes Testament, Judentum, Gnosis* ... (cf. 1979/80, 81) 49–71

2651 NEVEROV, O. JA. *Gnostic gems and amulets from Southern USSR* − VDI 147 (1979) 95−103

[1843] NORRIS, R.: Irenaeus

2652 OERTIR, W. B. *Manichäische Frömmigkeit und Heilserwartung am Beispiel des 16. Thomaspsalms.* In: *Studien zum Menschenbild in Gnosis und Manichäismus* (cf. 1979/80, 166) 181−189

[516] OLIVAR, A.: Palaeographica atque manuscripta

2653 ORBE, A. *Adversarios anónimos de la «Salus Carnis» (Iren. adv. haer. V, 2, 2s)* − Greg 60 (1979) 9−53

2654 ORLANDI, T. *Plotino e l'ambiente dei trattati di Nag Hammadi* − RAL 24 (1979) 15−25

2655 PAGELS, E. *The discovery of the Gnostic gospels* − NYRB 26 (1979) N° 16, 32−38

2656 PAGELS, E. *The threat of the gnostics* − NYRB 26 (1979) N° 17, 37−45

2657 PAGELS, E. *The defeat of the gnostics* − NYRB 26 (1979) N° 19, 43−52

2658 PAGELS, E. *The suppressed gnostic feminism* − NYRB 26 (1979) N° 18, 42−49

2659 PAGELS, ELAINE *The gnostic Gospels.* New York: Random House 1979. XXXVI, 182 pp.

2660 PEARSON, BIRGER A. *Gnostic Interpretation of the Old Testament in the Testament of Truth* − HThR 73 (1980) 311−319

2661 PEEL, M. L. *The Descensus ad Inferos in the Teachings of Silvanus (CG VII, 4)* − Numen 26 (1979) 23−49

2662 PERKINS, PHEME *The Gnostic Dialogue; The Early Church and the Crisis of Gnosticism.* New York: Paulist 1980. XII, 239 pp.

2663 PERKINS, P. *On the origin of the world (CG II, 5). A gnostic physics* − VigChr 34 (1980) 36−46

2664 PÉTREMENT, SIMONE *Sur le problème du gnosticisme* − RMM 85 (1980) 145−177

2665 POKORNÝ, P. *Über die sog. individuelle Eschatologie der Gnosis.* In: *Studien zum Menschenbild in Gnosis und Manichäismus.* Ed. P. NAGEL (cf. 1979/80, 166) 127−137

2666 PUECH, HENRY-CHARLES *El maniqueismo* [Historia de las Religiones, 6: Las Religiones en el mundo mediterráneo y en Oriente Próximo, II]. México/Madrid: Ed. Siglo XXI 1979. 194−338

2667 PUECH, H. CH. *Sur le Manichéisme et autres essais.* Paris: Flammarion 1979. VIII, 510 pp.

2668 PUECH, H. CH. *La conception manichéenne du salut.* In: *Sur le Manichéisme et autres essais* (cf. 1979/80, 2667) 5−101

2669 PUECH, H. CH. *Le prince des ténèbres et son royaume.* In: *Sur le Manichéisme et autres essais* (cf. 1979/80, 2667) 103−151

2670 PUECH, H. CH. *Péché et confession dans le Manichéisme.* In: *Sur le Manichéisme et autres essais* (cf. 1979/80, 2667) 169—178

2671 PUECH, H. CH. *Liturgie et pratiques dans le Manichéisme (Collège de France, 1952—1972).* In: *Sur le Manichéisme et autres essais* (cf. 1979/80, 2667) 235—394

2672 PRZYBYLSKI, B. *The role of calendrical data in Gnostic literature* — VigChr 34 (1980) 56—70

[153] *The rediscovery of gnosticism . . .:* Collectanea et miscellanea

2673 RIES, J. *Théologie solaire manichéenne et culte de Mithra.* In: *Mysteria Mithrae . . .* (cf. 1979/80, 142) 761—775

2674 ROSE, EUGEN *Die manichäische Christologie* [Studies in oriental religions 5]. Wiesbaden: Harrassowitz 1979. XII, 199 pp.

2675 ROSE, EUGEN *Die manichäische Christologie* — ZRGG 32 (1980) 219—231

2676 RUDOLPH, K. *Zur Soziologie, sozialen Verortung und Rolle der Gnosis in der Spätantike.* In: *Studien zum Menschenbild in Gnosis und Manichäismus.* Ed. P. NAGEL (cf. 1979/80, 166) 19—29

2677 RUDOLPH, K. *Gnosis. Weltreligion oder Sekte. Zur Problematik sachgemäßer Terminologie in der Religionswissenschaft* — Kairos 21 (1979) 255—263

2678 RUDOLPH, KURT *Sophia und Gnosis.* In: *Altes Testament, Judentum, Gnosis . . .* (cf. 1979/80, 81) 221—230

2679 SAMEK, EMMANUELE *El modelo gnóstico como modelo explicativo del feminismo.* In: *Etica y Teología ante la crisis contemporánea* (1979/80, 110) 419—428

2680 SCHENK, WOLFGANG *Textverarbeitung in Frühjudentum, Frühkirche und Gnosis.* In: *Altes Testament, Judentum, Gnosis . . .* (cf. 1979/80, 81) 299—317

2681 SCHENKE, G. *Anthropologische Implikationen der Erlösungsvorstellung in der Schrift Die dreigestaltige Protennoia (NHC XIII).* In: *Studien zum Menschenbild in Gnosis und Manichäismus.* Ed. P. NAGEL (cf. 1979/80, 166) 173—179

2682 SCHENKE, HANS-MARTIN *Die jüdische Melchisedek-Gestalt als Thema der Gnosis.* In: *Altes Testament, Judentum, Gnosis* (cf. 1979/80, 81) 111—137

[70] SCHOLER, D. M.: Bibliographica

[71] SCHOLER, D. M.: Bibliographica

2683 SCHWEIZER, EDUARD *Neutestamentliche Christologie und gnostischer Erlösermythos.* In: *Unterwegs zur Einheit* (cf. 1979/80, 176) 215—224

2684 SCOPELLO, M. *The Apocalypse of Zostrianos (Nag Hammadi VIII, 1) and the Book of the secrets of Enoch* — VigChr 34 (1980) 376—385

2685 SCOPELLO, M. *Le mythe de la chute des anges dans l'Apocryphon de Jean (II, 1) de Nag Hammadi* — ReSR 54 (1980) 220—230

2686 SÉD, N. *Les douze hebdomades, le char de Sabaoth et les soixante-douze langues* — NovTest 21 (1979) 156—186

2687 SELL, J. *Simon Peter's confession and the Acts of Peter and the twelve apostles* — NovTest 21 (1979) 344—356

2688 SELL, J. *A note on a striking Johannine motif found at CG VI, 6, 19* — NovTest 20 (1978) 232—240

2689 SIDOROV, A. I. *Plotin et les gnostiques* — VDI N° 147 (1979) 54—70

2690 SIDOROV, A. I. *Neoplatonism and manichaeism* [en russe, rés. en angl.] — VDI 153 (1980) 44—63

2691 SIEGERT, F. *Selbstbezeichnungen der Gnostiker in den Nag-Hammadi-Texten* — ZNW 71 (1980) 129—132

2692 STICHEL, RAINER, *Die Namen Noes, seines Bruders und seiner Frau. Ein Beitrag zum Nachleben jüdischer Überlieferungen in der außerkanonischen und gnostischen Literatur und in Denkmälern der Kunst* [Abh. Akad. der Wiss. in Göttingen, phil.-hist. Kl. 3. F. 112]. Göttingen: Vandenhoeck und Ruprecht 1979. 139 pp.

2693 STRECKER, GEORG *Judenchristentum und Gnosis.* In: *Altes Testament, Judentum, Gnosis* . . . cf. 1979/80, 81) 261—283

2694 STROUMSA, G. G. *The Gnostic temptation. Review article* — Numen 27 (1980) 278—286

[166] *Studien zum Menschenbild:* Collectanea et miscellanea

2695 SUNDERMANN, W. *Zum sogdischen Mithra.* In: *Mysteria Mithrae* . . . (cf. 1979/80, 142) 723

2696 SZABÓ, ANDOR *Die Engelvorstellung vom Alten Testament bis zur Gnosis.* In: *Altes Testament, Judentum, Gnosis* . . . (cf. 1979/80, 81) 143—155

2697 TARDIEU, M. *Étude du codex Askewianus, II* — AEHESR 87 (1978/79) 311—314

2698 TARDIEU, M. *Étude de la cosmogonie manichéenne, II* — AEHESR 87 (1978/79) 314—315

2699 TARDIEU, M. *Le Livre des secrets de Jean* — AEHESR 88 (1979/80) 347—349; 89 (1980/81) 451—454

2700 THOMASSEN, E. *The structure of the transcendent world in the Tripartite Tractate (NHC 1, 5)* — VigChr 34 (1980) 358—375

2701 TREVIJANO ETCHEVERRÍA, RAMON *Gnosticismo y hermeneútica (Evangelio de Tomás, logion 1)* — Salmant 26 (1979) 51—74

2702 TRÖGER, K. W. *Moral in der Gnosis.* In: *Studien zum Menschenbild in Gnosis und Manichäismus.* Ed. O. NAGEL (cf. 1979/80, 166) 95—106

2703 TRÖGER, K. W. *Gnoza hermetyczna (= Die hermetische Gnosis)* — Studia Religionawcze 16 (1980) 165—190

2704 TRÖGER, KARL-WOLFGANG *Gnosis und Judentum*. In: *Altes Testament, Judentum, Gnosis* . . . (cf. 1979/80, 81) 155—169

2705 TRÖGER, KARL-WOLFGANG *Zum gegenwärtigen Stand der Gnosis- und Nag-Hammadi-Forschung*. In: *Altes Testament, Frühjudentum, Gnosis* . . . (cf. 1979/80, 81) 11—37

2706 ТРОФИМОВА, М. К. Историко-философскйе вопросы гностицисма *(= The historical-philosophical problems of gnosticism)*. Москва: Наука 1979. 216cc.

2707 TROFIMOVA, M. K. *Sur la traduction des manuscrits de Nag Hammadi [en russe]*. In: *Problèmes d'histoire et de culture antique. Actes de la XIVe Conférence internationale Eirene des spécialistes de l'antiquité dans les pays socialistes I* (cf. 1979/80, 152) 286—293

2708 TURCAN, R. *Ulysse et les prétendus prétendants* — JAC 22 (1979) 161—174

2709 TURNER, J. D. *The Gnostic threefold path to enlightenment. The ascend of mind and the descent of wisdom* — NovTest 22 (1980) 324—351

2710 ULLMANN, W. *Bild- und Menschenbildterminologie in koptisch-gnostischen Texten*. In: *Studien zum Menschenbild in Gnosis und Manichäismus*. Ed. P. NAGEL (cf. 1979/80, 166) 45—54

2711 ULLMANN, WOLFGANG *Apokalyptik und Magie im gnostischen Mythos*. In: *Altes Testament, Judentum, Gnosis* . . . (cf. 1979/80, 81) 169—193

2712 VIEILLARD-BARON, JEAN-LOUIS *De la philosophie de la nature comme vision gnostique du monde*. In: *Les yeux de chair* . . . (cf. 1979/80, 181) 175—186

2713 WEISS, HANS-FRIEDRICH *Das Gesetz in der Gnosis*. In: *Altes Testament, Judentum, Gnosis* . . . (cf. 1979/80, 81) 71—89

[1413] WENGST, K.: Ad Diognetum

[2252] WHITTAKER, J.: Valentius Gnosticus

2714 WISSE, F. *Textual restorations in "On the origin of the world" (CG II, 5)* — BASP 17 (1980) 87—91

2715 WISSE, F. Language mysticism in the Nag Hammadi texts and in the early Coptic monasticism, I: Cryptography — Enchoria 9 (1979) 101—120

2716 ZANDEE, J. *L'Authentikos logos* — BiblOr 35 (1978) 3—21

VIII. PATRUM EXEGESIS VETERIS ET NOVI TESTAMENTI

1. Generalia

2717 ALAND, KURT *Methodische Bemerkungen zum Corpus Paulinum bei den Kirchenvätern des zweiten Jahrhunderts.* In: *Kerygma und Logos. Festschrift für Carl Andresen zum 70. Geburtstag* (cf. 1979/80, 132) 29—48

[2422] ANDRESEN, C.: Iuridica

[1654] ARTEAGA FELDUERA, C.: Hieronymus

[790] AVILES, M.: Augustinus

2718 COLOMBÁS, GARCÍA M. *La lectura de Dios. Aproximación a la lectio divina* [Espiritualidad monástica 6]. Zamora: Ediciones Monte Casino 1980. 101 pp.

[1309] DRĄCZKOWSKI, F.: Clemens Alexandrinus

2719 DUNGEY, K. R. *Christian hermeneutic styles* [Diss. Stanford Univ.]. Paolo Alto: Calif. 1980. 380 pp.

2720 ECKMANN, A. *Pismo święte w życiu i nauczaniu Ojców Kościoła (= L'Ecriture sainte dans la vie ainsi que dans l'enseignement des Pères de l'Eglise)* — AtKap 71/92 (1979) 201—212

2721 GALITIS, GEORG *Apophatismus als Prinzip der Schriftauslegung bei den griechischen Kirchenvätern* — EvTh 40 (1980) 25—40

[1668] JAY, P.: Hieronymus

2722 KRIKONIS, C. T. *Περὶ ἑρμηνευτικῶν σειρῶν (Catena)* — Byzantina 8 (1976) 89—139

2723 LAUBE-PRZYGODDA, G. *Das alttestamentliche und neutestamentliche Gotteslob in der Rezeption durch die christlichen Autoren des 2. bis 11. Jahrhunderts* [Kölner Beitr. zur Musikforschung 106]. Regensburg: Bosse 1980. 363 pp.

[900] LUIS VIZCAINO, P. DE: Augustinus

2724 MARGERIE, BERTRAND DE *Why not read the Holy Scriptures with the help of the Fathers of the Church?* — Horizontes 23 (1980) 81—86

[1795] MICLE, V.: Iohannes Chrysostomus

[1672] MILLER, J. M.: Hieronymus

[1889] OTRANTO, G.: Iustinus Martyr

2725 SCHÄFER, ROLF *Die Bibelauslegung in der Geschichte der Kirche.*
Gütersloh: Mohn 1980. 153 pp.
2726 STAROWIEYSKI, M. *Ojcowie Żywi III (= Die lebendigen Väter III).*
Kryków: Znak 1980. 433 pp.
[2040] TREVIJANO ETCHEVERRÍA, R.: Origenes

2. *Specialia in Vetus Testamentum*

2727 ARMSTRONG, G. T. *The cross in the Old Testament according to
Athanasius, Cyril of Jerusalem and the Cappadocian Fathers.* In:
*Theologia crucis, signum crucis. Festschrift für Erich Dinkler zum
70. Geburtstag* (cf. 1979/80, 172) 17—38
[673] BERTON, R.: Ambrosius
2728 *La figure de Moise. Écriture et relectures.* Éd. par R. MARTIN-
ACHARD [Publ. Fac. théol. Univ. Genève 1]. Genève: Labor et Fides
1978. 161 pp.
[849] FREDRIKSEN, P. L.: Augustinus
[685] GRANADO BELLIDO, C.: Ambrosius
[686] GRANADO BELLIDO, C.: Ambrosius
[1894] SINISCALCO, P.: Iustinus Martyr
2729 VAIR, R. J. *The old testament promise of the land as reinterpreted
in first and second century Christian literature* [Diss. Graduate
Theol. Union]. Berkeley, California: 1979. 305 pp.
[1853] VOGT, H. J.: Irenaeus
2730 WILLIS, G. G. *Melchisedech, the Priest of the Most High God* –
DR 96 (1978) 267—280

Genesis

[239] *Targum du Pentateuque I:* Subsidia

Gen 2

2731 GRIMM, R. R. *Paradisus coelestis, paradisus terrestris. Auslegungsgeschichte des Paradieses im Abendland bis um 1200.* München:
Fink 1977. 192 pp.

Gen 5—9

[2692] STICHEL, R.: Gnostica

Exodus

2732 LANGEWELLPOTT, W. *Untersuchungen zur Geschichte der lateini-schen Exodusauslegung des Abendlandes, I: Vom vierten Jahr-hundert bis zu den Kommentaren der Ordenstheologen um 1200.*
Zürich: Diss. theol. 1977. VIII, 268 pp.
[240] *Targum du Pentateuque II:* Subsidia

Leviticus

[240] *Targum du Pentateuque II:* Subsidia

Numeri

[241] *Targum du Pentateuque III:* Subsidia

Deuteronomium

[242] *Targum du Pentateuque IV:* Subsidia

Dt 21, 23

[1896] UNNIK, W. C. VAN: Iustinus Martyr

I Regum

I Regum 21

[674] BOHLEN, R.: Ambrosius

I Samuel

I Sam 28

2733 SMELIK, K. A. D. *The witch of Endor. 1 Samuel 28 in rabbinic and christian exegesis till 800 A.D.* — VigChr 33 (1979) 160—179

Psalmi

[782] AGUER, H.: Augustinus
[895] LERENA, J.: Augustinus

Ps 61

2734 VILLEGAS MATHIEU, BELTRAN *Cuatro Padres ante un Salmo. El Salmo 61 comentado por Hilario, Ambrosio, Jerónimo y Agustín.*

Una contribución al estudio de la interpretación cristiana de los Salmos en la tradición latina — TyV 20 (1979) 63—75

Ps 64, 9

[1695] DOIGNON, J.: Hilarius Pictaviensis

Ps 67, 14

[1485] CURTI, C.: Eusebius Caesariensis

Ps 88, 21

2735 PROULX, P.; O'CALLAGHAN, J. *La lectura del salmo 88, 21 b (LXX) en 1 Clem 18, 1* — Bibl 61 (1980) 92—101

Proverbia

Pr 9, 1—6

[1367] MARA, M. G.: Cyprianus Carthaginiensis

Ecclesiastes

2736 LABATE, A. *La catena sull'Ecclesiaste del cod. Barb. Gr. 388* — AugR 19 (1979) 333—339
2737 LUCÀ. S. *Gli scolii sull'Ecclesiaste del Vaticelliano greco E 21* — AugR 19 (1979) 287—296
[1977] LUCÀ, S.: Nilus Ancyranus
[1978] LUCÀ, S.: Nilus Ancyranus

Eccl 42, 14

2738 ARDUINI, M. L. *Il tema vir e mulier nell'esegesi patristica e medievale di Eccli. XLII, 14. A proposito di una interpretazione di Ruperto di Deutz* — Aevum 54 (1980) 315—330

Canticum Canticorum

[2024] KIMELMAN, R.: Origenes
[2175] PALACIOS MARTIN, A.: Taio Caesaraugustanus
[697] PALLA, R.: Ambrosius

Zacharias

Zach 6, 12

2739 SAVON, H. *Zacharie 6,12 et les justifications patristiques de la prière vers l'orient* — AugR 20 (1980) 319—333

Isaias

Is 2, 4

2740 SIMONETTI, M. *La spada e l'aratro. Una nota sull'interpretazione patristica di Isaia 2,4* — Lateranum 44 (1978) 411—424

3. *Specialia in Novum Testamentum*

2741 BEYSCHLAG, K. *Zur Geschichte der Bergpredigt in der Alten Kirche.* In: *Evangelium als Schicksal* (cf. 1979/80, 94) 77—92
2742 DASSMANN, ERNST *Der Stachel im Fleisch. Paulus in der frühchristlichen Literatur bis Irenäus.* Münster: Aschendorff 1979. XII, 335 pp.
[2612] DASSMANN, E.: Gnostica
 [687] GRANADO BELLIDO, C.: Ambrosius
2743 LINDEMANN, ANDREAS *Paulus im ältesten Christentum. Das Bild des Apostels und die Rezeption der paulinischen Literatur in der frühchristlichen Literatur bis Marcion* [BHTh 58]. Tübingen: Mohr 1979. X, 449 pp.
[1948] LOHSE, B.: Marius Victorinus

Evangelium secundum Matthaeum

Mt 2

[2251] ROMERO POSE, E.: Tyconius

Mt 5, 3—9

2744 MELONI, P. *Beati gli affamati e assetati di giustizia. L'interpretazione patristica* — Sandalion 2 (1979) 143—219
2745 MELONI, P. *Beati i perseguitati per la giustizia. L'interpretazione patristica* — Sandalion 3 (1980) 191—250
2746 SANCHO ANDREU, JAIME *«Fide divitis». Bienaventurados los pobres de espíritu en la interpretación de los Santos Padres, hasta Orígenes* — AnVal 5 (1979) 311—349

Mt 6, 9–13

2747 CORAVU, DUMITRU Ἡ Κυριακή Προσευχή. Φιλολογική ἱστορικο-
θεολογική καὶ ἑρμηνευτική μελέτη. Ἀθῆναι: 1979. 42, 295 σσ.
2748 SABUGAL, SANTOS El « Padre nuestro »: tradición literaria y comen-
tarios patrísticos – RAgEsp 21 (1980) 47–72

Mt 11, 3

2749 SIMONETTI, M. Praecursor ad inferos. Una nota sull'interpretazione patristica di Matteo 11, 3 – AugR 20 (1980) 367–382

Mt 13, 3 sequ.

2750 HEUBERGER, JOSEF Sämann und Gottes Wort. Beitrag zu einer
Geschichte der Auslegung des Sämannsgleichnisses in der griechi-
schen Patristik [Dissertationen der Universität Graz 49]. Graz:
Dbv-Verlag f. d. Techn. Univ. 1980. 369 pp.

Mt 13, 33

[708] POLLASTRI, A.: Pseudo-Ambrosius

Mt 13, 45–46

[2613] DEHANDSCHUTTER, B.: Gnostica

Mt 17, 24–27

2751 WILHELMS, EINO Die Tempelsteuerperikope Matthäus 17,24–27
in der Exegese der griechischen Väter der Alten Kirche. Exkurs:
Hinweise auf die Tempelsteuerperikope bei syrischen Vätern [Suo-
men Eksegeettisen Seuran julkaisuja 34]. Helsinki: 1980. XV,
204 pp.

Mt 25, 31–46

2752 BRÄNDLE, RUDOLF Matth. 25,31–46 im Werk des Johannes Chrysostomos: ein Beitrag zur Auslegungsgeschichte und zur Erforschung der Ethik der griechischen Kirche um die Wende vom 4.
zum 5. Jahrhundert [Beiträge zur biblischen Exegese 22]. Tübingen:
Mohr 1979. VIII, 386 pp.
2753 BRÄNDLE, R. Zur Interpretation von Mt. 25,31–46 im Matthäus-
kommentar des Origenes – ThZ 36 (1980) 17–25

2754 Puzicha, Michaela *Christus peregrinus. Die Fremdenaufnahme (Mt 25,35) als Werk der privaten Wohltätigkeit im Urteil der Alten Kirche* [MBTh 47]. Münster: Aschendorff 1980. XII, 200 pp.

Evangelium secundum Marcum

Mc 4, 3 sequ.

[2750] Heuberger, J.: Specialia in Novum Testamentum

Mc 10, 29—30

2755 García Burillo, J. *El ciento por uno (mc 10,29—30 par.). Historia de las interpretaciones y exégesis* — EBib 36 (1977) 173—203

Evangelium secundum Lucam

Lc 6, 20—26

[2744] Meloni, P.: Specialia in Novum Testamentum
[2745] Meloni, P.: Specialia in Novum Testamentum

Lc 8, 4 sequ.

[2750] Heuberger, J.: Specialia in Novum Testamentum

Lc 11, 2

[2747] Coravu, D.: Specialia in Novum Testamentum

Lc 13, 21

[708] Pollastri, A.: Pseudo-Ambrosius

Evangelium secundum Ioannem

Io 1

2756 Dörrie, Heinrich *Der Prolog zum Evangelium nach Johannes im Verständnis der älteren Apologeten.* In: *Kerygma und Logos. Festschrift für Carl Andresen zum 70. Geburtstag* (cf. 1979/80, 132) 136—152
[2637] Koschorke, K.: Gnostica

Io 6

[856] GARRIDO SANZ, A.: Augustinus

Io 14, 28

[1062] CIGNELLI, L.: Basilius

Io 19, 25—27

[2552] PIESZCZOCH, S.: Mariologia

Acta Apostolorum

Ac 4, 32—35

[988] VERHEIJEN, L.: Augustinus

Ac 15, 1—29

[1839] FERRARESE, G.: Irenaeus

Ac 17, 28

[1693] DOIGNON, J.: Hilarius Pictaviensis
[1695] DOIGNON, J.: Hilarius Pictaviensis

Ac 17, 31

[2101] GRAFFIN, F.: Philoxenus Mabbugensis

Epistula ad Romanos

Rom 7

[787] ANZ, W.: Augustinus

Rom 11

[709] POLLASTRI, A.: Pseudo-Ambrosius

Rom 15, 11

[709] POLLASTRI, A.: Pseudo-Ambrosius

Epistula ad Corinthios I

I Cor 15, 12–20

2757 BUCHER, T. G. *Nochmals zur Beweisführung in 1. Korinther 15, 12–20* – ThZ 36 (1980) 129–152

I Cor 15, 25

[1691] DOIGNON, J.: Hilarius Pictaviensis

Epistula ad Corinthios II

II Cor 3, 18

[1690] DOIGNON, J.: Hilarius Pictaviensis

Epistula ad Galatas

Gal 2, 1–10

[1839] FERRARESE, G.: Irenaeus

Gal 3, 19–20

[709] POLLASTRI, A.: Pseudo-Ambrosius

Gal 3, 26–28

2758 MACDONALD, D. R. *There is no male and female. Galatians 3: 26–28 and Gnostic baptismal tradition* [Dissertation]. Harvard University 1978.

2759 MACDONALD, D. R. *There is no male and female. Galatians 3: 26–28 and Gnostic baptismal tradition* – HThR (summary) 71 (1978) 320

Epistula ad Colossenses

Col 1, 15

2760 CANTALAMESSA, R. *Cristo immagine di Dio. Le tradizioni patristiche su Colossesi I, 15* – RSLR 16 (1980) 181–212; 345–380

Epistula Iacobi

2761 GEOLTRAIN, P. *L'enseignement chrétien dans l'Eglise ancienne à propos de l'Epître de Jacques* – AEHESR 89 (1980/81) 433–434

Epistula Ioannis I

[791] BEER, F. DE: Augustinus

I Io 5, 6

[2477] CARMINATI, A.: Doctrina auctorum

Apocalypsis Ioannis

[83] *L'Apocalypse de Jean:* Collectanea et miscellanea
[84] *L'Apocalypse johannique* . . .: Collectanea et miscellanea
2762 STEINHAUSER, K. B.: *Bemerkungen zum pseudo-hieronymischen Commentatorium in Apocalypsin* — FZPT 26 (1979) 220—242

Apoc 4, 1

[2250] ROMERO POSE, E.: Tyconius
2763 SCHÜSSLER FIORENZA, E. *Apokalypsis and Propheteia. The Book of Revelation in the Context of Early Christian Prophecy.* In: *L'Apocalypse johannique* . . . (cf. 1979/80, 84) 105—128

Apoc 12, 12

2764 ROMERO POSE, EUGENIO *La Iglesia y la Mujer del Apoc. 12 (Exégesis Ticoniana del Apoc. 12,12)* — Compostellanum 24 (1979) 293—307

IX. RECENSIONES

R 1 *Acta S. Maximiliani Martyris* ed. E. DI LORENZO (1975/76, 2492): Latomus 38 (1979) 248 = Fontaine, J.

R 2 *Actes du XVe Congrès international* ... ed. J. BINGEN; G. NACHTERGAEL (1979/80, 79): StPap 19 (1980) 130−131 = O'Callaghan

R 3 ALDAZABAL, J. (1975/76, 2523): BLE 80 (1979) 142−144 = Cabié, R.

R 4 ALICI, L. (1975/76, 986): Augustinus 24 (1979) 402−405 = Capánaga, V.; Oroz Reta, J.

R 5 ALTANER, B.; STUIBER, A. (1977/78, 41): REA 25 (1979) 368 = Brix − ArGran 43 (1980) 352−353 = Segovia, A. − ThPh 55 (1980) 590 = Sieben

R 6 *Alte Kirche* ed. A. M. RITTER (1977/78, 213): RSLR 16 (1980) 146−147 = Bolgiani − ThLZ 105 (1980) 434−435 = Haendler

R 7 ALTERMATH, F. (1977/78, 2943): BTAM 12 (1979) 398 = Winandy − Augustinus 24 (1979) 103 = Capánaga − JBL 98 (1979) 455−456 = Fahey − StMon 22 (1980) 369 = Rosés

R 8 ALVES DE SOUSA, P. G. (1975/76, 1844): MCom 37 (1979) 104 = Valero, J. B.

R 9 *Ambrosius* (1977/78, 800): ScTh 11 (1979) 365−366 = Ramos-Lisson, D.

R 10 *Ambrosius* ed. G. BANTERLE (1977/78, 801): BTAM 12 (1979) 413 = Mathon − StPad 25 (1978) 638−641 = Corsato

R 11 *Ambrosius* ed. G. COPPA (1977/78, 800): CC 103,2 (1979) 615 = Ferrua, A. − AugR 19 (1979) 374−377 = Nazarro − Latinitas 26 (1978) 320−321 = Egger

R 12 *Ambrosius* ed. M. L. DANIELI (1979/80, 665a): Salesianum 37 (1975) 171 = Riggi

R 13 *Ambrosius* ed. P. HADOT; M. CORDIER (1977/78, 798): VigChr 33 (1979) 198−200 = den Boeft − BLE 89 (1979) 123−124 = Crouzel, H. − EE 54 (1979) 399 = de Aldama − AugR 24 (1979) 105 = Oroz − Prometheus 5 (1979) 287 = Nardi − Latomus 38 (1979) 706−708 = Duval − ACI 48 (1979) 329 = Verheijen − RHR (1979) 214 = Nautin − RBPh 57 (1979) 447 = de Decker − RThPh 112 (1980) 200−201 = Junod

R 14 *Ambrosius* ed. M. G. MARA (1975/76, 817): RFC 106 (1978) 460–462 = Fogazza – AtRc 25 (1980) 92–94 = Tandoi

R 15 *Amphilochius Iconiensis* ed. C. DATEMA (1977/78, 849): RHE 75 (1980) 101–104 = Dumortier – REB 38 (1980) 291 = Darrouzès – JOBG 29 (1980) 372–373 = Kertsch – ThST 40 (1979) 788– 789 = Burghardt – Prometheus 6 (1980) 191 = Nardi – VigChr 33 (1979) 411–412 = van Winden – RThAM 46 (1979) 238 = Petit – NRTh 101 (1979) 755 = Martin

R 16 ANDEL, G. K. VAN (1975/76, 2292): RFC 106 (1978) 462–464 = Simonetti – Gn 51 (1979) 615–617 = Herding – REAnc 80 (1978) 168–189 = Courcelle

R 17 *Pseudo-Andreas Cretensis* ed. J. NORET (1979/80, 715): Aevum 54 (1980) 352–353 = Visonà – BEC 138 (1980) 153 = Dubois

R 18 *Antonius* ed. A. LOUF (1977/78, 864): – Irénikon 52 (1979) 590 = P. M.

R 19 *Apophthegmata Patrum* ed. L. MORTARI (1975/76, 899): EF 80 (1979) 155–156 = Rebull, N.

R 20 ARCHI, G. G. (1978/79, 1918): REDC 35 (1979) 633–635 = García Sánchez, J.

R 21 ARIAS GOMEZ, J. (1975/76, 2690): Broteria 109 (1979) 578 = Leite, A.

R 22 ARMSTRONG, A. H. (1979/80, 85): JThS 31 (1980) 613–615 = Macleod, C. W.

R 23 ARNOLD-DOEBEN, V. (1977/78, 2746): ZRGG 32 (1980) 270– 271 = Oerter

R 24 ASCHOFF, D. (1975/76, 885): REA 25 (1979) 375–377 = Brix

R 25 ASSENDELFT, M. M. VAN (1975/76, 2228): Augustinus 24 (1979) 454 = Oroz – CR 29 (1979) 226–228 = Hall – Gn 51 (1979) 136–144 = Gnilka – Mn 33 (1980) 443–444 = Thierry – Latomus 39 (1980) 452–453 = Doignon

R 26 ASSFALG, J.; KRUEGER, P. (1975/76, 239): AKG 59 (1977) 496– 498 = von den Brincken

R 27 *Athanasius* ed. G. J. M. BARTELINK; CH. MOHRMANN; P. CITATI; S. LILLA (1973/74, 708): AteRo 24 (1979) 84–90 = Tandoi, V.

R 28 *Athanasius* éd. P. TH. CAMELOT (1977/78, 900): OrChrP 45 (1979) 481–483 = Meredith – RThPh 111 (1979) 424 = Junod – RHR 196 (1979) 99 = Nautin – BLE 80 (1979) 231 = Crouzel

R 29 *Athanasius* ed. CH. KANNENGIESSER (1973/74, 705): JThS 31 (1980) 378–390 = Stead – ScTh 12 (1980) 631–635 = Basevi, C.

R 30 *Athanasius* ed. B. LAVAUD (1979/80; 731): StMon 22 (1980) 159 = Badia

R 31 *Athanasius* ed. G. M. VIAN (1977/78, 903): RBen 89 (1979) 336 = Bogaert – AB 97 (1979) 449 = Halkin – OstkiSt 29 (1980) 60 = Tretter – ThPh 54 (1980) 278 = Sieben

R 32 *Atti del IX Congresso* ... (1979/80, 87): VetChr 16 (1979) 141 – 149 = Perraymond

R 33 Aubineau, M. (1977/78, 1671): EE 54 (1979) 400 – 402 = Aldama, J. A. de – Aevum 54 (1980) 191 – 193 = Pizzolato – RPh 53 (1979) 162 – 163 = Gouillard

R 34 Auf der Maur, H. J. (1977/78, 820): RHR (1979) = Nautin

R 35 *Augustinus* (1977/78, 938): REA 25 (1979) 308 = Madec

R 36 *Augustinus* (1977/78, 939, 940): REA 25 (1979) 316 = Folliet

R 37 *Augustinus* (1977/78, 941): REDC 36 (1980) 603 – 604 = Echeverría, L. de

R 38 *Augustinus* (1979/80, 778): Augustinus 24 (1979) 99 = Capánaga

R 39 *Augustinus* ed. C. Basevi (1977/78, 943): Augustinus 24 (1979) 99 – 100 = Capánaga

R 40 *Augustinus* ed. M. F. Berrouard (1977/78, 929): BTh 12 (1979) 418 = Mathon – JThS 30 (1979) 567 = Bammel

R 41 *Augustinus* ed. V. Capágana (1979/80, 780): REA 25 (1979) 309 = Brix

R 42 *Augustinus* ed. A. Fingerle et alii (1977/78, 935): REA 25 (1979) 314 – 316 = Brix

R 43 *Augustinus* ed. S. Iodice (1979/80, 773): CC 131,4 (1980) 99 = Ferrua, A.

R 44 *Augustinus* ed. A. Landi; C. Borgogno (1979/80, 772): StPad 25 (1978) 641 – 642 = Corsato – REA 25 (1979) 313 = Madec

R 45 *Augustinus* ed. G. Madec (1975/76, 976): Latomus 38 (1979) 571 = Duval

R 46 *Augustinus* ed. M. Perrini (1977/78, 937): Augustinus 24 (1979) 406 – 408 = Capánaga; Oroz

R 47 *Augustinus* ed. J. Plagnieux; F. J. Thonnard (1975/76, 975): Greg 57 (1976) 771 – 772 = Pelland

R 48 Augustinus ed. S. Santa-Marta del Rio; M. Fuertes Lanero; V. Capánaga (1977/78, 945): REA 25 (1979) 312 = Brix

R 49 *Augustinus* ed. W. Thimme; C. Andresen (1977/78, 933/934): REA 25 (1979) 311 – 312 = Brix

R 50 *Augustinus* ed. C. W. Wolfskeel (1977/78, 932): Augustinus 24 (1979) 414 – 415 = Oroz – Latomus 38 (1979) 746 = Courcelle

R 51 *Ausonius* ed. S. Prete (1977/78, 1215): LFilol 103 (1980) 107 = Smatlak – Orpheus 1 (1980) 526 – 530 = Lind – Latomus 39 (1980) 900 – 901 = Tordeur – ACl 59 (1980) 420 = Verdière – Gn 42 (1980) 444 – 451 = Reeve – Maia 31 (1979) 283 – 284 = della Corte

R 52 Aymard, P. (1979/80, 1170): StMon 22 (1980) 349 = Pifarré

R 53 Aziza, C. (1977/78, 2227): BTAM 12 (1979) 408 = Winandy – RechSR 66 (1979) 383 – 385 = Paul – RThPh 111 (1979) 423 = Junod – NRTh 101 (1979) 770 = Martin – JRS 69 (1979) 192 –

194 = Rajak − RSLR 16 (1980) 148 = Frend − Helmántica 30 (1979) 184 = Urcelay, F. − JThS 30 (1979) 318−320 = Frend, W. H. C.

R 54 BACCHIOCHI, S. (1977/78, 2488): RThL 10 (1979) 95−96 = Houssiau − EThL 55 (1979) 211 − RHE 74 (1979) 555 = Gryson − SR 8 (1979) 353 = Sahas − JEH 30 (1979) 475−476 = Jasper − REDC 35 (1979) 230−231 = García y García, A. − JThS 31 (1980) 206 = Louth, A. − RechSR 68 (1980) 104 = Kannengiesser − ZKTh 102 (1980) 245−247 = Meyer − ZKG 91 (1980) 112−116 = Rordorf

R 55 BACQ, PH. (1979/80, 1830): Greg 61 (1980) 163 = Orbe − Antonianum 55 (1980) 515 = Galeano − JThS 31 (1980) 608−610 = Greer, R. A. − EE 54 (1979) 575−576 = Sans, I. M.

R 56 BAGATTI, B.; GARCIA, F. (1979/80, 550): NatGrac 27 (1980) 172 = Montero, D. − EJos 34 (1980) 113 = Carrasco, J. A.

R 57 BANK, J. H. VAN DE (1977/78, 1981): Irénikon 52 (1979) 428 = M. v. P. − NAK 58/59 (1978/79) 226−228 = C. d. B.

R 58 BARDY, G. (1975/76, 285): VetChr 16 (1979) 321 = Mazzola

R 59 *Barnabae Epistula* ed. F. SCORZA BARCELLONA (1975/76, 1298): VigChr 33 (1979) 184−186 = Bartelink − RSLR 15 (1979) 110−112 = Nardi − RechSR 66 (1978) 402 = Kannengiesser − Latomus 38 (1979) 311 = Joly

R 60 BASEVI, C. (1977/78, 943): Augustinus 24 (1979) 99−100 = Capánaga, V.

R 61 BASEVI, C. (1977/78, 960): RHE 74 (1979) 664 = Poque − BTAM 12 (1980) 557 = Mathon − RSLR 16 (1980) 149−150 = Pizzolato − BLE 80 (1979) 138 = Crouzel, H. − Ang 56 (1979) 124 = Salguero, J. − RET 37 (1977) 210 = Turrado − Salmant 26 (1979) 463 = Oroz Reta, J.

R 62 *Basilius Caesariensis* ed. U. NERI (1975/76, 1305): EtThR 53 (1978) 141 = Moda − Prometheus 5 (1979) 192 = Nardi − RThPh 111 (1979) 79−80 = Junod

R 63 BEATRICE, P. F. (1977/78, 964): RechSR 68 (1980) 108−109 = Kannengiesser − Greg 61 (1980) 144−146 = Alszeghiy − REA 26 (1980) 328 = Fredouille; 371 = Madec − BTAH 12 (1980) 558 = Mathon − BLE 81 (1980) 227 = Crouzel − ThLZ 105 (1980) 618 = Diesner − CC 130, 4 (1979) 307 = Ferrua, A. − BStudLat 9 (1979) 368 = Nazzaro

R 64 BECKER, A. (1977/78, 965): BTAM 12 (1979) 420−421 = Mathon

R 65 *Begegnung mit dem Wort* ed. J. ZMIJEWSKI; E. NELLESEN (1979/80, 92): BiZ 24 (1980) 272−274 = Ritt

R 66 *Benedictus Nursinus* ed. G. M. COLOMBÁS; I. ARANGUREN (1979/80, 1167): CD 193 (1980) 437−438 = Rubio − REDC 36 (1980) 631 = Echeverría − Manresa 52 (1980) 92−93 = Arza, A.

R 67 *Benedictus Nursinus* ed. R. HANSLIK et alii (1977/78, 1270): RBen
89 (1979) 12*−13* = Ledoyen − RHE 74 (1979) 60−63 = de
Vogüé

R 68 *Benedictus Nursinus* ed. B. STEIDLE (1975/76, 1343): RBen 89
(1979) 15* = Ledoyen

R 69 BERARDINO, A. DI (1977/78, 43): REA 25 (1979) 366−368 = Madec − CR 24 (1979) 341 = Chadwick − Greg 61 (1980) 170 =
Orbe − BTAM 12 (1980) 549 = Mathon − BLE 81 (1980) 214 =
Crouzel − TPh 42 (1980) 130 = Sonneville − Helmántica 31
(1980) 160 = Oroz − STh 11 (1979) 1173−1175 = Ramos-Lisson
− Burgense 20 (1979) 340−341 = Romero Pose − RC 26 (1980)
196−197 = Langa − REspir 38 (1979) 636 = Gaitán

R 70 BERCIANO, M. (1975/76, 1437): BLE 79 (1978) 53−54 = Crouzel

R 71 BETZ, J. (1979/80, 2366): ArGran 43 (1980) 358−359 = Segovia,
A. − ThLZ 105 (1980) 441−442 = Andersen

R 72 BIANCHI, U. (1977/78, 110): JThS 31 (1980) 196−199 = Frend,
W. H. C.

R 73 *Biblia patristica I* (1975/76, 219); *II* (1977/78, 216): Durius 6
(1978) 265−266 = Alonso Avila − Didaskalia 10 (1980) 400−
403 = Nascimento

R 74 *Biblia patristica II* ed. A. BENOÎT; P. PRIGENT (1977/78, 216):
AB 96 (1979) 217 = Halkin − BLE 80 (1979) 229 = Crouzel −
RechSR 66 (1978) 411 = Kannengiesser − JBL 98 (1979) 469−
470 = Osborn (I−II) − Greg 61 (1980) 177 = Orbe − StMon 22
(1980) 217 = Olivar − ScTh 12 (1980) 629−631 = Alves de Sousa

R 75 *Bibliographia patristica* ed. W. SCHNEEMELCHER (1977/78, 94):
ThLZ 105 (1980) 434 = Fischer

R 76 BIENERT, W. A. (1977/78, 1478): BLE 81 (1980) 117−120 =
Crouzel − RSLR 16 (1980) 453−455 = Simonetti − OrChr 63
(1979) 214−221 = Davids − Platon 31 (1979) 324−328 = Bonis
− AB 97 (1979) 186−187 = van Esbroeck − JThS 30 (1979)
555−557 = Louth − ThPh 54 (1979) 605 = Sieben − LEC 47
(1979) 279 − RHR 196 (1979) 212 = Nautin − NatCrac 26 (1979)
117−118 = Villalmonte, A. − Irénikon 53 (1980) 583 = M. G. −
ArGran 42 (1979) 247−248 = Segovia, A. − RHE 75 (1980) =
Halleux, A. de

R 76 BIENERT, W. A. (1977/78, 1478): BLE 81 (1980) 117−120 =
van Winden

R 78 BLASS, F.; DEBRUNNER, A.; REHKOPF, F. (1975/76, 221): Gn 51
(1979) 527−532 = Hiersche

R 79 BLERSCH, H. G. (1977/78, 2375): AB 97 (1979) 450 = Devos

R 80 *Boethius* ed. E. STUMP (1977/78, 1296): TPh 42 (1980) 186 =
Pattin − PhR 88 (1979) 486−488 = Boler

R 81 BOMMES, K. (1975/76, 1808): BLE 80 (1979) 131−132 = Crouzel

R 82 BONNER, G. (1971/72, 760): Augustinus 24 (1979) 383–386 = Capánaga, V.; Oroz Reta, J.

R 83 BOROBIO, D. (1977/78, 2388): RBen 89 (1979) 207 = Verbraken – EE 54 (1979) 137 = Segovia – ThBraga 15 (1980) 472–473 = Ramos-Lisson, D.

R 84 BOROBIO, D. (1979/80, 2367): NetV (1980) 294 = López Martín, J.

R 85 BOUHOT, J. P. (1977/78, 721): REA 25 (1979) 327–329 = Étaix

R 86 BOURKE, V. J. (1979/80, 803): REA 26 (1980) 375 = Brix

R 87 BOUYER, L. (1977/78, 2336): StMon 22 (1980) 158 = Martinez

R 88 BOWEN, J. (1975/76, 302, I; 1979/80, 276, II): EFil 29 (1980) 200–201 = Osuna, A. – CT 107 (1980) 623 = Palacín, J. – RaPortFilos 35 (1979) 297–298 = Freire, A. – StudiumM 20 (1980) 160–161 = Sanabria, J. A.

R 89 BOWERSOCK, G. W. (1977/78, 296): MH 36 (1979) 267 = Béranger, J. – CJ 75 (1980) 366–368 = Woloch, M.

R 90 BRÄNDLE, R. (1975/76, 1536): RHE 74 (1979) 48–49 = Nautin – RThPh 111 (1979) 76 = Junod

R 91 BRÄNDLE, R. (1979/80, 2752): RSLR 16 (1980) 483 = Forlin Patrucco – ThPh 55 (1980) 590–591 = Sieben – ArGran 43 (1980) 334 = Segovia, A.

R 92 *Braulio* ed. L. RIESCO TERRERO (1975/76, 1409):.AB 96 (1978) 191 = de Gaiffier

R 93 BRAUN, R. (1977/78, 2233): Mn 32 (1979) 197 = Waszink – RHR 195 (1979) 83 = Doignon

R 94 BRAVERMAN, J. 1979/80, 1658): Greg 61 (1980) 164 = Orbe – JThS 31 (1980) 211–215 = de Lange, N. R. M. – ArGran 43 (1980) 334–335 = Muñoz, A. S.

R 95 BRAY, G. L. (1979/80, 2193): REA 26 (1980) 325–326 = Braun

R 96 BRÖCKER, H. (1975/76, 2517): JAC 22 (1979) 218–220 = Baumeister, T.

R 97 BRONS, B. (1975/76, 1541): ChH 48 (1979) 463 = Gersh – RHE 73 (1978) 746–747 = de Halleux – MH 36 (1979) 253–254 = Szlezák – ThRe 75 (1979) 289–292 = Hochstaffl

R 98 BROWNE, G. M. (1979/80, 498): Aeg 59 (1979) 296–298 = Pernigotti, S. – StPap 18 (1979) 141–143 = Quecke, H.

R 99 BROX, N. (1975/76, 48): ThLZ 105 (1980) 836–837 = Weiss

R 100 BROX, N. (1977/78, 179): WSt 14 (1980) 245–246 = Divjak – ThLZ 105 (1980) 676–679 = Wiefel

R 101 BUTTURINI, E. (1979/80, 2564): Orpheus 24–25 (1977/78) 204–207 = Palermo – Latomus 38 (1979) 245–248 = Fontaine

R 102 *Caesarius Arelatensis* ed. M. J. DELAGE (1971/72, 1077): RThPh 112 (1980) 200 = Junod

R 103 *Caesarius Arelatensis* ed. M. J. DELAGE (1977/78, 1318): BLE 81 (1980) 63 = Crouzel – RSLR 16 (1980) 324 = Pellegrino –

Aevum 54 (1980) 389 = Potesta – ACl 49 (1980) 444 = Verheijen – Gn 52 (1980) 629–633 = Hiltbrunner – ProvHist 29 (1979) 434 = Février – EE 55 (1980) 388–389 = Granado Bellido, C. – JThS 30 (1979) 574 = Wallace-Hadrill, J. M. – JEcclH 30 (1979) 507 = Bonner, G.

R 104 CAMPENHAUSEN, H. VON (1971/72, 2211): Broteria 110 (1980) 226–227 = Ribeiro, I.

R 105 CAMPENHAUSEN, H. VON (1979/80, 96): ArGran 43 (1980) 417 = Muñoz, A. S.

R 106 CANALS CASAS, J. M. (1979/80, 2334): ArGran 42 (1979) 295–296 = Segovia, A. – CT 107 (1980) 448–449 = Fernández, P.

R 107 CANIVET, P. (1977/78, 2268): BLE 80 (1979) 235–236 = Crouzel – EE 54 (1979) 402 = de Aldama – ACl 47 (1978) 654 = Balty – SR 8 (1979) 224–225 = Lamirande – RHR (1979) 93 = Nautin – ThLZ 105 (1980) 443–445 = Treu

R 108 CANTALAMESSA, R. (1977/78, 127): RET 37 (1977) 207 = García López – SG 30 (1977) 780–784 = Corsaro

R 109 CANTALAMESSA, R. (1979/80, 2400): Prometheus 6 (1980) 192 = Nardi – CD 193 (1980) 171–172 = Folgado Flórez, S.

R 110 CAPÁNAGA, V. (1977/78, 1000–1024): REA 25 (1979) 371 = Brix – EF 81 (1980) 218–219 = Villalmonte, A.

R 111 CASAGRANDE, D. (1973/74, 2459): SelLib 16 (1979) 215–216 = Solá, F. de P.

R 112 *Cassiodorus* ed. G. PALERMO (1979/80, 1265): VetChr 17 (1980) 407–410 = Loreti – Orpheus 24–25 (1977–1978) 207–209 = Nicolosi

R 113 *Catalogus verborum* ... II, III (1979/80, 819, 820): REA 25 (1979) 324 = Madec – RAgEsp 21 (1980) 512 = García Alvarez, J.

R 114 *Catenae graecae* ... I ed. F. PETIT (1977/78, 2894): REB 37 (1979) 266 = Darrouzés – RThAM 46 (1979) 236–237 = Zeeger, van der Vorst – RHE 79 (1979) 57–60 = de Halleux – NRTh 101 (1979) 95 = Martin – JThS 30 (1979) 339–341 = Wickham – JOBG 29 (1980) 382–383 = Lackner – ByZ 73 (1980) 67–70 = Harl

R 115 CERETI, G. (1977/78, 2390): BTAM 12 (1979) 399 = Winandy – JThS 30 (1979) 314–315 = Yarnold

R 116 CHADWICK, H. (1975/76, 2217): RHR 195 (1979) 88–89 = Nautin – StudStor 20 (1979) 229–237 = Molé – Burgense 20 (1979) 337–340 = Romero Pose, E. – NatGrac 27 (1980) 186–187 = Rodríguez, G.

R 117 *La chaîne palestinienne* ... ed. M. HARL (1971/72, 2473): Greg 56 (1977) 560–570 = Orbe

R 118 CHASTAGNOL, A. (1975/76, 235): Latomus 38 (1979) 321 = Dierkens, A.

R 119 CHESNUT, G. F. (1977/78, 1545): BLE 80 (1979) 233 = Crouzel, H. − RSLR 15 (1979) 320−321 = Monaci Castagno − ThPh 54 (1979) 603−604 = Sieben − NRTh 101 (1979) 94 = Martin − StSR 3 (1979) 392−394 = Simonetti − SelLib 16 (1979) 393 = Vives, J.

R 120 *Christianisme et formes . . .* (1977/78, 114): REL 57 (1979) 574 = Fredouille − CW 73 (1979) 189−190 = Ettlinger − DLZ 101 (1980) 688−691 = Kirsch − Gy 87 (1980) 86−87 = Kinzl

R 121 CHRISTOPOULOS, M. (1975/76, 316): REDC 35 (1979) 212−216 = Santos Hernández, A.

R 122 CHRISTOU, P. K. (1977/78, 47a): Irénikon 53 (1980) 583 = E.L. − ZKG 91 (1980) 108−109 = Biedermann

R 123 *Chromatius Aquileiensis* ed. J. LEMARIÉ; R. ÉTAIX (1973/74, 1152): Latomus 39 (1980) 430−433 = Duval − RSLR 16 (1980) 324 = Simonetti − JThS 30 (1979) 336−338 = Winterbottom, M.

R 124 *Chromatius Aquileiensis* ed. G. CUSCITO (1979/80, 1279): AN 50 (1979) 597−600 = Lettich

R 125 CHURRUCA, J. DE (1975/76, 1954): Iura 26 (1975) 201−203 = Pescani

R 126 CIRILLO, L.; FRÉMAUX, M. (1977/78, 685): RechSR 66 (1978) 385−387 = Paul − Romania 100 (1979) 575 = Margueron

R 127 CLARK, E. A. (1977/78, 1361): JEcclH 31 (1980) 379 = Bonner, G.

R 129 CLARK, F. (1973/74, 210): Latomus 38 (1979) 321 = Dierkens, A.

R 130 *Claudianus* ed. G. GARUTI (1979/80, 1288): BStudLat 10 (1980) 126−128 = Calvaca − MH 37 (1980) 259 = Borle

R 131 *Claudianus* ed. M. OLECHOWSKA (1977/78, 1343): Sc 34 (1980) 164 = Corbett − Gn 52 (1980) 720−726 = Taegert

R 132 CLÉMENT, J. M. (1977/78, 219/20): RHE 74 (1979) 662−664 = de Vogüé − StMon 22 (1980) 161 = Olivar − REDC 36 (1980) 599 = Echeverría, L. de

R 133 CLERCK, P. DE (1977/78, 2391): Irénikon 52 (1979) 298 = E. L. − TLit 63 (1979) 173 = P.B.

R 134 COLOMBAS, G. M. (1979/80, 2718): MontCarm 88 (1980) 674 = Pacho, A.

R 135 COMAN, I. (1979/80, 593): OrtBuc 32 (1980) 620−625 = Chilea, S.

R 136 *Computer-Konkordanz . . .* (1979/80, 210): EThL 56 (1980) 438− 443 = Neirynck − ThRu 45 (1980) 179 = Kümmel − ThLZ 104 (1979) 900−903 = Holtz − CBQ 42 (1980) 258−261 = Epp, E. J.

R 137 *Conciles gaulois du IVe siècle* ed. C. MUNIER; J. GAUDEMET (1977/78, 2538): Latomus 39 (1980) 517 = Dierkens, A. − BLE 79 (1980) 232 = Crouzel, H. − REDC 35 (1979) 442−443 = Mansilla, D. − EE 54 (1979) 399 = Aldama, J. A. de − EJos 33 (1979) 135 = Diego Sánchez, M. D.

R 138 *The Concise Oxford dictionary of the Christian Church* (1977/78, 222): ThLZ 105 (1980) 489–490 = Matthiae

R 139 CORAVU, D. (1979/80, 2747): OrtBuc 32 (1980) 634–636 = Corniţescu, C.

R 140 CORGNALI, D. (1979/80, 1281): RSCI 34 (1980) 304 = Zovatto – Aevum 54 (1980) 189–191 = Peršič – REA 26 (1980) 196 = Duval

R 141 CREMASCOLI, G. (1979/80, 1555): RSCI 34 (1980) 179–181 = Paronetto – REL 57 (1979) 587–588 = Fontaine

R 142 *Cristologia e catechesi patristica* ed. S. FELICI (1979/80, 103): CC 131 (1980) 308 = Ferrua, A.

R 143 CROUZEL, H.; SIMONETTI, M. (1977/78, 2034/35): ETrin 14 (1980) 167–168 = Silanes, N.

R 144 *Cyprianus Carthaginiensis* ed. G. TOSO (1979/80, 1347): RIFD 57 (1980) 713–714 = d'Agostino

R 145 *Cyrillus Alexandrinus* ed. G. M. DE DURAND (I, 1975/76, 1506; II, 1977/78, 1429): Greg 61 (1980) 172 = Orbe – RET 38 (1978) 187 = Lara – REG 93 (1980) 299 = Savon (I) – ScTh 11 (1979) 1161–1164 = Alves de Sousa, P. G. – RE 54 (1979) 400 = de Aldama – RSLR 15 (1979) 318–319 = Simonetti – RThRH 111 (1979) 79 = Junod – BLE 79 (1980) 236–238 = Crouzel, H. – NRTh 101 (1979) 760 = Martin – JThS 30 (1979) 339 = Santer

R 146 *Cyrillus Alexandrinus* ed. C. SCANZILLO (1975/76, 1508): Greg 57 (1976) 381 = Galot

R 147 *Cyrillus Alexadrinus* ed. B. M. WEISCHER (1977/78, 1431): IKZ 70 (1980) 135–136 = Spuler, B. – ThPh 55 (1980) 591–594 = Grillmeyer

R 148 *Cyrillus Alexandrinus* ed. B. M. WEISCHER (1979/80, 1378): Erasmus 31 (1979) 594–596 = de Halleux

R 149 *Cyrillus Hierosolymitanus* ed. A. CAMPAGNANO (1979/80, 1386): AB 98 (1980) 426–428 = van Esbroeck

R 150 CUSCITO, G. (1979/80, 294): AB 98 (1980) 213–215 = de Gaiffier – REA 26 (1980) 197 = Duval – AN 50 (1979) 595–597 = Mazzoleni – RiAC 56 (1980) 177 = Saxer – CC 131 (1980) 411 = Ferrua, A.

R 151 DAGENS, C. (1977/78, 1582): RSCI 34 (1980) 174–176 = Paronetto – BLE 81 (1980) 149 = Crouzel – CHR 65 (1979) 341– 342 = Sharkey – AB 96 (1978) 235–236 = de Gaiffier – Salmant 26 (1979) 463–466 = Trevijano Etcheverría, R.

R 152 DAGRON, G. (1977/78, 2380): Irénikon 52 (1979) 299 = N. E.

R 153 DALY, R. J. (1977/78, 2600): ThSt 40 (1979) 749–751 = Burns – CBQ 42 (1980) 265–266 = Cody, A.

R 154 DALY, R. J. (1977/78, 2601): Greg 60 (1979) 184 = Galot

R 155 DANIÉLOU, J. (1977/78, 317): RThL 10 (1979) 365 = Gryson –
RBen 89 (1979) 346 = Verbraken – REA 25 (1979) 300–302 =
Braun – AugR 19 (1979) 372 = de Simone – ThZ 35 (1979)
373–374 = Rordorf – StSR 3 (1979) 385–388 = Simonetti –
ThPh 54 (1979) 428–432 = Sieben – Helmántica 30 (1979) 382
= Oroz – NRTh 101 (1979) 761 = Martin – VigChr 34 (1980)
93–98 = Bartelink – RechSR 68 (1980) 102 = Kannengiesser –
Greg 61 (1980) 165–166 = Orbe – RHE 75 (1980) 349–353 =
Camelot – BTAM 12 (1980) 538 = Manning – BLE 81 (1980)
217 = Crouzel – Laval 36 (1980) 106–108 = Roberge – CrSt 1
(1980) 545–547 = Beatrice – RAgEsp 21 (1980) 252–253 =
Langa, P. – ArGran 42 (1979) 272–273 = Segovia, A. – SelLib
16 (1979) 133–134 = Vives, J. – Burgense 21 (1980) 300–302 =
Romero Pose, E. – EJos 34 (1980) 270 = Antolín, F. – CC 130
(1979) 610 = Ferrua, A.

R 157 DASSMANN, E. (1979/80, 2742): RechSR 68 (1980) 572–573 =
Aletti – RQ 125 (1980) 100–104 = Studer – ArGran 43 (1980)
354 = Segovia, A.

R 158 DATTRINO, L. (1975/76, 962): REA 26 (1980) 198 = de Margerie
– ETrin 14 (1980) 167 = Silanes, N. – Lateranum 44 (1978)
426–448

R 159 DECRET, F. (1977/78, 320): Greg 61 (1980) 167 = Orbe

R 160 DEHANDSCHUTTER, B. (1979/80, 2104): EThL 55 (1979) 435

R 161 DELÉANI, S. (1979/80, 1357): MSR 37 (1980) 116–118 = Spanneut

R 162 *Diadochus Photicensis* ed. V. MESSANA (1977/78, 1455): OrChrP
45 (1979) 483 = Špidlík

R 163 DIAS, P. V.; CAMELOT, P.-TH. (1977/78, 2694): CD 192 (1979)
473 = Ozaeta, J. M. – CT 107 (1980) 606–607 = Osuna, P. –
MCom 37 (1979) 101 = Valero, J. B. – RCatT 4 (1979) 451–454
= Perarnau, J.

R 164 DIAZ DE BUSTAMANTE, J. M. (1979/80, 1442): Helmántica 30
(1979) 371–372 = Oroz Reta, J. – Faventia 2 (1980) 163–165
= Mayer, M.

R 165 DIAZ Y DIAZ, M. C. (1973/74, 1337): Burgense 20 (1979) 341–
342 = Romero Pose, E.

R 166 DIAZ Y DIAZ, M. C. (1975/76, 133): REDC 35 (1979) 237–238 =
García y García, A.

R 167 DIBELIUS, M. (1975/76, 52): ETrin 14 (1980) 181–182 = Róde-
nas, A.

R 168 *Dicionário de história da Igreja em Portugal* ... (1979/80, 214,
215): AB 98 (1980) 167 = de Gaiffier

R 169 *Dictionnaire d'histoire* ... *18* (1977/78, 224): RHE 74 (1979)
510–513 = Silvestre

R 170 *Didache* ed. V. Esmarats; M. S. Gros (1979/80, 1396): RCatT 4 (1979) 461−463 = Bellavista, J.

R 171 *Didache* ed. U. Mattioli (1979/80, 1395): Orpheus 1 (1980) 210 = Marotta Manino

R 172 *Didache* ed. A. Tuilier; W. Rordorf (1977/78, 1459) : RPh 53 (1979) 340 = des Places − ThRe 75 (1979) 203−204 = Stuiber − ThPh 54 (1979) 602 = Sieben − RBen 89 (1979) 204 = Bogaert − REB 37 (1979) 267 = Darrouzès − MSR 36 (1979) 102−104 = Liébaert − AugR 19 (1979) 371−372 = de Simone − NRTh 101 (1979) 757 = Martin − Irénikon 52 (1979) 294 = E. L. − JThS 31 (1980) 698 = Chadwick − RechSR 68 (1980) 101 = Kannengiesser − BLE 81 (1980) 212 = Crouzel − RSLR 16 (1980) 321 = Pellegrino − RHR 197 (1980) 99 = Nautin − ACl 49 (1980) 429 = Joly − Sc 34 (1980) 142 = Manning − OrChrP 46 (1980) 245−246 = Arranz − EE 55 (1980) 385 = Granado Bellido, C.

R 173 Dideberg, D. (1975/76, 1057): BLE 79 (1978) 49−50 = Poque

R 174 *Didymus Alexandrinus* ed. P. Nautin (1975/76, 1534): Greg 61 (1980) 173 = Orbe − RET 38 (1978) 189 = Fernández Marcos − RThPh 112 (1980) 201−202 = Rordorf − ZKTh 102 (1980) 106 = Lies − ThLZ 105 (1980) 364−365 = Winkelmann − BLE 79 (1978) 152−154 = Crouzel − EE 54 (1979) 398 = de Aldama − REG 92 (1979) 282−284 = Harl − ThR 75 (1979) 33−34 = Mühlenberg − BLE 80 (1979) 122−123 = Crouzel, H. − VigChr 33 (1979) 299−301 = van Winden − REB 37 (1979) 264 = Darrouzès − RThAM 46 (1979) 238 = Petit − RSLR 15 (1979) 321 = Pellegrino − AC 48 (1979) 267 = Joly − RPh 53 (1979) 162 = Schwartz − OrChrP 45 (1979) 224−226 = Passarelli − ChH 48 (1979) 219 = Grant − Greg 61 (1980) 173 = Orbe, A.

R 175 Diesner, H.-J. (1977/78, 1900/01): DLZ 100 (1979) 233−235 = Kirsch, W. − ArGran 42 (1979) 248−249 = Segovia, A.

R 176 *Dieu et l'être* ... ed. P. Vignaux (1977/78, 120): Sc 34 (1980) 141 = Masai

R 177 *Ad Diognetum* ed. F. Louvel; H.-I. Marrou (1979/80, 1408): RCatT 4 (1979) 461−463 = Bellavista, J.

R 178 Divjak, J. (1973/74, 867): Latomus 39 (1980) 454−456 = Petitmengin

R 179 *Documents in early Christian thought* ed. M. Wiles; M. Santer (1975/76, 272) LEC 47 [1979] 74 = Leroy

R 180 Doerries, H. (1977/78, 1986): RSPhTh 63 (1979) 472−476 = de Durand − Biblica 61 (1980) 427−428 = des Places − JThS 30 (1979) 571−572 = Chadwick

R 181 Donner, H. (1979/80, 595): AB 98 (1980) 423−426 = Devos

R 182 *Donum gentilicium* ... ed. E. Bammel; C. K. Barrett; W. D. Davies (1979/80, 105) JStJ 9 (1978) 213 = de Jonge − JThS 30

(1979) 527–530 = Duncan; Derrett – JBL 98 (1979) 310–311 = Epp – ThRu 44 (1979) 90–91 = Kümmel

R 183 *La doppia creazione dell'uomo negli Alessandrini, nei Cappadoci e nella gnosi* ed. U. BIANCHI (1977/78, 121): BLE 81 (1980) 116 = Crouzel

R 184 *Dorotheus Gazensis* ed. E. P. WHEELER (1977/78, 1496): RHE 73 (1978) 798 = de Halleux

R 185 DRAKE, H. A. (1975/76, 1604): ACl 47 (1978) 651 = Mossay – CR 29 (1979) 27–28 = Hunt, E. D. – JThS 30 (1979) 562 = Nicholson – REAnc 80 (1978) 164–166 = Courcelle

R 186 DWYER, R. (1975/76, 1397): RHE 72 (1978) 799 = Silvestre

R 187 *Early christian literature* . . . ed. W. R. SCHOEDEL; R. L. WILCKEN (1979/80, 106): RSLR 16 (1980) 475 = Forlin Patrucco – StSR 4 (1980) 384–386 = Simonetti – ArGran 43 (1980) 420 = Segovia, A.

R 188 EL KHOURY, N. (1975/76, 1569): ThRe 75 (1979) 210–212 = Craemer

R 189 *Enchiridion euchologicum* . . . ed. E. LODI (1979/80, 219): BLE 81 (1980) 126–127 = Martimort

R 190 *Epiphanius* ed. G. FRASSON (1977/78, 1529): ByZ 73 (1980) 79–80 = Gero – CC 130, 2 (1979) 194 = Capizzi, C.

R 191 *Epiphanius* ed. B. M. WEISCHER (1979/80, 1461): IKZ 70 (1980) 135–136 = Spuler, B.

R 192 *Ephraem Syrus* ed. W. KANIA (1973/74, 1272): ThLZ 105 (1980) 119–121 = Starke

R 193 ERDT, W. (1975/76, 2187): REAnc 80 (1978) 166–167 = Courcelle – Gn 51 (1979) 189–190 = Frend

R 194 ERDT, W. (1979/80, 1947): ThLZ 105 (1980) 765 = Haendler – StSR 4 (1980) 366–372 = Gori

R 195 *Eugippius* ed. F. VILLEGAS; A. DE VOGÜÉ (1975/76, 1590): Sc 33 (1979) 344 = Manning

R 196 *Eusebius Caesariensis* ed. F. DES PLACES; G. SCHROEDER (1975/76, 1598): RSLR 15 (1979) 115–117 = Curti – Irénikon 53 (1980) 278 = E. L. – ACl 49 (1980) 436–437 = Mossay – CRA 1 (1980) 476 = Courcelle – StSR 4 (1980) 386 = Simonetti – BLE 79 (1978) 50–52 = Crouzel, H. – Augustinus 24 (1979) 105 = Ortall

R 197 *Eusebius Caesariensis* ed. F. WINKELMANN (1975/76, 1596): RHR 195 (1979) 86 = Nautin – SG 30 (1977) 765–766 = Garzya

R 198 *Eusebius Caesariensis* ed. J. ZIEGLER (1975/76, 1597): ByZ 72 (1979) 71–77 = Lackner

R 199 EVENEPOEL, W. (1979/80, 2122): BStudLat 10 (1980) 257–259 = Maggazù

R 200 FAIVRE, A. (1977/78, 2568): BLE 80 (1979) 139–141 = Martimort – Greg 58 (1977) 767 = Galot – VetChr 16 (1979)

323 = Guarnieri − EtThR 53 (1978) 138−139 = Lods − ZKG
90 (1979) 109−112 = Speigl − Broteria 108 (1979) 466 = Ferraz,
A. − REDC 35 (1979) 204−205 = García y García, A.

R 201 FALLON, F. T. (1977/78, 2774): RBi 86 (1979) 311 = Couroyer

R 202 FARMER, D. H. (1979/80, 220): RHE 75 (1980) 482 = Warrilow −
RThAM 47 (1980) 284 = Daly − RBen 89 (1979) 351 =
Misonne − JThS 30 (1979) 576−578 = Rollason, D. W.

R 203 FAZZO, V. (1977/78, 2519): Aevum 54 (1980) 183−185 = Culianu, I. P. − JAC 23 (1980) 161−163 = Kehl, A.

R 204 FEDALTO, G. (1975/76, 2715): Irénikon 52 (1979) 148 = N. E.

R 205 FEDWICK, P. J. (1977/78, 1250): JOBG 28 (1979) 402 = Hannick −
Irénikon 52 (1979) 427 = C. H.

R 206 FEDWICK, P. J. (1979/80, 1076): RHE 75 (1980) 443 = de Halleux −
AB 97 (1979) 448 = Halkin − Irénikon 53 (1980) 108 = E. L. −
Salmant 27 (1980) 448−450 = Trevijano Etcheverría, R.

R 207 FELLERMAYR, J. (1979/80, 598): ArGran 43 (1980) 355 = Segovia, A.

R 208 FERNÁNDEZ, A. (1979/80, 2588): EThL 56 (1980) 184 = de
Halleux − BLE 81 (1980) 136 = Crouzel

R 209 FERNANDEZ MARCOS, N. (1979/80, 533): Helmántica 31 (1980)
162−163 = Carrete Parrondo, C. − ArGran 42 (1979) 228 =
Muñoz, A. S.

R 210 FERREIRA, P. (1979/80, 221): Phase 20 (1980) 246 = Aldazabal, J.

R 211 *Firmicus Maternus* ed. J. R. BRAM (1977/78, 1561): AnzAlt 32
(1979) 209−213 = Grundel

R 212 FOLGADO FLÓREZ, S. (1977/78, 1058): REA 25 (1979) 361 −
CD 193 (1980) 172 = Langa, P. − RC 25 (1979) 238−239 =
Langa, P. − RAgEsp 21 (1980) 250 = Turrado, A. − CD 193
(1980) 172−173 = Rodriguez, R. G. − Salmant 27 (1980) 445=
446 = Trevijano Etcheverría, R. − SelLib 16 (1979) 216 = Vives, J.

R 213 FOTI, M. B. (1979/80, 1081): AB 98 (1980) 446 = Halkin −
RSCI 34 (1980) 676 = Collura

R 214 FOURNIER, P. F. (1979/80, 2289): CRA 1 (1980) 431 = Samaran

R 215 *Fragmenta Patrum Graecorum* ed. G. LEOPARDI; C. MORESCHINI
(1975/76, 58): Emerita 47 (1979) 458−460 = Fernández Marcos −
Durius 5 (1977) 361−362 = Ortiz García − ACl 48 (1979) 788−
790 = Mossay

R 216 FRASSINETTI, P. (1973/74, 1912): Latomus 38 (1979) 758 = Braun

R 217 FREIRE, J. G. (1979/80, 850): Classica 4 (1978) 89−90 = Nascimento

R 218 *Frühes Mönchtum im Abendland I, II* ed. K. S. FRANK (1975/76,
372/373): Latomus 38 (1979) 542−544 = Fontaine, J.

R 219 FRUTAZ, P. (1979/80, 2290): AB 97 (1979) 447 = Halkin

R 220 FUNK, W.-P. (1975/76, 2872): Enchoria 9 (1979) 147 = Baumeister, Th.

R 221 GALLINARI, L. (1979/80, 1317): Orpheus 1 (1980) 567 = Tibiletti

R 222 GALLING, K. (1977/78, 217): UF 10 (1978) 460 = Loretz

R 223 GAMBER, K. (1979/80, 2373): ZKTh 102 (1980) 478 = Meyer

R 224 GARCÍA BAZÁN, F. (1977/78, 2779): RechSR 67 (1979) 614 = Kannengiesser − Helmántica 30 (1979) 173 = Orosio − CD 192 (1979) 108−109 = Uña, A. − SelLib 16 (1979) 374 = Alegre, X.

R 225 GARCIA IGLESIAS L. (1979/80, 310): Faventia 2 (1980) 167−170 = Martínez Gázquez, J.

R 226 GARCIA VILLOSLADA, R. (1979/80, 314): HS 31 (1979) 680 = J. G. G. − EE 55 (1980) 564−565 = Valero, J. A. − ArGran 43 (1980) 378−379 = Navas, A. − FrBogotá 22 (1980) 229−230 = Pinilla, A. M. − EJos 34 (1980) 136 = Rodríguez Martínez, L. − CT 107 (1980) 466−467 = Hernández, R. − RHE 75 (1980) 448− 450 = Moral − Antonianum 55 (1980) 531−533 = Vázquez

R 227 GARRIGA, P. (1979/80, 1192): StMon 22 (1980) 5−13

R 228 GASSMANN, P. (1977/78, 343): HJ 97−98 (1978) 551−552 = Schieffer

R 229 GAUDEMET, J. (1977/78, 2532): REDC 35 (1979) 400−401 = García Sánchez, J.

R 230 GAUDEMET, J. (1979/80, 2424): Irénikon 53 (1980) 432 = E.L. − Salmant 27 (1980) 465−466 = García y García, A.

R 231 GEBREMEDHIN, E. (1977/78, 1434): JEcclH 30 (1979) 96−97 = Hanson − ThSt 40 (1979) 215 = Wilken − ZKG 90 (1979) 115−117 = Hauschild

R 232 GEERARD, M. (1979/80, 223): VetChr 17 (1980) 405−406 = Studer − JThS 31 (1980) 620 = Chadwick, H. − ArGran 42 (1979) 248 = Segovia, A.

R 233 GEERARD, M. (1979/80, 224): ArGran 43 (1980) 353 = Segovia, A.

R 234 GEERLINGS, W. (1977/78, 1069): REA 25 (1979) 355−356 = Madec − ThZ 35 (1979) 374 = Gamble − ThPh 54 (1979) 607−609 = Sieben − ThRe 76 (1980) 381−382 = Courcelle − ThLZ 105 (1980) 900−902 = Lorenz − EphMariol 29 (1979) 440 = Fernández, B.

R 235 GELSI, G. (1977/78, 894): NRTh 101 (1979) 772 = Martin

R 236 GESSEL, W. (1975/76, 2120): ETrin 14 (1980) 277−278 = Pikaza, X.

R 237 *Gestes et paroles* ... (1979/80, 118): OrChrP 45 (1979) 217−218 = Passarelli

R 238 GIACOBBI, A. (1977/78, 1070): Augustinus 24 (1979) 408−410 = Capánaga; Oroz − ZKTh 101 (1979) 258 = Mühlsteiger − REDC 35 (1979) 658 = García y García, A.

R 239 GIOVANNI, A. DI (1979/80, 862): Greg 61 (1980) 395 = de Finance − REA 26 (1980) 364 = Madec

R 240 GIRARDET, K. M. (1975/76, 386): Gn 51 (1979) 797—799 =
Gottlieb, G.

R 241 GLAESER, P. P. (1977/78, 2150): RHE 74 (1979) 737 = Gryson —
BLE 81 (1980) 224 = Crouzel — ZKTh 102 (1980) 271 = Rastbichler — RBen 89 (1979) 211 = Verbraken — ThPh 54 (1979)
604 = Sieben

R 242 GLIGORA, F. (1979/80, 318): CC 131 (1980) 515 = Caprile, G.

R 243 GLORIE, F. (1977/78, 1852): RBen 89 (1979) 338 = Misonne —
REA 25 (1979) 377—379 = Bouhot — NRTh 101 (1979) 756 =
Martin — REL 57 (1979) 453—455 = Doignon

R 244 Gnosis ed. B. ALAND e.a. (1977/78, 134): ThZ 36 (1980) 57—58
= Jäger, A. — CBQ 41 (1979) 680 = Perkins, P. — KRS 135 (1979)
250 = Weder, H.

R 245 Gnosis and gnosticism ed. M. KRAUSE (1977/78, 133): Aph 42
(1979) 499—500 = Solignac

R 246 Gnosis und Gnostizismus ed. K. RUDOLPH (1975/76, 155): CFilos
17 (1977) 181—183 = Lisi — ThRu 44 (1979) 353—355 = Koschorke — OLZ 74 (1979) 546—550 = Weiss

R 247 Die göttliche Liturgie . . . ed. F. VON LILIENFELD (1979/80, 2375):
OstkiSt 29 (1980) 54—56 = Reifenberg — ThRe 76 (1980) 317—
319 = Schulz — ThLZ 105 (1980) 920—923 = Schulz; Lobers —
DialEc 15 (1980) 321—322 = Garijo Guembe

R 248 GOODALL, B. (1979/80, 1789): ACl 49 (1980) 439 = Mossay —
CW 74 (1980) 183—184 = Daley

R 249 GOOSEN, A. (1975/76, 2218): RHE 74 (1979) 584 = Gryson —
Burgense 21 (1980) 298—300 = Romero Pose, E.

R 250 GOSSELIN, E. A. (1977/78, 2906): BibHR 41 (1979) 177—178 =
O'Rourke Boyle, M.

R 251 Gottesverächter und Menschenfeinde? . . . (1979/80, 323): ThQ
160 (1980) 310 = Schelkle

R 252 GRANADO BELLIDO, C. (1979/80, 685): REA 26 (1980) 197 = Brix

R 253 GRANT, R. M. (1977/78, 136): HistReli 19 (1979) 99—102 = Betz —
JR 59 (1979) 112—113 = Norris — RHE 75 (1980) 218 =
Hockey — RelStud 15 (1979) 575—577 = Hall

R 254 Greek New Testament ed. K. ALAND (1975/76, 701): ThLZ 104
(1979) 260—270 = Kilpatrick — NovTest 20 (1978) 242—277 =
Elliott — Bibl 60 (1979) 575—577 = Elliott

R 255 GREGG, R. C. (1975/76, 552): EtThR 53 (1978) 140 = Lods

R 256 Gregor von Nyssa und die Philosophie (1975/76, 156): ACl 47
(1978) 653 = Mossay — JOBG 28 (1979) 345—349 = Lackner —
IKZ 69 (1979) 279—280 = Parmentier, M.

R 257 Gregorius Illiberitanus ed. M. SIMONETTI (1975/76, 1641): ScTh
12 (1980) 268—275 = Basevi, C.

R 258 Gregorius Magnus ed. A. BOCOGNANO (1975/76, 1645): Greg 58
(1977) 376—377 = Deblaere

R 259 *Gregorius Magnus* ed. A. J. Festugière (1979/80, 1542): RSPhTh 63 (1979) 156 = Jossua

R 260 *Gregorius Magnus* ed. R. Gillet; A. de Gaudemaris (1975/76, 1644): ScTh 12 (1980) 278−280 = Alves de Sousa, P. G.

R 261 *Gregorius Magnus* ed. E. Gandolfo (1979/80, 1544): RSCI 34 (1980) 186 = Paronetto

R 262 *Gregorius Magnus* ed. F. van der Meer (1979/80, 1546): RBen 90 (1980) 339 = Verbraken

R 263 *Gregorius Magnus* ed. A. de Vogüé (1977/78, 1569): RBen 89 (1979) 339 = Verbraken − EE 54 (1979) 405 = de Aldama − Teología 17 (1980) 77−78 = Saenz, P. − JThS 31 (1980) 224− 226 = Wallace-Hadrill, J. M. − Irénikon 52 (1979) 430 = M. v. P. − RSCI 34 (1980) 177−178 = Paronetto − StMon 22 (1980) 165 = Olivar − ThSt 40 (1979) 575−576 = Burghardt − WSt 14 (1980) 244 = Hanslik

R 264 *Gregorius Magnus* ed. A. de Vogüé (1979/80, 1540): EE 55 (1980) 389 = Granado Bellido, C. − Irénikon 53 (1980) 434 = M. v. P.

R 265 *Gregorius Nazianzenus* ed. J. Bernardi (1977/78, 1596): VigChr 33 (1979) 301−304 = van Winden − REB 37 (1979) 259 = Darrouzès − EE 54 (1979) 398 = de Aldama − NRTh 101 (1979) 759 = Martin − JThS 30 (1979) 563−564 = Sykes − Greg 61 (1980) 175 = Orbe, A. − RPh 54 (1980) 170 = Nautin − ACl 49 (1980) 437 = Joly

R 266 *Gregorius Nazianzenus* ed. P. Galley; M. Jourjon (1977/78, 1597): REB 38 (1980) 293 = Gautier − REG 93 (1980) 296−298 = Nautin − ACl 49 (1980) 438−439 = Joly − Irénikon 52 (1979) 427 = M. v. P. − EE 55 (1980) 386−387 = Granado Bellido, C.

R 267 *Gregorius Nazianzenus* ed. J. Mossay (1979/80, 1580): REG 93 (1980) 606 = Le Boulluec − StSR 4 (1980) 387−388 = Simonetti

R 268 *Gregorius Nazianzenus* ed. J. J. Rizzo (1975/76, 2475): RHE 73 (1978) 683−684 = Mossay − ByZ 72 (1979) 78−81 = Kustas

R 269 *Gregorius Nyssenus* ed. W. Blum (1977/78, 1620): VigChr 33 (1979) 399; 402−404 = van Winden − BLE 80 (1979) 136−137 = Crouzel − NRTh 101 (1979) 92 = Martin − ThPh 54 (1979) 606 = Sieben − JOBG 28 (1979) 343−345 = Beyer − IKZ 69 (1979) 127−128 = Parmentier, M. − JAC 23 (1980) 176−181 = Hübner − Gn 52 (1980) 492−494 = Opelt − Irénikon 53 (1980) 584 = M. G.

R 270 *Gregorius Nyssenus* ed. J. Daniélou; H. Musurillo (1979/80, 1606): OrChrP 46 (1980) 275 = Dejaifve

R 271 *Gregorius Nyssenus; Iohannes Chrysostomus* ed. S. Lilla (1977/78, 1624) StPad 25 (1978) 637−638 = Corsato

R 272 GRESE, W. C. (1979/80, 2628): JThS 31 (1980) 700 = Harvey, A. E.

R 273 GRILLMEIER, A. (1979/80, 2528): Greg 61 (1980) 573−577 = Neufeld − MCom 38 (1980) 179−182 = Ladaria, L.

R 274 GRIMM, R. R. (1979/80, 2731): Sp 53 (1978) 811−812 = McNally − MLatJb 14 (1979) 311−314 = Schmidtke

R 275 GROSDIDIER DE MATONS, J. (1977/78, 2186): RBen 89 (1979) 205 = Bogaert − REB 37 (1979) 275 = Darrouzès − NRTh 101 (1979) 773 = Martin − ACl 48 (1979) 325−327 = Sansterre − JOBG 28 (1979) 351−354 = Hörandner − REG (1980) 612 = Tonnet

R 276 GRUBER, J. (1977/78, 1308): RPh 53 (1979) 372 = Courcelle − JThS 30 (1979) 572−573 = Chadwick − LEC 47 (1979) 283 = van Esbroeck − TPH 17 (1980) 139 = Pattin − Latomus 39 (1980) 748−751 = Fontaine − ACl 49 (1980) 443 = Joly

R 277 GRYSON, R. (1975/76, 2696): ThSt 40 (1979) 187−188 = Cardman

R 278 GRYSON, R. (1979/80, 604): RSLR 16 (1980) 480 = Simonetti − ThLZ 105 (1980) 766 = Haendler

R 279 GRYSON, R. (1979/80, 605): Irénikon 53 (1980) 286 = E. L.

R 280 GUERRA, M. (1975/76, 2815): RET 37 (1977) 197 = Turrado

R 281 GUILLAUMONT, A. (1979/80, 2570): AB 98 (1980) 216−217 = Devos − StMon 22 (1980) 345 = Lluch − Num 27 (1980) 287−288 = Stroumsa

R 282 HABERL, J. (1975/76, 2513): AB 96 (1978) 440 = de Gaiffier − RÖ 5−6 (1977−1978) 260−263 = Dembski − Gn 51 (1979) 578−581 = Harl − CHR 65 (1979) 340−341 = Rowan

R 283 HAENDLER, G. (1977/78, 372): DLZ 100 (1979) 577−580 = Diesner − ThLZ 104 (1979) 741−742 = Lohse

R 284 HAEHLING, R. VON (1977/78, 371): ClPh 74 (1979) 362−365 = Novak, D. M. − CR 29 (1979) 281−283 = Warmington, B. H. − Latomus 39 (1980) 487 = Chastagnol, A. − MH 37 (1980) 265−266 = Béranger, J.

R 285 HÄRING, H. (1979/80, 872): ArGran 43 (1980) 355−356 = Segovia, A.

R 286 HAHNER, U. (1973/74, 1146): StMe 20 (1979) 970−972 = Cremascoli

R 287 HALKIN, F. (1977/78, 2350): Irénikon 52 (1979) 299 = N. E.

R 288 HAMMAN, A. G. (1977/78, 234): BLE 80 (1979) 230 = Crouzel − RHE 73 (1978) 808 = de Halleux − RechSR 66 (1978) 412 = Kannengiesser − BBF 24 (1979) 150 = Lavagne − BTAM 12 (1979) 398 = Hendrix

R 289 HANSON, R. P. C. (1979/80, 2072): BJRL 61 (1978) 60−77

R 290 HARDY, R. P. (1973/74, 893): Augustinus 24 (1979) 394−396 = Capánaga; Oroz

R 291 HEINE, R. E. (1975/76, 1718): BLE 74 (1978) 149—152 = Crouzel — EtThR 53 (1978) 142 = Lods

R 292 HEINZELMANN, M. (1975/76, 410): JThS 30 (1979) 573 = Wallace-Hadrill, J. — JAC 23 (1980) 184—186 = Haehling, R. v.

R 293 HEISER, L. (1979/80, 2314): AB 97 (1979) 182 = Halkin

R 294 HERZOG, R. (1975/76, 584): Latomus 38 (1979) 724—727 = Fontaine — MLatJb 14 (1979) 300—307 = Kartschoke

R 295 *Hesychius Hierosolymitanus e. a.* ed. M. AUBINEAU (1971/72, 1375): MH 37 (1980) 253—254 = Perler, O.

R 296 *Hesychius Hierosolymitanus* ed. M. AUBINEAU (1977/78, 1671): CRA 1 (1979) 55—56 = Courcelle — BLE 80 (1979) 311—313 = Crouzel — AB 97 (1979) 179 = Halkin — EE 54 (1979) 400—402 = de Aldama — VetChr 16 (1979) 129—133 = Fedalto — REG 92 (1979) 280—282 = Astruc — NRTh 101 (1979) 631—632 = Martin — OrChrP 45 (1979) 218—224 = van Esbroeck — VigChr 34 (1980) 205—208 = Bartelink — Greg 61 (1980) 178—179 = Orbe — RSLR 16 (1980) 484 = Simonetti — ThPh 55 (1980) 429—430 = Grillmeier — ThRe 76 (1980) 283—285 = Fischer — Aevum 54 (1980) 191—193 = Pizzolato — StuMe 21 (1980) 225—228 = Jeauneau

R 297 *Hieronymus* ed. E. BONNARD (1977/78, 1672): BLE 80 (1979) 124—126 = Crouzel, H. (I) — BTAM 12 (1979) 415 = Mathon (I) — NRTh 101 (1979) 93 = Martin (I) — ACl 48 (1979) 330 = Verheijen (I) — RThPh 112 (1980) 199 = Junod — EE 55 (1980) 387—388 = Granada Bellido, C.

R 298 *Hilarius Arelatensis* ed. M. D. VALENTIN (1977/78, 1703): BLE 74 (1978) 60—61 = Griffe — AB 97 (1979) 198—199 = de Gaiffier — BTAM 12 (1979) 422 = Michiels — EE 54 (1979) 403 = de Aldama — RHE 74 (1979) 213 = Gryson — RHR 195 (1979) 89—92 = Fontaine — Aevum 53 (1979) 197 = Potestà, G. L. — RThPh 111 (1979) 80 = Junod — Latomus 38 (1979) 708—711 = Duval — ACl 48 (1979) 332 = Verheijen — JEcclH 30 (1979) 401 = Frend, W. H. C. — StMe 20 (1979) 1007 = Grégoire — REAnc 80 (1978) 167—168 = Courcelle — ProvHist 28 (1978) 181—182 = Hildesheimer

R 299 *Hilarius Pictaviensis* ed. J. DOIGNON (1977/78, 1705): RBen 90 (1980) 335—337 = Lemarié — StMon 22 (1980) 387 = Olivar — BLE 81 (1980) 212—213 = Crouzel — RSLR 16 (1980) 322 = Pellegrino — RET 38 (1978) 187 = Ladaria — ThSt 40 (1979) 789 = Burghardt — OrChrP 46 (1980) 247—249 = Cattaneo — Helmántica 31 (1980) 159 = Oroz — ACl 49 (1980) 442 = Verheijen — BSAO 15 (1980) 395—398 = Milhau — EE 55 (1980) 385—386 = Granado Bellido, C. — Irénikon 52 (1979) 297 =

O. R. — RThL 10 (1979) 366 = Gryson — REL 57 (1979) 455—
457 = Fontaine — NRTh 101 (1979) 758 = Martin

R 300 HILHORST, A. (1975/76, 1750): VigChr 33 (1979) 186—188 =
Bartelink — Byzan 49 (1979) 561—564 = Dubuisson — REG 92
(1979) 276—277 = Nautin — RSC 27 (1979) 153 = Murru —
RSLR 16 (1980) 285—287 = Gallicet

R 301 *Hippolytus Romanus* ed. R. BUTTERWORTH (1977/78, 1717):
VigChr 33 (1979) 408—409 = van Winden — RHE 74 (1979)
534 = de Halleux — JThS 30 (1979) 317—318 = Hall — ZKTh
102 (1980) 268—269 = Wrba — RThPh 112 (1980) 199 = Junod

R 302 *Hippolytus Romanus* ed. A.-R. SASTRE (1979/80, 1705): RCaT
(1979) 461—463 = Bellavista, J.

R 303 *Histoire vécue du peuple chrétien* . . . Ed. J. DELUMEAU (1979/80,
338): EtThR 55 (1980) 618—620 = Petit

R 304 HOCHSTAFFL, J. (1975/76, 2726): RSPhTh 63 (1979) 481—484 =
de Durand

R 305 HOFFMANN, R. (1979/80, 1318): JAC 23 (1980) 171—173 =
Schmöle

R 306 HOFRICHTER, P. (1977/78, 2936): CBQ 42 (1980) 406—408 =
Bruns, J. E.

R 307 *Homenaje a Fray Justo Pérez de Urbel* (1975/76, 159; 1977/78,
140): AST 49/50 (1976/77) [1979] 458 = Borrás, A.

R 308 HORNWALL, G.; TJÄDER, J. O. (1977/78, 583): Sc 33 (1979)
308—309 = Spunar, P.

R 309 HOUÉDARD, S. (1979/80, 2329): AB 97 (1979) 449 = Halkin

R 310 HUEBNER, R. M. (1973/74, 1406): RHE 74 (1979) 52—57 =
Kannengiesser

R 311 *Hydatius Lemicensis* ed. A. TRANOY (1973/74, 1496): Euphrosyne 9 (1977/78) 321—323 = Nascimento

R 312 IAMMARRONE, G. (1975/76, 1107): ThLZ 94 (1980) 908—910 =
Lorenz

R 313 IBAÑEZ, J.; MENDOZA, F. (1975/76, 2052): MCom 37 (1979)
101—102 = Valero, J. B.

R 314 *Identität* ed. O. MARQUARD; K. STIERLE (1979/80, 128): LingBibl
46 (1979) 114—115 = Magass

R 315 ILARI, A. (1979/80, 1200): RBen 89 (1979) 6* = Ledoyen

R 316 INIGUEZ HERRERO, J. A. (1977/78, 2412): ArGran 42 (1979) 298
= Segovia, A.

R 317 IODICE, S. (1977/78, 1079): EThL 55 (1979) 413 = Vanneste, A.
— StPat 25 (1978) 644—646 = Corsato — CD 192 (1979) 98—99
= Díaz, G.

R 318 *Iohannes Caesariensis* ed. M. RICHARD; M. AUBINEAU (1977/78,
1764): ByZ 73 (1980) 70—73 = Uthemann — ThPh 55 (1980) 282
= Grillmeier

R 319 *Iohannes Chrysostomus* (1979/80, 1769): REBras 40 (1980) 809
= Figueiredo, F. A.

R 320 *Iohannes Chrysostomus* ed. A. CERESA-GASTALDO (1977/78,
1777): Augustinus 24 (1979) 420 = Beyre

R 321 *Iohannes Chrysostomus* ed. G. FALBO (1979/80, 1766): OrtBuc 31
(1979) 431–433 = Vasiliu, C. − ScTh 11 (1979) 1159–1161 =
Alves de Sousa, P. G.

R 322 *Iohannes Chrysostomus* ed. A. M. MALINGREY (1979/80, 1761):
Irénikon 53 (1980) 585 = O. R.

R 323 *Irenaeus* ed. J. BARTHOULOT; S. VOICOU; A. G. HAMMAN (1977/
78, 1858): BLE 89 (1979) 230–231 = Crouzel − RechSR 67
(1979) 622 = Kannengiesser − RHE 73 (1978) 808 = de Halleux

R 324 *Irenaeus* ed. J. T. NIELSEN (1977/78, 1860): RThPh (1979) 423 =
Junod

R 325 *Irenaeus* ed. CH. RENOUX (1977/78, 1857): VigChr 34 (1980)
193–194 = Weitenberg − Greg 61 (1980) 180 = Orbe − BTAM
12 (1980) 545 = Leloir − BLE 81 (1980) 220 = Courcelle − CRA 1
(1979) 58 = Courcelle − RechSR 67 (1979) 610–612 = Kannengiesser − NRTh 101 (1979) 423 = Junod − JThS 31 (1980) 297
= Wickham, L. R.

R 326 *Irenaeus* ed. A. ROUSSEAU; L. DOUTRELEAU (1979/80, 1826,
1827): RBen 90 (1980) 332 = Bogaert − REG 93 (1980) 299–
301 = Le Boulluec − ACl 49 (1980) 433–434 = Joly − Irénikon
53 (1980) 107 = E. L.

R 327 *Isidorus Hispalensis* ed. C. RODRÍGUEZ ALONSO (1975/76, 1951):
AugR 19 (1979) 378 = Gavigan

R 328 *Iulianus Toletanus* ed. J. N. HILLGARTH (1975/76, 1977): RHE 74
(1979) 171–173 = McCormick − AST 49/50 (1976/77) 470–
471 = Vives, J.

R 329 *Iustinianus Imperator* ed. M. AMELOTTI; L. ZINGALE MIGLIARDI
(1977/78, 1917): BIDR 82 (1979) 240–272 = Voterra − JOBG
29 (1980) 376–380 = Kresten − ZSavG 95 (1978) 550–552 =
Rupprecht

R 330 *Iustinianus* ed. E. SCHWARTZ; M. AMELOTTI; R. ALBERTELLA;
L. MIGLIARDI (1973/74, 1627): Latomus 39 (1980) 517 = Joly, R.

R 331 JANINI, J.; GONZALVEZ, R. (1977/78, 587): TEsp 23 (1979) 426
= Bernal, J. M. − Salmant 26 (1979) 330–331 = García y García,
A. − RCatT 4 (1979) 463–464 = Gros, M. S.

R 332 JANINI, J. (1977/78, 585): AB 98 (1980) 165–167 = de Gaiffier −
RCatT 4 (1979) 463–464 = Gros, M. S.

R 333 JANINI, J. (1979/80, 512): TEsp 23 (1979) 426–427 = Bernal,
J. M. − RCatT 4 (1979) 464–465 = Gros, M. S.

R 334 JASCHKE, H.-J. (1975/76, 1928): JThS 30 (1979) 315–317 = Powell, D. – VigChr 39 (1980) 310–312 = Bastiaensen – RechSR 66 (1978) 442–444 = Sesboüé

R 335 JIMINEZ DUQUE, B. (1977/78, 385): EE 54 (1979) 121 = Borrás, A. – Manresa 51 (1979) 376 = García Madariaga, J. M. – Helmántica 30 (1979) 403–404 = Martín Sánchez, M. A. – EJos 34 (1980) 275–276 = Gaitán, J. D.

R 337 JOLY, R. (1979/80, 1726): RThL 10 (1979) 446–453 = Gryson – Byzan 50 (1980) 343–345 = de Waha – ACl 49 (1980) 430–432 = Brisson – RechSR 67 (1979) 604–608 = Kannengiesser

R 338 JONAS, H. (1979/80, 2634): Et 352 (1980) 124 = Morel, G. – RS 100 (1979) 138 = Margolin

R 339 JONES, CH. W. (1979/80, 2315): AB 97 (1979) 448 = Halkin

R 340 JOSSA, G. (1979/80, 341): Aevum 54 (1980) 159–161 = Consuelo Cristofori – RFC 108 (1980) 358–359 = Ciccarese – JOBG 29 (1980) 367 = Lackner

R 341 KALLINIKOS, K. (1979/80, 1099): Kleronomia 10 (1978) 373

R 342 KALLIS, A. (1977/78, 2021): RHE 76 (1979) 738 = de Halleux – RSR 54 (1980) 269 – ThRe 76 (1980) 21–23 = von Stritzky – ZWG 64 (1980) 201 = Schipperges – REB 37 (1979) 296 – OstkiSt 28 (1979) 209 = Tretter

R 344 KELLY, J. N. D. (1977/78, 2615): ThSt 40 (1979) 398–399 = Kelly

R 345 KEMPEN-VAN DIJK, P. M. A. VAN (1977/78, 1082): REA 25 (1979) 369–370 = Brix – GTT 80 (1980) 152–153 = Korteweg, Th.

R 346 KENNEDY, G. A. (1979/80, 611): CW 73 (1979/80) 372 = Moreland, F. L.

R 347 KERTSCH, M. (1977/78, 1609): Byzan 50 (1980) 350–351 = Mossay – KoinNapoli 4 (1980) 164 = Garzya – ThRe 76 (1980) 21 = Jungck – ZKTh 102 (1980) 272 = Rastbichler – EThL 55 (1979) 160–162 = de Halleux – RSC 27 (1979) 490–492 = Trisoglio – ArGran 42 (1979) 249–250 = Segovia, A.

R 348 *Kerygma und Logos* (1979/80, 132): ThZ 36 (1980) 381–384 = Bartsch, H.-W.

R 349 *Die Kirche angesichts der konstantinischen Wende* (1975/76, 168): MH 36 (1979) 266 = Maier, F. G.

R 350 *Kirchengeschichte als Missionsgeschichte, II* ... (1979/80, 345): OstkiSt 29 (1980) 334–336 = Biedermann – HZ 231 (1980) 426–427 = Frank

R 351 KLEIN, R. (1977/78, 390): CR 29 (1979) 328 = Chandler, J. – MH 36 (1979) 266–267 = Béranger, J.

R 352 KLINE, L. L. (1975/76, 1475): RBi 85 (1978) 468 = Boismard

R 353 KLUM-BÖHMER, E. (1979/80, 2409): JThS 31 (1980) 699 = Chadwick, H.

R 354 KOCH, G. (1973/74, 1939): Byzan 49 (1979) 571–573 = de Halleux, A.

R 355 KOSCHORKE, K. (1975/76, 1790): JThS 30 (1979) 549–553 = Stead

R 356 KOSCHORKE, K. (1977/78, 2792): VigChr 33 (1979) 191–193 = Quispel – RechSR 67 (1979) 614–617 = Kannengiesser – CBQ 42 (1980) 123–125 = Attridge, H. W.

R 357 KRIKONIS, C. T. (1979/80, 2722): RHE 74 (1979) 264 = Yannopoulos

R 358 KRONHOLM, T. (1977/78, 1516): EThL 55 (1979) 223 – OrChrP 45 (1979) 486–489 = Murray – JStJ 10 (1979) 104–105 = Drijvers – RechSR 68 (1980) 546–548 = Paul – ReSR 54 (1980) 268

R 359 KÜNZI, M. (1977/78, 2928): ThZ 35 (1979) 370–371 = May, G.

R 360 KURZ, R. (1975/76, 240): AB 98 (1980) 193 = van der Straeten – RBen 90 (1980) 155 = Verbraken

R 361 *Lactance et son temps* ed. J. FONTAINE; M. PERRIN (1977/78, 151): CC 131,2 (1980) 202 = Ferrua, A. – REL 57 (1979) 578–579 = Ingremeau – NRTh 101 (1979) 93 = Martin – JThS 30 (1979) 329–331 = Ogilvie – ThRe 75 (1979) 375–376 = Speigl

R 362 LADARIA, L. F. (1977/78, 1712): BLE 53 (1979) 234 = Crouzel, H. – EE 54 (1979) 123 = Valero – Augustinus 24 (1979) 218 = Ayape – ZKG 90 (1979) 114–115 = Trevijano – EAg 15 (1980) 296–297 = Luis, P. de – Burgense 20 (1979) 330–333 = Romero Pose, E. – TyV 20 (1979) 77–78 = Zañartu, S. – EE 55 (1980) 584–585 = Granado Bellido, C. – Greg 61 (1980) 170–175 = Peñamaria – RHE 74 (1979) 665–666 = Doignon

R 363 LADARIA, L. F. (1979/80, 1320): ArGran 43 (1980) 354–355 = Granado Bellido, C.

R 364 LAMIRANDE, E. (1975/76, 1132): Augustinus 24 (1979) 392–394 = Capánaga; Oroz

R 365 LANGBRANDTNER, W. (1977/78, 2804): RechSR 68 (1980) 288–290 = Léon-Dufour – ThRe 76 (1980) 198–199 = Baumeister – Enchoria 9 (1979) 149–153 = Schenke, H.-M.

R 366 LANGE, N. R. M. DE (1975/76, 2127): RechSR 66 (1978) 399–400 = Kannengiesser – RThPh 111 (1979) 78–79 = Junod – JThS 30 (1979) 324–328 = Horbury – RHR 197 (1980) 222–224 = Guillaumont – REG 93 (1980) 598–599 = Delaygue

R 367 LAPIDGE, M. (1979/80, 1336): BTAM 12 (1980) 571–572 = Silvestre

R 368 LARENTZAKIS, G. (1977/78, 915): OstkiSt 28 (1979) 350 = Wittig – EThL 55 (1979) 159–160 = de Halleux – RHE 74 (1979) 162 = de Halleux – ThR 76 (1980) 117–118 = Laminski – ArGran 42 (1979) 250 = Segovia, A.

R 369 LASSIAT, H. (1979/80, 350): MSR 37 (1980) 118–121 = Spanneut

R 370 LASSIAT, P. et H. (1975/76, 1932): BLE 80 (1979) 133 = Crouzel

R 371 LATTKE, M. (1979/80, 564): Biblica 61 (1980) 433–434 = Köbert
– VigChr 34 (1980) 302–304 = Klijn – VetChr 27 (1980) 397
= Orlandi – OstkiSt 29 (1980) 193–194 = McNeil

R 372 LAUFS, J. (1973/74, 913): Erasmus 31 (1979) 592–594 = Kemmer

R 373 LAUSBERG, H. (1975/76, 2630): ThRe 75 (1979) 151 = Reifenberg
– MLatJB 54 (1979) 324–326 = Szövérffy

R 374 LAUSBERG, H. (1977/78, 2508): RPh 54 (1980) 382 = Courcelle
– RBen 90 (1980) 339 = Verbraken – ThQ 160 (1980) 225 =
Reinhardt – ZKTh 102 (1980) 489 = Meyer

R 375 LEANZA, S. (1975/76, 2130): RechSR 66 (1978) 399 = Kannengiesser – Salesianum 38 (1976) 414 = Riggi – WSt 13 (1979)
240 = Smolak

R 376 LEE, B. M. (1979/80, 893): REA 26 (1980) 376 = Verheijen

R 377 LERA. J. M. (1977/78, 2282): RThL 10 (1979) 103; EThL 55
(1979) 162–164 = de Halleux – Greg 60 (1979) 383 = Galot –
EE 54 (1979) 139–140 = Ladaria – CT 107 (1980) 154 =
Celada, G. – SelLib 16 (1979) 217 = Vives, J. – CD 192 (1979)
278 = Folgado Florez, S. – Salmant 26 (1979) 152–154 = Trevijano Etcheverría, R. – ThRe 76 (1980) 118–120 = Ziegenaus
– StSR 4 (1980) 170–172 = Simonetti

R 378 LÉTHEL, F. M. (1979/80, 1962): ThRe 76 (1980) 200–202 =
Heinzer – ThPh 55 (1980) 595 = Sieben – ScTh 11 (1979) 1164–
1168 = Mateo-Seco, L. F. – ArGran 42 (1979) 250–251 = Segovia, A. – CD 193 (1980) 625 = Folgado Flórez, S.

R 379 *Leo Magnus* ed. R. DOLLE (1975/76, 2010): REAnc 80 (1978)
170–171 = Courcelle

R 380 *Leontius Neapolitanus* ed. A. J. FESTUGIÈRE; L. RYDÉN (1973/74,
1668): AB 96 (1978) 416–419 = van Ommeslaeghe

R 381 *Lex orandi, lex credendi* . . . ed. G. J. BÉKÉS; G. FARNEDI (1979/
80, 135): RSPhTh 64 (1980) 284–286 = Gy

R 382 *Libanius* ed. A. F. NORMAN (1973/74, 391 a): CR 29 (1979) 28–
30 = Liebschütz – RBPh 57 (1979) 432 = Schwartz – ACl 48
(1979) 683–686 = Petit

R 383 LIENHARD, J. (1977/78, 2124): RHE 75 (1980) 104–107 = de
Vogüé – ThSt 40 (1979) 362–363 = McGinn – ChH 49 (1980)
207–208 = Darling – Latomus 39 (1980) 453 = Junod –AB 97
(1979) 450 = de Gaiffier

R 384 LIES, L. (1977/78, 2067): BLE 80 (1979) 110–113 = Crouzel, H.
– EThL 55 (1979) 200 – Ant 54 (1979) 141–142 = Weijenborg
– EE 54 (1979) 136 = Ladaria – ThZ 35 (1979) 123–124 =
Braendle – ThRe 75 (1979) 205–206 = Moll – Irénikon 52
(1979) 439 = J. E. – ThS 40 (1979) 363–365 = Kilmartin –
ThPh 55 (1980) 123–125 = Daly – NatGrac 26 (1979) 124–125
= Villalmonte, A.

R 385 LILIENFELD, F. VON (1977/78, 108): ThLZ 104 (1979) 742−744 = Davids

R 386 LINAGE CONDE, A. (1973/74, 288): CCM 19 (1979) 65−70 = Fontaine

R 387 LINAGE CONDE, A. (1977/78, 400): Salmant 26 (1979) 165−167 = Marcos, F. − Helmántica 30 (1979) 189−190 = Beyre, D.

R 388 LINDEMANN, A. (1979/80, 2743): StMon 22 (1980) 368 = Iturrialde − CD 193 (1980) 415−416 = Salas, A. − ArGran 42 (1979) 236 = Segovia, A.

R 389 LIVER, R. (1979/80, 478): RomForsch 91 (1979) 445−448 = Lausberg

R 390 LIVINGSTONE, E. A. (1975/76, 201): Augustinus 24 (1979) 413 = Capánaga, V.

R 391 LÖSER, W. (1975/76, 26): BLE 80 (1979) 118−119 = Crouzel, H.

R 392 LORENZ, R. (1979/80, 722): RSLR 16 (1980) 455−460 = Simonetti − ThZ 36 (1980) 378−379 = Gamble

R 393 LOTTER, F. (1975/76, 443): CHR 65 (1979) 339−340 = Miller − ClPh 75 (1980) 81−83 = Hammer

R 394 LOZANO SEBASTIAN, F. J. (1975/76, 1961): BTAM 12 (1979) 430 = Bascour

R 395 LOZANO SEBASTIAN, F. J. (1975/76, 1963): BLE 79 (1978) 53−55 = Crouzel

R 396 LUBAC, H. DE (1979/80, 2027): BLE 81 (1980) 115 = Crouzel − ZKTh 102 (1980) 99−100 = Neufeld − CD 193 (1980) 188−189 = Uña, A. − ArGran 42 (1979) 251 = Segovia, A.

R 397 LUCCHESI, E. (1977/78, 817): Latomus 38 (1979) 728−729 = Duval − Salmant 26 (1979) 456−458 = Trevijano Etcheverría, R.

R 398 *Lucifer Calaritanus* ed. F. G. DIERCKS (1977/78, 1976): Greg 61 (1980) 181 = Orbe − RHE 75 (1980) 356−359 = Gryson − REA 26 (1980) 195 = Duval − BTAM 12 (1980) 551 = Mathon − AugR 19 (1979) 564 = de Simone − REL 57 (1979) 451−453 = Fontaine − StSR 3 (1979) 388−390 = Simonetti

R 399 LUDOVICI, E. S. (1979/80, 899): AnFil 12 (1979) 239−246 = Ortiz de Landázuri, C.

R 400 LUQE MORENO, J. (1977/78, 2173): Helmántica 31 (1980) 158 = Oroz − Emerita 48 (1980) 332−334 = Mariner Bigorra

R 401 MACCARONE, M. (1977/78, 2575): Aevum 54 (1980) 180−182 = Bellini, E.

R 402 MACDERMOT, V.; SCHMIDT, C. (1977/78, 2728): Biblica 61 (1980) 123−125 = Quecke

R 403 MADRID, T. C. (1977/78, 1102): AugR 25 (1979) 101 = Oroz

R 404 MAHÉ, J. P. (1977/78, 2811): AB 97 (1979) 185 = van Esbroek

R 405 MALLEY, W. J. (1977/78, 1439): JThS 30 (1979) 563 = Chadwick
— NRTh 101 (1979) 773 = Martin — CC 130,3 (1979) 203 =
Ladaria, L. — SelLib 17 (1980) 161 = Alegre, X.

R 406 MANNS, F. (1977/78, 157): SelFr 8 (1979) 176—178 = Herrero,
V. — Salmant 26 (1979) 147—149 = Trevijano Etcheverría, R.

R 407 MANNS, F. (1979/80, 58): VetChr 16 (1979) 316 = Otranto —
Antonianum 55 (1980) 300—301 = Kowalski — SelFr 8 (1979)
507—508 = Herrero, V.

R 408 MANRIQUE, A. (1977/78, 2455): SelFr 8 (1979) 182—183 = Herrero, V. — Lumen 29 (1980) 382—383 = Ibeanez Arana, A.

R 409 MANRIQUE, A.; SALAS, A. (1979/80, 909): EphMariol 29 (1979)
320 = Fernández, D.

R 410 MARGERIE, B. DE (1975/76, 2768): Aevum 54 (1980) 164—168 =
Croce, V.

R 411 *Marius Victorinus* ed. A. LOCHER (1975/76, 2035): RFC 107
(1979) 473—474 = Gori

R 412 MAROTTA, E. (1977/78, 2194): ScTh 12 (1980) 277 = Basevi, Cl.

R 413 MARROU, H. I. (1975/76, 174): CHR 65 (1979) 335—336 = Willis

R 414 MARROU, H. I. (1977/78, 158): Augustinus 24 (1979) 411—412 =
Capánaga, V.; Oroz Reta, J.

R 415 MARROU, H. I. (1979/80, 358): Latomus 38 (1979) 731—735 =
Duval, Y.-M. — Aevum 54 (1980) 207 = Zecchini, G. — JEcclH
30 (1979) 402—403 = Hall

R 416 MARTIKAINEN, J. (1977/78, 1517): OrChr 63 (1979) 205—207 =
Beck — JThS 31 (1980) 629 = Wickham, L. R.

R 417 MARTÍNEZ Y MARTÍNEZ, G. (1975/76, 2861): VigChr 33 (1979)
305 = Bastiaensen

R 418 *Les martyrs de Lyon* (1977/78, 159): REDC 36 (1980) 215 =
Echeverría — EE 54 (1979) 115—116 = Segovia — CRA 1 (1979)
428—429 = Seston — RechSR 68 (1979) 612—614 = Kannengiesser — StSR 3 (1979) 193—194 = Simonetti — NRTh 101
(1979) 425 = Martin

R 419 MATEO-SECO, L. F. (1977/78, 1637): EThL 56 (1980) 185 = de
Halleux — Greg 61 (1980) 168 = Orbe — EE 54 (1979) 572 =
Ladaria — RAgEsp 21 (1980) 285 = Fernández González, J. —
NetV (1980) 297 = López Martín, J. — SelLib 17 (1980) 161—162
= Puig Massana, R. — StudiumM 20 (1980) 129—130 = Leon,
M. F. de — NatGrag 26 (1979) 441—442 = Villalmonte, A. — Sal-
mant 27 (1980) 451—453 = Trevijano Etcheverría, R. — ThBraga
15 (1979) 423—424 = Marques, J. A. — RC 26 (1980) 197—198
= Langa, P. — ArGran 42 (1979) 251—252 = Segovia, A.

R 420 MATEO-SECO, L. F. (1977/78, 2302): MCom 37 (1979) 103—104
= Valero, J. B. — SelLib 16 (1979) 217—218 = Vives, J.

R 421 MAY, G. (1977/78, 2661): JThS 30 (1979) 547 = Stead, G. C. −
EphMariol 29 (1979) 321 = Fernández, D. − RHR 197 (1980)
347 = Nautin − ZKTh 102 (1980) 458−460 = Lies

R 422 *Maxentii aliorumque Scytharum monachorum Opuscula* ed. F.
GLORIE (1977/78, 1852): BLE 81 (1980) 229 = Crouzel − JThS
31 (1980) 621 = Chadwick, H.

R 423 *Maximus Confessor* ed. A. CERESA-GASTALDO (1979/80, 1956):
CC 131,3 (1980) 101 = Ferrua, A.

R 424 McLELLAND, J. (1975/76, 558): JThS 30 (1979) 553 = Drewery,
B. − BLE 80 (1979) 119−121 = Crouzel, H.

R 425 McSHANE, PH A. (1979/80, 362): ArGran 43 (1980) 356 = Segovia, A.

R 426 MEAGHER, R. E. (1977/78, 1116): RMeta 33 (1980) 793−794 =
Fortin

R 427 MEEKS, W. A.; WILKEN, R. L. (1977/78, 415): ChH 49 (1980)
204−205 = Darling − CBQ 42 (1980) 276 = Aune, D. E.

R 427a MEER, F. VAN DER; BARTELINK, G. (1979/80, 728a): GTT 80
(1980) 153−154 = Korteweg, Th.

R 428 MEIJERING, E. P. (1977/78, 2243): VigChr 33 (1979) 99−101 =
Evans − Aph 42 (1979) 148 = Solignac − RSPhTh 63 (1979)
468−470 = de Durand − RThPh 112 (1980) 200 = Junod −
JEcclH 31 (1980) 254 = Frend, W. H. C.

R 429 MEIJERING, E. P. (1979/80, 920): VigChr 34 (1980) 201−203 =
Evans

R 430 MEINHOLD, P. (1979/80, 137): RSLR 16 (1980) 476 = Pizzolato

R 431 *Melito Sardensis* ed. S. G. HALL (1979/80, 1964): VigChr 34
(1980) 305 = van Winden − EtThR 55 (1980) 159 = Bouttier −
BLE 81 (1980) 219 = Crouzel − VetChr 17 (1980) 393 = Orlandi
− RelStud 15 (1979) 577−579 = Ferguson − JThS 31 (1980)
194−196 = Roberts, C. H.

R 432 *Melito Sardensis* ed. J. IBÁÑEZ; P. MENDOZA RUIZ (1975/76,
2052): MCom 37 (1979) 101 = Valero − RET 37 (1977) 185 =
Lara − Salesianum 38 (1976) 411 = Riggi

R 433 MELONI, P. (1975/76, 3021): RFC 106 (1978) 456−460 = Siniscalco − REG 92 (1979) 578 = Lallemand

R 434 MERKEL, H. (1977/78, 175): RBen 89 (1979) 350 = Bogaert −
EThL 55 (1979) 409 = Neirynck − MSR 36 (1979) 104 = Liébaert − EE 55 (1980) 128 = Aguirre, R. − ZKTh 102 (1980)
374−375 = Oberforscher − JAC 23 (1980) 165−166 = Courcelle

R 435 MERKEL, H. (1977/78, 2885): ThZ 36 (1980) 377 = Rese, M. −
JThS 31 (1980) 193 = Drewery, B. − CBQ 41 (1979) 488 =
Attridge, H. W.

R 436 *Pseudo-Methodius Episcopus* ed. A. LOLOS (1977/78, 2012): Maia 32 (1980) 94–95 = Valgiglio – ACl 47 (1978) 659 = Mossay – REAnc 80 (1978) 174–175 = Courcelle

R 437 METZGER, B. M. (1977/78, 648): JThS 30 (1979) 290–303 = Barr, J.

R 438 MEYENDORFF, J. (1975/76, 2789): DR 96 (1978) 235–236 = Williams, R.

R 439 MILES, R. M. (1979/80, 922): JEcclH 31 (1980) 380 = Markus, R. A.

R 440 MIQUEL, P. (1979/80, 1216): RBen 90 (1980) 163 = Misonne – BLE 31 (1980) 109–114 = Jacquemet – ArGran 43 (1980) 380–381 = Segovia, A. – Irénikon 53 (1980) 109 = M. v. P. – CC 131 (1980) 438 = Barruffo, A. – CD 193 (1980) 636 = Rubio, L. – TLit 64 (1980) 272 = A. V.

R 441 *Miscellània litúrgica catalana, I* (1979/80, 141): RBen 89 (1979) 209 = Verbraken

R 442 MOHRMANN, C. (1977/78, 166): CR 29 (1979) 172 = Winterbottom, M. – Helmántica 30 (1979) 379–380 = Oroz Reta, J.

R 443 MOLINA PIÑEDO, R. (1979/80, 1218): VyV 38 (1980) 494 = Nuñez, S.

R 444 MONACHINO, V. (1979/80, 2443): AHP 17 (1979) 475–476 = Monachino, V.

R 445 MOSSHAMMER, A. A. (1979/80, 1499): GR 27 (1980) 192 = Mosley – AHR 85 (1980) 373–374 = Grant – RSC 27 (1979) 489–490 = Trisoglio

R 446 MÜHLENBERG, E. (1977/78, 2909/2910): JAC 22 (1979) 209–213 = Hagedorn – RHR 195 (1979) 87 = Nautin – BiblOr 35 (1978) 301 = Muraoka – ACl 48 (1979) 277 = Schwartz (III) – VigChr 33 (1979) 404 = van Winden (III) – AB 96 (1979) 188–189 = van Esbroeck (III)

R 447 MUNIER, C. (1979/80, 2427a): Judaica 35 (1979) 94 = Hruby, K. – OrChrP 45 (1979) 453 = Poggi – EE 55 (1980) 436 = Borrás, A. – RechSR 68 (1980) 81–82 = Vallin – EThL 56 (1980) 160 = de Halleux – REA 26 (1980) 318 = Braun – RBen 90 (1980) 160 = Wankenne – BLE 81 (1980) 137–141 = Crouzel

R 448 MUÑIZ RODRÍGUEZ, V. (1975/76, 1551): CFilos 17 (1977) 187–188 = García Bazán

R 449 MURRAY, R. (1975/76, 2804): NEThR 2 (1979) 48–50 = McCullough, J. C.

R 450 NAGEL, E. (1979/80, 2385): ZKTh 102 (1980) 481 = Meyer

R 451 NAGEL, P. (1979/80, 166): VetChr 17 (1980) 400 = Orlandi

R 452 *The Nag Hammadi Library in English* ed. J. M. Robinson (1977/78, 2736): CBQ 41 (1979) 167–170 = Perkins, P.

R 453 NASCIMENTO, A. (1979/80, 248): AB 98 (1980) 167 = de Gaiffier

R 454 NAUTIN, P. (1977/78, 2074): RBi 85 (1978) 468−470 = Grelot −
EThR 54 (1979) 704 = Hornus − BLE 80 (1979) 114−117 =
Crouzel − RechSR 66 (1979) 391−396 = Kannengiesser − NRTh
101 (1979) 771−772 = Martin − ThPh 54 (1979) 113−115 =
Sieben − Sc 33 (1979) 340 = Masai − ChH 48 (1979) 204−206
= Trigg − RSPhTh 63 (1979) 465−468 = de Durand − RThPh
112 (1980) 201 = Junod

R 455 NAZZARO, A. V. (1977/78, 822): Vichiana 7 (1978) 393−396 =
de Vivo − BStudLat 9 (1979) 141−143 = Magazzù − Aevum 53
(1979) 194−196 = del Basso

R 456 NEIDL, W. M. (1975/76, 1552): ThLZ 104 (1979) 122−124 =
Heidrich

R 457 NERI, U. (1975/76, 1305): MCom 37 (1979) 103 = Valero, J. B.

R 458 NEWLANDS, G. M. (1977/78, 1714): JThS 31 (1980) 208 = Wiles,
M. − REA 26 (1980) 195 = Doignon

R 459 NIGG, W. (1979/80, 1223): Yermo 18 (1980) 321−322 = Gómez,
I. M.

R 460 NOCK, A. D. (1973/74, 309): REBras 39 (1979) 352−353 = Figueiredo, F.

R 461 NORBERG, D. (1979/80, 2411): Emerita 47 (1979) 200 = López
de Ayala − Latomus 39 (1980) 457−459 = Liénard

R 462 NORMANN, F. (1977/78, 2630): RHE 79 (1979) 443 = de Halleux
− JThS 31 (1980) 207 = Louth, A. − ArGran 42 (1979) 252 =
Segovia, A.

R 463 NOUAILHAT, R. (1975/76, 1171): Augustinus 24 (1979) 396−
398 = Capánaga; Oroz

R 464 *Novatianus* ed. G. F. DIERCKS (1971/72, 1618): VigChr 33 (1979)
196−198 = Bastiaensen

R 465 *Novum Testamentum Graece* ed. K. ALAND e. a. (1979/80, 525):
ZNW 70 (1979) 262 = Lohse − EThL 55 (1979) 331−356 =
Neirynck − EThR 55 (1980) 428−433 = Amphoux − ThRu 45
(1980) 85−99 = Kümmel − ZKTh 102 (1980) 367−368 = Stock

R 466 *Nuevo Testamento Trilingüe* ed. J. M. BOVER; J. O. CALLAGHAN
(1977/78, 621): Emerita 47 (1979) 189 = Busto Saiz, J. R. − BiZ
23 (1979) 290 = Schnackenburg − EE 54 (1979) 106−107 =
Vergés

R 467 O'CONNELL, R. J. (1977/78, 1136): CFH 33 (1979) 87−90 =
Herx − ReMet 32 (1979) 561−563 = Fortin − ThSt 40 (1979)
360−363 = TeSelle − REA 26 (1980) 366 = Madec − JEcclH 208
= Markus, R. A.

R 468 O'DONNELL, J. J. (1979/80, 1272): MAev 49 (1980) 261−263 =
Momigliano − GR 27 (1980) 189 = Woodman − Gn 52 (1980)
633−638 = Weissengruber

R 469 OGILVIE, R. M. (1977/78, 1951): ThS 40 (1979) 752–754 = Walsh − Ha 127 (1979) 77 = Vokes − LEC 40 (1979) 67 = Stenuit − RHR 196 (1979) 213 = Nautin − GR 26 (1979) 212 = Walcot − Prudentia 11 (1979) 123–124 = Minn − BStudLat 9 (1979) 363 = Cupaiuolo − RPh 53 (1979) 371–372 = Courcelle − BTAM 12 (1980) 549 = Mathon − Gn 52 (1980) 572–574 = Heck − JRH 11 (1980) 148–149 = Brennan − CR 30 (1980) 144–145 = Winterbottom − Phoenix 34 (1980) 187–188 = Casey − RelStud 15 (1979) 259–261 = Rees − TLSt 79 (1980) 447 = Nicholson

R 470 ORBE, A. (1975/76, 2946): Burgense 20 (1979) 327–329 = Romero Pose, E. − Augustinus 24 (1979) 107 = Ayape, E.

R 471 *Origenes* ed. M. BORRET (1975/76, 2087): Sc 33 (1979) 153 = Joly − RBPh 57 (1979) 163 = Henry − RThPh 111 (1979) 77 = Junod

R 472 *Origenes* ed. F. COCCHINI (1979/80, 1991): VetChr 17 (1980) 153–155 = Girardi

R 473 *Origenes* ed. H. CROUZEL; M. SIMONETTI (1977/78, 2034/2035) − RSPh 63 (1979) 525 = Jossua − VigChr 34 (1980) 195–197 = van Winden − Biblica 61 (1980) 428–430 = des Places − Greg 61 (1980) 176 = Orbe − RBen 90 (1980) 334 = Bogaert − BLE 81 (1980) 120–122 = Junod − RSLR 16 (1980) 449–452 = Monaci Castagno − ACl 49 (1980) 432–433 = Joly − REG 93 (1980) 593–596 = Goulet − MSR 36 (1979) 237 = Messier − EE 54 (1979) 397 = de Aldama − RPh 53 (1979) 369–371 = Courcelle − RHR 196 (1979) 211–212 = Le Boulluec − ChH 48 (1979) 447–448 = Grant

R 474 *Origenes* ed. H. CROUZEL; M. SIMONETTI (1979/80, 1999, 2000): REG 93 (1980) 593–596 = Goulet − Irénikon 53 (1980) 278 = E. L.

R 475 *Origenes* ed. et trad. M. I. DANIELI (1977/78, 2037): CC 130,2 (1979) 615 = Ferrua, A.

R 476 *Origenes* ed. G. GENTILLI (1975/76, 2091): RSLR 15 (1979) 149 = Castagno − ScTh 12 (1980) 275–277 = Alves de Sousa, P. G.

R 477 *Origenes* ed. H. GÖRGEMANNS; H. KARPP (1975/76, 2094): REAnc 78–79 (1976–1977) 347–348 = Courcelle − ThLZ 105 (1980) 363–364 = Kraft − ACl 47 (1978) 651 = Mossay

R 478 *Origenes* ed. O. GUÉRAUD; P. NAUTIN (1979/80, 1996): Salmant 27 (1980) 446–448 = Trevijano Etcheverría, R. − REG 93 (1980) 295 = Le Boulluec − ThLZ 105 (1980) 282 = Haufe

R 479 *Origenes* ed. A. G. HAMMAN (1977/78, 2036): RHE 73 (1978) 808 = de Halleux − BLE 80 (1979) 109 = Crouzel, H.

R 480 *Origenes* ed. M. HARL et alii (1975/76, 2096): RechSR 66 (1978) 396–398 = Kannengiesser

R 481 *Origenes* ed. P. Husson; P. Nautin (1975/76, 2090): VigChr 33 (1979) 193−194 = van Winden − BLE 80 (1979) 109 = Crouzel (II) − MSR 36 (1979) 236 = Messier (II) − EE 54 (1979) 397 = de Aldama − ACl 47 (1978) 650 = Joly − OrChrP 45 (1979) 484−486 = Meredith − RPh 53 (1979) 161 = Schwartz (II) − JThS 30 (1979) 404 = Hanson (II)

R 482 *Origenes* ed. É. Junod (1975/76, 2092): OrChrP 45 (1979) 230 = Špidlík

R 483 *Origenes* ed. H. de Lubac; L. Doutreleau (1975/76, 2089): EE 54 (1979) 397 = de Aldama − RSLR 15 (1979) 148 = Pellegrino − Sc 33 (1979) 152−153 = Masai

R 484 *Origenes* ed. P. Nautin (1975/76, 2090) − Sc 34 (1980) 169 = Steel

R 485 *Origenes* ed. P. Nautin (1977/78, 2033) − Sc 34 (1980) 77 = Steel

R 486 *Origenes* ed. T. Odaka; P. Nemeshegyi (1979/80, 1995): BLE 81 (1980) 120 = Crouzel

R 487 Orlandis, J. (1975/76, 474): REDC 36 (1980) 217−218 = Prieto Prieto, A.

R 488 Osborn, E. F. (1975/76, 2738): RechSR 68 (1980) 96−99 = Kannengiesser

R 489 Otranto, G. (1979/80, 1889): Orpheus 1 (1980) 559−560 = Giordano Russo − RSLR 16 (1980) 477 = Gribomont − CD 193 (1980) 168−169 = Folgado Flórez, S. − ArGran 43 (1980) 345 = Segovia, A.

R 490 *Pachomius Monachus* ed. H. Quecke (1975/76, 2155): RechSR 66 (1978) 400−401 = Kannengiesser − OLZ 74 (1979) 443−445 = Bethge − ChH 48 (1979) 100 = Henry − ThLZ 105 (1980) 117−119 = Funk

R 491 *Paganisme, judaísme, christianisme. Mélanges offerts à Marcel Simon* (1977/78, 171): REJ 138 (1979) 155 = Vajda

R 492 Pagels, E. (1979/80, 2659): Commentary 69 (1980) 86−88 = Macoby, H. − TLS 79 (1980) 309 = Chadwick

R 493 Panagopoulos, J. (1979/80, 2542): EThL 56 (1980) 184 = de Halleux − OrChrP 46 (1980) 249 = Špidlík

R 494 Papadopoulos, S. G. (1975/76, 947): RHE 74 (1979) 548 = Kannengiesser

R 495 *Paradoxos politeia* ed. R. Cantalamessa; L. F. Pizzolato (1979/80, 145): CC 131 (1980) 98 = Ferrua, A. − ArGran 43 (1980) 356−357 = Segovia, A.

R 496 Paronetto, V. (1977/78, 1141): Augustinus 24 (1979) 405−406 = Capánaga; Oroz

R 497 Pascual Torró, J. (1975/76, 2240): Burgense 20 (1979) 333−336 = Romero Pose, E. − Salmant 26 (1979) 151−152 = Trevijano Etcheverría, R.

R 498 PASSET, C. (1977/78, 2369): AB 97 (1979) 196–198 = de Gaiffier

R 499 *Patricius* ed. L. BIELER; F. KELLY (1979/80, 2074): RBen 90 (1980) 339 = Verbraken

R 500 *Patricius* ed. R. P. C. HANSON; C. BLANC (1977/78, 2114): RBen 89 (1979) 204 = Verbraken – EE 54 (1979) 403 = de Aldama – NRTh 101 (1979) 760 = Martin – CR 29 (1979) 302–303 = Winterbottom – Ha 126 (1979) 78 = O'Meara – BLE 81 (1980) 146–149 = Gain – RSLR 16 (1980) 484 = Forlin Patrucco – Britannia 11 (1980) 438–440 = Thompson – RPh 54 (1980) 191–192 = Flobert – Orpheus 1 (1980) 568 = Pricoco – ACl 49 (1980) 444 = Verheijen – JThS 31 (1980) 630 = Hunt, E. D.

R 501 *Patricius* ed. M. WINTERBOTTOM (1979/80, 2071): AntJ 60 (1980) 123–124 = Radford

R 502 *Paulinus Pellensis* (1973/74, 1834): Augustinus 24 (1979) 104–105 = Beyre, D.

R 503 PAULSEN, H. (1977/78, 1754): VigChr 33 (1979) 188–191 = Davids – RechSR 67 (1979) 609 = Kannengiesser – RHE 74 (1979) 140 = de Halleux – RHR 196 (1979) 209 = Nautin – ThRe 75 (1979) 463–466 = Fischer – ChH 48 (1979) 204 = Hardy – CBQ 41 (1979) 491–493 = Schoedel, W. R. – RSPh 63 (1979) 463–465 = de Durand – RSLR 16 (1980) 321 = Pizzolato

R 504 PEGUEROLES, J. (1971/72, 928): Aph 42 (1979) 664–665 = Solignac, A.

R 505 PÉPIN, J. (1975/76, 1199): Augustinus 24 (1979) 386–388 = Capánaga; Oroz

R 506 PÉPIN, J. (1977/78, 174): Augustinus 24 (1979) 415 = Oroz – APh 42 (1979) 500 = Solignac

R 507 PERETTO, E. (1977/78, 2635): BLE 80 (1979) 130 = Crouzel – RHR 195 (1979) 221 = Nautin – StSR 3 (1979) 185–186 = Meloni – RechSR 68 (1980) 99 = Kannengiesser – MCom 37 (1979) 102 = Valero

R 508 PERSON, R. E. (1977/78, 2557): ThPh 55 (1980) 280–281 = Sieben – ThRe 76 (1980) 199 = Wagner – RThPh 112 (1980) = Jones-Golitzin

R 509 *Philo Carpasianus* ed. A. CERESA GASTALDO (1979/80, 2099): Prometheus 6 (1980) 288 = Nardi – BStudLat 10 (1980) 262–264 = Santorelli – Burgense 21 (1980) 302–303 = Romero Pose, E.

R 510 *Philoxenus Mabbugensis* ed. D. J. FOX (1979/80, 2100): Biblica 61 (1980) 430–432 = Köbert – EThL 66 (1980) 187 = de Halleux – JThS 31 (1980) 631–633 = Coackley, J. F.

R 511 PIÉTRI, C. (1975/76, 483): JEcclH 30 (1979) 477–479 = Chadwick, H. – REDC 35 (1979) 243–245 = García y García, A. –

AHDE 49 (1979) 817–818 = García y García, A. – Latomus
38 (1979) 290–298 = Duval, Y.-M. – JThS 30 (1979) 557–562 =
Wickham, L. R. – VetChr 17 (1980) 155–158 = Pergola

R 512 PINES, SH. (1979/80, 1400a): Sc 33 (1979) 74 = Masai

R 513 *Pistis Sophia* ed. C. SCHMIDT; V. MACDERMOT (1977/78, 2737):
Bibl 60 (1979) 271–275 = Quecke – JThS 30 (1979) 568–570 =
Walters, C. C.

R 514 PITKÄRANTA, R. (1977/78, 2299): Latomus 38 (1979) 998–999 =
Liénard – CW 73 (1979) 49–50 = Löfstedt – Gn 52 (1980) 575–
576 = McMenomy

R 515 PIZZOLATO, L. F. (1977/78, 826): RBen 89 (1979) 350 = Verbraken – EThL 55 (1979) 413 = Gryson, R. – AugR 19 (1979)
564–567 = Nazzaro – LEC 47 (1979) 282 = van Esbroeck –
CC 130, 4 (1979) 306 = Ferrua, A. – Salmant 27 (1980) 453–454
= Trevijano Etcheverría, R. – ACl 49 (1980) 442 = Verheijen –
ThLZ 105 (1980) 692–694 = Lenox-Conygham – CD 192 (1979)
277 = Folgado Flórez, S.

R 516 POLLASTRI, A. (1977/78, 844): CC 130,4 (1979) 410 = Vanni, U.

R 517 POLO, G. M. (1977/78, 1968): EphMariol 29 (1979) 314 =
Rivera, A.

R 518 PRADO, J. J. (1975/76, 2049): Stromata 35 (1979) 367–368 =
Martín, J. P.

R 519 PRÉAUX, J. (1977/78, 122): ACl 47 (1978) 673–675 = Brisson –
ZKTh 101 (1979) 251–254 = Klausnitzer

R 520 PRESTIGE, G. L. (1977/78, 2636): ScTh 11 (1979) 1168–1172 =
Basevi, Cl. – RC 25 (1979) 238 = Langa, P.

R 521 PRICOCO, S. (1977/78, 439): RPh 53 (1979) 374–375 = Courcelle
– Maia 31 (1979) 297–299 = Consolino – AB 97 (1979) 198–
199 = de Gaiffier – JThS 31 (1980) 702 = Chadwick, O. –
VigChr 34 (1980) 203–205 = den Boeft – StMon 22 (1980)
162 = Badia – RHR 197 (1980) 453–456 = Fontaine

R 522 PRICOCO, S. (1979/80, 1678): REL 57 (1979) 185–186 = Fontaine

R 523 PRINZ, F. (1975/76, 181): MIÖGF 87 (1979) 248 = Scharer

R 524 *Procopius Gazaeus* ed. S. LEANZA (1977/78, 2160): Orpheus 1
(1980) 530–536 = Curti – REB 38 (1980) 297 = Darrouzès –
JOBG 29 (1980) 380–381 = Lackner – RechSR 67 (1979)
239 = Petit – NRTh 101 (1979) 756 = Martin – JThS 31
(1980) 218–220 = Wickham, L. R.

R 525 *La protennoia trimorphe* ... ed. Y. JANSSENS (1977/78, 2738):
AB 97 (1979) 185–186 = van Esbroeck

R 526 *Psalmenkommentare aus der Katenenüberlieferung, I–II* ed. E.
MUEHLENBERG (1975/76, 3014; 1977/78, 2909): OrChr 63 (1979)
214–221 = Davids

R 527 PUECH, H. CH. (1977/78, 2831): EtThR 53 (1978) 580−581 =
Bouttier − RHR 195 (1979) 74−75 = Tardieu − RSO 54 (1980)
237−240 = Orlandi

R 528 PUZICHA, M. (1979/80, 2754): StMon 22 (1980) 357 = Olivar

R 529 QUACQUARELLI, A. (1973/74, 2112): BLE 80 (1979) 142 = Martimort, A. G. − Latomus 39 (1980) 550 = Sanders, G.

R 530 QUACQUARELLI, A. (1975/76, 2742): VigChr 33 (1979) 393−398
= Fink − Salesianum 38 (1976) 419 = Riggi − WSt 13 (1979)
246 = Smolak

R 531 QUACQUARELLI, A. (1977/78, 2637): BLE 79 (1980) 229 =
Crouzel, H. − ScTh 12 (1980) 265−268 = Ramos-Lissón, D.

R 532 QUECKE, H. (1979/80, 526): StPap 17 (1978) 118−121 = Orlandi,
T. − AST 49/50 (1976/77) 456 = Solá, F. de P.

R 533 *Quodvultdeus* ed. R. BRAUN (1975/76, 2246): Greg 59 (1978)
625−627 = Orbe − REA 25 (1979) 372−373 = Brix − Latomus
38 (1979) 251−254 = Duval − Sc 33 (1979) 155−157 = Herren

R 534 RADER, W. (1977/78, 2945): Irénikon 52 (1979) 147 = N. E.

R 535 RAMBAUX, C. (1979/80, 2212): REA 26 (1980) 324−325 =
Braun − RBen 90 (1980) 162 = Verbraken − BLE 81 (1980)
144−146 = Crouzel − Latomus 39 (1980) 239−241 = Courcelle −
ACl 49 (1980) 441 = Joly − JAC 23 (1980) 173−176 = Speigl −
JThS 31 (1980) 610−613 = Hanson, R. P. C. − RC 26 (1980)
587−588 = Langa, P.

R 536 RAMOS-LISSON, D. (1979/80, 33): VyV 38 (1980) 238−239 =
Cervera, D. − NatGrac 27 (1980) 193 = Rodríguez, G. − RCatT 4
(1979) 451 = Gros, M. S.

R 537 RATZINGER, J. (1979/80, 957): REA 25 (1979) 361

R 538 *Reallexikon für Antike und Christentum*; Bd. 9 (1975/76, 254):
Gn 52 (1980) 571 = Betz, H. D.

R 539 RECAREDO GARCIA, B. (1979/80, 1865): MontCarm 88 (1980)
673−674 = Pacho, A.

R 540 RECCHIA, V. (1979/80, 1572): RSCI 34 (1980) 184 = Paronetto −
Antonianum 55 (1980) 523−525 = Weijenborg − BTAM 12
(1980) 570 = Mathon − KoinNapoli 4 (1980) 167 = d'Elia −
BLE 81 (1980) 231 = Crouzel − QM 9 (1980) 272−273 = Sivo −
NRiSt 64 (1980) 438−442 = Flascassovitti, D. − Aevum 54 (1980)
350−352 = Cremascoli − RBen 89 (1979) 351 = Verbraken −
RSCI 33 (1979) 282 = Palese − CC 130,4 (1979) 308 = Ferrua,
A. − ArGran 43 (1980) 357−358 = Segovia, A. − CD 192 (1979)
472−473 = Soto, J. M.

R 541 *Règles monastiques* . . . ed. V. DESPREZ; A. DE VOGÜÉ (1979/80,
234): StMon 22 (1980) 347 = Olivar

R 543 *Repertorio de historia* . . . (1979/80, 68): Antonianum 55 (1980)
529 = Vázquez − RET 38 (1978) 404−405 = Muñoz Delagado

R 544 REYNOLDS, R. E. (1979/80, 635): MIÖGF 88 (1980) 179–182 =
       Froschauer – HZ 230 (1980) 397–398 = Angenendt – HJ 100
       (1980) 509 = Schieffer – CodMan 5 (1979) 90 = Unterkircher –
       AHR 84 (1979) 726 = Porter – EHR 94 (1979) 905–906 =
       Morris – MAEV 49 (1980) 106–107 = Crehan – Greg 61 (1980)
       775 = Rocha – Speculum 54 (1979) 622–624 = Pfaff

R 545 *Ricerche su Ippolito* (1977/78, 180): BLE 80 (1979) 133–135 =
       Crouzel – JThS 30 (1979) 549–553 = Stead

R 546 RICHARD, M. (1977/78, 181,182,183): ThPh 55 (1980) 268–271
       = Grillmeier, A.

R 547 RICHARDS, J. (1979/80, 1575): RBen 90 (1980) 344 = Verbraken

R 548 RICHTER, K. (1975/76, 2599): RHE 73 (1978) 674–678 =
       Dykmans

R 549 RIEDINGER, R. (1979/80, 636): REB 38 (1980) 331 – OstkisSt 29
       (1980) 212 = Tretter – RPh 54 (1980) 382 = Courcelle

R 550 RIESCO TERRERO, L. (1975/76, 1409): ArAg 64 (1980) 409 =
       Aparicio, T. – ScTh 12 (1980) 280–283 = Alves de Sousa, P. G.

R 551 RIUS-CAMPS, J. (1977/78, 1756): RechSR 67 (1979) 599–604 =
       Kannengiesser

R 552 RIUS-CAMPS, J. (1979/80, 1735): ThZ 36 (1980) 377–378 =
       Maurer, Chr.

R 553 ROBERTS, C. H. (1979/80, 155): JThS 31 (1980) 183–186 =
       Skeat, T. C.

R 554 ROBLES SIERRA, A. (1977/78, 1559): RHE 74 (1979) 767 = Moral

R 555 ROCA PUIG, R. (1979/80, 2389): RCatT 5 (1980) 241–242 =
       Gros, M. S.

R 556 ROHLAND, J. P. (1977/78, 2526): ByZ 73 (1980) 79–80 = Kretzen-
       bacher – AB 96 (1978) 217 = van Esbroeck

R 557 ROMEO PALLÁS, I. M. (1977/78, 1420): Latomus 38 (1979) 766 =
       Deléani

R 558 RORDORF, W. (1979/80, 2403): CC 131 (1980) 100 = Ferrua, A.

R 559 ROUGIER, L. (1977/78, 1333): RThPh 111 (1979) 75–76 = Junod –
       RHR 195 (1979) 221–222 = Turcan

R 560 ROUSSEAU, P. (1977/78, 1699): JThS 30 (1979) 564–567 = Frend,
       W. H. C. – JEcclH 30 (1979) 297 = Chadwick, O. – Salmant 26
       (1979) 460–462 = Trevijano Etcheverría, R. – RSLR 16 (1980)
       460–462 = Beatrice – ChH 49 (1980) 207–208 = Darling

R 561 RUDOLPH, K. (1977/78, 2838): RSLR 15 (1979) 287–290 = Filo-
       ramo – ThRu 44 (1979) 353–355 = Koschorke – ThLZ 104
       (1979) 500–502 = Tröger – Religion 4 (1979) 231–233 = Wilson

R 562 *Rufinus Aquileiensis* ed. M. SIMONETTI (1979/80, 2143): BLE 80
       (1979) 137–138 = Crouzel

R 563 RUHBACH, G. (1975/76, 168): RHE 73 (1978) 745 = Palanque –
       MH 36 (1979) 266 = Maier – ThRu 44 (1979) 283 = Karpp

R 564 SAINT PHALLE, A. DE (1977/78, 1172): BTAM 12 (1980) 555 = Mathon

R 565 *Saints anciens d'Afrique du Nord* ... ed. V. SAXER (1979/80, 2269): AB 98 (1980) 225 = de Gaiffier − RBen 90 (1980) 333 = Verbraken − RSLR 16 (1980) 478 = Zangara − ZKTh 102 (1980) 475 = Meyer − ArEArc 52 (1979) 260−261 = Fernández-Uriel − RiAC 56 (1980) 406−408 = Bisconti − RQ 75 (1980) 125−126 = Pillinger

R 566 *Saint-Thierry* ... ed. M. BUR (1979/80, 157): RBen 90 (1980) 396*−398* = Ledoyen

R 567 SALMONA, B. (1973/74, 406): Aph 42 (1979) 664 = Solignac, A.

R 568 SALOMONSON, J. W. (1979/80, 2282): Latomus 39 (1980) 305 = Delvoye, C.

R 569 *Salvianus* ed. E. MAROTTA (1979/80, 2147): BLE 80 (1979) 137−138 = Crouzel

R 570 SÁNCHEZ SALOR, E. (1975/76, 498): Salmant 26 (1979) 181−182 = Martín Hernández, F. − REDC 35 (1979) 250 = García y García, A.

R 571 SANTANTONI, A. (1979/80, 2390): BLE 81 (1980) 374−377 = Saxer

R 572 SANTOS OTERO, A. DE (1977/78, 699): Byslav 40 (1979) 62 = Hauptová, Z. − Salmant 26 (1979) 149−151 = Trevijano Etcheverría, R.

R 573 SAUMAGNE, CH. (1975/76, 1503): VigChr 33 (1979) 297−299 = den Boeft − RThPh 111 (1979) 423 = Junod

R 574 SAVON, H. (1977/78, 829): Latomus 39 (1980) 241−242 = Aziza − RHR (1980) 467 = Nautin − RSLR 16 (1980) 288−291 = Pizzolato − Salmant 26 (1979) 458−460 = Trevijano Etcheverría, R. − Gn 51 (1979) 292−295 = Courcelle, P.

R 575 SAXER, V. (1979/80, 395): ZKTh 102 (1980) 476 = Meyer − RBen 95 (1980) 346 = Misonne − RBen 89 (1979) 336 = Verbraken − ArGran 43 (1980) 358 = Segovia, A. − Irénikon 53 (1980) 434 = E. L. − CC 131,4 (1980) 408 = Ferrua, A.

R 576 SCHAEFER, T. (1977/78, 2081): BLE 80 (1979) 113−114 = Crouzel − ThRe 76 (1980) 381 = Crouzel − ThLZ 105 (1980) 523−525 = Davids

R 577 SCHÄUBLIN, CHR. (1973/74, 2676): WSt 13 (1979) 246 = Primmer

R 578 SCHEELE, J. (1977/78, 1175): REA 26 (1980) 345−346 = Brix

R 579 SCHLIEBEN, R. (1979/80, 1274): ThLZ 105 (1980) 765 = Haendler

R 580 SCHNEIDER, K. P. (1977/78, 833): HZ 231 (1980) 143−145 = Gottlieb − REL 57 (1979) 583 = Doignon

R 581 SCHRIJNEN, J. (1977/78, 166): GiorFil 31 (1979) 361 = Fogazza, D. − Helmántica 30 (1979) 378−379 = Oroz Reta, J. − Latomus 38 (1979) 767 = Dolbeau, F.

R 582 SCHUETZ, W. (1971/72, 1951): VigChr 33 (1979) 98–99 = Waszink

R 583 SCHWANZ, P. (1969/70, 2073): ThZ 36 (1980) 376 = Brändle, R.

R 584 SCIPIONI, L. I. (1973/74, 1716): RET 37 (1977) 209 = Turrado – ZKTh 101 (1979) 463–465 = Felderer

R 585 SCIPIONI, L. I. (1979/80, 2463a): JThS 31 (1980) 204–206 = Yarnold, E. J. – VetChr 16 (1979) 323 = Guarnieri – RHE 74 (1979) 556 = Gryson

R 586 SEILHAC, L. (1973/74, 1145): Augustinus 24 (1979) 414 = Oroz Reta, J.

R 587 SEYBOLD, M. (1973/74, 2361): Broteria 109 (1979) 93–94 = Ribeiro, I.

R 588 SICARD, D. (1979/80, 2392): RSPh 63 (1979) 605–607 = Gy – BLE 81 (1980) 123–126 = Martimort – RHR 197 (1980) 227 = Nautin – RiAC 56 (1980) 374–377 = Saxer – ZKTh 102 (1980) 362–364 = Meyer – RBen 89 (1979) 344–345 = Verbraken – JThS 31 (1980) 231–237 = Moreton, B. – TLit 64 (1980) 206 = D.C. C.

R 589 SICLARI, A. (1979/80, 1818): Filos 29 (1978) 653–654 = Babolin

R 590 SICLARI, A. (1973/74, 1714): Filos 26 (1975) 457–458 = Micheletti

R 591 SIEBEN, H. J. (1979/80, 236): EE 55 (1980) 584 = Ladaria, L.

R 592 SIEBEN, H. J. (1979/80, 2453): RechSR 68 (1980) 80–81 = Vallin – BLE 81 (1980) 215 = Crouzel – HZ 231 (1980) 424– 425 = Schieffer – OrChrP 46 (1980) 265–270 = de Vries – JThS 31 (1980) 623–627 = Ullmann, W. – EE 54 (1979) 572–574 = Ladaria, L. – EAg 15 (1980) 295–296 = Luis, P. de – ArGran 42 (1979) 286–287 = Segovia, A.

R 593 SIMONETTI, M. (1969/70, 2188): Helmántica 30 (1979) 174 = Ortall, J.

R 594 SINISCALCO, P. (1973/74, 2045): Latomus 38 (1979) 265–268 = Fontaine, J.

R 595 Simon Magus ed. K. BEYSCHLAG (1973/74, 2563): Salesianum 38 (1976) 175–177 = Farina

R 596 SMITH, M. (1975/76, 2243): Aevum 53 (1979) 196 = Galimberti – AnzAlt 32 (1979) 89–93 = Gnilka – CHR 65 (1979) 337–339 = Nugent – CR 30 (1980) 278–279 = Hall

R 597 SOELL, G. (1977/78, 2701): ThRe 76 (1980) 464–465 = Napiórkowski

R 598 Sophronius Hierosolymitanus ed. M. ALBERT; C. VON SCHOENBORN (1977/78, 2207): NRTh 101 (1979) 754 = Martin – JThS 31 (1980) 220–224 = Wickham, L. R.

R 599 *Sophronius Hierosolymitanus* ed. N. FERNÁNDEZ MARCOS (1975/
76, 2291): ByZ 73 (1980) 73–77 = Lackner – REAnc 80 (1978)
172–174 = Courcelle

R 600 SOTO, J. M. (1975/76, 2849): RET 38 (1978) 401–402 = Largo
Treceño

R 601 STEAD, C. (1977/78, 512): Aph 42 (1979) 501–502 = Solignac, A.

R 602 STEINDL, E. (1977/78, 2708): WSt 13 (1979) 245 = Harrauer

R 603 STICHEL, R. (1979/80, 2692): JOBG 29 (1980) 370–372 = Schu-
bert – RiAC 56 (1980) 193–196 = Janssens – OrChrP 46 (1980)
252 = van Esbroeck

R 604 *Storia della Chiesa II* (1977/78, 465): RSCI 33 (1979) 300 =
Spinelli – VetChr 16 (1979) 322 = Mazzola

R 605 STUDER, B. (1977/78, 2692): RSPhTh 63 (1979) 478–481 = de
Durand – KRS 135 (1979) 91 = Brändle, R.

R 606 *Su Cristo* ed. E. BELLINI (1979/80, 2533): Greg 61 (1980) 171 =
Orbe – BLE 81 (1980) 222–224 = Crouzel – Aevum 54 (1980)
188–189 = Micaelli, C. – Orpheus 1 (1980) 211–212 = Gior-
dano-Russo – OrChrP 45 (1979) 480 = Špidlík – CD 193 (1980)
623–624 = Folgado Flórez, S. – ScTh 11 (1979) 367–369 =
Mateo Seco, L. F. – Salmant 26 (1979) 154–156 = Trevijano
Etcheverría, R.

R 607 *Synesius Cyrenensis* ed. C. LACOMBRADE (1977/78, 2217): REG
92 (1979) 580 = Chamoux

R 608 *Synesius Cyrenensis* ed. A. GARZYA (1979/80, 2171): Burgense 21
(1980) 297–298 = Romero Pose, E.

R 609 *Tertullianus* ed. P. A. GRAMAGLIA (1979/80, 2179): CCC 1 (1980)
423–424

R 610 *Tertullianus* ed. P. A. GRAMAGLIA (1979/80, 2180): CCC 1 (1980)
423–424

R 611 TESELLE, E. (1973/74, 1003): Augustinus 24 (1979) 388–391 =
Capánaga; Oroz

R 612 *Testimonia orationis christianae antiquioris* ed. P. SALMON; C.
COEBERGH; P. DE PUNIET (1977/78, 2423): EL 93 (1979) 520 =
Braga, C.

R 613 *Theodoretus Cyrensis* (1977/78, 2266): BLE 80 (1979) 235 =
Crouzel – EE 54 (1979) 402 = de Aldama – SR 8 (1979) 469 =
Lamirande – RHR 195 (1979) 92 = Nautin

R 614 *Theodoretus Cyrensis* ed. P. CANIVET; A. LEROY-MOLINGHEN
(1979/80, 2236): SR 8 (1979) 469 = Lamirande – RHR 195
(1979) 92 = Nautin – EE 55 (1980) 388 = Granado Bellido, C. –
RHE 75 (1980) 359–360 = de Vogüé – VigChr 34 (1980) 307–
310 = Bartelink – REB 38 (1980) 289 = Darrouzès – RBen 90
(1980) 154 = Bogaert – BLE 81 (1980) 212–214 = Crouzel –
ThLZ 105 (1980) 444–445 = Treu

R 615 *Theodoretus Cyrensis* ed. V. FERNANDEZ MARCOS; A. SÁENZ-BADILLOS (1979/80, 2237): EE 54 (1979) 578 = Martin − Helmántica 30 (1979) 360 = Carrete Parrondo − REG 92 (1979) 581 = Nautin − REB 38 (1980) 282 = Gautier

R 616 *Theodorus Mopsuestenus* ed. H. N. SPRENGER (1977/78, 2278): RSPhTh 63 (1979) 470−471 = de Durand − BiblOr 36 (1979) 355 = Datema, C.

R 617 *Theologia crucis, signum crucis ...* (1979/80, 172): ThRu 45 (1980) 184−187 = Kümmerl − BiZ 24 (1980) 269−271 = Schnackenburg − ThLZ 105 (1980) 262 = Holtz

R 618 *Theologische Realenzyklopädie, II* (1977/78, 266): ThLZ 104 (1979) 883−884 = Amberg

R 619 *Theologische Realenzyklopädie, III* (1977/78, 267): ThRe 76 (1980) 97−98 = Bäumer − ThLZ 105 (1980) 407−410 = Amberg

R 620 *Theologische Realenzyklopädie, IV* (1979/80, 244): EtThR 55 (1980) 343−344 = Reymond − ThLZ 105 (1980) 878−880 = Amberg − ThRu 45 (1980) 88−91 = Grässer − ThZ 36 (1980) 126−127 = Rordorf − Bibl 42 (1980) 747−748 = Hazlett

R 621 *Theologische Realenzyklopädie, V* (1979/80, 245): EtThR 55 (1980) 470−472 = Reymond

R 622 TIGCHELER, J. (1977/78, 1474): Aevum 53 (1979) 193 = Pizzolato, L. F. − OrChrP 45 (1979) 489 = van Esbroek − JThS 30 (1979) 335−336 = Hanson − RHE 74 (1979) 584 = de Halleux − ThPh 54 (1979) 280 = Sieben − WSt 13 (1979) 242 = Primmer − Emerita 48 (1980) 163 − RET 38 (1978) 190 = Barcala

R 623 TRAPÈ, A. (1975/76, 1251): GM 32 (1977) 280−281 = Tolomio − StPat 25 (1978) 643−644 = Corsato − Augustinus 24 (1979) 398−400 = Capánaga; Oroz Reta, J.

R 624 TREMBLAY, R. (1977/78, 1891): RechSR 67 (1979) 622−623 = Kannengiesser − RHE 74 (1979) 383−384 = Camelot − JThS 30 (1979) 404 = Hall, S. G. − BTAM 112 (1980) 546 = Winandy − RHR 197 (1980) 349 = Nautin

R 625 TREMBLAY, R. (1979/80, 1850): RechSR 67 (1979) 623 = Kannengiesser − NRTh 101 (1979) 775 − SelLib 17 (1980) 163 = Vives, J.

R 626 TRETTEL, G. (1979/80, 1286): REA 26 (1980) 196 = Duval

R 627 URIBE ESCOBAR, F. (1979/80, 1244): Antonianum 55 (1980) 515−517 = van Asseldonk

R 628 VECCHIOTTI, I. (1973/74, 1712): Filos 26 (1975) 317−319 = Foppiani − VetChr 16 (1979) 324−326 = de Santis − Latomus 38 (1979) 262−265 = Braun

R 629 VERBRAKEN, P. P. (1975/76, 1261): Augustinus 24 (1979) 400−402 = Capánaga, V.; Oroz Reta, J. − Sc 33 (1979) 124 = Masai −

RSLR 55 (1979) 319 = Gallicet − ThRe 75 (1979) 466−467 = Mayer

R 630 *Verecundus Iuncensis* ed. R. DEMEULENAERE (1975/76, 2410): Sc 34 (1980) 157−158 = Herren

R 631 VERHEIJEN, L. (1979/80, 987): StMon 22 (1980) 347 = Olivar − RAgEsp 21 (1980) 249−250 = Langa, P.

R 632 VERHEIJEN, L. (1979/80, 988): REA 26 (1980) 344 = Brix − Augustiniana 30 (1980) 204−206 = Lawless, G. P.

R 633 VERSTEEG, J. P. (1979/80, 481 a): GTT 80 (1980) 264 = Noorda, S. J.

R 634 VETERE, B. (1979/80, 1635): StSR 4 (1980) 374−376 = Simonetti

R 635 VIAN, G. M. (1977/78, 903): ArGran 42 (1979) 253−254 = Segovia, A. − Burgense 21 (1980) 303−304 = Romero Pose, E.

R 636 *Vie et miracles de sainte Thècle* ed. C. DAGRON (1977/78, 2380): AB 96 (1978) 404 = Halkin − OrChrP 45 (1979) 449−451 = van Esbroeck − REG 92 (1979) 580 = Nautin

R 637 VIEILLARD-TROÏEKOUROFF, M. (1975/76, 1747): ABret 84 (1977) 134−137 = Martin

R 638 VIELHAUER, P. (1975/76, 72): RechSR 67 (1979) 146−147 = Aletti − BTAM 12 (1979) 397 = Michiels − REG 92 (1979) 577 = Nautin − Salesianum 39 (1977) 337−338 = Farina − StPad 26 (1979) 125−128 = Moda

R 639 *Vincentius Lerinensis* ed. L. MATEO SECO (1977/78, 2302): MCom 37 (1979) 103 = Valero

R 640 VISCIDO, L. (1979/80, 1683): Latomus 39 (1980) 525 = Duval

R 641 VISMARA CHIAPPA, P. (1975/76, 1273): NRiSt 62 (1978) 639− 641 = Agnoletto

R 642 *Vita di Martino, Vita di Hilarione, In memoria di Paola* ed. C. MOHRMANN; A. A. R. BASTIAENSEN; J. W. SMIT; L. CANALI; C. MORESCHINI (1975/76, 2491): Latomus 38 (1979) 249−251 = Fontaine, J.

R 643 VOGÜÉ, A. DE (1977/78, 1292): EE 54 (1979) 404−405 = Aldama, J. A. de − ELul 23 (1979) 222−223 = Ramis, G. − REDC 35 (1979) 219−220 = Bandera, A. − RBen 89 (1979) 24* = Ledoyen − RSLR 15 (1979) 323 = Penco − OrChrP 45 (1979) 205−207 = Gain

R 644 *Vollständige Konkordanz . . .* (1977/78, 272): Biblica 61 (1980) 137−139 = Martini − ThLZ 104 (1979) 900−903 = Holtz − EThL 55 (1979) 152−155 = Neirynck, F. − ThRu 44 (1979) 82−84 = Kümmel − NRTh 101 (1979) 576−578 = Jacques

R 645 VORGRIMLER, H. (1979/80, 2397): Greg 61 (1980) 157 = Neufeld − ThLZ 105 (1980) 616−618 = Andersen

R 646 VOULGARAKIS, E. (1977/78, 1448): OstkiSt 29 (1980) 209−210 = Wittig

R 647 VRETTOS, T. (1979/80, 2044): ThSt 40 (1979) 787–788 = Ettlinger

R 648 WAAL, C. VAN DER (1979/80, 1966): GTT 80 (1980) 239–240 = Mulder, H.

R 649 WALZER, P. O. (1979/80, 2284): RSLR 16 (1980) 489 = Sozzi

R 650 WEGMAN, H. A. J. (1979/80, 2359): StMon 22 (1980) 362 = Olivar – RSPh 64 (1980) 281 = Gy – ZKTh 102 (1980) 359–362 = Meyer – ThRev 76 (1980) 315–317 = Schultz – ThPh 55 (1980) 624–625 = Stenzel

R 651 WEHR, G. (1979/80, 993): REA 26 (1980) 378 = Mayer

R 652 WERMELINGER, O. (1975/76, 537): Gn 51 (1979) 199 = Frank, K. S.

R 653 WESTENDORF, W. (1977/78, 275): Irénikon 52 (1979) 160 = E. L. – DLZ 100 (1979) 51–53 = Weiß, H.-F.

R 654 WIDENGREN, G. (1977/78, 156): Augustinus 24 (1979) 219 = Capánaga – RSO 54 (1980) 237–240 = Orlandi

R 655 WIELAND, W. (1977/78, 1204): ThZ 35 (1979) 310–311 = Gamble, R. C. – CD 192 (1979) 277–278 = Folgado Flórez, S. – RAgEsp 20 (1979) 226 = Fernández González, J. – REA 25 (1979) 356–358 = Geerlings – ThPh 54 (1979) 281–283 = Sieben – ThRe 76 (1980) 281–283 = Mayer

R 656 WILKINSON, J. (1977/78, 482): JThS 30 (1979) 602 = Davies, J. G.

R 657 WOLFF, M. (1971/72, 1496): Aph 42 (1979) 663 = Solignac, A.

R 658 WOLFSKEEL, C. W. (1977/78, 932): Augustinus 24 (1979) 414–415 = Oroz Reta, J.

R 659 WOLFSON, H. A. (1979/80, 657): EtThR 55 (1980) 159 = Ansaldi – RSLR 16 (1980) 282–285 = Monaci Castagno – Orpheus 1 (1980) 210 = Marotta Manino – RPh 54 (1980) 190 = Courcelle – ACl 49 (1980) 492 = Joly – RC 26 (1980) 198–199 = Langa, P.

R 660 *Word and Spirit* (1979/80, 180): RBen 90 (1980) 347 = Verbraken – StMon 22 (1980) 345 = Amengual – RSLR 16 (1980) 480 = Forlin Patrucco

R 661 *Wortindex* ed. L. KRESTAN (1979/80, 250): RBen 90 (1980) 155 = Verbraken – RPh 54 (1980) 381 = Courcelle

R 662 WYZES, J. (1977/78, 487): Byzan 49 (1979) 575–577 = Hamblenne, P. – Gn 52 (1980) 68 = Gottlieb, G.

R 663 WYTZES, J. (1979/80, 1685): GTT 80 (1980) 155 = Mulder, H.

R 664 ZAÑARTU, S. (1977/78, 1760): BLE 80 (1979) 131 = Crouzel – RechSR 67 (1979) 609 = Kannengiesser – EE 54 (1979) 123 = Valero – ZKG 90 (1979) 112–113 = Trevijano – SelLib 16 (1979) 218–219 = Tuñí, J. O. – TyV 20 (1979) 81–83 = Villegas Matthieu, B. – Burgense 21 (1980) 305–306 = Peñamaría de Llano, A. – RHE 74 (1979) 766 = Camelot

R 665 ZANDEE, J. (1977/78, 2881): VigChr 33 (1979) 84–85 = Quispel –
NovTest 21 (1979) 185–188 = Mussies – BiblOr 36 (1979)
323 = Ménard, J. – ZKTh 91 (1980) 116–117 = Baumeister –
JEcclH 30 (1979) 96–97 = Hanson

X. REGISTER

PATRISTISCHE TEXTE UND STUDIEN

Repertorium der griechischen christlichen Papyri

Im Namen der Patristischen Arbeitsstelle Münster
Herausgegeben von Kurt Aland

Teil I: Biblische Papyri, Altes Testament, Neues Testament,
Varia, Apokryphen

Groß-Oktav. XVI, 473 Seiten. 1976. Ganzleinen DM 158,–
ISBN 3 11 004674 1 (Band 18)

WOLFGANG A. BIENERT
Dionysius von Alexandrien

Zur Frage des Origenismus im dritten Jahrhundert

Groß-Oktav. XII, 252 Seiten. 1978. Ganzleinen DM 88,–
ISBN 3 11 007442 7 (Band 21)

AURELIO DE SANTOS OTERO
Die handschriftlichen Überlieferungen
der altslavischen Apokryphen

2 Bände. Groß-Oktav. Ganzleinen

Band 1: XL, 227 Seiten, 2 Tafeln. 1978. DM 108,–
ISBN 3 11 007028 6 (Band 20)
Band 2: XLVI, 282 Seiten, 4 farbige Tafeln. 1981. DM 126,–
ISBN 3 11 008139 3 (Band 23)

Olympiodor, Diakon von Alexandria
— Kommentar zu Hiob —

Herausgegeben von Ursula und Dieter Hagedorn

Groß-Oktav. XC, 522 Seiten, 1 Tafel. 1984. Ganzleinen DM 148,–
ISBN 3 11 009840 7 (Band 24)

Preisänderungen vorbehalten

Walter de Gruyter   Berlin · New York